Matias Korten · Ralf Gantzhorn

Patagonien

und Feuerland

53 ausgewählte Touren

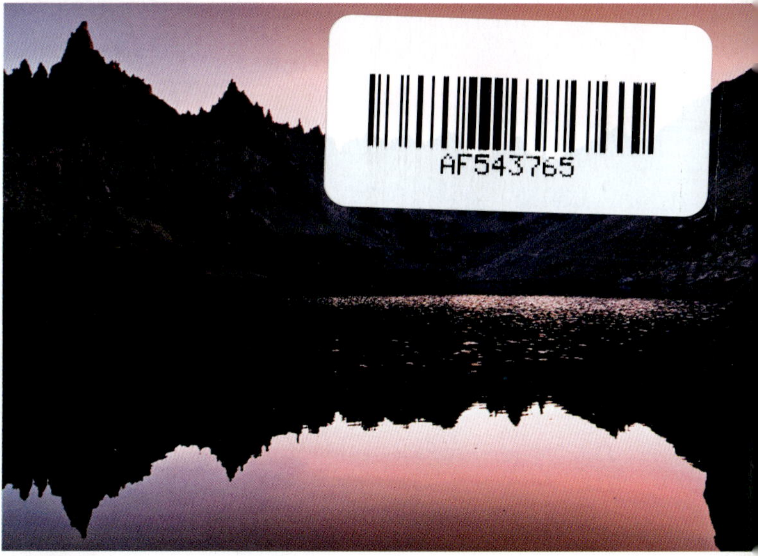

AF543765

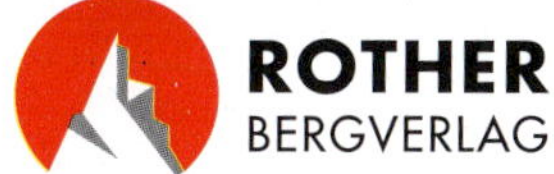

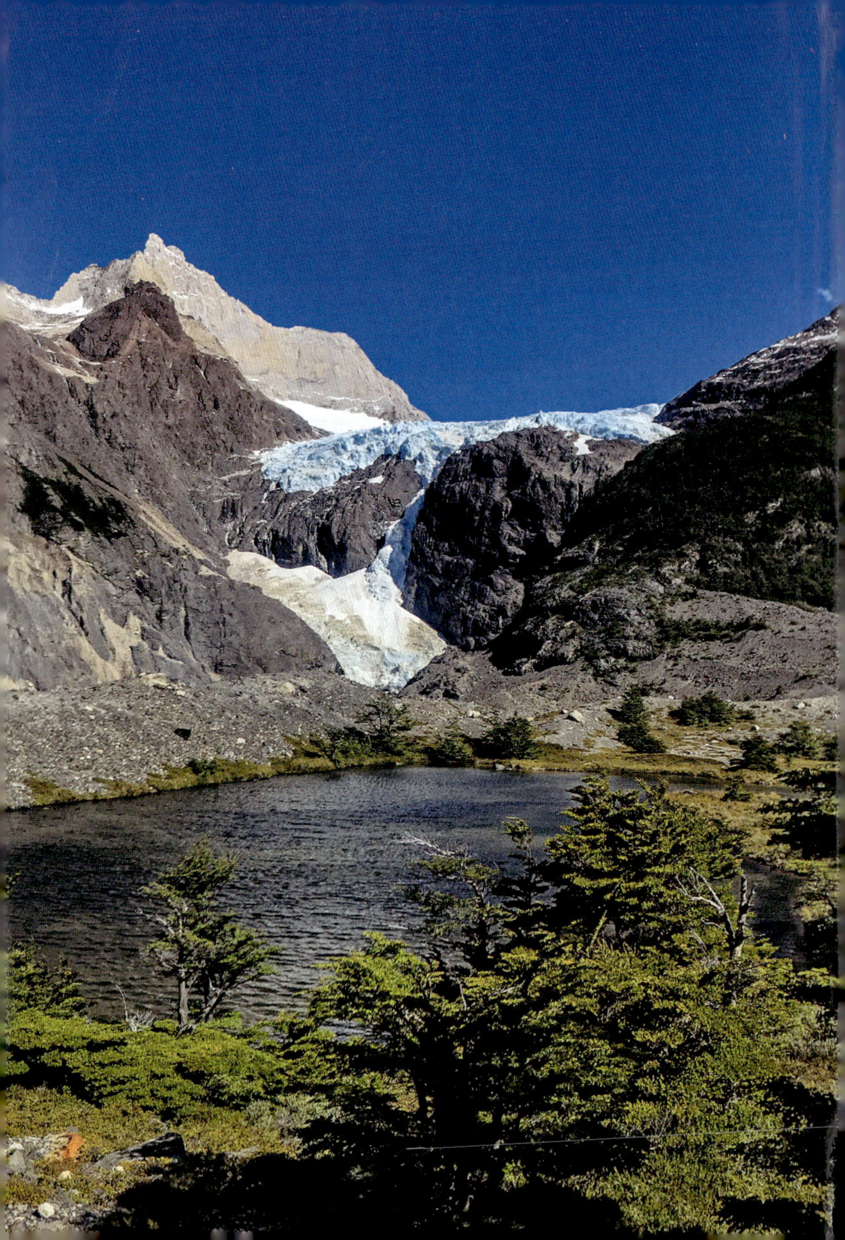

VORWORT

Patagonien ist ein wildes, farbenfrohes Land. Moderne Staaten existieren hier erst seit ungefähr 150 Jahren; das Dorf El Chaltén wurde sogar erst 1985 gegründet. Die prägenden Elemente der Landschaft sind riesige Entfernungen und ständiger Westwind: All dies wird immer deutlicher, je näher man dem Ende der Welt Richtung Süden kommt. Die Ruta 40, die den Norden Patagoniens mit dem Süden entlang der Andenkette verbindet, hat Abschnitte mit gutem Beton ebenso wie solche mit unglaublich tiefen Schlaglöchern. »Kurz« (also 150 km) vor El Chaltén muss man dann noch anderthalb Stunden Schotterpiste überwinden. Analog zu den unterschiedlichen Straßenverhältnissen zeigt sich ganz Patagonien kontrastreich: Überraschend ist z.B. das Duo El Calafate/El Chaltén während der Hochsaison. Keinesfalls würde man so weit im Süden – wo andere Dörfer nur vor sich hinschlummern – einen solchen Trubel erwarten. Genauso überraschend ist auch der Parque Nacional Perito Moreno (nicht zu verwechseln mit dem gleichnamigen Gletscher) mit der allerbesten Infrastruktur und den allerwenigsten Besuchern.
Wie auch anderswo auf der Welt konkurriert in Patagonien die Erhaltung der einzigartigen Natur mit den Interessen der Wirtschaft: Über die Errichtung von Staudämmen wird debattiert, Erdölproduktion und Bergbau sind Themen, die immer wieder auf den Verhandlungstisch kommen. Aber es werden auch neue Nationalparks gegründet und alte erweitert, Ökosysteme wiederhergestellt und bedrohte Tierarten unter Schutz gestellt. Dieser im Gang befindliche Wandel lässt das Beste hoffen.
Wir treten in die Fußstapfen von jenen, die vor uns da waren. Die früheren Autoren Ralf Gantzhorn und Thomas Wilken haben Patagonien über Jahre regelmäßig bereist. Dazu kommen jetzt weitere Insiderkenntnisse durch meine Bergführer-Tätigkeit in El Chaltén und ganz Patagonien und natürlich einfach nur neue Touren, die bei früheren Auflagen dieses Wanderführers noch nicht zur Verfügung standen.
Trotz genauer Recherche ändern sich zwischenzeitig Adressen, Busverbindungen oder auch Wegverläufe schneller, als einem lieb ist. Seit der ersten Auflage dieses Wanderführers hat es – auch abgesehen von verheerenden Waldbränden und Vulkanausbrüchen – zahlreiche Neuerungen in den beschriebenen Gebieten gegeben. Um das Buch auch weiterhin immer auf einem möglichst aktuellen Stand halten zu können, sind Verlag und Autor für Korrekturhinweise dankbar.
Ich wünsche Ihnen eine gute Reise!

El Chaltén, im patagonischen Frühling 2024 Matias Korten

Unterhalb des Glaciar de los Perros endet die vierte Etappe auf dem Weg um die Torres del Paine (Tour 31).

INHALTSVERZEICHNIS

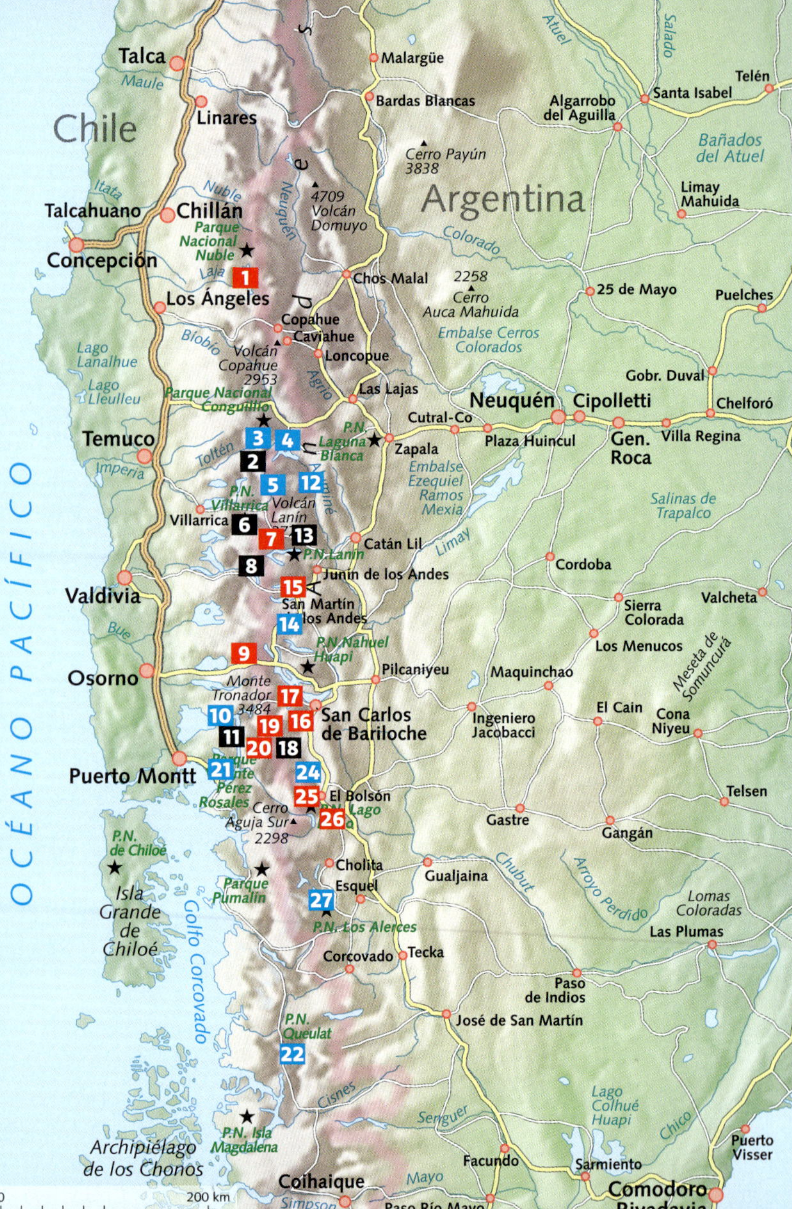

Talca
Maule
Linares
Chile
Malargüe
Bardas Blancas
Atuel
Salado
Telén
Santa Isabel
Algarrobo del Aguilla
Bañados del Atuel
Cerro Payún 3838
Argentina
Limay Mahuida
Itata
Ñuble
Talcahuano
Chillán
Parque Nacional Ñuble
Concepción
Laja
Los Ángeles
Neuquén
4709 Volcán Domuyo
Colorado
Chos Malal
2258 Cerro Auca Mahuida
25 de Mayo
Puelches
Copahue
Caviahue
Loncopue
Volcán Copahue 2953
Embalse Cerros Colorados
Biobío
Lago Lanalhue
Lago Lleulleu
Agrio
Las Lajas
Parque Nacional Conguillío
Gobr. Duval
Neuquén
Cipolletti
Chelforó
Cutral-Co
Plaza Huincul
Gen. Roca
Villa Regina
Temuco
Toltén
Imperia
P.N. Laguna Blanca
Zapala
Embalse Ezequiel Ramos Mexía
P.N. Villarrica
Volcán Lanín
Aluminé
Villarrica
Salinas de Trapalco
Catán Lil
Limay
P.N. Lanín
Junín de los Andes
Cordoba
OCÉANO PACÍFICO
Valdivia
San Martín de los Andes
Sierra Colorada
Valcheta
Bue
P.N. Nahuel Huapi
Los Menucos
Meseta de Somuncurá
Osorno
Pilcaniyeu
Maquinchao
Monte Tronador 3484
San Carlos de Bariloche
Ingeniero Jacobacci
El Cain
Cona Niyeu
Puerto Montt
Parque Vicente Pérez Rosales
El Bolsón
Cerro Aguja Sur 2298
P.N. Lago Puelo
Gastre
Gangán
Telsen
P.N. de Chiloé
Isla Grande de Chiloé
Parque Pumalín
Golfo Corcovado
Cholita
Esquel
Gualjaina
Chubut
Arroyo Perdido
Lomas Coloradas
Las Plumas
P.N. Los Alerces
Corcovado
Tecka
Paso de Indios
José de San Martín
P.N. Queulat
Cisnes
Senguer
Lago Colhué Huapi
Chico
P.N. Isla Magdalena
Archipiélago de los Chonos
Facundo
Sarmiento
Puerto Visser
Coihaique
Simpson
Mayo
Paso Río Mayo
Comodoro Rivadavia
Andes
0
200 km
1
2
3
4
5
6
7
8
9
10
11
12
13
14
15
16
17
18
19
20
21
22
24
25
26
27

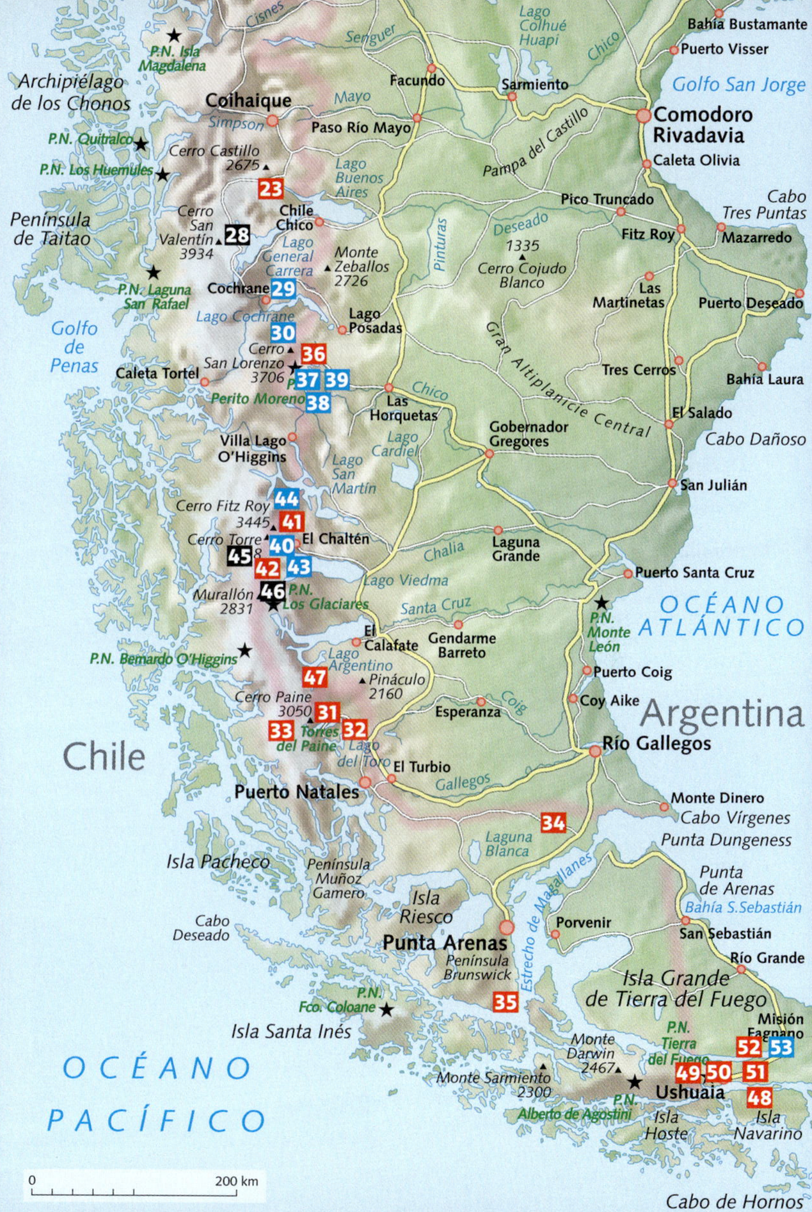

P.N. Isla Magdalena
Archipiélago de los Chonos
Coihaique
Simpson
P.N. Quitralco
Cerro Castillo 2675
P.N. Los Huemules
23
Península de Taitao
Cerro San Valentín 3934
28
Chile Chico
Lago General Carrera
Monte Zeballos 2726
P.N. Laguna San Rafael
Cochrane
29
Lago Cochrane
30
Lago Posadas
Golfo de Penas
Cerro San Lorenzo 3706
36
Caleta Tortel
37
39
Perito Moreno
38
Las Horquetas
Chico
Villa Lago O'Higgins
Lago Cardiel
Lago San Martín
44
Cerro Fitz Roy 3445
41
Cerro Torre
40
El Chaltén
45
42
43
Chalia
Lago Viedma
Murallón 2831
46
P.N. Los Glaciares
Santa Cruz
El Calafate
Gendarme Barreto
P.N. Bernardo O'Higgins
Lago Argentino
47
Pináculo 2160
Cerro Paine 3050
31
33
Torres del Paine
32
Lago del Toro
El Turbio
Chile
Puerto Natales
Gallegos
34
Laguna Blanca
Isla Pacheco
Península Muñoz Gamero
Isla Riesco
Cabo Deseado
Punta Arenas
Península Brunswick
Estrecho de Magallanes
35
P.N. Fco. Coloane
Isla Santa Inés
OCÉANO PACÍFICO
Monte Sarmiento 2300
Monte Darwin 2467
P.N. Alberto de Agostini
Cisnes
Senguer
Lago Colhué Huapi
Chico
Bahía Bustamante
Puerto Visser
Facundo
Sarmiento
Golfo San Jorge
Mayo
Comodoro Rivadavia
Paso Río Mayo
Pampa del Castillo
Caleta Olivia
Lago Buenos Aires
Pico Truncado
Cabo Tres Puntas
Pinturas
Deseado
Fitz Roy
Mazarredo
1335
Cerro Cojudo Blanco
Las Martinetas
Puerto Deseado
Gran Altiplanicie Central
Tres Cerros
Bahía Laura
El Salado
Gobernador Gregores
Cabo Dañoso
San Julián
Laguna Grande
Puerto Santa Cruz
OCÉANO ATLÁNTICO
P.N. Monte León
Puerto Coig
Coig
Esperanza
Coy Aike
Argentina
Río Gallegos
Monte Dinero
Cabo Vírgenes
Punta Dungeness
Punta de Arenas
Bahía S.Sebastián
Porvenir
San Sebastián
Río Grande
Isla Grande de Tierra del Fuego
Misión Fagnano
P.N. Tierra del Fuego
52
53
49
50
51
Ushuaia
48
Isla Hoste
Isla Navarino
Cabo de Hornos
0
200 km

TOP-TOUREN

Natürlich sind alle in diesem Buch erwähnten Touren zu empfehlen, und natürlich gibt es auch noch viele weitere lohnende Touren. Aber wer hat schon unendlich lange Ferien und unendlich große Wanderlust? Daher sei hier eine Auswahl sowohl von Klassikern als von auch unbekannteren Zielen aufgelistet, mittels derer man einen Überblick der Patagonischen Anden gewinnen kann.

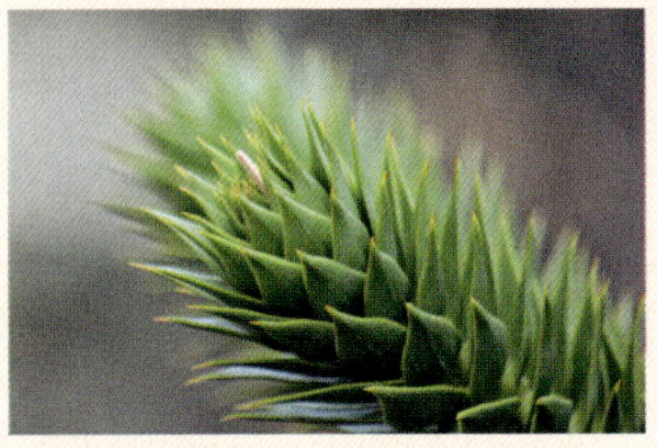

In der Sierra Nevada
Der prähistorische Araukarienwald in Nordpatagonien ist eines der vielen Gesichter, die Patagonien zu bieten hat. Hier wandert man auf einen großartigen Aussichtspunkt über Wälder und Seen und erlebt dazu noch eine Nacht in der Wildnis. *(Tour 3, 2 Tage)*

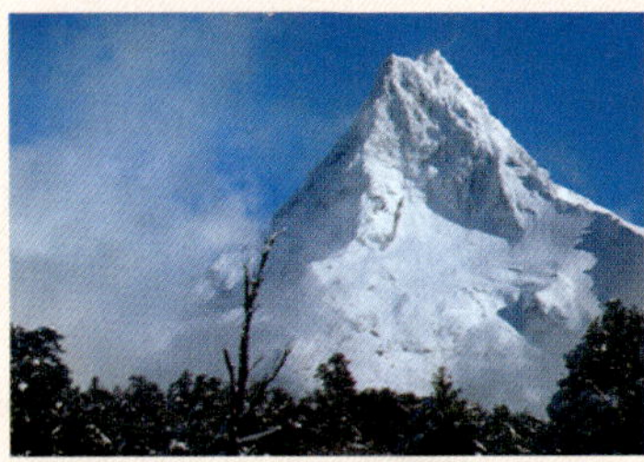

Zu den Thermalquellen von Callao
Wo Vulkanismus herrscht, gibt es oft auch warme Quellen. Bei dieser Tour muss man einen ganzen Tag im Regenwald wandern, bevor man baden darf. Entsprechend groß ist dann der Genuss, und auch die Sicht auf den Volcán Puntiagudo ist nicht ohne. *(Tour 10, 2 Tage)*

Über den Paso de las Nubes
Diese Tour im Schatten des »Donnerberges« hat einfach alles: die üppige Vegetation des Valdivianischen Regenwaldes, Vulkan, Berghütte, optionale Hochtour, optionale Gletscherquerung, Bootsfahrt ... Herz, was willst du mehr? *(Tour 19, 2–3 Tage)*

Im Cochamó-Tal
Das vom Pazifik aufsteigende Valle de Cochamó mitten im Regenwald wird von imposanten Granitwänden umrahmt; das »Yosemite von Südamerika« ist unbedingt einen Besuch wert. *(Tour 21, 3 Tage)*

Circuito Lagunas Altas
Hervorragende Infrastruktur in der Wildnis des neuen Parque Nacional Patagonia mit Lodge und Zeltplatz am Ausgangspunkt machen aus dieser Wanderung eine willkommene Pause auf dem langen Weg nach Süden. Während der Tour selbst wechseln sich Steppe und Südbuchenwald herrlich ab. *(Tour 29, 8.00 Std.)*

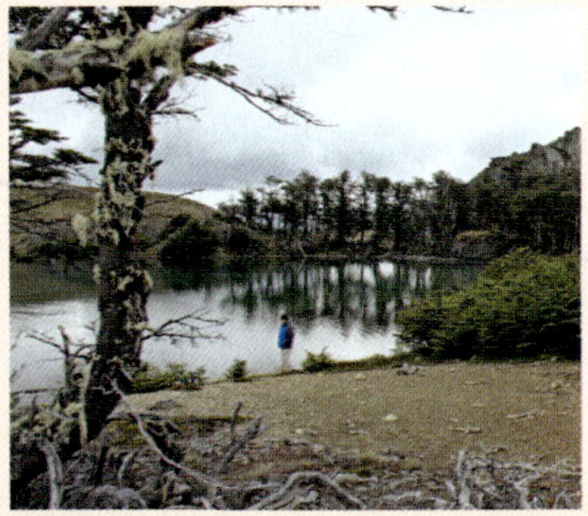

Auf dem W-Trek durch die Torres del Paine
Chilenisches Patagonien heißt »Torres del Paine«, da führt kein Weg dran vorbei. Die hier vorgeschlagene Tour kombiniert alle Highlights miteinander. *(Tour 32, 5 Tage)*

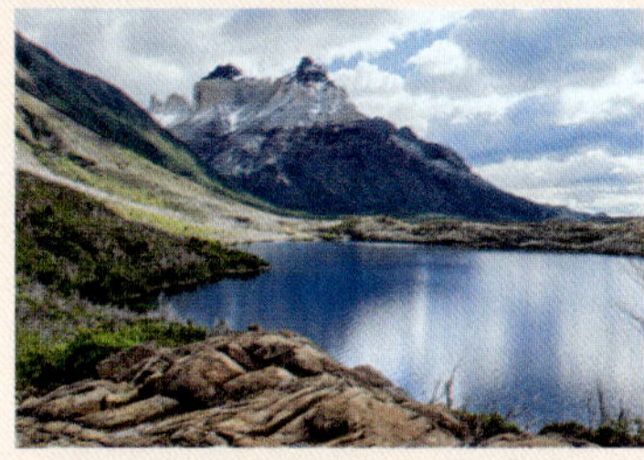

Pali Aike – Cráter Morada del Diablo
Wer (wie der Autor) die Weite der patagonischen Steppe liebt, ist hier genau richtig. Dieser Ort ist auch von großer archäologischer und geologischer Bedeutung. *(Tour 34, 2.30 Std.)*

Der Parque Perito Moreno am Cerro San Lorenzo
Ein Wanderparadies ohnegleichen in Patagonien. Es geht durch Südbuchenwald und Steppe an den imposanten Cerro San Lorenzo. Erstklassige Selbstversorgerhütten und instandgehaltene Wanderpfade warten auf die wenigen Besucher, die allerdings erst mal 220 km Schotterpiste in Kauf nehmen müssen. *(Tour 36, 3 Tage)*

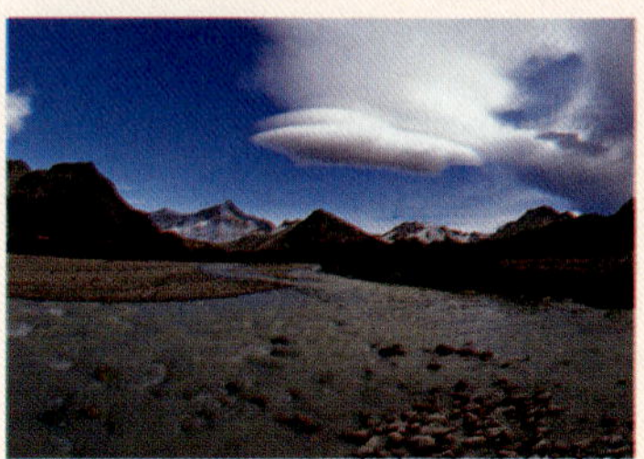

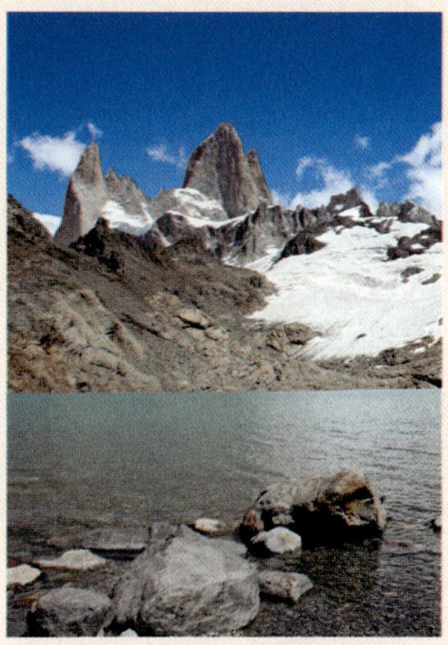

Der Fitz-Roy-Trek
Ein weiterer unabdingbarer Klassiker. Allein das Dorf El Chaltén ist einen Besuch wert, und wenn man nur einen Tag zum Wandern hat, dann ist diese Tour zum Fitz Roy ein Muss. *(Tour 41, 7.45 Std.)*

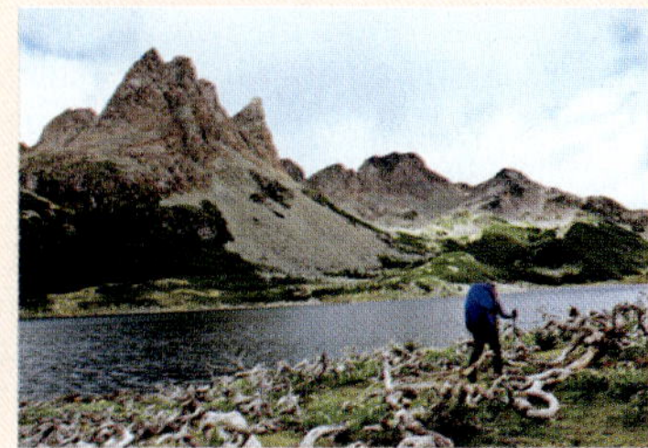

Circuito de los Dientes de Navarino
Eine einsame Trekkingrunde am Ende der Welt: Fast eine kleine Expedition ist es, hier auf der südlichsten bewohnten Insel des Planeten eine mehrtägige Tour zu unternehmen. *(Tour 48, 5 Tage)*

ALLGEMEINE HINWEISE

Auswahl der Touren

Die in diesem Wanderführer vorgestellten Touren spiegeln die Vielfalt der patagonischen Natur wider. Beschrieben sind diverse Tagestouren in allen bekannteren Nationalparks, nahezu alle klassischen Trekkingtouren vom Seengebiet im Norden bis hin nach Feuerland und auch die Besteigung einiger besonders interessanter Berge (mehrere davon Vulkane). Selbst die Eisfelder wurden nicht ausgelassen: Jeweils ein Vorschlag für ein expeditionartiges Unternehmen sowohl im Nördlichen als auch Südlichen Eisfeld ist enthalten. Es sollte also für jeden Geschmack etwas dabei sein.

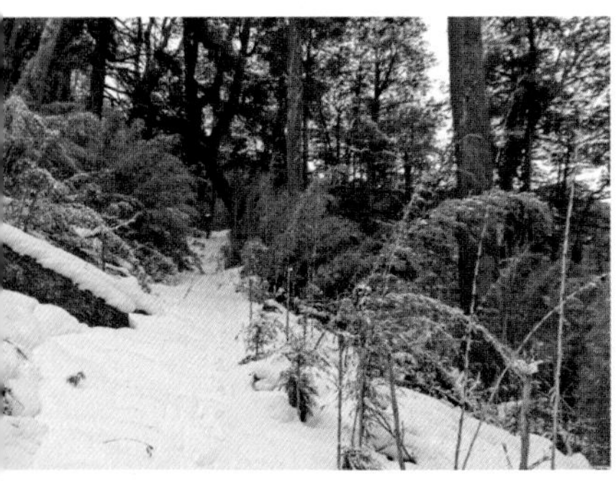

Es kann zu jeder Jahreszeit mal schneien, vor allem in Südpatagonien.

Anforderungen

Die touristische Infrastruktur im Gebirge ist trotz zahlreicher aus dem Boden schießender Outdoor- bzw. Trekkingagenturen relativ einfach. So sind die gängigen Wege in den größeren Nationalparks normalerweise gut markiert, oft aber handelt es sich auch um von Pferden ausgetretene Siedlerpfade oder Wegspuren, die nur mit etwas Gespür für das Gelände zu finden sind. Die meisten Pfade werden eher notdürftig gewartet: Trittsicherheit und Orientierungssinn sind normalerweise ein Muss. Für einen guten Teil der mehrtägigen Treks ist man auf sich selbst gestellt: Das heißt, dass man schon mal mit einem 15–20 kg schweren Rucksack starten muss.

Die hier vorgestellten Touren sind nach einer dreistufigen Skala von leicht bis schwierig – dargestellt durch die Farben Blau, Rot und Schwarz – eingeteilt. Diese Bewertung ist natürlich subjektiv und abhängig von den jeweils herrschenden Wetterbedingungen. Eingeschlossen in die Bewertung sind die Schwierigkeiten bei der Routenfindung, der Zustand des Weges, die Ausgesetztheit gegenüber dem Wetter und die rein technischen Schwierigkeiten. Um die jeweiligen Anforderungen, die sich grundsätzlich auf die Bedingungen im Sommer beziehen, besser einschätzen zu können, wird die Schwierigkeitseinteilung auf der nächsten Seite etwas näher erläutert.

Zu bemerken ist, dass die Schwierigkeitseinstufung im vorliegenden Wanderführer von derjenigen in vergleichbaren Alpenführern etwas abweichen kann. Eine in den Alpen als »schwarz« kategorisierte Tour wird hier unter Umständen noch mit »rot« bewertet. Details zu den Anforderungen der Touren sind dem jeweiligen Infoblock zu entnehmen.

SCHWIERIGKEITSKATEGORIEN

■ = Leicht

Gut zu begehende, trotzdem auf jeden Fall Bergschuhe erfordernde Wanderung in übersichtlichem Terrain. Die Wege sind normalerweise gut zu erkennen, auch wenn sie manchmal etwas sumpfig sind oder durch Geröllfelder führen.

■ = Mittel

Als Routen mittlerer Schwierigkeit gelten in diesem Führer u.a. die klassischen Traversen über die Plateaus im Seengebiet. Voraussetzung dafür ist eine gute Kondition, da man am Tag schon mal bis zu etwa acht Stunden unterwegs ist. Das Terrain ist manchmal steil und/oder sumpfig, und es müssen auf einigen Touren längere Passagen durch Geröllfelder überwunden werden. Orientierungssinn, Trittsicherheit und Schwindelfreiheit gehören ebenfalls zum Rüstzeug derjenigen, die sich Touren dieses Grades als Ziel gesetzt haben. Nicht vorausgesetzt werden alpinistische Fertigkeiten, dennoch müssen gelegentlich die Hände zu Hilfe genommen werden.

■ = Schwierig

In diesem Buch sind auch einige Touren vorgestellt, die jenseits der Grenze dessen sind, was man gemeinhin unter dem Begriff »Trekking« versteht – insbesondere die beiden Vorschläge im Bereich der Eisfelder (28, 45), die bereits Expeditionscharakter haben. Allgemein sind jene Touren mit »schwierig« bewertet, die neben sehr guter Kondition, Orientierungsvermögen in weglosem Gelände (auch mit GPS im »White Out«) und Schwindelfreiheit auf ausgesetzten Passagen auch alpinistische Fertigkeiten erfordern. Darunter versteht man u.a. die Bewältigung von Kletterpassagen bis zum III. Grad UIAA sowie, im Bereich von Gletschern, Kenntnisse in Spaltenbergung und natürlich das Gehen mit Steigeisen und Pickel in vereisten Hängen bis 40° Neigung (vor allem bei Vulkanen). Ebenso vorausgesetzt wird Erfahrung in der Einschätzung alpiner Gefahren (Lawinen, Steinschlag, Gletscherspalten, umschlagendes Wetter). Besonders wichtig ist auch die Fähigkeit zur Beurteilung, wann rechtzeitig umzudrehen ist.

Gefahren

Patagonien ist von Natur aus ein wildes Land, in dem es einige Spielregeln zu beachten gilt. Wichtig ist dabei vor allem eine Strategie zur Unfallvermeidung. Einen Rettungsdienst nach europäischem Vorbild gibt es nicht, Rettungshelikopter auch nicht. Manche Bergdörfer wie El Chaltén, Puerto Natales und Bariloche besitzen Volontärgruppen, die im Notfall helfen können, aber sie kommen zu Fuß, und so kann Hilfe Stunden oder auch Tage dauern. Informieren Sie sich deshalb zum Thema »Erste Hilfe in der Natur«. Wählen Sie eine Tour aus, die Ihrem Wissensstand und Ihrer körper-

lichen Verfassung entspricht. Bereiten Sie sich so gut wie möglich physisch und mental auf das angepeilte Ziel und die voraussichtlichen Anforderungen vor (bitte die Beschreibung im Infoblock der jeweiligen Tour genau lesen!). Achten Sie auf die Gruppendynamik, respektieren Sie das Niveau jedes Mitglieds und seien Sie kritisch mit Gruppenentscheidungen und deren Irrwegen (z.B. »Risky-Shift-Phänomen«). Bedenken Sie auch immer, dass sich das Wetter in Patagonien innerhalb sehr kurzer Zeit ändern kann und damit eventuell die Fortführung einer Tour unmöglich wird.
Im Einzelnen sollte man sich auf folgende Bedingungen und spezielle Gefahren in den Anden einstellen:

- **Orientierung:** Nebel tritt relativ selten auf, dafür gerät man auf den Hochplateaus im Norden oder den Touren im Bereich der Eisfelder umso häufiger in die Wolken. Während man sich auf den Klassikern noch recht gut anhand von Markierungsstangen und Trittspuren orientieren kann, helfen andernorts nur gute Navigationskenntnisse mit Karten und Kompass oder am besten mit GPS. Gerade im Bereich der Eisfelder ist die Mitnahme eines GPS-Gerätes unentbehrlich, mit dessen Hilfe man die zu begehende Route im Vorfeld eintragen und dann während der Tour aufzeichnen kann, sodass man auch im »White Out« zumindest auf demselben Weg zurückfindet. Zu erwähnen ist, dass Gletscher und Schneefelder von Natur aus in ständiger Bewegung sind und somit auf ihnen keine existierende GPS-Route 100%ig exakt sein kann. Auf keinen Fall sollte man einer alten GPS-Route blind folgen oder gerade Linien von Wegpunkt zu Wegpunkt ziehen.
- **Flussquerungen** gehören zu den Standardsituationen in Patagonien. Manchmal müssen gleich mehrere Bäche an einem Tag durchwatet werden. Dazu sucht man sich zunächst eine geeignete Stelle, an der die

SYMBOLE

Symbole im Tourenkopf

mit Bus oder Schiff erreichbar
Einkehrmöglichkeit
für Kinder geeignet

Symbole im Höhenprofil

Ort mit Einkehrmöglichkeit
bewirtschaftete Hütte, Café, Restaurant, Kiosk
unbewirtschaftete Hütte, Biwak, Unterstand
Camping-, Zeltlagerplatz

Bushaltestelle
Schiffsanlegestelle
Parkplatz
Sesselliftstation
Gipfel
Passübergang, Sattel
Brücke, Hängebrücke
Aussichtsplatz, Mirador
Leuchtturm
Wasserfall
Thermalquellen
Abzweigung

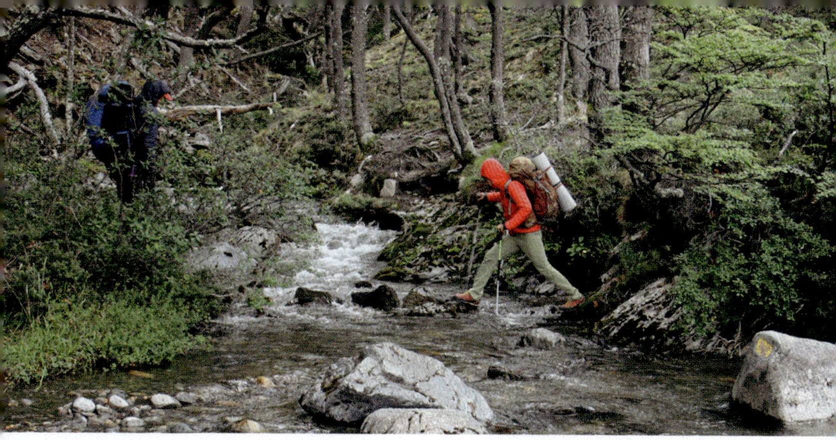

Wanderstöcke sind bei Flussquerungen unentbehrlich.

Strömung nicht zu stark ist und die Wassertiefe auf keinen Fall Hüfthöhe überschreitet. Normalerweise passiert dies, wo sich der Bach in mehrere kleinere Bäche verzweigt oder breiter wird. Dann zieht man Stiefel und Hose aus und schnallt beides auf den Rucksack. Als geeignetes Schuhwerk empfiehlt sich nun ein leichtes Paar Turnschuhe (barfuß ist nicht zu empfehlen!). Gehen Sie während der Flussüberquerung schräg mit der Strömung und stützen Sie sich dabei mit beiden Stöcken ab. Bei Unsicherheiten bezüglich des nächsten Schrittes sollte man mit einem Stock vorfühlen, wie tief es werden wird. Der Hüftgurt des Rucksacks muss auf jeden Fall geöffnet bleiben, damit man das Gepäck im Notfall abwerfen kann. Am Nachmittag (durch die Schneeschmelze) oder nach starken Regenfällen kann es unmöglich werden, einen Bach zu durchwaten. In so einem Fall hilft nichts anderes, als umzukehren oder den nächsten Morgen abzuwarten.

- **Schneefelder** werden entweder umgangen oder mit kräftigen Schritten gequert. Sollten sie vereist sein, braucht man Steigeisen. Oft merkt man dies erst, wenn man schon mittendrin ist und das Anlegen nicht mehr einfach ist. Im Zweifelsfall zieht man sie daher besser im Voraus auf.
- **Schotterfelder** gehören zu den am häufigsten zu querenden Unannehmlichkeiten in Patagonien. Ob scharfkantige Lavaströme oder Blockströme aus Granit, überall liegt Schutt. Sicheres Gehen auf losem Untergrund ist daher Voraussetzung für alle Touren ab dem mittleren (»rot«) Schwierigkeitsgrad.
- **Regen:** Vor allem im chilenischen Regenwald regnet es natürlich viel. Die Ausrüstung muss unbedingt wasserdicht sein, siehe Kapitel »Ausrüstung«. Auch hilft eine genaue Lektüre des Wetterberichts, siehe »Klima und Wettergeschehen«, und die Wahl der dazu passenden Route.

Der Umwelt zuliebe ...

Auch beim Wandern hinterlassen wir einen ökologischen Fußabdruck, aber im Einklang mit der Natur unterwegs zu sein, ist gar nicht so schwer!

VORBEREITUNG UND ANFAHRT

- Sich vorab informieren, worauf in Bezug auf Natur und Umwelt in der jeweiligen Wanderregion besonders zu achten ist.
- Soweit möglich mit Bahn und Bus anreisen, Wander- und Rufbusse nutzen.
- Ist eine Anfahrt mit dem Auto nötig, Fahrgemeinschaften bilden.
- Bei weiten Anfahrten Mehrtagestouren planen oder von einem Quartier vor Ort aus mehrere Touren absolvieren.
- Flugreisen möglichst reduzieren und durch Beiträge zu Klimaschutzprojekten kompensieren.

KLEIDUNG UND AUSRÜSTUNG

- Beim Kauf von Outdoor-Kleidung auf umweltfreundliche und faire Herstellung achten und Kleidungsstücke möglichst viele Jahre nutzen.
- Ausrüstung kann man eventuell auch gebraucht kaufen oder ausleihen.
- Reparieren statt neu kaufen.

VERPFLEGUNG

- Beim Einkauf Bio-Ware, regionale und saisonale Erzeugnisse bevorzugen.
- Hütten und Gasthäuser auswählen, die regionale Produkte verwenden.
- Auf Einwegflaschen und Plastikverpackungen verzichten, stattdessen wiederverwendbare Trinkflaschen und Brotzeitboxen benutzen.

ÜBERNACHTUNG

- Bei lokalen Anbietern buchen, damit Menschen vor Ort profitieren.
- Auf Hütten und in anderen Unterkünften Strom und Wasser sparen.

UNTERWEGS

- Wege benutzen und Abkürzer vermeiden.
- Sperrungen von Wegen und Schutzgebieten respektieren.
- Keine Blumen pflücken und keine Pflanzen entnehmen.
- Waldbrandgefahr beachten.
- Müll wieder mit nach Hause nehmen und dort entsorgen.
- Toilettengänge in freier Natur möglichst vermeiden.
- Lärm vermeiden.
- Hunde an die Leine nehmen.

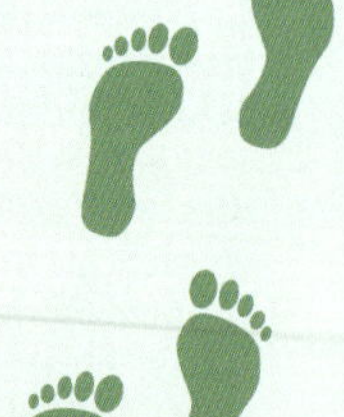

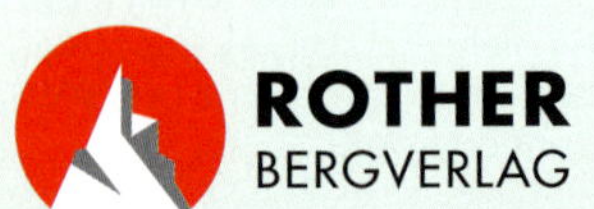

- **Sturm:** Wind ist das Markenzeichen Patagoniens und man kann sich, aus Mitteleuropa kommend, kaum vorstellen, wie stark dieser auf die unmittelbare Geländegängigkeit Einfluss hat. Der patagonische Wind weht ständig und sehr kräftig und ist dazu auch noch sehr böig. So kann es durchaus passieren, dass innerhalb von Sekunden der Wind nachlässt und anschließend wieder auffrischt. Er entfaltet dabei eine geradezu umwerfende Wirkung, dies ist insbesondere auf Geröllfeldern nicht ungefährlich. Die Regionen um El Chaltén und Torres del Paine sind besonders windig. Da man sich vor Sturm nicht explizit schützen kann, hilft insgesamt nur eine vorsichtige Gehweise. Oft kann man die Böen durch die Pampa kommen hören, dann sollte man sich vorsichtshalber ducken und abwarten. Darüber hinaus ist die Ausrüstung, insbesondere das Zelt (und die Platzierung desselben), den windigen Umständen anzupassen.
- **Sonne:** So merkwürdig das vielleicht klingt, aber die Sonne ist in Patagonien zumindest aus Sicht der Haut ein Problem. Die Sonneneinstrahlung ist aufgrund des antarktischen Ozonlochs extrem stark. Man sollte sich daher gut schützen, selbst Einheimische benutzen Sonnencremes mit hohem Lichtschutzfaktor. Besonders empfindliche Hautpartien sollte man bedeckt halten. Eine leichte Kopfbedeckung schützt auch das Gesicht. Ein Halstuch (empfohlen sind Schlauchtücher) kann man sich mittags auch mal bis über die Nase ziehen. Auf Schneefeldern ist eine Sonnenbrille ein Muss! Zu beachten ist, dass man selbst bei bewölktem Himmel innerhalb nur weniger Minuten einen Sonnenbrand bekommen kann.
- **Tiere,** die dem Menschen gefährlich werden, gibt es in Patagonien wenige, und die sind selten. Eine Begegnung mit dem einzigen größeren Raubtier der Region, dem Puma, ist nahezu auszuschließen. Wenn es doch dazu kommt, soll man sich ruhig verhalten und auf keinen Fall wegrennen (damit würde man sich wie seine übliche Beute verhalten). Pumas sind nicht aggressiv, werden sich aber verteidigen, wenn sie sich bedrängt fühlen.
  Durch Mäusekot kann das Hantavirus übertragen werden, was zwar selten vorkommt, aber verschiedene sehr unangenehme und auch gefährliche Erkrankungen verursachen kann. Die Übertragung erfolgt in der Regel durch eine bestimmte Mäuseart, *Oligoryzomys longicaudatus*, deren dünner Schwanz etwa doppelt so lang wie ihr Körper ist. Sie ist im Seengebiet heimisch. Zur Vorbeugung sollte man Hüttenruinen und Holzlager meiden und frische Luft und sonnige Orte zum Verweilen bevorzugen.
  Eine weitere der seltenen Gefahren ist die »Schwarze Witwe« *(Latrodectus sp.)*, deren neurotoxisches Gift für den Menschen durchaus gefährlich werden kann. Aggressiv ist diese Spinne aber nicht. Etwa genauso selten und gefährlich ist die Braunspinne (Chilenische Winkelspinne, *Loxosceles laeta),* die »häuslich« ist (also in Häusern lebt). Ihr Gift wirkt nekrotisch.
- Sehr störend sind die *tábanos*, Pferdebremsen, die im Hochsommer zu einer wahren Plage werden können. Etwas ekelig, je nach Betrachtungsweise, sind Vogelspinnen, die sowohl in den Steppen Patagoniens als

auch im Regenwald des Bosque Valdiviano vorkommen. Sie greifen aber in der Regel den Menschen nicht an. Um unliebsamen Begegnungen vorzubeugen, sollte man jedoch generell den Inhalt seiner Schuhe überprüfen, bevor man hineinschlüpft. An windstillen Tagen, zum Glück selten, können Mücken dem Wanderer zur Last werden.

Auch in Nordpatagonien mittlerweile zuhause ist die deutsche Wespe. Sie lebt in Kolonien, und zwar unterirdisch; wer das Nest stört, wird von den Bewohnern gnadenlos gejagt, was bei Allergikern schlimme Folgen haben kann. Auch krabbeln sie gerne in Lebensmittel hinein, wie z.B. Sandwiches und Getränkedosen. In der Notfallapotheke sollten deshalb Adrenalin und Kortison dabei sein.

Zu guter Letzt noch ein Tipp für den Proviant: Nicht sorgfältig verpackte Lebensmittel stellen eine willkommene Einladung für Tiere dar, sich auch noch durch den teuersten Zeltboden zu knabbern. Essensvorräte sollte man daher am besten wasserdicht verpackt aufhängen. Mäuse, Rotfüchse und in seltenen Fällen sogar Pumas (!) bedienen sich gerne an unseren im Zelt zurückgelassenen Leckereien, insbesondere Wurst und Käse.

- **Vulkanismus:** Dieser Wanderführer enthält mehrere Touren in unmittelbarer Nähe aktiver Vulkane und schlägt auch einige Besteigungen vor. Aktive Vulkane brechen von Zeit zu Zeit auch aus. Chile wird mit seinen über 2000 Vulkanen bezüglich Vulkanismus weltweit nur von Indonesien übertroffen. Der »Servicio Nacional de Geología y Minería«, kurz SERNAGEOMIN, überwacht die Aktivität der gefährlichen Vulkane. Die aktuelle Alarmstufe jedes Vulkans und weitere Infos kann und sollte man vorab auf der Website sernageomin.cl aufrufen. Ab Alarmstufe 3 (also orange) sollte man sich nicht mehr in der Gegend aufhalten, geschweige denn die Tour versuchen. Im Infoblock der entsprechenden Touren ist die SERNAGEOMIN-Adresse für den jeweiligen Vulkan angegeben.
- **Alpine Gefahren:** Die als »schwierig« eingestuften Touren bergen oft noch weitere Gefahren. In der Regel bewegt man sich in Gegenden, bei denen unter anderem Steinschlag, Gletscherspalten und Lawinengefahr einzuschätzen sind. Im Zweifelsfall nimmt man einen Bergführer, siehe das Kapitel »Informationen und Adressen«.

Gehzeiten und Höhenangaben

Die Zeitangaben enthalten die reine Gehzeit, ohne allzulange Rast- oder Fotopausen, und beziehen sich auf einen durchschnittlich trainierten Wanderer. Selbstverständlich sind Wetter, körperliche Verfassung, schweres Gepäck und Wegzustand wichtige Einflussfaktoren, die bei der Tourenplanung berücksichtigt werden müssen.

Höhenangaben in Patagonien sind als Orientierung zu verstehen, mehr nicht, denn die Quellenlage ist unzuverlässig. Selbst für so bekannte Gipfel wie den Fitz Roy variieren die offiziellen Angaben zwischen 3375 m und 3460 m, in unbekannteren Gegenden kann man noch wesentlich größere

Differenzen feststellen. Eigentlich ist es ja auch fast egal, ob z.B. das Refugio Otto Meiling 2050 m hoch ist (wie auf einigen Karten) oder 2000 m (wie nach unserem GPS), oder nur 1920 m, wie nach anderen Quellen. Der Weg ist derselbe, die Aussicht sowieso.

Ausrüstung

Wasser und Wind sind die beiden ausschlaggebenden Elemente bei der Wahl der für die Patagonischen Anden geeigneten Ausrüstung. Die Ansprüche an das Material sollten dem rauen Klima entsprechend hoch sein.
Als Schuhwerk haben sich für die häufig über wegloses Gelände führenden Wanderungen knöchelhohe Berg- oder Trekkingstiefel mit Profilsohle und eingearbeiteter Membran bewährt.
Bei der Bekleidung gilt das Zwiebelschalenprinzip. Das bedeutet, dass man sich durch verschiedene dünne Lagen entsprechender Bekleidung optimal an die äußeren Gegebenheiten anpasst. Dadurch wird übermäßiges Schwitzen genauso vermieden, wie bei Ruhepausen oder einem Temperatursturz zusätzliche Kleidung angezogen werden kann. Als unterste Schicht ist Sport- oder Funktionsunterwäsche aus Schweiß ableitender Kunstfaser (oder Merinowolle) zu empfehlen. Darüber trägt man entweder einen dünnen Fleecepulli oder ein Hemd aus dem gleichen Gewebe. Für Pausen und kältere Tage braucht man eine mitteldicke Daunen- oder Kunststofffaserjacke. Als Trekkinghose empfehlen sich weite Hosen mit zahlreichen Taschen, entweder aus einem Mikrofasergewebe oder einem schnell trocknenden Baumwoll-Polyester-Material. Bei extremen Witterungsverhältnissen benö-

Für mehrere Tage in der Wildnis will man gut ausgerüstet sein.

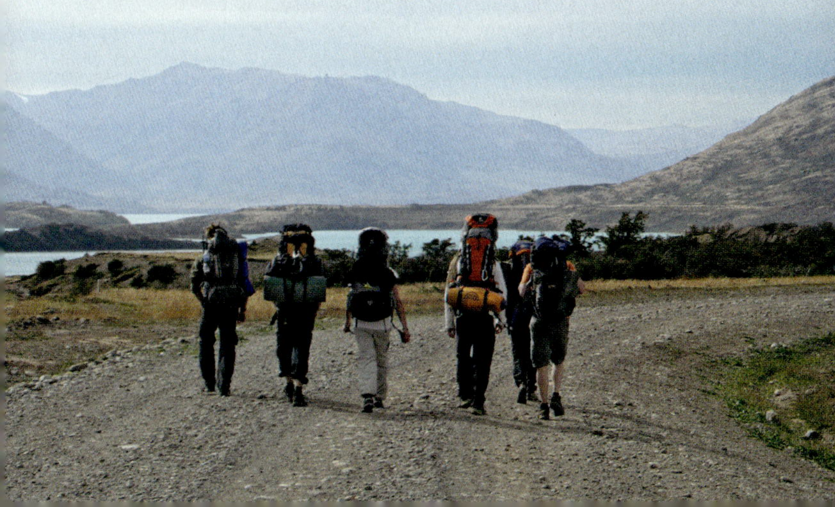

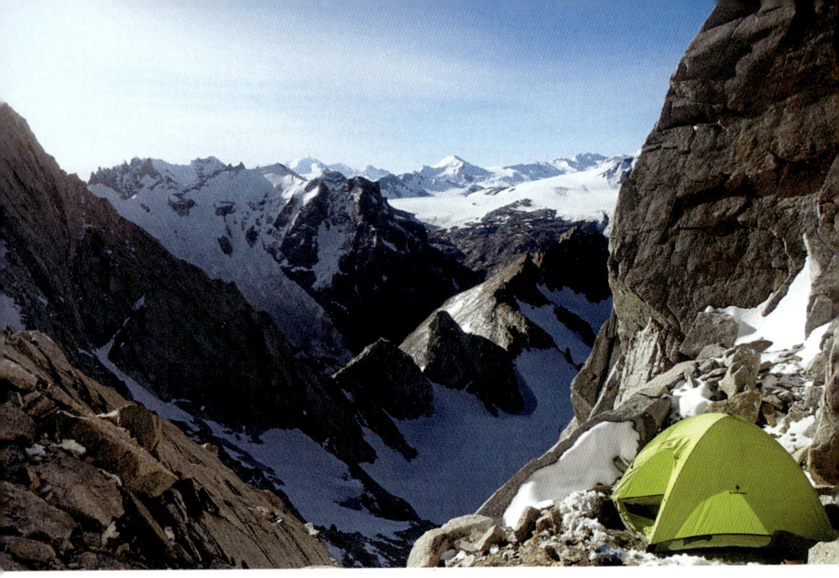

Eine traumhafte Ecke für eine Nächtigung am Paso Guillaumet (bei El Chaltén).

tigt man als oberste Schicht eine robuste Regenjacke und -hose aus einem atmungsaktiven und absolut wasserfesten Stoff (Goretex, Sympatex etc.). Stets zum Gepäck gehören darüber hinaus dünne Handschuhe, Mütze, ein Halstuch und Gamaschen.

Um bei schlechten Sichtverhältnissen die Orientierung nicht zu verlieren, gehören dieses Buch und ein Kompass in den Rucksack, bei schwierigen Touren ein GPS-Gerät. Bei den meisten Handys ist heutzutage die GPS-Funktion integriert, man muss nur eine entsprechende App herunterladen und sich mit ihr anfreunden, und zwar schon im Vorfeld.

Teleskopstöcke entlasten die Gelenke und sind ein unverzichtbares Hilfsmittel auf morastigen Wegen oder bei Flussquerungen.

Damit die Energieversorgung des Körpers nicht zusammenbricht, ist genügend Nahrung mitzunehmen. Zu beachten ist, dass je nach Länge und Abgeschiedenheit der Wanderung genügend Reserven einzupacken sind. Welche Lebensmittel man mitnimmt, ist Geschmackssache. Es sei nur darauf hingewiesen, dass Trockenfrüchte (Nüsse, Mandeln usw.) die meisten Kalorien per Gramm liefern, aber nicht besonders schnell verdaut werden können. Für unterwegs sind zuckerhaltige Snacks in dieser Hinsicht vorteilhafter. Eine andere goldene Regel ist, einfach das mitzunehmen, was einen glücklich macht. Die Moral hochzuhalten ist schließlich das Allerwichtigste! Eine Trinkflasche mit mindestens 1 Liter Inhalt pro Person gehört übrigens ebenfalls ins Gepäck.

Der Rucksack muss für autonome Mehrtagestouren ein Fassungsvermögen zwischen 50 und 60 Litern besitzen, für Tagestouren genügen 25 bis 35 Liter. Beim Kauf in den Fachgeschäften auf jeden Fall den Rucksack mit Gewicht anpassen lassen!
Der Schlafsack sollte einen Einsatzbereich von bis zu –10° C aufweisen, bei Isomatten haben sich die selbst aufblasbaren bewährt. Da die Vegetation Patagoniens einige Spitzen aufweist, kann ein Reparaturset für die Matte den Schlaf retten. Das Zelt ist im Normalfall der wichtigste Schutz unterwegs. Es sollte daher höchsten Ansprüchen an Stabilität und Material genügen.
Hinsichtlich des richtigen Kochers hat es in den letzten Jahren einen Wandel gegeben: War man vor wenigen Jahren noch mit einem Benzinkocher richtig beraten (der Brennstoff ist schließlich überall erhältlich), ist man mittlerweile besser mit einem Gaskocher unterwegs. Gaskartuschen mit Schraubventil (keine Stechkartuschen) sind mittlerweile in jedem größeren Ort erhältlich und ermöglichen einfaches und sauberes Kochen. Wer trotzdem lieber mit Benzin unterwegs ist, sollte auf gereinigten Brennstoff zurückgreifen, in Chile *bencina blanca*, in Argentinien *solvente* genannt.
Wichtige Accessoires sind Stirnlampe, Taschenmesser und Feuerzeug.
Für manche der schwierigen Routen ist eine spezifische Ausrüstung vonnöten. Wenn man sich auf Eis oder steilen Schneefeldern bewegt, braucht man Steigeisen und Pickel; auf Gletschern eine längere Liste von Sicherheits- und Rettungselementen, deren Beschreibung hier den Rahmen sprengen würde. Auch für Seilrutschen (»Tirolesa«; z.B. bei Tour 45) benö-

CHECKLISTE AUSRÜSTUNG

- Rucksack mit wasserdichter Regenhülle
- dünne Kunstfaser- oder Seidensocken, Wollsocken, Funktionsunterwäsche, Fleecepullover, Trekkinghosen, Regenjacke, Regenhose, Trekkingschuhe, Gamaschen, Teva-Sandalen oder Turnschuhe, Mütze, Handschuhe, Halstuch
- Sonnencreme und Sonnenbrille
- Zelt, Isomatte, Schlafsack
- Kocher, Brennstoff, Feuerzeug, Kochgeschirr, Besteck, Trinkbecher, Wasserbehälter
- Reparaturset für Kocher, Zelt und Isomatte
- Kompass, topografische Karten, GPS-Gerät
- Taschenmesser, Taschenlampe (Stirnlampe), Signalpfeife
- Teleskopstöcke
- Körperpflegemittel, Toilettenpapier, Notfallapotheke
- Papiere, Geld
- Kamera
- Tagebuch, Stift
- Spezielle Ausrüstung für Seilrutschen, Schnee, Eis, Gletscher oder Fels

tigt man u.a. einen Klettergurt. Oft kann man zumindest einen Teil dieser Ausrüstung auch vor Ort mieten.
Wenn man sich nicht sicher ist, was man eigentlich benötigt, ist vom Kauf der Ausrüstung im Internet dringend abzuraten. In diesem Fall lässt man sich in einem Fachgeschäft oder von einem Bergführer beraten.

Trinkwasser

Wasser ist in der Regel reichlich vorhanden und in höheren Lagen auch von guter Qualität. Im Bereich von Viehweiden (und im Zweifelsfall auch generell) sollte man es jedoch vor der Verwendung desinfizieren. In Gebieten, in denen Wasser Mangelware ist, wird bei den jeweiligen Touren gesondert auf Wasserquellen hingewiesen. Dies betrifft insbesondere die wüstenhaften vulkanischen Plateaus im Norden.

Einkehr und Unterkunft

Einkehrmöglichkeiten unterwegs findet man nur in den wenigen touristisch erschlossenen Regionen, bei Touren in abgelegeneren Gebieten hingegen kaum; Restaurants oder Gasthöfe im europäischen Sinn noch weniger. Manchmal kann man bei Siedlern hausgemachtes Brot und Käse bekommen. Andererseits gibt es auch in kleinen Dörfern oder am Straßenrand oft Lebensmittelläden oder Kioske, die manchmal auch warme Mahlzeiten anbieten. Bei den einzelnen Touren wird jeweils auf diese Möglichkeiten hingewiesen.
Wandern in Patagonien beinhaltet oft ein Zelt. Dieses darf man auf den gängigen Touren in den Nationalparks (z.B. bei El Chaltén, in den Torres del Paine oder bei Bariloche) nur auf den dazu vorgesehenen Plätzen aufstellen. Auf abgeschiedenen Pfaden kann man es hingegen im Prinzip aufschlagen, wo sich Platz und Gelegenheit bieten. Voraussetzung dafür ist erstens die Bereitschaft, gegebenenfalls den Besitzer des Geländes um Erlaubnis zu bitten, und zweitens, den Platz sauber zu verlassen. Man sollte der Natur zuliebe sein Zelt immer dort aufbauen, wo schon vorher jemand gecampt hat.
Auf einigen Touren gibt es Berghütten, die allerdings im Hochsommer überfüllt sind. Oft liegen die erlaubten Zeltplätze an diesen Hütten, sodass man deren sanitäre Einrichtungen benutzen kann. Zum Teil ist das Campen kostenpflichtig.
Die besten Plätze – manchmal wird man dabei auf ein Zwischenstadium zwischen zu vielen Gästen und noch nicht eingerichteten sanitären Einrichtungen stoßen – werden in den Tourenbeschreibungen genannt.

Anfahrt

Zum Ausgangspunkt einiger Touren gibt es eine öffentliche Busverbindung (auf das Bussymbol am Tourenkopf achten), sonst muss man per Taxi oder Mietwagen anfahren. Nähere Infos finden sich bei den jeweiligen Tourenbeschreibungen.

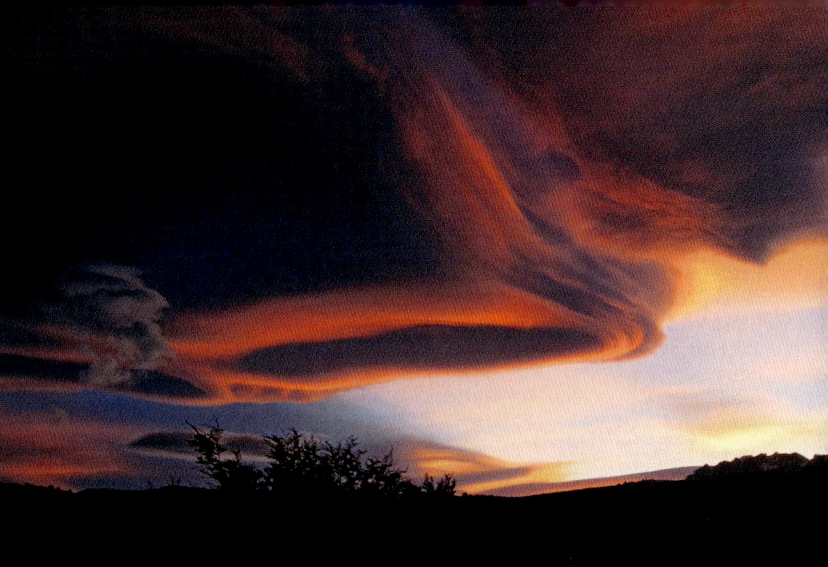

Der patagonische Himmel ist weltberühmt: Abendrot in El Chaltén.

Beste Jahreszeit

Als beste Jahreszeit wird in Patagonien normalerweise der Südsommer angesehen, also die Monate von Anfang Dezember bis Ende März. Aufgrund der enormen geografischen Ausmaße der Region (ca. 2000 km Länge!) gibt es natürlich große Unterschiede zwischen dem Norden und dem Süden. So ist das Wetter im Seengebiet deutlich milder als in Feuerland. Generell gilt: Je weiter man nach Süden kommt, desto unwirtlicher das Klima und desto kürzer der Sommer.

In den letzten Jahren ist aber die Tendenz festzustellen, außerhalb der normalen Saison nach Patagonien zu fahren, um z.B. abseits jeglichen Trubels Schneeschuhwanderungen durchzuführen. Die immer leichtere und bessere Ausrüstung macht auch Winterreisen immer attraktiver.

Im Folgenden wird eine kurze Charakterisierung der Jahreszeiten mit den wichtigsten Vor- und Nachteilen gegeben. Eine Garantie für irgendeine Periode des Jahres mit stabilem Wetter gibt es im Übrigen nicht.

Oktober bis Dezember: Frühling in Patagonien. Die Tage werden länger, die Bäume tragen ein erfrischendes Grün, und viele Sträucher der präandinen Zone blühen. Trekkingtouren in tiefer gelegenen Regionen sind normalerweise möglich, für Pässe oder Hochplateaus sind jedoch Schneeschuhe erforderlich. Im Seengebiet werden September und Oktober häufig für Skibesteigungen der Vulkane genutzt. Der Wind weht normalerweise kräftig.

Januar bis Februar: Ferien in Argentinien und Chile und Hochsommer in Patagonien. Nach Weihnachten bzw. Silvester herrscht viel Betrieb in den Anden, es kann schon ab und zu mal eng werden. Die Temperaturen können bis 30° C steigen. Weht kein Wind, sind die *tábanos*, Pferdebremsen, ein das Wohlbefinden deutlich beeinträchtigender Faktor. Im Seengebiet herrscht Trockensaison, und die großen Seen laden zum Baden ein.

März bis Mai: Der Herbst kann wunderschöne klare Tage mit fantastischen Farben hervorbringen. Mildere Temperaturen und weniger Wind, dazu weniger Trubel in den Bergen, ergeben eine wunderschöne Zeit zum Wandern. Im Seengebiet gilt zu beachten, dass im April die Regenzeit einsetzt.

Juni bis September: Ab Juni herrscht Winter in Patagonien. Bariloche und einige andere Orte im Norden werden zum Mekka für Skifahrer. Der Süden hingegen fällt in eine Art Winterschlaf. Zwar wird es aufgrund der Nähe zum Meer nicht richtig kalt, aber die Tage sind kurz, und Schnee liegt bis in die Tallagen. Winterstürme gibt es selbstverständlich auch, insgesamt weht der Wind jedoch deutlich weniger als im Sommer.

Ein Wort noch zum **Klimawandel**: Dessen Auswirkungen sind in Patagonien noch deutlicher zu spüren als in Mitteleuropa. Ein Rekordsommer jagt den nächsten, Temperaturen um die 30° C und nicht enden wollende Schönwetterperioden scheinen selbst am Fitz Roy zurzeit eher die Regel zu werden als die Ausnahme. Für uns Wanderer ist das per se erst einmal erfreulich, wer mag schon Sturm und Regen. Für Bergsteiger und Eisfeld-Aspiranten ist das wesentlich bedenklicher, denn der Gletscherschwund ist zum Teil dramatisch, und bestimmte Routen sind zum Ende der Saison aufgrund von Steinschlag und riesigen Randklüften (von den schmelzenden Eispilzen gar nicht zu sprechen) gar nicht mehr machbar. Letzten Endes gilt auch hier: Die Dinge verändern sich; häufig schneller, als es einem lieb sein kann.

GPS-TRACKS UND KOORDINATEN DER AUSGANGSPUNKTE

Auf **gps.rother.de** stehen zu diesem Wanderführer GPS-Tracks und die Koordinaten der Ausgangspunkte zum kostenlosen Download bereit. Dieser QR-Code führt direkt zum Download.
6. Auflage, Passwort: **439606rma**
Die GPS-Tracks können in die **Rother App** importiert werden. In der App kann man unterwegs stets sehen, wo man gerade ist und wo es langgeht. **Anleitungen dazu: rother.de/gps**
Trotz sorgfältiger Prüfung können wir Fehler und zwischenzeitliche Veränderungen nicht ausschließen. Verlassen Sie sich für die Orientierung niemals einzig und allein auf die GPS-Daten, sondern beurteilen Sie die Verhältnisse vor Ort.

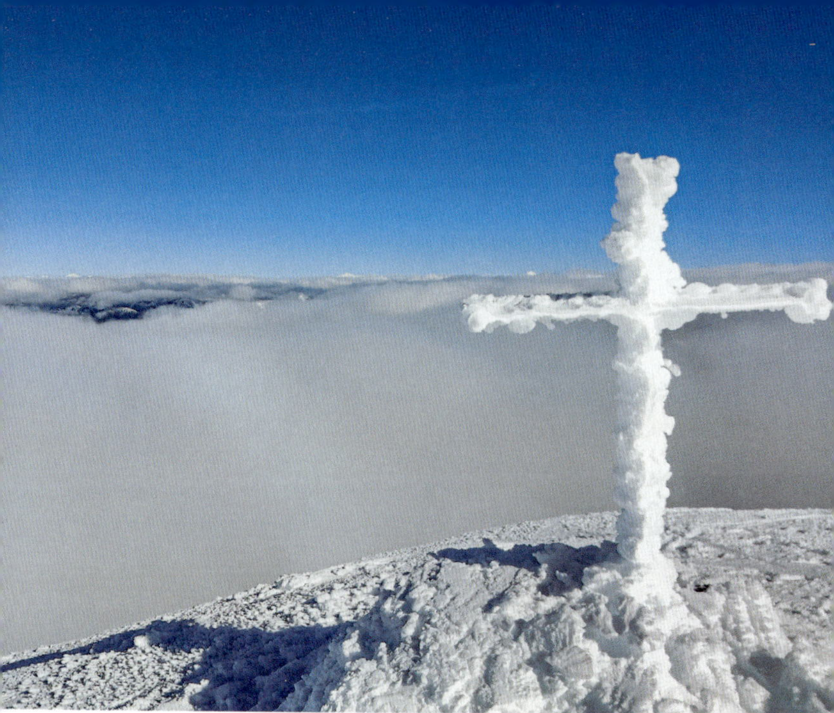

Cumbre! Gipfelkreuz am Cerro Lolog bei San Martín de los Andes.

Karten

Da in Patagonien die Trekkingrouten nicht immer gut markiert sind, ist eine Karte normalerweise unentbehrlich. Dies hat dazu geführt, dass für die bekannteren Trekkinggebiete private Unternehmer einige sehr gute Karten herausgegeben haben. Empfehlenswert sind die Karten der argentinischen Verlage Pixmap (pixmap.org) und Zagier & Urruty (patagoniashop.net).
Offizielle Landkarten werden in Chile vom Instituto Geográfico Militar (www.igm.cl) und in Argentinien vom Instituto Geográfico Nacional (ign.gob.ar) herausgegeben. Diese sind aber normalerweise veraltet und als Wandermaterial nicht zu empfehlen.
Die beste chilenische Straßenkarte ist von chiletur.cl (früher Guía Turistel). Die beste Straßenkarte Argentiniens ist die vom Automobilclub ACA herausgegebene Karte, erhältlich in allen ACA-Büros. Sehr empfehlenswert sind auch die einzelnen Provinzkarten des ACA, mit allgemeinen Informationen und Ausschnittskarten der touristisch interessanten Gebiete auf der Rückseite.

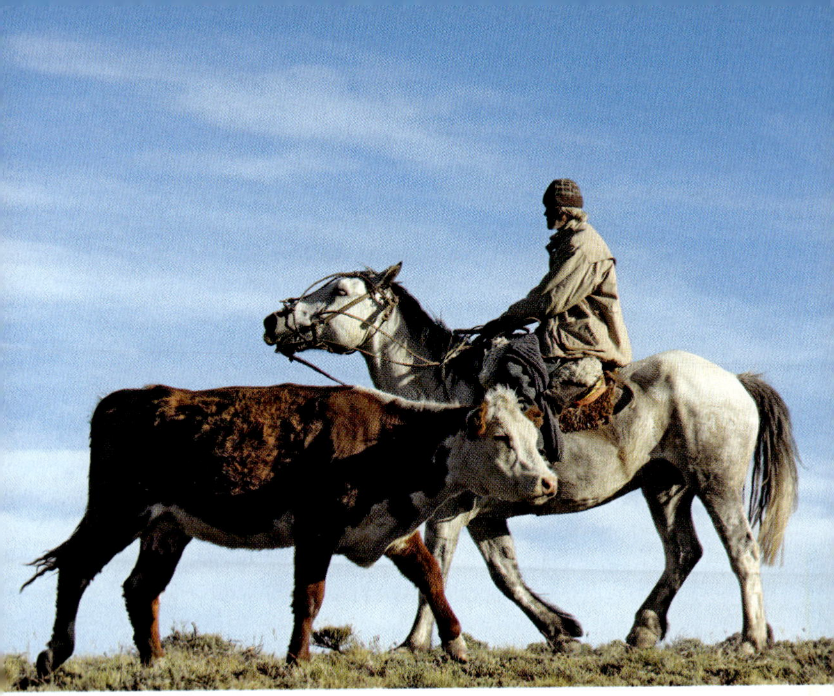

Gauchos und Pferde gehören in Patagonien zusammen.

Verhaltensregeln in der patagonischen Natur

Patagonien bietet dem Besucher eine einzigartige Naturlandschaft, in der es als Gast einige Regeln zum Erhalt derselben zu befolgen gilt:

- Respektieren Sie privates Eigentum. Bevor Sie ein Zelt auf privatem Gelände aufstellen, sollten Sie die Erlaubnis des jeweiligen Besitzers einholen.
- Markierte Wege nicht verlassen. Indem Sie auf dem Weg bleiben, vermindern Sie die Wahrscheinlichkeit, empfindliche Vegetation zu zerstören, und Sie minimieren die Folgen der Erosion.
- Kein offenes Feuer entfachen, auch wenn viele andere Wanderer das Gegenteil praktizieren. In mehreren Nationalparks haben nicht vernünftig gelöschte Lagerfeuer in der Vergangenheit zu verheerenden Waldbränden geführt.
- Nehmen Sie Ihren Müll wieder mit, auch den Biomüll!
- Sanitäre Anlagen sind oft nicht vorhanden. Um sich zu erleichtern, muss man einen Ort in einiger Entfernung von Wasser, Wanderwegen, Zeltplätzen und Hütten finden. Dort gräbt man ein Loch, in dem man die Not-

durft verrichtet. Danach deckt man das Loch wieder zu. Dafür nehmen Wanderer oft einen kleinen Plastikspaten mit. Toilettenpapier kompostiert; normale Feuchttücher nicht. Oberhalb der Waldgrenze kompostiert sowieso gar nichts mehr. Am besten trägt man das gebrauchte Papier in einer festen Tüte wieder zurück in die Zivilisation.

- Vorsicht mit Wasser. In stärker frequentierten Gebieten und in Gebieten, in denen Vieh weidet, sollten Sie das Trinkwasser vorsichtshalber abkochen oder mit Jod, Chlor oder UV-Licht behandeln.
- Hunde sind in den Nationalparks generell verboten!

Wandern mit Kindern

Zahlreiche Wanderungen in Patagonien sind aufgrund der fehlenden Infrastruktur, der Länge und wegen des rauen Klimas für Kinder wenig geeignet. Dennoch finden sich einige Touren, die für Familien gut machbar und interessant sind. Diese sind mit dem entsprechenden Symbol im Tourenkopf gekennzeichnet.

Ein Spaten ersetzt Toiletten am Refugio Petricek, das umgangssprachlich meist »Refugio Piedritas« genannt wird (Tour 16).

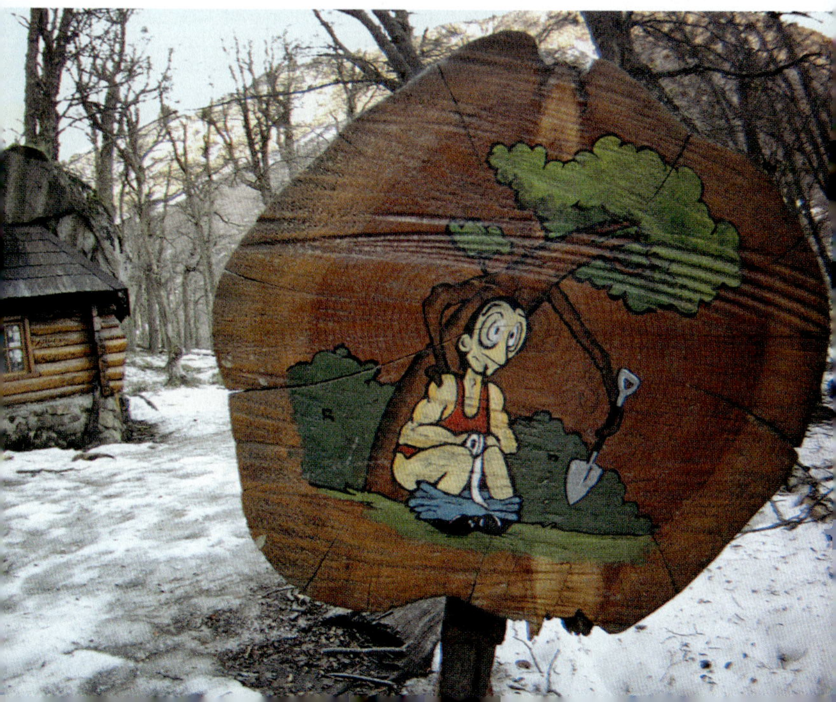

WISSENSWERTES ZU PATAGONIEN

Endlose Weite – das Landschaftsbild

Eine Reise durch das argentinische Patagonien gleicht einer Reise durch ein Niemandsland. Endlose graubraune Ebenen, nur spärlich bewachsen von wenigen Gräsern und Büschen, beherrschen das Bild, so weit das Auge reicht. Trotzdem ist es gerade diese unglaubliche Leere, die wie für ein nie gehaltenes Versprechen von Freiheit und Weite steht und die die Gefühle der Menschen bestimmt. Schon Charles Darwin fragte sich nach seiner fünfjährigen Forschungsreise auf der Beagle: »Warum hat sich dann, und das geht nicht nur mir so, diese dürre Einöde so tief in mein Gedächtnis eingegraben?« Und W. H. Hudson fügte in seinem Buch »Idle Days in Patagonia« hinzu: »Es ist nicht die Einbildungskraft, es ist die Natur in dieser desolaten Landschaft, die uns aus einem Grund, den wir erst später erkennen, tiefer bewegt als andere.«

Im Kontrast zu den dürren und winddurchtosten Ebenen stehen die Patagonischen Anden. Völlig unvermittelt ragen die Berge aus der Ebene auf, fast 3000 m über den smaragdgrünen Spiegeln der großen Andenseen. Aber auch hier wird der Blick nie eingeengt, kein von drohenden Gipfeln begrenzter Horizont beherrscht das Bild. Stets spannt sich ein Himmel über die Landschaft, dessen Klarheit und Farbintensität den besonderen Reiz dieser Gegend am südlichsten Ende der Welt ausmacht.

Patagonien, wie wir es heute kennen, ist eine geografische Bezeichnung für den Süden Lateinamerikas mit unklarer nördlicher Begrenzung. Aus

Die schier unendliche Ruta 40 auf dem Weg nach Süden.

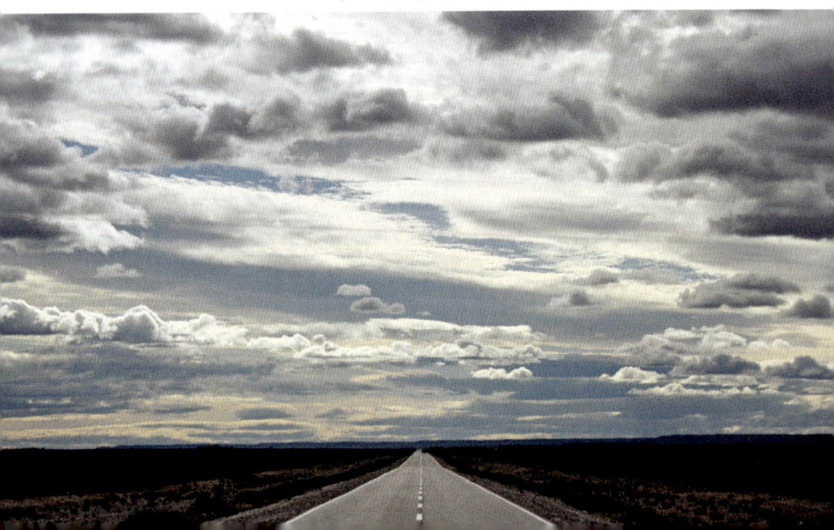

historischer Sicht könnte diese Grenze an den Flüssen Colorado und Biobío verlaufen; Geologen tippen auf eine Verwerfung, die zwischen 100 und 300 km weiter südlich verläuft. Drei Viertel dieser Landschaft gehören zu Argentinien, dessen Anteil im Westen von den Vulkanen und Zinnen der Andenkordillere und im Osten vom Atlantik begrenzt wird. Dazwischen liegt das patagonische Tafelland, eine breite Trockenzone, deren Strauch- und Büschelgrassteppe die Heimat von 6 Millionen Schafen ist. Nur 5 % der argentinischen Bevölkerung leben in diesem ca. 1 Mio. km² großen Teil des Landes (zum Vergleich: Deutschland hat gut 357.000 km²). Auf 1 km² kommen nur 2 Einwohner, in der Provinz Santa Cruz sinkt die Bevölkerungsdichte sogar auf 1,1 Einwohner/km² ab.

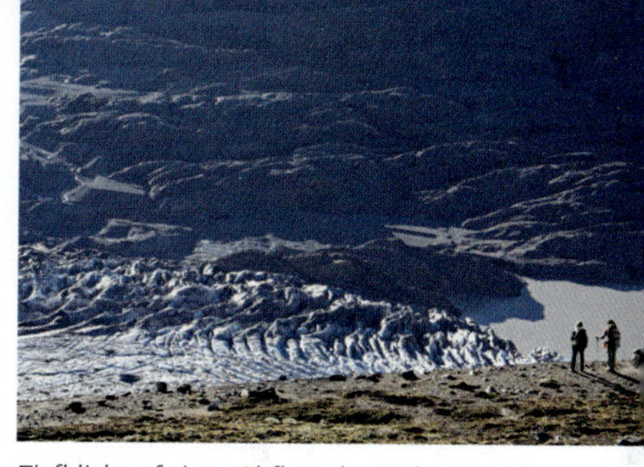

Tiefblick auf einen Abfluss des Südpatagonischen Eisfelds.

Erschlossen ist dieses riesige Gebiet durch zwei Nord-Süd-Verbindungen: die parallel zur Atlantikküste verlaufende, asphaltierte Ruta 3 und die als Abenteuerstraße verrufene, längs der Anden gebaute Ruta 40. Sie ist zwar zum Großteil asphaltiert, weist aber unglaublich tiefe Schlaglöcher auf.

Auf der Westseite der Anden erstreckt sich der schmale, nur bis zu 100 Kilometer breite chilenische Teil Patagoniens. In seinem äußersten Norden herrscht noch die Dreigliederung der Anden in die Hauptkette, Küstenkordillere und dazwischen das große chilenische Längstal. Südlich von Puerto Montt versinkt das Längstal im Meer und die Küstenkordillere setzt sich nach Süden in einem Gewirr von Inseln fort, deren größte Chiloé ist.

Der Westen Patagoniens gehört zu den niederschlagsreichsten Gebieten der Erde, dementsprechend ist die Vegetation von einem undurchdringlichen, immergrünen Regenwald geprägt. Eine Besonderheit der südlichen Patagonischen Anden stellen die beiden Eisfelder dar, die zusammen ca. 18.000 m² groß sind und weite Teile der zentralen Anden bedecken. Nördlich des Südlichen Eisfeldes wird der chilenische Teil Patagoniens durch die Carretera Austral erschlossen. Parallel des südlichen Eises existieren keine Wege mehr auf chilenischem Gebiet, sodass der äußerste Süden Chiles auf dem Landweg nur über Argentinien erreichbar ist.

Die Magellanstraße, die Südamerikas größte Insel Feuerland vom Festland trennt, schließt Patagonien im Süden ab. Aufgrund der einheitlichen geografischen Gegebenheiten wird normalerweise auch Feuerland zu Patagonien gerechnet. Allerdings verläuft hier die Andenkordillere in Ost-West-Richtung, sodass die krasse klimatische Ost-West-Differenzierung Patagoniens einem Nord-Süd-Schema weicht: In Feuerland fällt im Süden der Regen, und im Norden beherrscht der ewige Wind die flachen Ebenen.

Der Wind, der Wind ... Klima und Wettergeschehen

Patagonien liegt ungefähr auf derselben geografischen Breite wie Mitteleuropa, dennoch unterscheidet sich das Klima grundlegend. Drei Gründe sind dafür maßgeblich: die Lage Patagoniens als einzige Landmasse im südlichen Ozean, die Nähe zur Antarktis und die Ausrichtung der Anden in Nord-Süd-Richtung.

Südlich des 30. Breitengrades liegt der Kontinent im Bereich der Westwindzone. Der Wind treibt die über dem Pazifik mit Feuchtigkeit angereicherten Luftmassen auf die Andenkordillere zu. Hier sind sie gezwungen aufzusteigen; dabei kühlen sie sich ab, was wiederum Regen oder Schnee bedeutet. Auf der Rückseite des Gebirges sinkt die nun trockene Luft ab, und es entstehen die berühmten Fallwinde. Die Niederschläge nehmen generell von West nach Ost stark ab. Während die Osthänge der Anden jährlich noch bis zu 2000 mm/m² Regen erhalten, gehen die weiten Trockensteppen auf der argentinischen Seite Patagoniens nahezu leer aus (0–300 mm/m²). Die Patagonischen Anden bilden damit eine der schärfsten Klimascheiden der Welt.

Die Jahreszeiten sind in Patagonien klar definiert, allerdings aufgrund der Schrägstellung der Erdachse denen auf der Nordhalbkugel entgegengesetzt. Der 21. Juni ist der kürzeste Tag im Jahr und zugleich Winteranfang, der 21. Dezember ist auf der Südhalbkugel der längste Tag des Jahres und Sommerbeginn. Erfreulich ist im Frühsommer das lange Tageslicht von maximal 18 bis 19 Stunden. Die Temperaturen nehmen generell von Nord nach Süd ab.

Wenn man sich etwas eingehender mit der Materie befasst, so kann man Patagonien klimatisch gesehen zweiteilen. Das Klima im Norden Argentiniens und Perus, etwa bis zum Breitengrad 46,5 (die Höhe des Lago Buenos Aires/General Carrera), wird von den südpazifischen Antizyklonen bestimmt. Ihre jahreszeitlich definierten Schwankungen ergeben eine mehr oder weniger klare »Trockenzeit« für Nordpatagonien in den Sommermonaten, wo fünf Sonnentage in der Woche durchaus die Regel sind. Dies ist im Süden Patagoniens nicht mehr der Fall. Dort wird das Wetter von der Antarktischen Oszillation bestimmt. Dieses komplexe Phänomen besteht im Grunde genommen aus im Uhrzeigersinn um die Antarktis tanzenden Tiefdruckgebieten und führt zu extrem instabilen Wetterbedingungen.

Dank des praktisch konstant wehenden Westwindes verändert sich das Wettergeschehen (vor allem im Süden) oft unheimlich schnell. Zwischen strahlend blauem Himmel und wütendem Schneesturm liegen manchmal nur wenige Stunden, üblicherweise begleitet von einem rapiden Abfall des Luftdrucks. Schönwetterperioden dauern in den südpatagonischen Anden im Schnitt etwa ein bis zwei Tage, dann kündigt sich normalerweise bereits das nächste Tief an. Drei- bis viertägige Sonnenfenster liegen auch noch im Bereich des Möglichen, alles darüber hinaus bedeutet eine kleine Sensation.

Allerdings ist aufgrund der allgemeinen Klimaveränderung gerade in Patagonien, dessen Temperaturgeschehen von der Durchschnittstemperatur der umgebenden Meeresströme abhängt, zurzeit im wahrsten Sinne des Wortes viel in Bewegung. Die Gletscher ziehen sich zurück, und zwar in einem Tempo, das beängstigend ist. Der Upsala-Gletscher, der drittgrößte in Südamerika, schrumpfte zwischen den Jahren 1990 und 2004 um insgesamt 4,2 Kilometer und behält dieses Tempo bis heute bei. Der mächtigste Gletscher Feuerlands, der Marinelli-Gletscher, existiert nur noch zur Hälfte: Er hat in den letzten 50 Jahren knapp 15 Kilometer seiner Länge eingebüßt. Zum Abschluss noch ein paar Worte über Wetterberichte: Aufgrund der markanten Klimascheide in den Bergen und dem fehlenden ökonomischen Interesse an der Gegend sind die Modelle, mit denen die Wetterberichte erstellt werden, in Patagonien relativ unzuverlässig. Die beiden kostenlosen Modelle, die es überhaupt wert sind, aufgerufen zu werden, sind GFS und ECMWF. Ersteres ist nordamerikanisch, zweiteres europäisch. Beide kann man z.B. mit den Apps »Windy« oder »Meteoblue« lesen und kontrastieren. Generell sind die Modelle bei »normalen« Wetterverhältnissen zuverlässiger. Nur dann kann man dem Bericht etwa drei Tage im Voraus vertrauen. Fehler treten vor allem auf, wenn ein Tiefdruckgebiet nördlich an Patagonien vorbeiwandert. Dann bläst der Wind in der umgekehrten Richtung, also von Osten, und alles steht auf dem Kopf. Im Winter kommen die kältesten Stürme (auch mit dem besten Schnee zum Skifahren) normalerweise aus dem Osten.

Die Vegetation bezeugt die dauernden Westwinde Patagoniens.

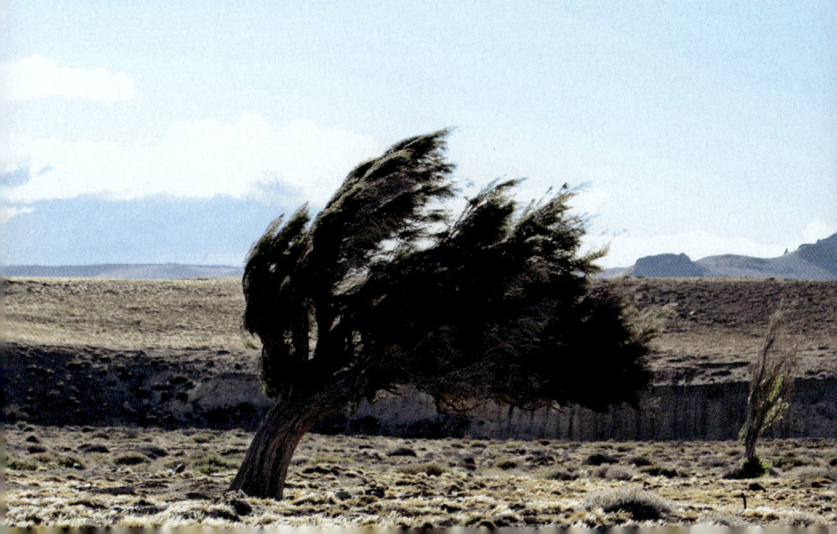

Bedroht – die Pflanzen- und Tierwelt

Flora

Patagonien, das sich über fast 18 Breitengrade erstreckt, verfügt entsprechend seinen unterschiedlichen klimatischen Bedingungen über eine artenreiche Flora.

Die Beschaffenheit des patagonischen Waldes hängt von der Temperatur und den Niederschlagsverhältnissen ab. Die besten Voraussetzungen (warm und feucht) für die Flora haben demnach Nord- und Zentralpatagonien, und zwar westlich der Kordillere, offiziell zwischen dem 37. und 48. südlichen Breitengrad. Deshalb ist es nicht erstaunlich, dass sich hier ein gemäßigter Regenwald entwickeln konnte. Der sogenannte »Selva Valdiviana« ist ein dichter, immergrüner, an die Tropen erinnernder Regenwald und kommt vor allen Dingen im Bereich nördlich des Lago Buenos Aires vor, südlich davon beschränkt sich die Verbreitung des immergrünen Waldes auf die regenreichen Küstenabschnitte Chiles.

Dieser Regenwald ist von großer Bedeutung. Nur 5 % der gemäßigten Regenwälder der Erde liegen auf der Südhalbkugel: in Chile, Argentinien, Neuseeland und Tasmanien. Außerdem stellt der patagonische Regenwald, durch die Atacama-Wüste im Norden und die patagonischen Steppen im Osten von anderen Gebieten mit ähnlicher Vegetation abgeschnitten, eine biogeografische Insel dar. Aufgrund dieser isolierten Lage und seiner ungestörten Entwicklung sind 90 % aller Arten endemisch, d.h., sie kommen nur hier vor. Der Selva Valdiviana besteht vorwiegend aus den immergrünen Südbuchenarten Coigüe/Coihue *(Nothofagus dombeyi)*, Raulí *(Nothofagus alpina)* und Roble *(Nothofagus obliqua)*. Dichter Bambus-Unterwuchs, die

Postkartenblick im Seengebiet im Norden Patagoniens.

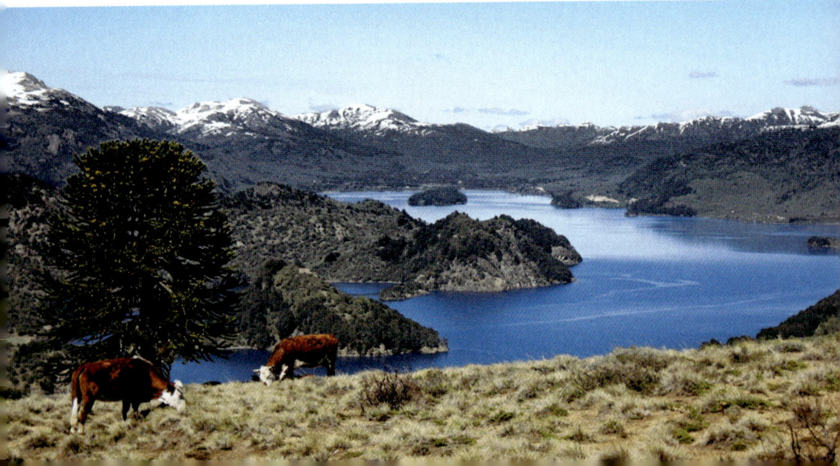

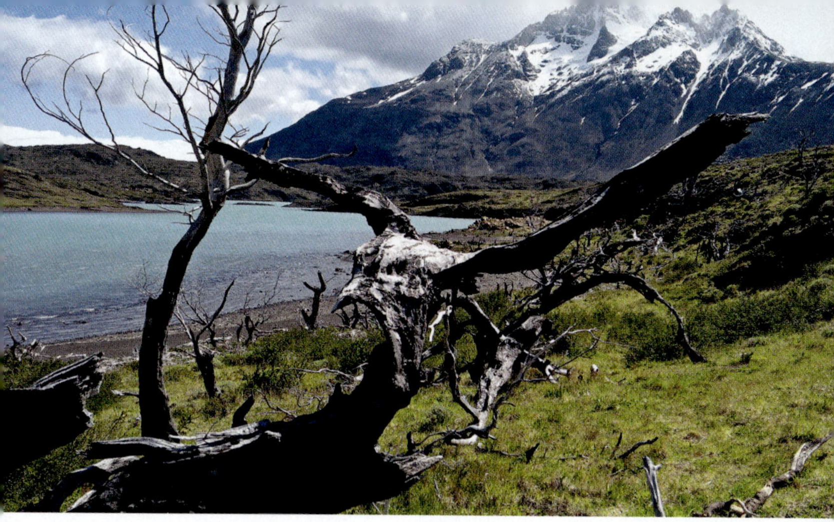

Südbuchen wachsen in allen möglichen Formen.

Caña Colihue *(Chusquea culeou)*, macht das Fortkommen ohne Machete praktisch unmöglich. Eine weitere Besonderheit des Selva Valdiviana ist der Alerce *(Fitzroya cupressoides)*, eine Nadelbaumart, die bis zu 4000 Jahre alt und fast 70 m hoch wird. Sie gehört damit zu den ältesten noch existierenden Pflanzen auf der Erde. Das Holz dieser Bäume ist aufgrund seiner Verwitterungsresistenz besonders begehrt, sodass von den ursprünglich ausgedehnten Alerce-Beständen nur noch wenige, hauptsächlich in den Nationalparks, übrig geblieben sind.

Im dichten Unterholz der patagonischen Wälder fallen die rot blühenden Pflanzen besonders auf. Zu nennen sind u.a. Fuchsien *(Fuchsia magellanica)*, Bachtränen *(Ourisia ruelloides)* und die im Frühherbst blühende chilenische Nationalblume, die Copihue *(Lapegeria rosea)*. Am Straßenrand der Carretera Austral wachsen die bis zu einen Meter großen, rhabarberähnlichen Nalca-Stauden *(Gunnera scabrosa)*, aus denen die Einheimischen ein Kompott zubereiten.

Im äußersten Norden Patagoniens ist die Araukarie *(Araucaria araucana)* der vorherrschende Baum. Diese Urpflanzen mit ihrem eigenartigen, einem Regenschirm vergleichbaren Aussehen werden bis zu 40 m hoch und etwa 1500 Jahre alt. Die Araukarie ist ein lebendes Fossil, da diese Art schon seit etwa 200 Millionen Jahren mehr oder weniger unverändert auf der Erde existiert.

Je weiter man in der Kordillere nach Osten geht, desto trockener wird es. An den Leehängen der Patagonischen Anden (also auf der argentinischen Seite) dominieren die Lenga *(Nothofagus pumilio)* und der Ñire *(Notho-*

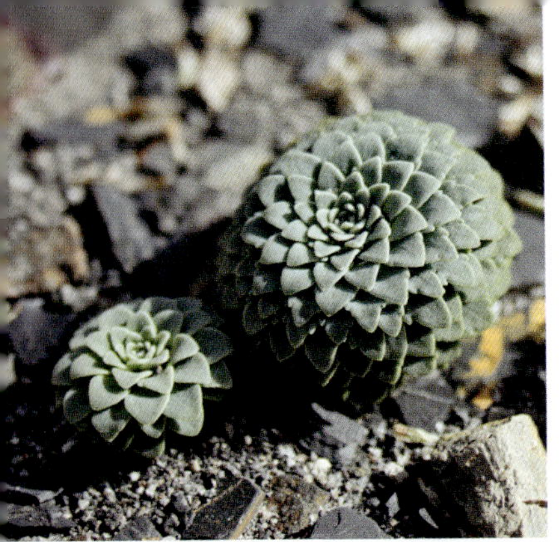

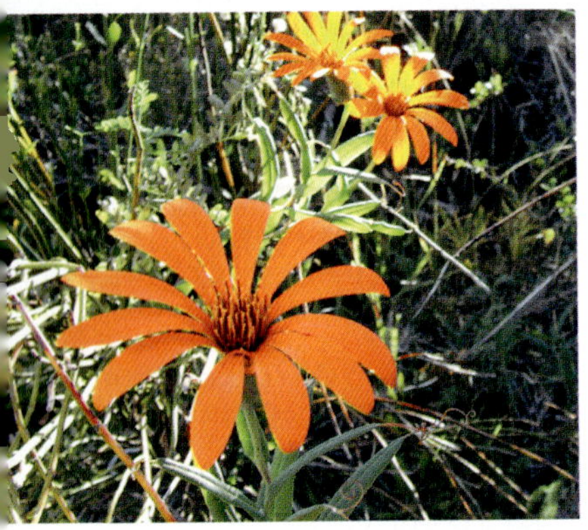

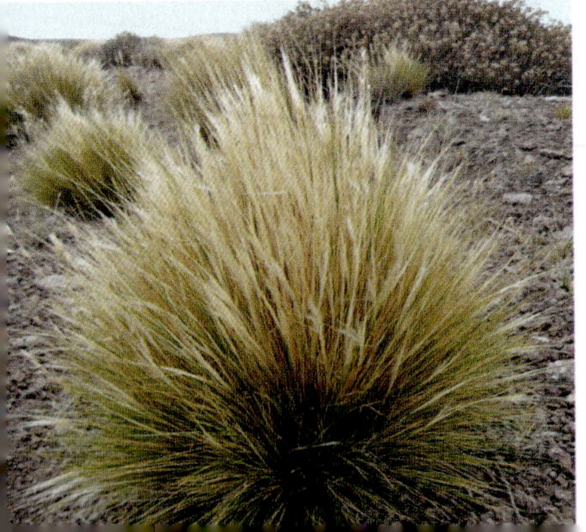

fagus antarctica), beides Laub abwerfende Südbuchenarten, die den härteren klimatischen Bedingungen widerstehen. Eine der auffälligsten Blütenpflanzen ist die Amancay *(Alstroemeria aurea)*. Ihre gelben Blüten können im Hochsommer wahre Teppiche auf den Waldboden zaubern. Auch der Quintral *(Tristerix corymbosus)*, ein Halbschmarotzer, ist erwähnenswert, er blüht – und ernährt die Kolibris – im Winter.

Die Übergangszone zwischen Wald und Steppe besteht aus einem Mischwald mit Südbuchen und Chilezedern *(Astrocedrus Chilensis)*, einer Baumart aus der Familie der Zypressen. Verschiedene Vertreter der Gattung Mutisia *(Mutisia sp.)*, ranken sich an ihnen der Sonne entgegen.

Die Wälder südlich des Lago Buenos Aires bzw. auf der Leeseite der Anden sind relativ einfach auch ohne Machete zu durchstreifen. Der Unterwuchs besteht hier vor allen Dingen aus totem Holz. Auffallend sind die vielen Flechten *(Usnea sp.)*, im Volksmund *barba del viejo* (Altmännerbart) oder *barba del diablo* (Teufelsbart) genannt, die blau bis gelb-grün von den Ästen hängen. Sie geben den Wäldern ein verwunschenes, märchenhaftes Aussehen. Oft gesellen sich zu diesen Flechten »Chinesische Laternen« *(Misodendrum sp.)*, farbenprächtige Misteln, die als Halbparasiten auf den Süd-

Oben: In den Hohen Anden zeigt die Viola cotyledon erstaunliche Adaptationen gegen das harte Klima. – Mitte: Mutisia sp., eine auffällige Ranke im Seengebiet. – Unten: Coirón (Festuca sp.), der stachelige »Rasen« der patagonischen Steppe.

buchen wachsen. Eine weitere Südbuche ist in den südlichen Anden, vor allem in Feuerland, von Bedeutung: der immergrüne Guindo *(Nothofagus betuloides)*. Gemäß den abnehmenden Temperaturen sinkt die Waldgrenze von etwa 1700 m in Araukanien auf etwa 600 m in Feuerland ab. Eine weitere Besonderheit Feuerlands sind die Torffelder *(turberas)*, eine feuchte und für den Wanderer unangenehme Angelegenheit.

Die am wenigsten beachtete Ökoregion der Patagonischen Anden ist die, die die Gipfel der Berge umgibt. Als »Altoandino« wird alles bezeichnet, was in Patagonien oberhalb der Waldgrenze zu finden ist. Natürlich ist die Vegetation karg, aber sie besitzt erstaunliche Adaptationen, um in den extremen Bedingungen gedeihen zu können (manche Pflanzen überleben z.B. bis zu 100 Tage im Jahr unter der Schneedecke). Auch die Vielfalt ist erstaunlich: So wurden in den Hohen Anden 500 verschiedene Pflanzenarten registriert, etwa ein Viertel der Arten in ganz Patagonien überhaupt. Im Sommer blühen sie oft auffällig, um die wenigen befruchtenden Insekten anzulocken. Zu nennen sind z.B. die Familien der Pantoffelblume *(Calceolaria sp.)* und die der Greiskräuter *(Senecio sp.)*.

Östlich der Anden bedeckt eine karge Steppenvegetation das Land. Beherrschend sind verschiedene Corión-Gräser, die sowohl Schafen als auch deren natürlicher Konkurrenz, den Guanakos, als Nahrung dienen. Sind die Standortbedingungen entsprechend, wächst die Mata Negra *(Chiliotrichum diffusum)* auf dem felsigen Untergrund. Dieser Strauch mit margeriten-ähnlichen Blüten hat sehr tief reichende Wurzeln und bedeckt weite Bereiche der patagonischen Steppe. Bekanntester Strauch der Trockensteppe ist natürlich der Calafate *(Berberis buxifolia)*. Wer von den Früchten dieses stacheligen Strauchs isst, so heißt es, wird stets nach Patagonien zurückkehren. Farbkleckse im Übergangsbereich zwischen den Anden und der Steppe sind die sonnenhungrigen Blüten des Feuerbusches *(Embothrium coccineum)*, in Patagonien »Notro« genannt, und die gelb-grünen, äußerst stacheligen Polster des Neneo *(Mulinum spinosum)*. Wer im November kommt, trifft in der Steppe auf die leuchtend rot blühende Mata Guanaco *(Anartrophyllum desideratum)*.

Fungi

Der gemäßigte Regenwald bietet ideale Bedigungen für eine Vielfalt von Pilzen, die auf jedem organischen Untergrund wachsen. Viele davon sind essbar, andere sind giftig oder zumindest ungenießbar. Unter den giftigen ist z.B. der bekannte Fliegenpilz *(Amanita sp.)* zu erwähnen; unter den Speisepilzen findet man Morcheln (*Morcella sp.)* und einige Mitglieder der Familie *Cyttaria*, die parasitisch auf Südbuchen leben. Übrigens sind die Knoten an den Südbuchen ein Verteidigungsmechanismus des Baumes gegen gerade diese Pilze. Die Südbuchenpilze werden Indianerbrot oder *llao llao* genannt, was auf Mapudungún (die Sprache der einheimischen Mapuche-Indianer) »sehr lecker« oder »sehr süß« bedeutet.

Fauna

Das größte Raubtier der patagonischen Nahrungskette ist der in ganz Patagonien vorkommende, jedoch äußerst selten zu beobachtende Puma *(Puma concolor)*. Obwohl er offiziell unter Schutz steht, zahlen die Besitzer der großen Estancias auch heute noch ein Kopfgeld auf seine Erlegung.

An unzugänglichen Felskanzeln nistet der König der Anden, der Kondor (Vultur gryphus). Mit seiner gigantischen Flügelspannweite von bis zu 3,20 m ist er häufig entlang der Anden hoch am Himmel kreisend zu sehen.

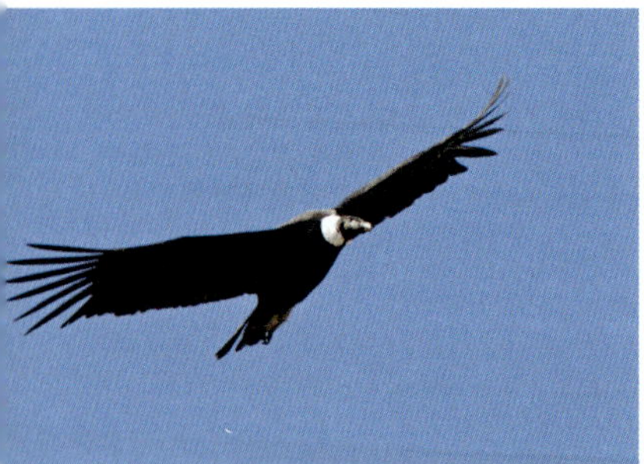

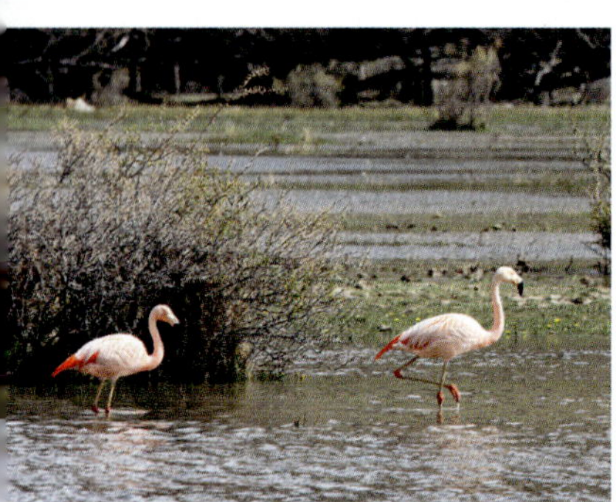

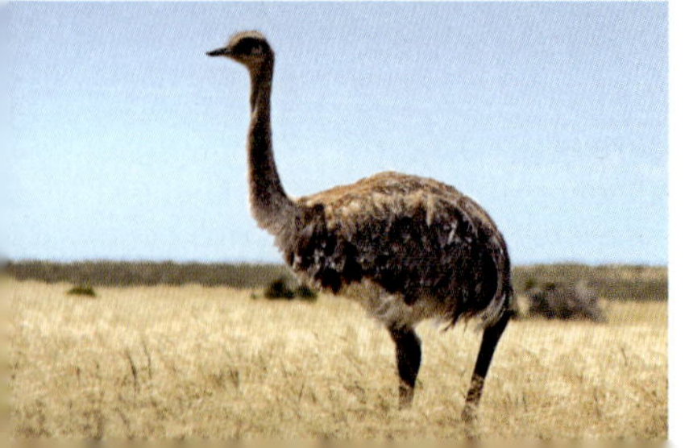

huemules (Südandenhirsche) oder *pudúes* (Zwerghirsche) wird man dagegen wohl selten zu Gesicht bekommen. Sie leben nur noch in einigen sehr abgelegenen Teilen der Patagonischen Anden und sind akut vom Aussterben bedroht.

Das charakteristische Tier Patagoniens ist das Guanako *(Lama guanicoe)*, eine von vier in Südamerika vorkommenden Kamelarten. Vor allem in den Nationalparks Perito Moreno und Torres del Paine und auf Feuerland hat sich der Bestand dieser kuschelig aussehenden Tiere mit den braunen Knopfaugen mehr als erholt. Zur heimischen Fauna gehören auch Stinktiere (Spanisch *zorrino)*, Gürteltiere *(piche)*, Grau- oder Rotfüchse *(zorro)*. Dazu gesellen sich in der patagonischen Steppe oft verwilderte Pferde; man erkennt sie aus der Ferne an ihren besonders langen Schweifen.

Ansonsten ist die patagonische Steppe ein Vogelparadies. Sie wird von über 100 Landvogelarten bewohnt. Zählt man diejenigen dazu, die in der Umgebung der Wasserläufe leben, kommt man auf 300

Foto oben: Der Kondor, König der Anden.
Mitte: In den kalten Lagunas des Südens sind einige Flamingos zuhause.
Unten: Der »choike« oder »ñandú petiso« ist ein guter Sprinter, der bis 60 km/h erreichen kann.

Arten. Der bekannteste ist natürlich der patagonische Strauß, der *ñandú petiso* oder *choike (Pterocnemia pennata)*. In den Regenwäldern und Übergangszonen fallen besonders ganze Scharen kreischender Papageien auf. Kolibris, die trotz des harten Klimas selbst an der Südspitze Feuerlands vorkommen, sieht man häufig vor den Blüten der Fuchsien schwirren. Der auffallendste Vogel der Wälder ist aber sicherlich der Magellanspecht *(Campephilus magellanicus)*, dessen Männchen einen scharlachroten Kopf auf sonst schwarzem Rumpf besitzt. Schwarzhalsschwäne *(Cygnus melancoryphus)*, Ibisse *(Theristicus caudatus)* und Magellangänse *(Chloephaga picta)* lassen sich in den meisten Seen und Buchten Südpatagoniens beobachten, während Flamingos in den Salzlagunen der patagonischen Steppen nach Nahrung suchen.

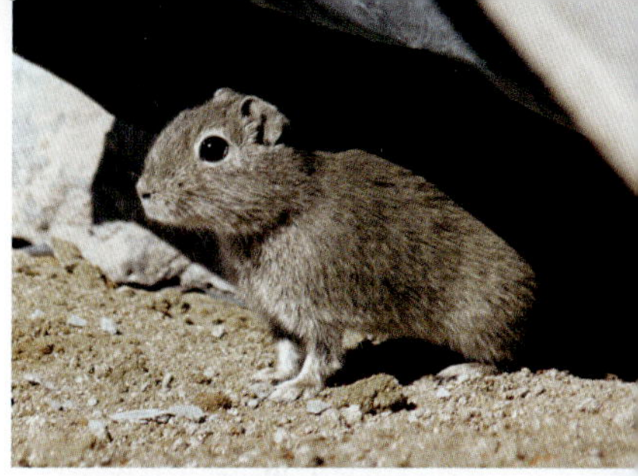

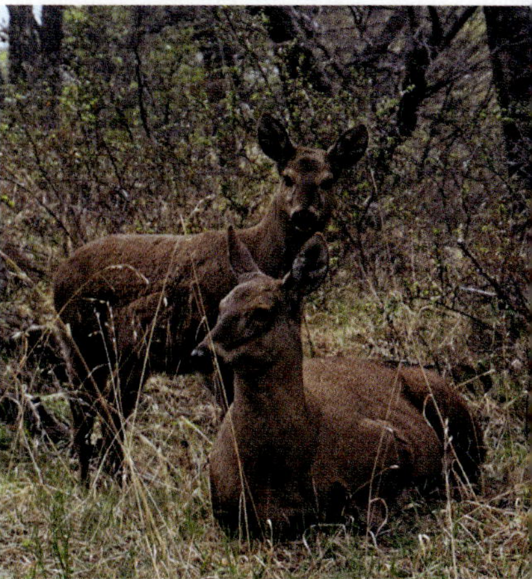

Foto oben: Nagetiere sind allgegenwärtig. Unten: Der Südandenhirsch ist hingegen äußerst rar.

Unangenehme Plagegeister kommen in Patagonien zum Glück eher selten vor: An windstillen Tagen können einem Mücken an den Seen und Flüssen das Leben zur Qual machen. Völlig unbeeindruckt vom Wind sind die *tábanos*, eine Pferdebremsenart, mit bunt schillernden, großen Augen, die an warmen Tagen im Dezember und Januar unermüdlich um die Köpfe ihrer Opfer schwirren. Hat man eine erlegt, sind sofort Hunderte von Geschwistern zur Stelle. Die deutsche Wespe ist in Patagonien ebenfalls zu Hause und im Norden häufig, lästig und eventuell sogar ein wenig gefährlich.

Abseits der kontinentalen Fauna bildet die patagonische Küste das Habitat einer arten- und zahlreichen Meeresfauna. Allein in der Kolonie von Punta Tombo leben schätzungsweise 700.000 Magellanpinguine. Etwa 700 der weltweit 4500 Glattwale treffen sich alljährlich vor den Küsten der Halbinsel Valdés zum Liebesspiel. Auch ist die Península Valdés der ideale Ort für Vogelbeobachtungen: Auf der Isla de Pájaros verweilen unzählige Arten von Seevögeln.

Relativ kurz – die Geschichte

Die Urbevölkerung

Patagonien war eines der letzten Gebiete, in das die Menschen der Frühzeit auf der Suche nach neuen Nahrungsquellen zogen. Wann und wie genau Amerika bevölkert wurde, ist immer noch ein viel diskutiertes Thema. Nach der zurzeit am weitesten verbreiteten Theorie geht man davon aus, dass die ersten »Amerikaner« vor etwa 30.000 Jahren die Beringstraße von Sibirien kommend überquerten. Im Lauf der Jahrtausende drangen sie immer weiter nach Süden vor und erreichten Patagonien vor etwa 15.000 Jahren, wie eine Ausgrabung in Monte Verde (im Seengebiet in Chile) beweist. Etwa 10.000 Jahre alte Reste entdeckte man in einer Höhle an der Magellanstraße. Dies zeigt, dass kurz nach Ende der letzten Eiszeit der letzte Zipfel des südamerikanischen Kontinents von Menschen erschlossen wurde. Andere Theorien besagen, dass Südamerika später auch per Schiff über Polynesien und/oder aus Australien über die Antarktis kolonisiert wurde. Dies könnte genetische Unterschiede zwischen manchen Urvölkern von Feuerland und jenen vom Rest Patagoniens erklären.

Als die ersten Conquistadores im 16. Jh. den Süden des amerikanischen Kontinents erreichten, fanden sie ein Land vor, das nur sehr dünn und mit einer kulturell inhomogen entwickelten Bevölkerung besiedelt war. Im Gegensatz zu den Städten Mesoamerikas oder dem Reich der Inkas (das bis zum Norden Argentiniens und Chiles reichte) lebten in Patagonien großteils Nomadenvölker, die in Höhlen, Hütten oder Tierhautzelten wohnten.

Die Cueva de las Manos bietet die erstaunlichsten Höhlenmalereien Argentiniens.

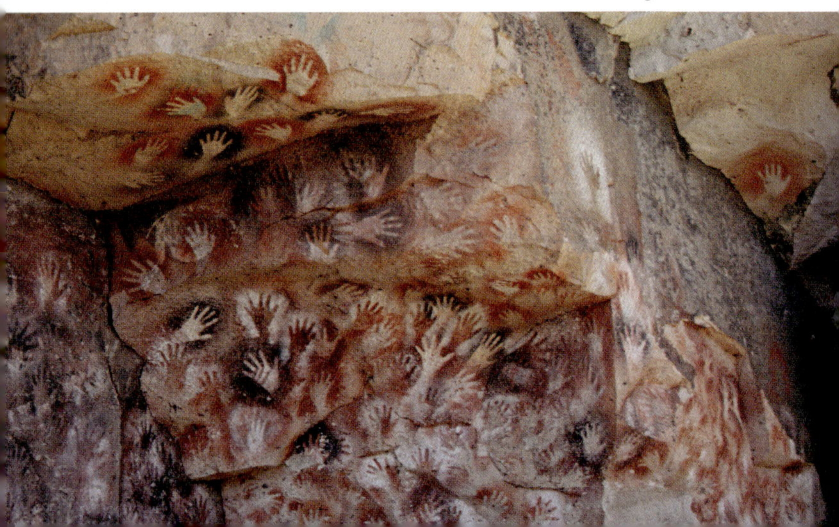

Eine Ausnahme bildeten die **Mapuche** im Seengebiet und der heutigen Region Araukanien. In verschiedenen Dorfgemeinschaften wohnten hier zwischen 500.000 und 1.000.000 Menschen. Sie sprachen zwar alle die gleiche Sprache, Mapudungún, waren aber sonst kulturell inhomogen und politisch nicht organisiert. Sie ernährten sich großteils vom Ackerbau. Die nährstoffreichen Samen der Araukarie bildeten ebenfalls ein wichtiges Grundnahrungsmittel.

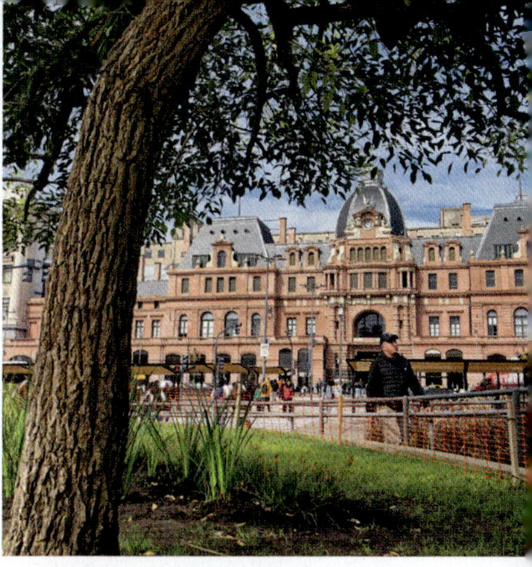

Der nach europäischem Vorbild gebaute Bahnhof »Estación Constitución« in Buenos Aires ist mit 16 Gleisen einer der größten Südamerikas; bis nach Patagonien kommen die Züge aber nicht.

In den Kanälen südlich von Chiloé bis zum Golfo de Penas lebte das Volk der **Chonos**. Sie wohnten auf hölzernen Kanus und ernährten sich fast ausschließlich vom Fischfang. Im äußersten Süden bis zur Magellanstraße war das Volk der **Alacalufes** beheimatet. Sie jagten Seelöwen und tauchten im eisigen Wasser nach Muscheln und anderen Meeresfrüchten. Die Alacalufes waren damit in heute fast unvorstellbarer Art und Weise den extrem harten Lebensbedingungen des südwestlichen Patagoniens angepasst.

Die weite Steppe Patagoniens war Heimat der nomadisierenden **Tehuelche**. Sie machten Jagd auf Strauße und Guanakos. Mit etwas Glück kann man auch heute noch zahlreiche Zeugen ihrer Jagdleidenschaft, wie Pfeilspitzen aus Obsidian oder *boleadoras*, die Bola-Steine einer Wurfwaffe, finden. Auch hinterließen sie zahlreiche Wandmalereien an Felsüberhängen oder in Höhlen, die man z.B. in der Cueva de las Manos am Río Pinturas besichtigen kann. In den Steppen Feuerlands bis zur Darwin-Kordillere lebten etwa 4000 **Ona** (oder Selknam), die mit Pfeil und Bogen Guanakos jagten. In der Península Mitre an der Südostküste Feuerlands lebte das Volk der **Haush**, das sich vor allem von Seelöwen ernährte.

Den südlichen Schlusspunkt der menschlichen Besiedlung bildeten schließlich die Wassernomaden der **Yámanas** (oder Yaganes). Sie lebten an den Gewässern zwischen Beagle-Kanal und Kap Hoorn. Im eiskalten Wasser tauchten sie nach Meerestieren, auf ihren Kanus glomm immer ein kleines Feuer. Der britische Missionar Thomas Bridges erkannte 1856 den Reichtum ihrer Sprachkultur und begann auf Haberton, der ersten Estancia Feuerlands, ein Wörterbuch der Yámana-Sprache zu erstellen. Bis zu seinem Tod sammelte Bridges 32.430 Wörter und Begriffe und schuf damit ein einzigartiges Dokument eines mittlerweile untergegangenen Volkes.

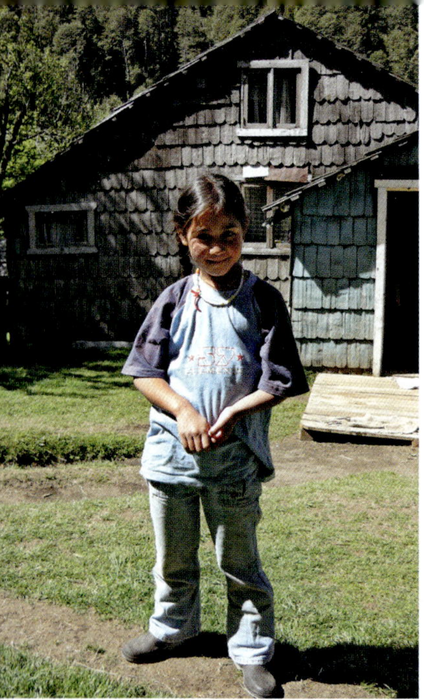

Ein Kind aus einer Siedlerfamilie mit Mapuche-Vorfahren in Nordpatagonien.

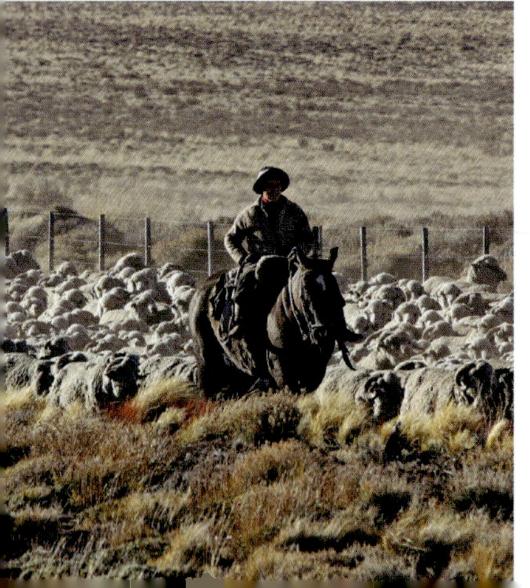

Entdeckung und Kolonialepoche

Nur zehn Jahre nach der Entdeckung Amerikas durch Christoph Kolumbus segelte Amerigo Vespucci entlang der Ostküste Südamerikas. 1516 war es Juan de Solís, der als erster Europäer die Mündung des Río de la Plata erreichte. Im Jahre 1520 suchte Fernando de Magallanes einen neuen, sicheren Seeweg zu den Reichtümern Indiens und entdeckte die nach ihm benannte Passage im Süden des Kontinents.

1529 beauftragte Kaiser Karl V. Francisco Pizarro mit der Eroberung Perus und ernannte ihn zum Vizekönig der eroberten Gebiete. 1536 gründete Pedro de Mendoza die Siedlung Buenos Aires, musste sie jedoch aufgrund des Widerstandes der hier lebenden Nomadenvölker wieder aufgeben. Erst 1580 wurde Buenos Aires endgültig besiedelt. Im Westen der Kordillere machte sich Diego de Almagro im Jahre 1536 von Cusco in Peru auf den Weg nach Süden. Von den Reichtümern der Inka geblendet, suchte er nach ähnlichen Schätzen und gelangte bis zum Aconcagua-Becken (nördlich von Santiago). Vier Jahre später unternahm Pedro de Valdivia eine erneute Expedition in das heutige Chile. Er eroberte vordergründig das Land und gründete die ersten Städte wie Santiago (1541), La Serena (1544), Concepción (1550) und Valdivia (1552). Im Süden jedoch verteidigten die Mapuche erfolgreich ihre Heimat, sodass die meisten Gründungen von Pedro de

Das goldene Zeitalter der Schafzucht (und der Gauchos) ist vorbei, dennoch ist dieses Bild nicht unbedingt eine Seltenheit.

Valdivia schnell wieder aufgegeben werden mussten. Der Fluss Biobío bildete für fast 300 Jahre »La Frontera«, die Grenzlinie zum Land der Mapuche. Pedro de Valdivia selbst starb 1553 im Kampf gegen den sagenumwobenen Araukaner Lautaro.
Um 1700 hatte Chile etwa 100.000 Einwohner. Erst 1789 beendete der irischstämmige Gouverneur Ambrosio O'Higgins die Zwangsarbeit der Indios für Minen- und Großgrundbesitzer. Er gründete neue Städte und legte Straßen und Werften an. Um 1800 zählte Chile 500.000 Einwohner, davon etwa 15.000 Spanier und bereits 150.000 Kreolen. Ähnliche Zahlen gelten auch für Argentinen.

Die modernen Staaten

Am 25. Mai 1810 beriefen in Buenos Aires (nach dem Einmarsch Napoleons in Spanien) kreolische Bürger und Milizangehörige einen Kongress ein, der den spanischen Vizekönig absetzte. Am 18. September desselben Jahres konstituierte sich in Santiago de Chile die erste selbstgewählte Nationalregierung. Der daraufhin folgende »Unabhängigkeitskrieg« zwischen Kreolen und Spaniern dauerte in Südamerika bis 1829. Argentinien und Chile erreichten ihre Unabhängigkeit in den Jahren 1816 bzw. 1818. Die damaligen Generäle gelten heute als Helden: San Martín, O'Higgins und Bolívar sind Namen, auf die man immer wieder trifft. Der Großteil Patagoniens gehörte zum Zeitpunkt der Unabhängigkeit immer noch den Mapuche und Tehuelche. Ende des 19. Jh. war es dann aber so weit: Der Völkermord im Namen der Souveränität trug die Namen »Pacificación de la Araucanía« und »Conquista del Desierto«. Zwischen 1860 und 1885 wurden das Seengebiet und die argentinischen Pampas blutig erobert. Die überlebenden Ureinwohner wurden aus den fruchtbaren Tälern vertrieben, die dann vom Staat versteigert wurden. Bestenfalls wurden die Mapuche und Tehuelche in Reservate gesteckt – meist Hunderte von Kilometern von ihrer Heimat entfernt. 3000 Mapuche wurden zu Fuß nach Buenos Aires geschickt und in ein Konzentrationslager auf der Isla Martín García gebracht. Solche Lager wurden auch in verschiedenen ehemaligen Grenzdörfern errichtet. Die Tehuelche-Kultur wurde ausgerottet; den Völkern Feuerlands erging es ebenso.

Der soziale Fortschritt

Ab 1880 begann Argentiniens goldenes Zeitalter, das bis zum Ausbruch des Ersten Weltkrieges dauerte. Eine riesige Zahl europäischer Einwanderer strömte ins Land und besiedelte die neu eroberten Gebiete. Mit Tiefkühlschiffen wurde Rindfleisch exportiert. Das Land wurde jedoch nur von einer Handvoll Leute regiert, die Arbeitermassen waren unzufrieden. Im Sog der Weltwirtschaftskrise Ende der 1920er-Jahre radikalisierte sich das Land. Im Zweiten Weltkrieg blieb Argentinien wie während des Ersten Weltkrieges strikt neutral, sympathisierte jedoch aufgrund des hohen spanischen, italienischen und deutschen Bevölkerungsanteils mit den Achsenmächten.

1943 putschten sich junge Offiziere, zu denen auch Oberst Juan Domingo Perón gehörte, an die Macht. Als Staatssekretär im Ministerium für Arbeit leitete er ein umfangreiches Programm sozialer Reformen ein. In wenigen Jahren schlossen sich über 5 Millionen arme Arbeiter seiner Gewerkschaftsbewegung an. Bei den Präsidentschaftswahlen von 1946 gewann Perón mit einer Mehrheit von 54 %. In den Jahren nach dem Zweiten Weltkrieg war Argentinien ein reiches Land. Die Löhne der Industriearbeiter stiegen zwischen 1945 und 1948 um 50 %, die der Staatsbediensteten um 35 %. So war es nicht verwunderlich, dass Argentinien 1951 Perón mit überwältigenden 67 % wiederwählte. Perón und seine sozialpolitisch engagierte Frau Eva Duarte de Perón wurden zu charismatischen Leitfiguren der Politik der sozialen Gerechtigkeit. Peróns Popularität sank allerdings nach dem Tod seiner Frau Eva, als der Export sank und sich die Staatskassen aufgrund von Missernten und Misswirtschaft leerten. Er wurde 1955 von einer wachsenden Opposition zur Abdankung gezwungen und ging nach Madrid ins Exil. In der Folgezeit litt Argentinien unter politischer Orientierungslosigkeit. Eine Reihe von Regierungen versuchte sich, und es kam zu Putschen und Aufständen der Arbeiter. 1973 gewann der peronistische Präsidentschaftskandidat Hector J. Cámpora die Wahlen. Perón wurde aus dem Exil zurückgeholt und von zwei Millionen Menschen am Flughafen als neuer Hoffnungsträger begrüßt. Er wurde neuer Präsident, seine neue Frau Isabel als Vizepräsidentin vereidigt. Der plötzliche Tod Peróns am 1. Juli 1974 brachte seine Frau an die Macht. Aufgrund der wachsenden wirtschaftlichen Probleme steuerte sie unter dem Einfluss von José López Rega, einer finsteren Gestalt und Begründer der paramilitärischen Terrorgruppe »Alianza Anticomunista Argentina«, einen immer härteren Rechtskurs an.
In Chile verlagerte sich ab 1900 die Regierungsgewalt vom Präsidenten auf das Parlament. Ab 1940 setzte eine verstärkte Industrialisierung ein. Ab 1964 profilierte sich der Christdemokrat Eduardo Frei Montalva als erster moderner Reformer Chiles. Großgrundbesitzer wurden enteignet, Minifundien zusammengelegt. 1970 kam der Sozialist Salvador Allende an die Regierung. Unter seiner Präsidentschaft wurden die Schlüsselindustrien, Banken und Versicherungen verstaatlicht. 1971 nationalisierte er den Kupferbergbau und vertrieb die nordamerikanischen Konzerne aus dem Land. Daraufhin setzte eine systematische Untergrundarbeit des US-Geheimdienstes CIA ein: gesteuerter Preisverfall an der Kupferbörse, Einfrieren von Auslandskrediten und massiver Kapitalabzug. Dazu erschütterte eine allzu rasche Reformpolitik das System. Es kam zu Streiks, Landbesetzungen und Warenengpässen.

Die Militärdiktaturen

In Argentinien ergriff im März 1976 eine Militärregierung unter General Jorge Rafael Videla die Macht. Im sogenannten »Schmutzigen Krieg« ließen Todesschwadronen mehr als 15.000 Menschen spurlos verschwinden. 1982

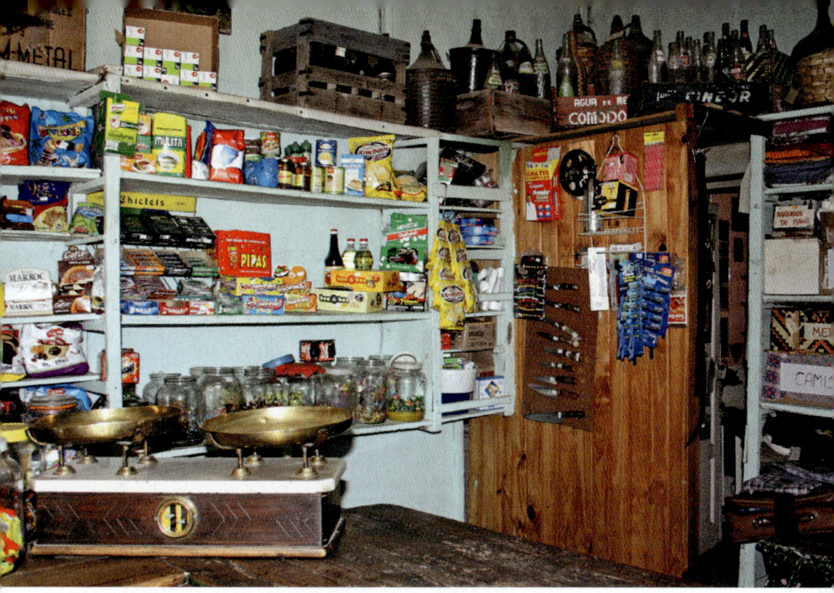

Eine »Despensa« mitten im Niemandsland auf der Ruta 40.

wurden unter Videlas Nachfolger General Leopoldo Galtieri die britischen Malvinen (Falklandinseln) besetzt. Mit diesem unsinnigen Unterfangen versuchte das Militär von den innenpolitischen Problemen (Staatsverschuldung, Arbeitslosigkeit, Inflation) abzulenken. Nach nur zwei Monaten eroberten die Briten die Falklandinseln zurück, Argentinien kapitulierte. General Galtieri trat drei Tage später zurück und wurde durch General Reynaldo Bignone ersetzt. Bignones Versuch, die auf 433 % geschnellte Inflation einzudämmen, scheiterte. Die Junta kam 1983 unter massiven Druck und musste nach Demonstrationen demokratische Wahlen zulassen.
In Chile puschte sich am 11. September 1973 das Militär unter General Augusto Pinochet Ugarte an die Macht. Präsident Salvador Allende wurde im Regierungspalast La Moneda tot aufgefunden. Tausende von Oppositionellen wurden im Nationalstadion von Santiago interniert. Im ganzen Land wurde gefoltert und getötet. Die Verfassung, einschließlich der Grund- und Freiheitsrechte, wurde außer Kraft gesetzt. In den folgenden Jahren wurden schätzungsweise 180.000 Menschen inhaftiert. Die Geheimpolizei DINA war für Verhaftungen und Verfolgungen verantwortlich. Neoliberale Wirtschaftsreformen scheiterten, die wirtschaftliche Situation des Landes verschlechterte sich.
Mit einer neuen Verfassung versuchte Pinochet 1980 die bestehenden Machtverhältnisse zu sichern. 1981 geriet die chilenische Volkswirtschaft,

nach einer Aufwertung der Währung um 35 %, in eine tiefe Krise. Tausende von Chilenen zogen in sogenannten Hungermärschen durch die Straßen Santiagos. Ab 1984 erholte sich die Wirtschaft, die Arbeitslosigkeit ging zurück. Dennoch verschärften sich die sozialen Spannungen. Erst 1989 kam es nach 16 Jahren in Chile wieder zu freien Wahlen.

Demokratisches Argentinien und Chile

Im Oktober 1983 wurde in Argentinien Raúl Alfonsín als Staatspräsident gewählt. Doch Alfonsín bekam die galoppierende Inflation von über 1000 % und die Wirtschaftskrise nicht in den Griff. Bei vorgezogenen Parlamentswahlen kamen 1989 die Peronisten mit ihrem Präsidentschaftskandidaten Carlos Ménem an die Macht. Ménem zwang Argentinien die strengsten Sparmaßnahmen seiner Geschichte auf. Staatsunternehmen wie die marode Telefongesellschaft ENTEL oder die Fluggesellschaft Aerolíneas Argentinas wurden privatisiert. Allein spanische Unternehmen investierten in einer Art moderner Konquista mehr als 6,2 Milliarden Dollar und erwarben rund 14 % des käuflichen Staatsbesitzes. Massenentlassungen folgten, die Inflation ging von sagenhaften 4923 % auf 1,7 % (1995) zurück.

1995 wurde Ménem wiedergewählt. Sein neuer Wirtschaftsminister, der ehemalige Zentralbankpräsident Roque Fernández, startete ein neues Sanierungsprogramm, um die hohe Arbeitslosigkeit von 17 % in den Griff zu bekommen. Dabei wurde die einheimische Währung an den US-Dollar gekoppelt, was dazu führte, dass der Peso völlig überbewertet war und Argentinien für kurze Zeit eine Scheinblüte erlebte. Als Ende 2002 das Finanzsystem zusammenbrach, fürchteten Hunderttausende um ihre Ersparnisse. Es kam zu gewaltsamen Auseinandersetzungen, das Vertrauen in die politische Klasse des Landes war endgültig dahin.

Nach einer Reihe von Übergangspräsidenten gewann im Mai 2003 Néstor Kirchner, zuvor Provinzgouverneur in Santa Cruz, die Wahl. Mit ihm zog erstmals seit langer Zeit etwas Kontinuität in den Präsidentenpalast ein. Die Wirtschaft erholte sich, eingeschränkt profitierte auch die Bevölkerung von diesem Aufschwung. Die Wahlen im Oktober 2007 und 2011 entschied schließlich seine Frau Cristina Fernández de Kirchner für sich, was auch für eine gewisse Kontinuität sorgte. Frau Fernández ist regelmäßiger Gast in ihrer alten Heimatstadt, Calafate daher im Sommer häufig im Ausnahmezustand. 2019 wurde Alberto Fernández zum Präsidenten gewählt, mit Cristina Fernández (nicht verwandt) als Vize. Im Jahre 2022 musste aufgrund der stark steigenden Staatsverschuldung wieder einmal die Staatskasse saniert werden, eine Aufgabe der Fernández und seine Mitte-links-Partei nicht gewachsen waren. Somit kam 2023 bei den nächsten Wahlen Javier Milei mit einer agressiven liberalen Agenda an die Macht. Bilder, die ihn feiernd mit einer Motorsäge in den Händen zeigen, gingen um die Welt. Staatsausgaben werden momentan reduziert, darunter leiden Bildung, Gesundheit, Wissenschaft und u.a. auch das staatliche Nationalparksystem.

In Chile gewann 1989 der demokratische Kandidat Patricio Aylwin Azócar die Wahlen. Er wurde Präsident, Pinochet blieb Oberbefehlshaber des Heeres. Eine »Nationale Kommission der Wahrheit und Versöhnung« dokumentierte die Verbrechen des Militärregimes. 250.000 Chilenen kehrten aus dem Exil zurück. Aylwin strebte ein Wachstum mit sozial gerechter Verteilung an. Die Zahl der unter der Armutsgrenze lebenden Menschen (unter 250 US-Dollar Monatseinkommen) sank um 900.000 auf 3,1 Millionen. Neue Arbeitsplätze wurden geschaffen, die Arbeitslosenquote lag bei 3 %.

Im März 1994 wurde der christdemokratische Kandidat Eduardo Frei Ruiz-Tagle zum Staatspräsidenten gewählt. Die Wirtschaftssituation verbesserte sich weiter. Chile, der »Tiger Südamerikas« genannt, gehörte wieder voll zur internationalen Gemeinschaft und wurde ein beliebter Wirtschaftsstandort. Von 2000 bis 2006 war Präsident Ricardo Lagos Escóbar als Repräsentant einer Mitte-Links-Koalition im Amt. Abgelöst wurde er 2006, als die Sozialistin Michelle Bachelet als erste Frau Präsidentin des Landes wurde. Ihre zweite Amtszeit endete im Dezember 2017. Daraufhin übernahm der konservative Milliardär Sebastián Piñera, der bereits zwischen 2010 und 2014 Präsident gewesen war.

Chile als Ganzes gesehen ist wohl dank seiner Bodenschätze und der

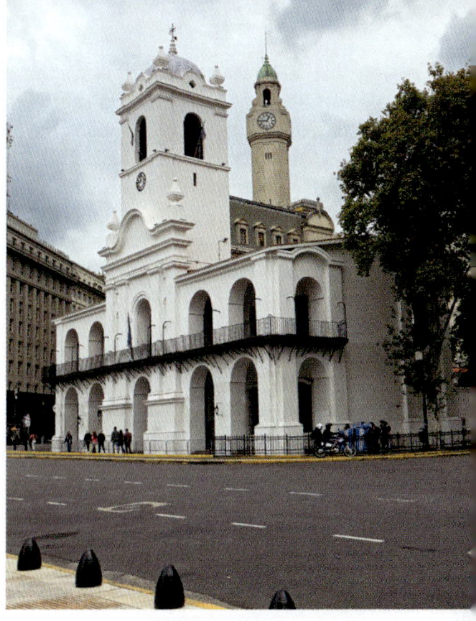

Der Cabildo de Buenos Aires diente von 1580 bis 1821 als Regierungspalast und ist eines der ältesten Gebäude in Argentinien.

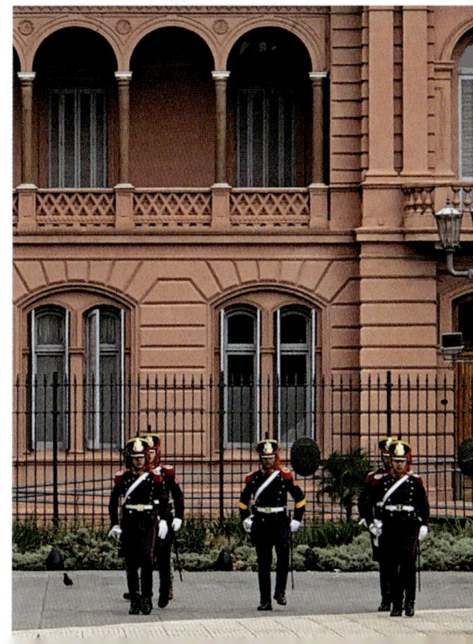

Soldaten in den Uniformen aus den Unabhängigkeitskriegen vor der Casa Rosada, dem heutigen Präsidentenpalast.

neoliberalen Wirtschaft das reichste Land der Region, aber die soziale Ungleichheit hat ihren Höhepunkt erreicht. Etwa die Hälfte der Chilenen verdient weniger als 500 Euro im Monat. Alles ist privat: Transport, Altersvorsorge, Bildung und Gesundheit, sogar das Wasser in Flüssen und Seen. Eine Erhöhung der Fahrpreise für die U-Bahn in Santiago war die Lunte, die die Bombe zündete. Der »Estallido Social« (»Sozialer Ausbruch«) kam in Form der größten Demonstrationen, die Chile je gesehen hatte. Bei den landesweiten gewalttätigen Auseinandersetzungen zwischen Demonstranten und Sicherheitskräften – die sowieso schon verrufen sind, weil sie für ihre harte Vorgehensweise offenbar freie Hand haben – gab es zahlreiche zivile Opfer. Sachschäden in Millionenhöhe entstanden unter anderem, weil 80 U-Bahn-Stationen angezündet wurden. Piñera wusste die Situation nicht recht zu handhaben. Seine erste Reaktion war, den Ausnahmezustand zu verhängen und das Militär auf die Straßen zu rufen: eine Strategie, die zuletzt Pinochet benutzt hatte. Er wurde mit einem historischen Tief von nur 6 % der am wenigsten beliebte Präsident im demokratischen Chile.

In den darauffolgenden Wahlen wurde dann wenig überraschend der Sozialist Gabriel Boric zum neuen Staatsoberhaupt gewählt. Er ist (mit 36 Jahren zum Zeitpunkt der Wahl) der jüngste Präsident Chiles. Bei einer Volksabstimmung mit Rekordteilnahme stimmten 78 % der Wähler für eine neue Verfassung (die alte ist noch aus Pinochets Diktatur), die von einer »Convención Constitucional« geschrieben werden sollte. Als Präsidentin dieses Organs wurde Elisa Loncón gewählt, eine in einer Mapuche-Gemeinde in Patagonien geborene Frau. Es klang nach einem neuen Kapitel der politischen und sozialen Geschichte Chiles, aber die neue Verfassung wurde auch nach Korrekturen zweimal abgelehnt und dann verworfen.

Baumriesen aus einem anderen Zeitalter in den versteinerten Wäldern.

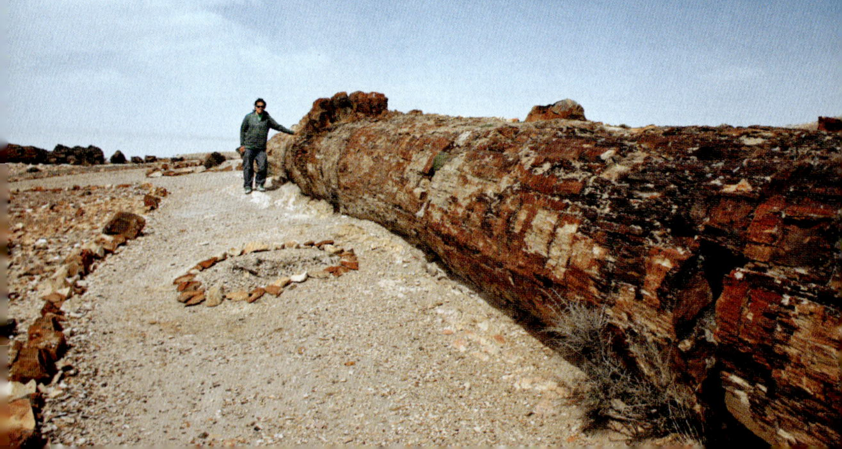

Sehenswert – Ziele außerhalb der Anden

Auch wenn es aus der Sicht eines Trekkers so erscheinen mag: Patagonien besteht nicht nur aus den Anden. Mehr als drei Viertel des Landes bilden flache, vom Wind beherrschte Ebenen, deren Dimension sich für den Europäer erst nach und nach erschließt. Stunden-, ja manchmal tagelang kann man durch die patagonische Steppe fahren, ohne wirklich den Eindruck zu haben, es hätte sich etwas verändert. Gerade diese auf den ersten Blick monoton erscheinende Landschaft hat ihre versteckten Reize, deshalb sollen hier auch einige klassische Ziele außerhalb der Anden erwähnt werden.

Die Cueva de las Manos

Ca. 50 Kilometer nordöstlich von Bajo Caracoles, einem kleinen Ort inmitten der patagonischen Pampa, liegt das vielleicht bedeutendste kulturhistorische Monument im Süden Lateinamerikas – die 1999 von der UNESCO zum Weltkulturerbe ernannte Cueva de las Manos im Tal des Río Pinturas, dessen Schlucht eine Oase in der Wüste bildet und allein deswegen schon einen Besuch wert ist. An den Wänden der Höhle so wie auch an zahlreichen anderen Felsen der Schlucht sind die Negativabbildungen von insgesamt 829 Händen und diverse Jagdszenen der früher die Steppe Patagoniens bevölkernden Tehuelche-Indianer zu sehen. Archäologen haben herausgefunden, dass die ältesten Zeichnungen ungefähr 9300 Jahre alt sind und die Höhle erst vor ca. 600 Jahren endgültig verlassen wurde. Sie war in drei zeitlich voneinander unabhängigen Perioden bewohnt, von denen jede eine eigene Farb- und Motivauswahl erkennen lässt. Wer sich für den Besuch dieses geradezu zu einem Wahrzeichen Patagoniens gewordenen Kulturdenkmals interessiert, sollte in Perito Moreno zur Touristeninformation gehen. Von dort werden während der Saison täglich Touren sowohl zum Río Pinturas als auch zu einigen Estancias der Umgebung organisiert. In dieser Gegend ist zurzeit viel los: Die Ländereien, zu denen die Cueva de las Manos gehört, wurden von der Stiftung »Rewilding Argentina« gekauft, sie sollen dem Parque Nacional Patagonia angegliedert werden. Dieser Nationalpark wurde 2015 gegründet, um einen besonders wichtigen Teil der Steppe zu beschützen: Das Plateau des Lago Buenos Aires und seine Seen sind die Szenerie, wo der fast ausgestorbene Goldscheiteltaucher, eine Vogelart aus der Familie der Lappentaucher, brütet. Den Besuch dieses Parks und den seines erst 2018 gegründeten gleichnamigen chilenischen Gegenstücks, wo sich Steppe und Wald treffen, kann man nur empfehlen.

Die versteinerten Wälder

Es gibt in Patagonien zwei touristische erschlossene versteinerte Wälder. In beiden wurden Araukarienstämme durch die in vulkanischen Sedimenten enthaltene Kieselsäure versteinert. Der kleinere der beiden ist bekannter und leichter erreichbar. Er heißt José Ormachea und befindet sich etwa 100 km westlich von Comodoro Rivadavia bei dem Örtchen Sarmiento.

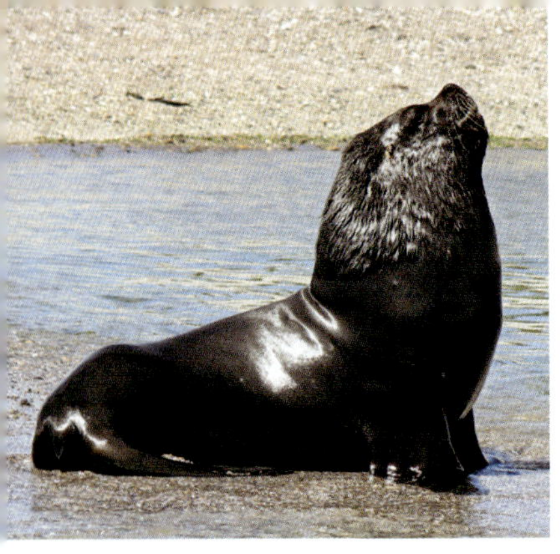

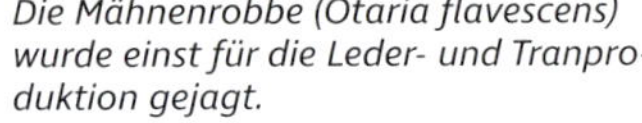

Die Mähnenrobbe (Otaria flavescens) wurde einst für die Leder- und Tranproduktion gejagt.

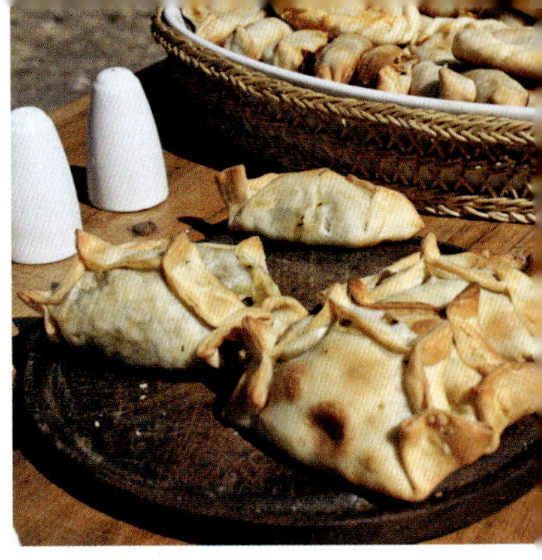

Empanadas sind auf beiden Seiten der Kordillere äußerst beliebt – und für den Wanderer ziemlich praktisch.

Mehrere Meter lange Stämme liegen inmitten einer spektakulären Steppenlandschaft, der Untergrund ist übersät mit versteinerten Holzsplittern. Das Monumento Nacional Bosques Petrificados, ca. 150 Kilometer südlich von Comodoro Rivadavia, ist deutlich schwerer zu erreichen, trägt jedoch seinen Namen auch zu Recht, denn bis zu 30 m lange versteinerte Baumriesen sind zu besichtigen.

Die Atlantikküste

Die Ostküste Patagoniens ist ein Tierparadies ohnegleichen. Auf der Península Valdés existiert die einzige See-Elefanten-Kolonie auf dem südamerikanischen Kontinent. In der Bucht von Puerto Pirámides treffen sich jedes Jahr zwischen Juli und November etwa 700 Glattwale zur Paarung und Kinderaufzucht. Bei Punta Tumbo brüten ca. 700.000 Magellanpinguine, weitere große Pinguinkolonien existieren bei Camarones und Cabo Vírgenes. Die Tour entlang der Küste lässt sich bis Puerto Deseado fortsetzen, die Besonderheit hier ist eine Kolonie von Felsenpinguinen.

Essen und Trinken

Sowohl in Argentinien als auch in Chile isst man gut. Hervorzuheben ist insbesondere die argentinische Küche, die einige der besten Eigenschaften Italiens, Frankreichs, Spaniens und selbst Deutschlands (man denke nur an die Schokolade in Bariloche!) miteinander verbindet. In Chile gibt es fantastische Fischgerichte und in Argentinien das beste Rindfleisch, was natürlich mit der Produktion des jeweiligen Landes im Zusammenhang steht. Serviert wird dazu in beiden Ländern ein hervorragender Wein und vorweg ein Pisco Sour, das chilenische Nationalgetränk.

EINIGE CHILENISCHE UND ARGENTINISCHE GERICHTE

almeja	Miesmuschel
aji chileno	scharfe rote Sauce, steht in Chile immer auf dem Tisch
asado	am offenen Feuer gegrilltes Fleisch; in Chile evtl. an einem großen Holzspieß, oft beginnend mit mehreren Sorten Würstchen (chorizos, salchichas parrilleras, morcillas); normalerweise mit Brot und Rotwein begleitet
asado de cordero	patagonische Spezialität: ein am Lagerfeuer gegrilltes Lamm am Spieß
bife de chorizo	Rumpsteak
congrio	Seeaal, typisch chilenischer Speisefisch
cazuela	Cazuela ist der Oberbegriff für eine Vielzahl an Gerichten, die im gleichnamigen traditionellen Kochtopf zubereitet werden
ceviche	roher Fisch, in Zitrussaft (meist Limetten) mariniert
centolla	Königskrabbe, frisch nur in Küstennähe und Feuerland
chancho	Schwein
chupe de mariscos	überbackene, dicke Suppe aus Meeresfrüchten
cochayuyo	Algen, meist als Auflauf zubereitet, typisch für Chiloé
completo	chilenisch: dänischer »Hot Dog«
cordero	Lamm
curanto	Muscheleintopf mit Schweinerippe, Huhn und Longaniza
dulce de leche	Karamelcreme (Suchtmittel ...), in Chile »manjar« genannt
empanadas	Teigtaschen mit verschiedenen Füllungen
ensalada chilena	Tomatensalat mit sehr vielen Zwiebeln
erizos	Seeigel, der – mit Zitronensaft beträufelt – roh gegessen wird
factura	argentinisch: Süßgebäck
filete	Filetstück des Rindes
flan	Pudding
humita	mit Milch, Zwiebeln und Basilikum gekochter Maisbrei
kuchen	chilenisch: Kuchen
lomo (a lo pobre)	Lendensteak (»für die Armen«: mit Pommes, Zwiebeln und Spiegelei)
longaniza	würzige Wurst aus Schweinefleisch
mariscos	Meeresfrüchte
medialuna	süßes Croissant
milanesa	Schnitzel
ostiones	große Kammmuscheln
paella marina	Meeresfrüchte-Pfanne, Muschel- und Fischsuppe im Tontiegel
palta	Avocado
pastel del choclo	Maisauflauf mit Hackfleisch und Huhn
pollo	Huhn
salmón	Lachs, meist in Butter gebraten, günstig und hervorragend
torta Selva Negra	Schwarzwälder Kirschtorte

INFORMATIONEN UND ADRESSEN VON A BIS Z

Angeln

Die patagonischen Seen gelten als eines der besten Angelreviere der Welt. Speziell zum Fliegenfischen kommen Angler aus aller Welt hierher.

Anreise

Die Einreise nach Chile bzw. nach Argentinien erfolgt meist über den Flughafen der jeweiligen Hauptstadt, also Santiago de Chile bzw. Buenos Aires. Ein Visum ist für Reisende aus der Europäischen Union und der Schweiz nicht notwendig, die Vorlage eines mindestens noch drei weitere Monate gültigen Reisepasses reicht. Wer direkt weiter nach Patagonien möchte, fliegt von Santiago aus entweder nach Puerto Montt (Ausgangsort für das Seengebiet), Balmaceda (Mittelpatagonien, Region um Coyhaique) oder Puntas Arenas (Torres del Paine, der Süden).

Wer Argentinien als Tor zu seinem persönlichen Patagonientrip nützt, muss zunächst meistens in Buenos Aires den Flughafen wechseln (Bus-Shuttle von Ezeiza zum Aeroparque Jorge Newbery, Dauer: etwa 1 Stunde). Als nationale Flughäfen zur Erkundung des argentinischen Teils von Patagonien bieten sich Bariloche (Seengebiet), Trelew (Atlantikküste, Península Valdés) bzw. El Calafate (Nationalpark Los Glaciares) an.

Mit der Dampflokomotive La Trochita kann man bei Esquel eine Reise in die Vergangenheit machen.

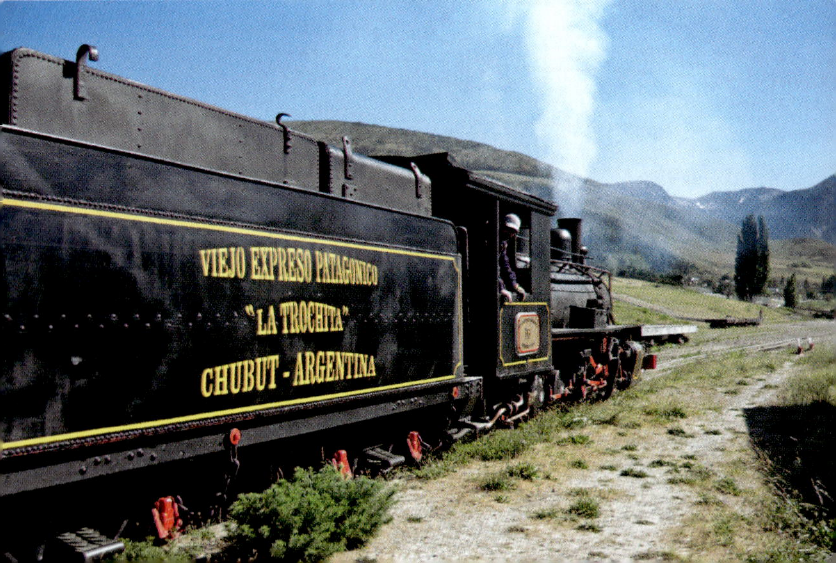

Bademöglichkeiten

Im Seengebiet lässt sich im Sommer zum Teil herrlich baden. Die großen Seen erwärmen sich bis auf ca. 20° C, schwarze Lavasandstrände laden zum Relaxen ein. Dazu gibt es zahlreiche Thermalquellen. Im südlichen Patagonien sind die Gewässer herzhaft frisch, das Badevergnügen beschränkt sich daher auf wenige Sekunden.

Bergführer / Agenturen

In fast jedem größeren Touristenort buhlen Dutzende von Reiseagenturen um die Gunst der Gäste. Angeboten wird von »Mini-Trekking« über »Rafting« bis zum »Freeclimbing« alles, was der »Generation Fun« Spaß macht. In Chile gibt es keine einheitlichen Standards, und die Qualität des angebotenen Service ist dementsprechend äußerst unterschiedlich. So kann sich z.B. nahezu jeder als Bergführer bezeichnen, ob derjenige sich aber selbstständig die Steigeisen anziehen kann oder gar eine Spaltenbergung beherrscht, wird nicht kontrolliert. Es ist also Vorsicht geboten.
In Argentinien geht es ein wenig standardisierter zu: Es gilt, Ausschau nach IFMGA-UIAGM-zertifizierten Bergführern und UIMLA-zertifizierten Wanderführern zu halten. Einige definitiv zu empfehlende Bergführer oder Agenturen werden unter den Stichworten »Hinweis« bzw. »Information« bei den einzelnen Touren genannt. Diese können zur Durchführung einiger der schwierigen Touren unabdingbar sein.
Der Autor dieses Buches ist auch als Bergführer ansprechbar, mit Wohnsitz in El Chaltén (matias.korten@gmail.com).

Fahrrad

Fahrradtouren im zentralen und südlichen Patagonien sind aufgrund des Klimas, der gigantischen Entfernungen oder der Straßenverhältnisse nur etwas für Masochisten. Ausnahme ist hier das Seengebiet sowie die komplette Carretera Austral. Gerade Letztere ist in den letzten Jahren zu einem nicht mehr geheimen Geheimtipp für Langstreckenradler geworden.

Fremdenverkehrsämter

Das chilenische Fremdenverkehrsamt SERNATUR (Servicio Nacional de Turismo) unterhält in Deutschland, der Schweiz und Österreich kein eigenes Büro. Informationen können direkt angefordert werden bei:

- Servicio Nacional de Turismo (SERNATUR), Avenida Providencia 1550, Casilla 14082, Santiago de Chile, Tel. +56 2 27318310, Tel. +56 2 27318313, info@sernatur.cl, sernatur.cl.

In der im Stadtteil Providencia gelegenen Zentrale spricht man Deutsch und Englisch. Am internationalen Flughafen von Santiago hat SERNATUR ebenfalls einen Informationsstand. In Chile selbst unterhält SERNATUR in jeder größeren Stadt ein Informationsbüro. Auskünfte erteilen auch die zuständigen Botschaften.

Auch das argentinische Fremdenverkehrsamt unterhält im deutschsprachigen Raum kein Büro. Informationen können ebenfalls direkt angefordert werden bei:

- Ministerio de Turismo, Suipacha 1111, piso 20, C1008AAW, Buenos Aires, Tel. +54 11 43161600, ministerio@turismo.gov.ar, argentina.gob.ar/turismoydeportes.

Informationsbüros gibt es auch an den Flughäfen Ezeiza und Jorge Newbery in Buenos Aires. Die Botschaften erteilen ebenfalls Auskünfte. In den einzelnen Provinzen Argentiniens gibt es in allen größeren Städten Informationsbüros.

Geld

In Chile zahlt man mit chilenischen Pesos, in Argentinien mit argentinischen Pesos. Insbesondere der argentinische Peso unterliegt starken Schwankungen, sodass der US-Dollar eine Art Leitwährung darstellt. Für unterwegs hat es sich bewährt, immer etwas Geld in bar mitzuführen und ansonsten auf die Kreditkarte (Mastercard, Visa, American Express) zurückzugreifen. Diese wird normalerweise in allen größeren Restaurants, Supermärkten, Hotels und selbst an Tankstellen akzeptiert. Dollars oder Euro lassen sich entweder in der Bank (schlechte Kurse) oder einer sogenannten Casa de Cambio tauschen. Bargeld bekommt man unterwegs in allen grö-

Die Hafenstadt Ushuaia am Beagle-Kanal.

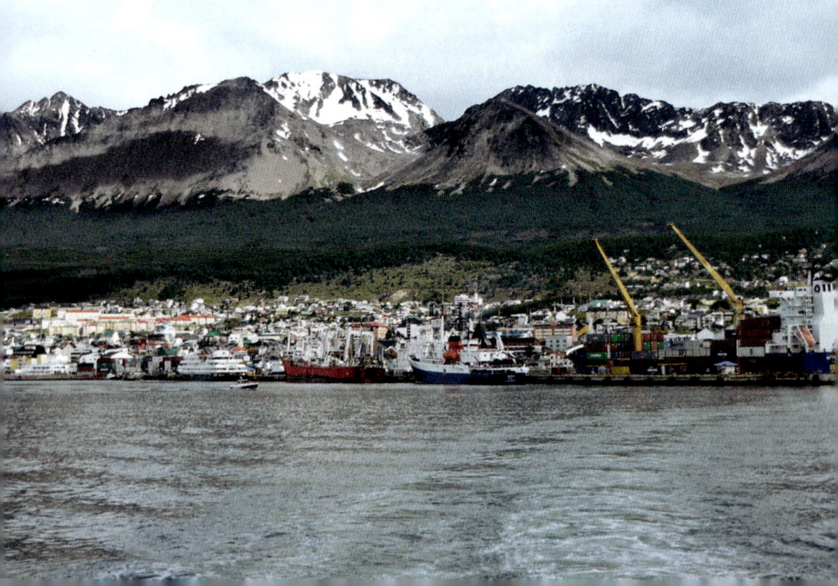

INTERNETADRESSEN

Agenturen (Auswahl)

- 54trek-expeditions.com (Feuerland)
- patagonia-summit.com (El Chaltén)
- patagoniadiscovery.travel (Puerto Natales)
- pataguides.com (Bariloche-Vulkane)
- peakpatagonia.com (Bariloche, Cochamó)
- terraluna.cl (Puerto Guadal)
- travelaid.cl (Pucón)

Tourismusportale

- larutanatural.gob.ar (staatlich)
- rutas.bienes.cl (staatlich)
- rutadelosparques.org (chilenisches Patagonien, NRO)

Nationalparks (Auswahl)

- parquesnacionales.gob.ar (Argentinien)
- www.conaf.cl (= Corporación Nacional Forestal, Chile)
- parquepumalin.cl
- lagosescondidos.com (Parque Perito Moreno)
- parquepatagoniaargentina.org (Cueva de las Manos)

Landkarten

- chiletur.cl (Bestellseite für die besten Karten des chilenischen Patagoniens! Es gibt an Copec-Tankstellen auch Hefte mit Karten und Infos, aufgeteilt in Norden, Mitte und Süden, dazu die Nationalparks)
- www.aca.org.ar/cartografia (das gleichwertige Produkt für Argentinien, zu bestellen online oder in den ACA-Tankstellen)

Wanderkarten

Siehe Seite 23, Abschnitt »Allgemeine Hinweise«.

Umweltschutz

- tompkinsconservation.org

Klettern

- pataclimb.com
- cochamo.com

Wetter

- windy.com (Rechtsklick auf einen Punkt des Globus, »Wettervorhersage anzeigen«, und unten die Modelle GFS und ECMWF kontrastieren)
- windguru.cz (auf das GFS-Modell achten)
- meteoblue.com (das Meteoblue-Modell ist halbwegs zuverlässig, die Multimodel-Option sehr interessant – vor allem auf GFS- und ECMWF-Modelle achten)

ßeren Orten aus dem Automaten, was in Argentinien aber nicht immer reibungslos funktioniert, zudem ist dort die Ausgabe auf den Gegenwert von 200 US-Dollar pro Tag und Karte (auch an verschiedenen Automaten) begrenzt. Im Zweifelsfall also lieber etwas Bargeld in Reserve dabei haben. In Argentinien lässt sich Bargeld »auf der Straße« außerdem zu weit besseren Kursen tauschen, als bei der Geldabhebung am Bankautomaten verrechnet werden (der sogenannte »Euro Blue«); man muss allerdings Acht geben, dass man nicht betrogen wird! Der Grund für das Existieren des Parallelkurses sind verschiedene legale Hindernisse, die der Staat aufstellt, damit die Argentinier nicht an ausländische Währung kommen und in Pesos sparen, was die Wirtschaft fördern soll.

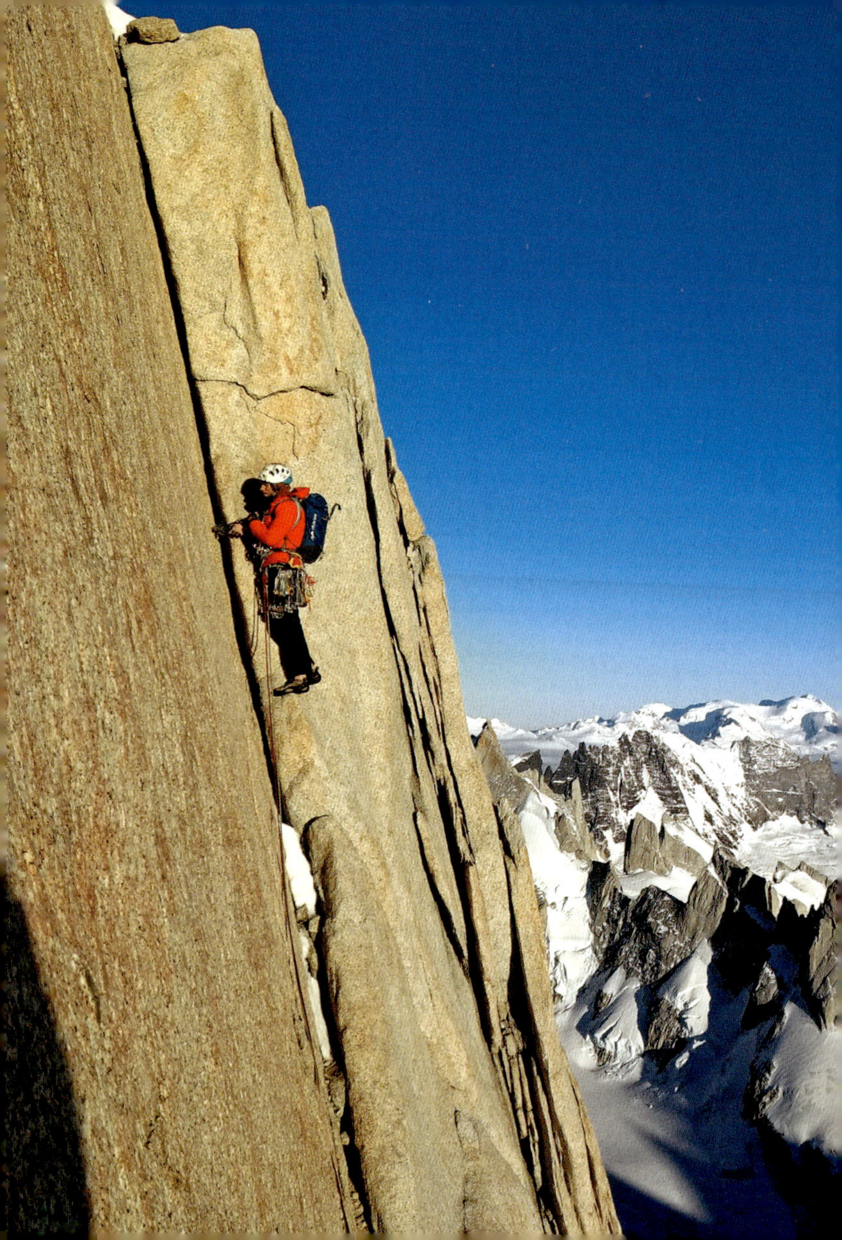

Gesundheit

Für den Aufenthalt in Patagonien müssen keine besonderen gesundheitlichen Vorkehrungen getroffen werden. Es sind keine speziellen Impfungen notwendig, es gibt weder Malaria noch Cholera. Nichtsdestotrotz ist es empfehlenswert, Standardimpfungen wie Typhus, Polio, Hepatitis und Tetanus aufzufrischen. Die medizinische Versorgung ist, wenn vorhanden, auf recht hohem Standard.

Vor der Abreise sollte man sich bei seiner Krankenversicherung über eventuell notwendige Kostenübernahmen informieren. Eine Auslandsreisekrankenversicherung sollte Pflicht sein. Medikamente bekommt man in jeder Apotheke *(farmacia)*. Die meisten Ärzte sprechen zumindest ein rudimentäres Englisch.

Klettern

Patagonien ist *das* Traumland für Bergsteiger und Kletterer. Die Gipfel von Fitz Roy und Cerro Torre sind weltbekannt und bieten fantastischen Granit. Die wichtigsten Klettergebiete für Alpinisten sind die Regionen von El Chaltén und die Torres del Paine. Aber auch der Norden bietet schöne Felsen, die den Vorteil haben, längst nicht so wetterabhängig zu sein. Zu nennen sind insbesondere das Valle de Cochamó südlich von Puerto Montt und die Umgebung des Refugio Frey bei Bariloche.

Auch Sportkletterziele gibt es viele, vor allem in Nordpatagonien. Erwähnenswert sind das Valle Encantado (bei Bariloche, im Hochsommer geschlossen), Piedra Parada (mitten in der Steppe auf der Höhe von Esquel) und Villa Cerro Castillo in Chile.

El Chaltén ist auch eine Mekka für Outdoor-Boulderer. In den meisten Städten finden sich Boulderhallen, sie sind aber mit den europäischen nicht zu vergleichen.

Literatur

Klassische Werke über Patagonien wurden u.a. von Alberto Maria de Agostini, Gino Buscaini, Anne Chapman, William Henry Hudson und Gunther Plüschow verfasst. Etwas neuere Autoren sind Maria Bamberg, Philippe Bourseiller, Lucas E. Bridges, Yvon Chouinard, Federico E. Gargiulo, Paul Theroux, Pablo Neruda, Carmen Rohrbach und Luca Lauga.

Zum Thema Klettern haben Kelly Cordes, Greg Crouch, Tom Dauer, Ralf Gantzhorn und Rolando Garibotti viel zu sagen. Wanderführer gibt es unter anderem von Matt Chesterton, Andreas Hohl, Carolyn McCarthy und dem Trade&Travel Verlag.

Die besten Reiseführer inklusive Straßenkarten für Chile sind die Guías Chiletur Copec und in Argentinien gibt es dafür die des Automovil Club (ACA); siehe »Landkarten« auf Seite 51.

Kletterer am Nordpfeiler des Fitz Roy, El Chaltén.

Nationalparks

Große Flächen der Patagonischen Anden sind – zumindest theoretisch – unter Schutz gestellt. Auch befinden sich die meisten hier vorgestellten Touren innerhalb von Natioalparks. Der Eintritt ist zum Teil erheblich und sollte bei der Planung der Reisekasse mit berücksichtigt werden. Nähere Informationen unter:

- Chile: conaf.cl
- Argentinien: parquesnacionales.gob.ar

Notruf

- Mittlerweile standardisiert auf 911 in Chile und Argentinien.

Post und Internet

Postämter *(correo)* gibt es in fast jedem größeren Ort. Briefe und Postkarten nach Europa brauchen im Durchschnitt sieben Tage. Die Post in Argentinien ist weniger zuverlässig als die chilenische.
Die meisten Restaurants, Tankstellen und Cafés haben kostenloses WLAN.

Preise

Patagonien ist teuer und definitiv kein Billigreiseziel. Generell liegen die Preise zwar etwas unter dem mitteleuropäischen Niveau; eine Übernachtung in normalen Hotels ist ab etwa 40 US-Dollar zu bekommen (siehe auch »Unterkunft«), eine einfache Mahlzeit in einem landestypischen Restaurant ab ungefähr 7–10 US-Dollar. Allerdings wird in den meisten Hotels und Restaurants mittlerweile deutlich mehr verlangt, insbesondere in den touristischen Hochburgen wie Calafate oder Puerto Natales, wo das Preis-Leistungs-Verhältnis langsam aus den Fugen gerät. Recht preiswert sind dagegen Bus- und Taxifahrten und auch Kleidungsstücke. Für Touren mit Bergführern oder anderen Reiseführern muss dagegen schon mal etwas tiefer in die Tasche gegriffen werden. Inlandsflüge sind ebenfalls verhältnismäßig teuer, aber aufgrund der teilweise sehr großen Distanzen in vielen Fällen trotzdem sinnvoll.

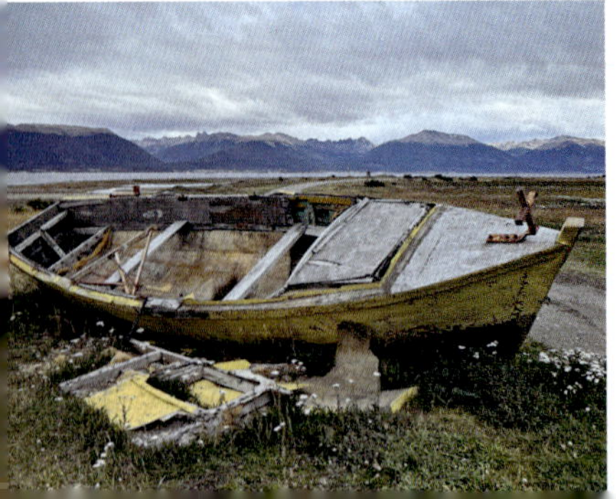

An der Magellanstraße.

Reisen im Land

Argentinien und Chile bieten alle Voraussetzungen für Reisen auf eigene Faust, denn die Infrastruktur in beiden Ländern ist hervorragend. Die Wahl des Transportmittels hängt von der zur Verfügung stehenden Zeit und natürlich von der Reisekasse ab. Das Flugnetz der be-

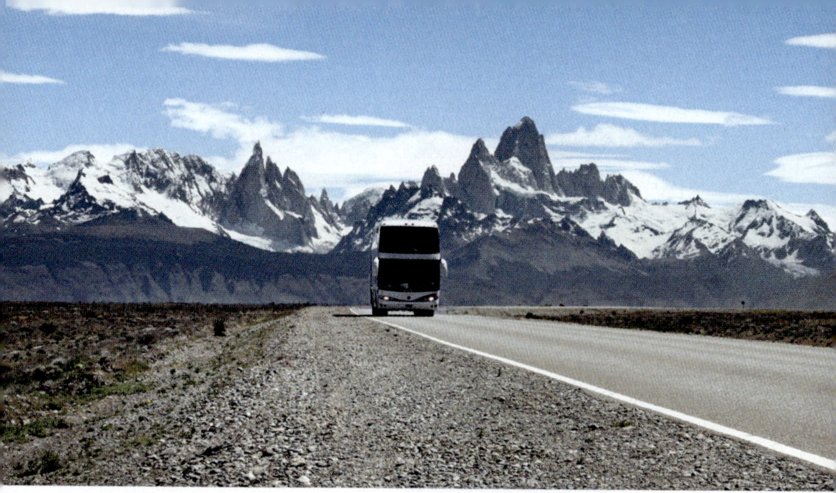

Die Ruta 23 auf dem Weg nach El Chaltén. Abenteuer ist garantiert!

deutendsten nationalen Fluglinien LATAM Airlines, Sky Airline und Ladeco bzw. Aerolíneas Argentinas erfasst alle größeren Städte und wichtigen Feriengebiete. Die Flüge lassen sich bereits von Deutschland aus buchen, was oftmals sogar billiger ist als im Land. Kleinere Orte werden von regionalen Gesellschaften angeflogen.

Das Busnetz, Patagoniens wichtigstes Transportsystem, umfasst – mit nur wenigen Ausnahmen – alle wichtigen Orte und Dörfer. Die Preise für Busreisen sind relativ teuer. Überlandbusse verkehren meist nachts und bieten neben Liegesesseln auch einen Bordservice an.

Die meisten Eisenbahnen wurden in Argentinien und Chile privatisiert und aufgrund der besseren Busverbindungen eingestellt. Legendär ist der von Paul Theroux beschriebene »Alte Patagonien-Express«, der auch heute noch von Ingeniero Jacobacci nach Esquel fährt.

Schiffsreisen auf den Kanälen Patagoniens und Feuerlands sind – gutes Wetter vorausgesetzt – ein einmaliges Landschaftserlebnis. Empfehlenswert sind vor allem Bootstouren über den Lago Todos los Santos nach Bariloche in Argentinien und die Fährverbindungen zwischen Puerto Montt und Puerto Natales bzw. Puntas Arenas und Puerto Williams auf Feuerland. Wichtig bei allen Fährfahrten, auch für die Fährpassagen von Puerto Montt oder von der Insel Chiloé in Richtung Carretera Austral, ist eine rechtzeitige Buchung.

- Reservierung und Informationen: Transmarchilay, transmarchilay.cl (Av. Italia 2326, Parque Industrial San Andrés-Puerto Montt, Tel. +56 65 2270700).
- Kreuzfahrten in den Kanälen Feuerlands und zum Kap Hoorn mit Ausgangspunkt Punta Arenas: Australis, australis.com, Tel. +34 934 970484.

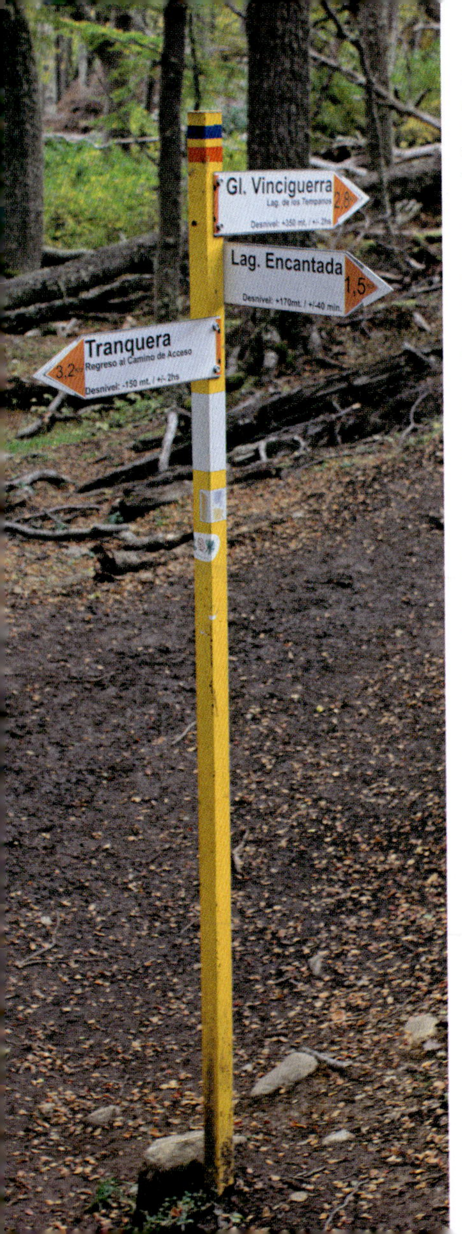

Mietwagen, Camper und Wohnmobile sind die unabhängigsten Reisemittel und inzwischen sowohl in Chile als auch in Argentinien in allen Variationen zu haben. Am besten versucht man sein Glück bei einem der zahlreichen kleineren Unternehmen vor Ort. Ansonsten bieten sich die internationalen Verleiher an, mit Buchung am besten von Deutschland aus. Die Preise für Mietwagen sind akzeptabel. Für einen Pick-up (Camioneta), der bei den rauen Straßenverhältnissen angebracht ist, muss man inklusive Versicherung und unbegrenzten Kilometern mit mindestens 100 US-Dollar pro Tag rechnen. Allradgetriebene Fahrzeuge kosten ungefähr das Doppelte. Die Fahrzeugmieten schließen meist eine Teilkaskoversicherung mit Selbstbeteiligung (um 500 US-Dollar) ein. Vollkaskoversicherungen sind gegen Aufpreis möglich. Wichtig: Wer mit seinem Auto in ein anderes Land reisen will, benötigt eine notariell beglaubigte Bescheinigung seiner Mietwagenfirma! Für einen chilenischen Mietwagen ist für Argentinien eine Zusatzversicherung abzuschließen. Argentinische Versicherungen sind auch in Chile gültig. Die Preise für Camper/Wohnmobile beginnen bei ca. 110 US-Dollar/Tag. Die Wohnmobile sind komplett ausgestattet und verfügen über Dusche, WC und bis zu drei Schlafplätze.

Abzweigungen sind nur manchmal beschildert.

Reiseveranstalter

Patagonien gehört zum festen Bestandteil des Programms der großen Reiseveranstalter. Einige wichtige europäische Veranstalter für Trekking-Reisen sind:

- Hauser Exkursionen, Spiegelstraße 9, 81241 München, Tel. +49 89 235006-0, hauser-exkursionen.de.
- DAV Summit Club GmbH, in der Globetrotter-Filiale München, Isartorplatz 8–10, 80331 München, Tel. +49 89 23239734, dav-summit-club.de.
- Wikinger Reisen, Kölner Straße 20, 58135 Hagen, Tel. +49 2331 9046, wikinger-reisen.de.
- Diamir Erlebnisreisen GmbH, Berthold-Haupt-Straße 2, 01257 Dresden, Tel. +49 351 312070, diamir.de.
- Thomas Wilken Tours, Tel. +49 5252 9360372, suedamerikatours.de.

Man kann seine Reise auch direkt mit einem der vielen lokalen Veranstalter organisieren. Zu empfehlen ist:

- Wind Roads, Juramento 190 piso 3° of. 6, 8400 S.C. de Bariloche, Tel. +54 9 294 4293463, ruta-40.com.

Sicherheit

Ganz Patagonien ist als sicheres Reiseziel zu bezeichnen. Die Kriminalität ist nicht höher als in Mitteleuropa auch. Kleinere Diebstähle und Gaunereien sind natürlich trotzdem nie auszuschließen, in Buenos Aires sogar an der Tagesordnung. Wer sein Gepäck gut im Auge behält, sollte aber keine Probleme bekommen. Auch die Transporte der Busunternehmen funktionieren reibungslos und sicher. Gewaltverbrechen sind sehr selten und kommen, wenn überhaupt, vor allem in den Großstädten vor. So sollte man insbesondere bei der Ankunft in Santiago oder Buenos Aires darauf achten, in welchen Stadtteilen man sich bewegt. In allen größeren Städten Patagoniens patrouilliert eine Touristenpolizei, welche extra zum Schutz der Reisenden abgestellt ist. Wertvolle Hinweise in Bezug auf Gefahrenregionen ergeben sich aus Gesprächen mit Einheimischen (im Hotel fragen). Auch das Auswärtige Amt weist auf seiner Homepage auf die aktuelle Sicherheitslage der Länder hin, wobei deren Warnungen aber zumeist stark überzogen sind.

Reisen im Land war früher schwieriger als heute ...

Sprache

Spanisch ist in Argentinien und Chile die Amtssprache, wobei man in den beiden Ländern jeweils ein wenig anders spricht. In touristischen Orten kann man erwarten, mit Englisch mehr oder weniger zurechtzukommen. Ein kleines Wanderlexikon findet sich auf den nächsten Seiten.

Strom

Elektrische Geräte werden in Argentinien und Chile genauso wie in Mitteleuropa mit 220-Volt-Wechselstrom (50 Hz) betrieben. Während in Chile die Anschlüsse mit den deutschen Steckern kompatibel sind, empfiehlt sich für Argentinien die Mitnahme eines amerikanischen Adapters. Die flachen Euro-Stecker passen (meist) überall.

Telefon und Handynetz

Der Telekommunikationsmarkt ist in beiden Ländern von mehreren Unternehmen umkämpft. Für Patagonien zu empfehlende Handynetzwerkfirmen sind Movistar und Claro. Zu beachten ist, dass es auf weiten Strecken Patagoniens keinen Empfang gibt; dieser beschränkt sich auf die unmittelbare Nähe der Städte.
Von Argentinien und Chile aus lautet die Vorwahl für Deutschland 0049, für Österreich 0043 und für die Schweiz 0041. Die Vorwahl für Gespräche von Europa nach Argentinien lautet 0054, nach Chile 0056; die Null für die Ortsvorwahl entfällt.

»Millionen-Sterne-Hotel« am Fitz Roy.

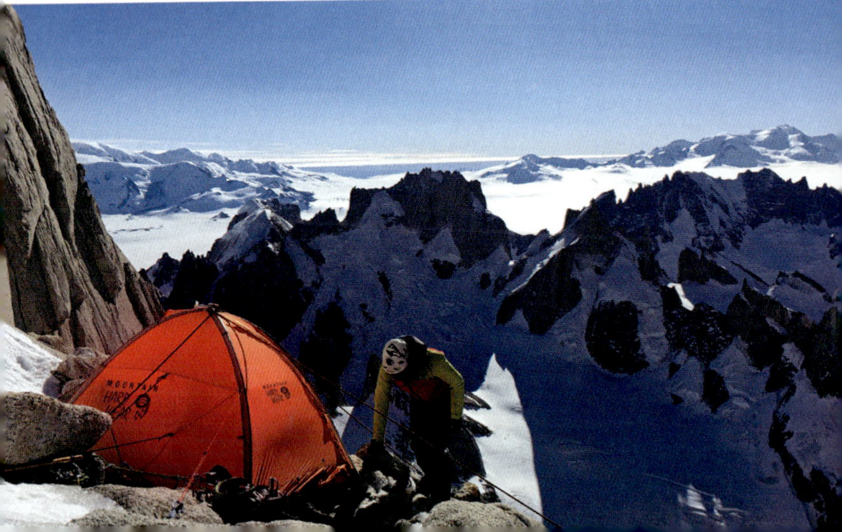

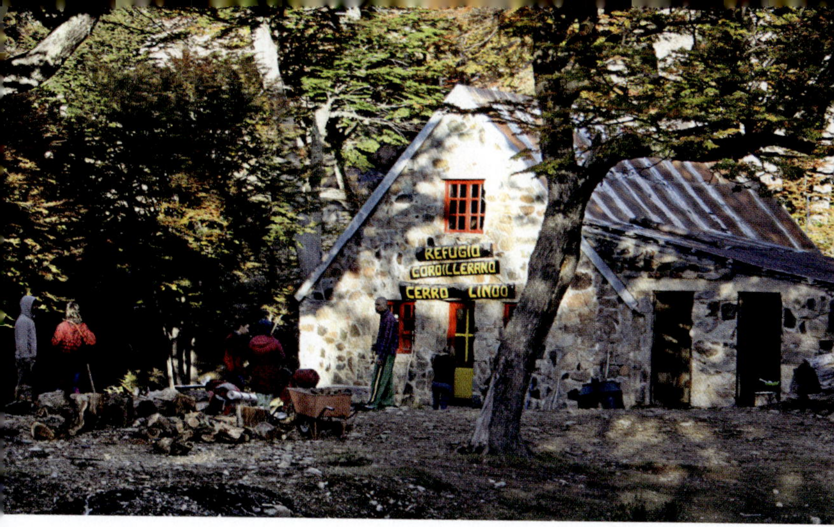

Das Refugio Cerro Lindo bietet ein Dach über dem Kopf und so manche Geschichte.

Trinkgeld

Im Restaurant ist ein Trinkgeld von etwa 10 % gebräuchlich und nicht in der Rechnung inbegriffen. Es ist üblich, zuerst das Wechselgeld zu nehmen und dann ein Trinkgeld liegen zu lassen. Mitarbeiter an Tankstellen, Hotels und Parkplätzen erwarten häufig ebenfalls etwas Trinkgeld.

Unterkunft

Sowohl in Chile als auch in Argentinien sind Übernachtungsmöglichkeiten aller Preis- und Leistungskategorien vorhanden, von der einfachen Unterkunft in einem kleinen Dorf bis zum Fünf-Sterne-Hotel in den Städten. Die einfachsten und günstigsten Unterkünfte, oft mit Familienanschluss, findet man in Hospedajes oder Residenciales. Die meisten dieser Unterkünfte bieten heiße Duschen und akzeptable hygienische Bedingungen. Der Preis pro Nacht (meist mit Frühstück) liegt bei etwa 12–15 US-Dollar pro Person. Sogenannte Hosterías, luxuriöse Landhotels, findet man oft an landschaftlich reizvollen Orten. Die Preise schwanken je nach Ausstattung und können in einigen Luxusanlagen bis zu 300 US-Dollar pro Doppelzimmer betragen. Hostales sind meist einfachere Hotels, während Cabañas Holzbungalows sind (insbesondere Letztere sind oft online zu buchen, z.B. über Airbnb). Hotelpreise entsprechen durchaus europäischem Niveau, wobei Qualität und Service jedoch oft zu wünschen übrig lassen. Sie beginnen bei etwa 40 US-Dollar pro Doppelzimmer. Für die Hochsaison in den touristischen Zentren sollte man lange im Voraus buchen. – Empfehlungen für Hotels und Restaurants finden sich bei den jeweiligen Touren.

Campingplätze gibt es auch in abgelegenen Gebieten, man sollte mit 12–15 US-Dollar/Nacht rechnen. Die Ausstattung umfasst normalerweise heiße Duschen, ein Restaurant oder einen Kiosk. In den Nationalparks besitzen die Plätze oft keine Infrastruktur, sind dafür aber häufig auch kostenfrei.

Wäsche

Schmutzige Wäsche lässt man am besten waschen. In fast allen größeren Touristenorten wird von den Hostals und Pensionen ein entsprechender Service angeboten. Darüber hinaus finden sich in allen größeren Städten Schnellwäschereien *(lavandería)*, wo man für etwa 5–8 US-Dollar einen großen Beutel Wäsche waschen und trocknen kann.

Zeitverschiebung

Der Zeitunterschied zu Argentinien beträgt minus 4–5 Stunden, zu Chile minus 4–6 Stunden (abhängig von der mitteleuropäischen bzw. chilenischen Sommerzeit). Wenn es also in Deutschland 12.00 Uhr Mittag ist, dann ist es in Buenos Aires 8.00 Uhr morgens. Nur Chile hat eine Sommerzeit, sodass während des europäischen Winters auch 1 Stunde Zeitunterschied zwischen Chile und Argentinien besteht.

Zollbestimmungen

Bei der Einreise ist eine Zollerklärung auszufüllen, die meist schon vor der Landung im Flugzeug ausgegeben wird. Beachten Sie, dass nach Chile keine frischen Lebensmittel (Obst, Käse, Fleisch, Wurstprodukte) importiert werden dürfen. Letzteres gilt nicht nur für die Einreise mit dem Flugzeug, sondern auch für die Landgrenze zwischen Argentinien und Chile.

WANDERLEXIKON SPANISCH-DEUTSCH

Spanisch	Deutsch
agua (bebible, potable)	(Trink-)Wasser
aguas calientes	heiße Quellen
alerce	Zypressengewächs
araucaria	Koniferenart
arbol	Baum
arroyo	Bach (arg.)
azul	blau
bahía	Bucht
barca	Schiff, Boot
bastones	Wanderstöcke
blanco	weiß
bosque	Wald
caballo	Pferd
cajón	Schlucht
caleta	kleine Bucht
caliente	warm
calle, ruta	Straße
caminar	gehen, laufen
camino	Weg
camión	Lastwagen
campamento	Zelt-, Lagerplatz
cañon	Schlucht
carabineros	Polizei (chil.)
carpa	Zelt
carretera, ruta	Landstraße
cascada	Wasserfall
casa	Haus
cellular	Handy
cementerio	Friedhof
cerca	nah
cerro	Berg
ciudad	Stadt
coche (de alquiler)	(Miet-)Auto

colectivo	Sammeltaxi	montaña	Berg
comida	Essen	morro	Berg
CONAF – Corporación Nacional Forestal (chil.)	Forstwirtschaftsbehörde	mula	Maultier
		ñandu	Straußenart
		negro	schwarz
cordillera, cordón	Kordillere, Bergkette	nevado	schneebedeckt(er Berg)
crampones	Steigeisen		
cuerno	Horn	nieve	Schnee
cueva	Höhle	nube	Wolke
cumbre	Gipfel	paso	Pass
duna	Düne	piedra	Stein, Fels
encantado	verzaubert	piolet	Eispickel
entrada	Eingang	pista de esquí	Skipiste
escalar	klettern	planicie (alta)	(Hoch-)Ebene
escondido	versteckt	playa	Strand
estancia, hacienda	Großgrundbesitz	porteador	Träger
		proveeduría	kleiner Laden
estero	Bach (chil.)	pueblo	Dorf
faro	Leuchtturm	puente (colgante)	(Hänge-)Brücke
fin	Ende	puerto	Hafen
frío	kalt	puesto	Hütte, Unterstand
frontera	Grenze	quebrada	Tal
fuente	Quelle	rayo	Blitz
fundo	(kleinerer) Grundbesitz (chil.)	refresco	Getränk
		refugio	Hütte, Unterkunft
gendarmería	Grenzpolizei (arg.)	río	Fluss
glaciar	Gletscher	roca	Fels
guanaco	Guanako (Lamaart)	saco de dormir	Schlafsack
guardaparque	Parkranger	salida	Ausgang
guardería	(hier:) Parkverwaltung	salto, saltillo	Wasserfall
harness	(Kletter-)Gurt	selva	Urwald
hermoso	schön	sendero, senda	Pfad
hostería, hostal	Gasthaus, Pension, Hotel	servicios, baño	Toilette
		SERNATUR	Servicio Nacional de Turismo (Chile)
huemul	Südandenhirsch		
inicio	Anfang	sierra	Gebirge
intendencia	Nationalparkverwaltung (arg.)	sol	Sonne
		témpano	Eisscholle, -berg
isla	Insel	tempestad, temporal, tormenta	Sturm
lago	See		
laguna	kleiner See	termas	heiße Quellen
lejos	weit	tienda	Laden
lluvia	Regen	tormenta	Gewitter
loma	Gipfel, Hügel	torre	Turm
luz	Licht	valle	Tal
machete	Buschmesser	ventisquero	(hier:) Gletscher
mapa	(Land-)Karte	viento	Wind
mirador	Aussichtspunkt	vivac	Biwak
mochila	Rucksack	volcán	Vulkan

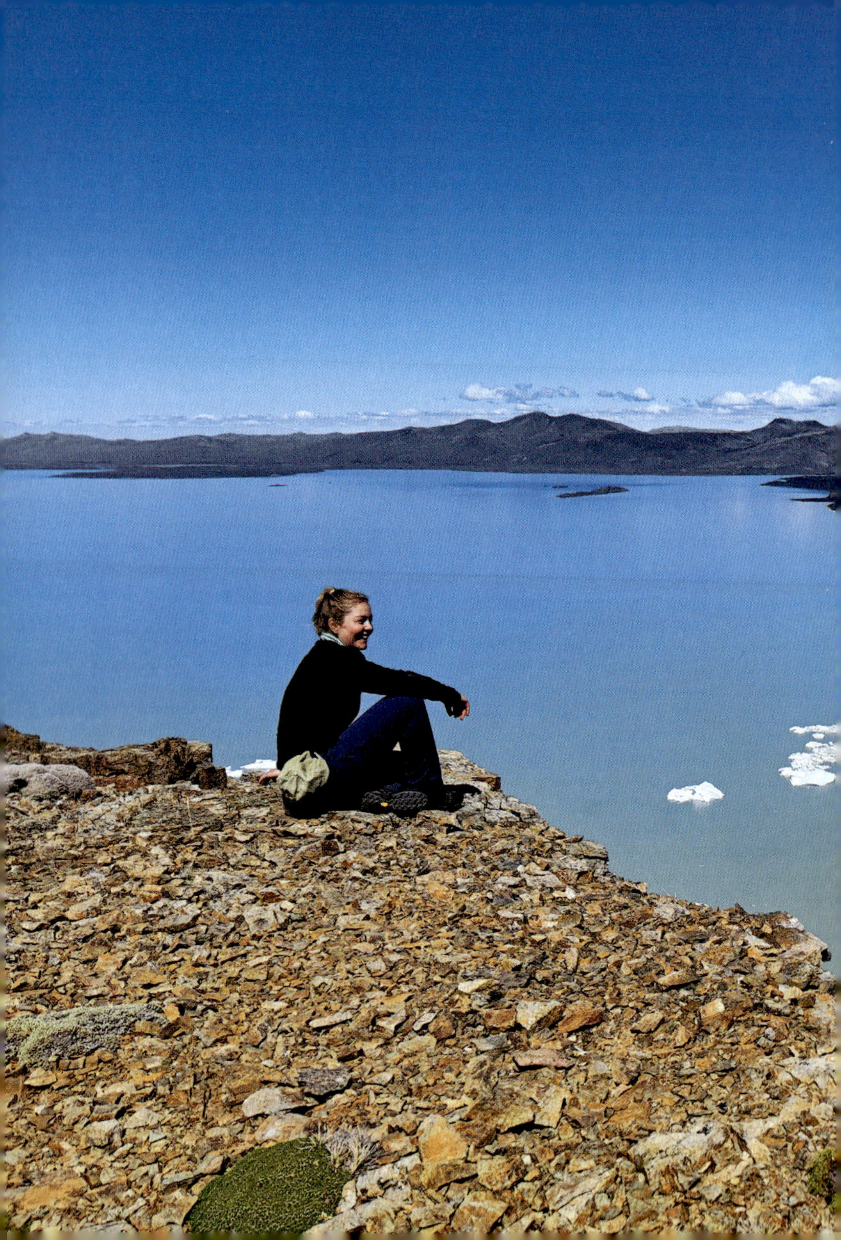

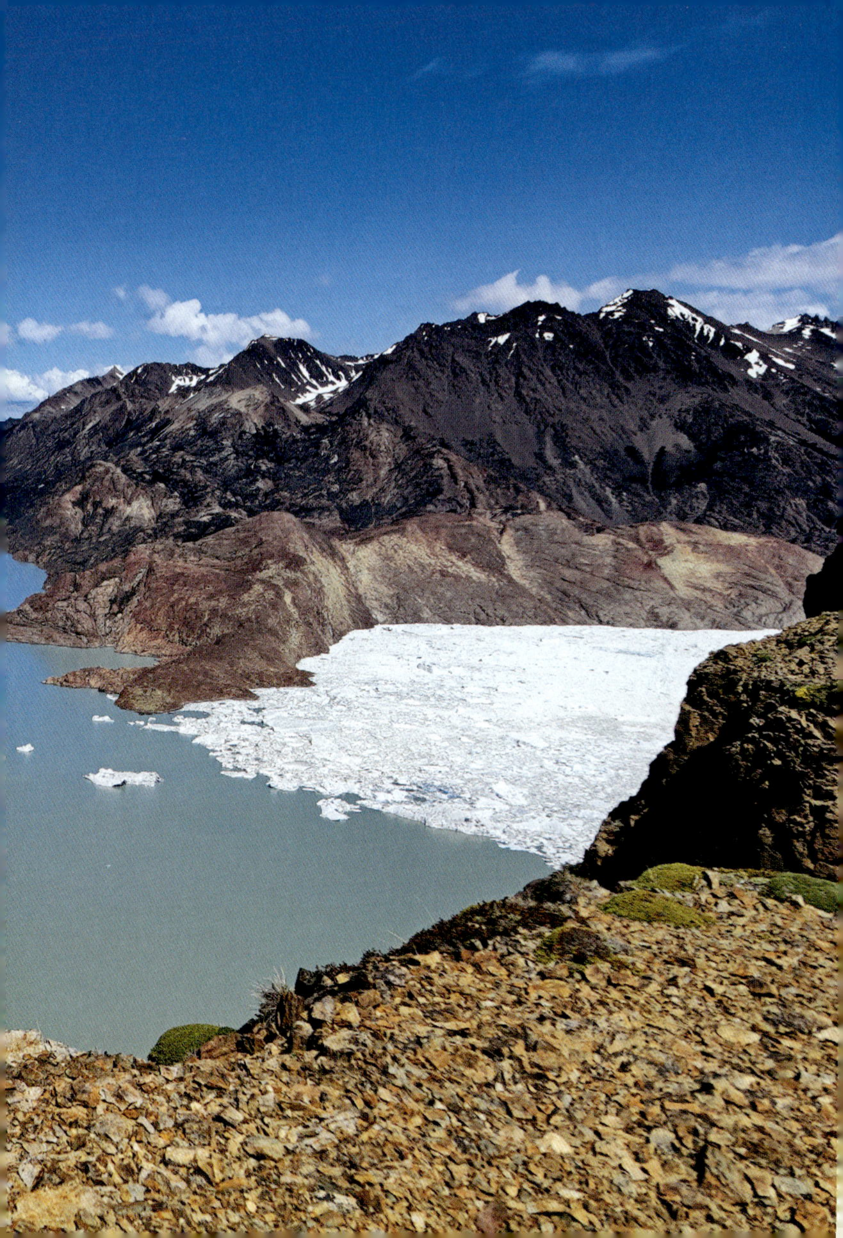

Seengebiet

Das nördliche Ende Patagoniens ist eine Übergangszone zum Rest der Welt. Das Wetter ist relativ mild und die Landschaft mit jener der Alpen vergleichbar. In den Tälern zwischen schroffen Bergketten wachsen immergrüne Südbuchenwälder; Wasser ist in Form von Hunderten von Seen in rauen Mengen vorhanden. Auch wenn man hier keine der wirklich großen Städte antrifft, so handelt es sich schon um das am dichtesten besiedelte Gebiet Patagoniens. Die Haupteinnahmequelle der Einwohner ist immer noch die Landwirtschaft, wobei Tourismus (vor allem nationaler) eine immer größere Rolle spielt. Einwanderer, meist europäische, haben sich im vergangenen Jahrhundert gern hier niedergelassen.

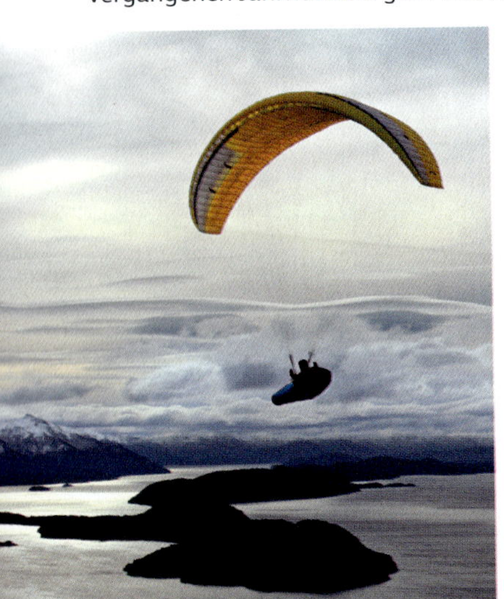

Gleitschirmflieger am Cerro Otto über Bariloche.

Eine Besonderheit sind, unregelmäßig verteilt, wild hervorstechende (und zum Teil aktive) Vulkane mit von ewigem Eis bedeckten Gipfeln. Die Vulkane Villarrica, Osorno, Lanín und Tronador, um nur einige der bekanntesten zu nennen, imponieren aus der Ferne und locken Bergsteiger aus aller Welt an.

Eine weitere Attraktion des Seengebietes kann man schon aus dem Namen herauslesen, nämlich die Seen selbst. In allen Formen und Größen vorhanden, erreichen die meisten von ihnen im Sommer mit knapp 20° C durchaus Badetemperatur.

Die urbanen Höhepunkte der Region auf chilenischer Seite sind Villarrica, Pucón, Osorno, Puerto Varas und Puerto Montt. Gerade das herrlich am Lago Villarrica gelegene Pucón ist *der* touristische Ort in Chile. In Argentinien kann man vor allem San Martín de los Andes, Villa La Angostura (diese beiden lassen sich über die »Ruta de los 7 Lagos« verknüpfen) und San Carlos de Bariloche nennen. Letzteres, am Ufer des Lago Nahuel Huapi gebaut, ist sowohl im Sommer als auch im Winter der Ferienklassiker Argentiniens schlechthin, dort liegt nämlich das größte Skigebiet Südamerikas.

Tiefblick auf den Lago Gutierrez; am linken Ufer verläuft die Ruta 40 zwischen Bariloche und El Bolsón.

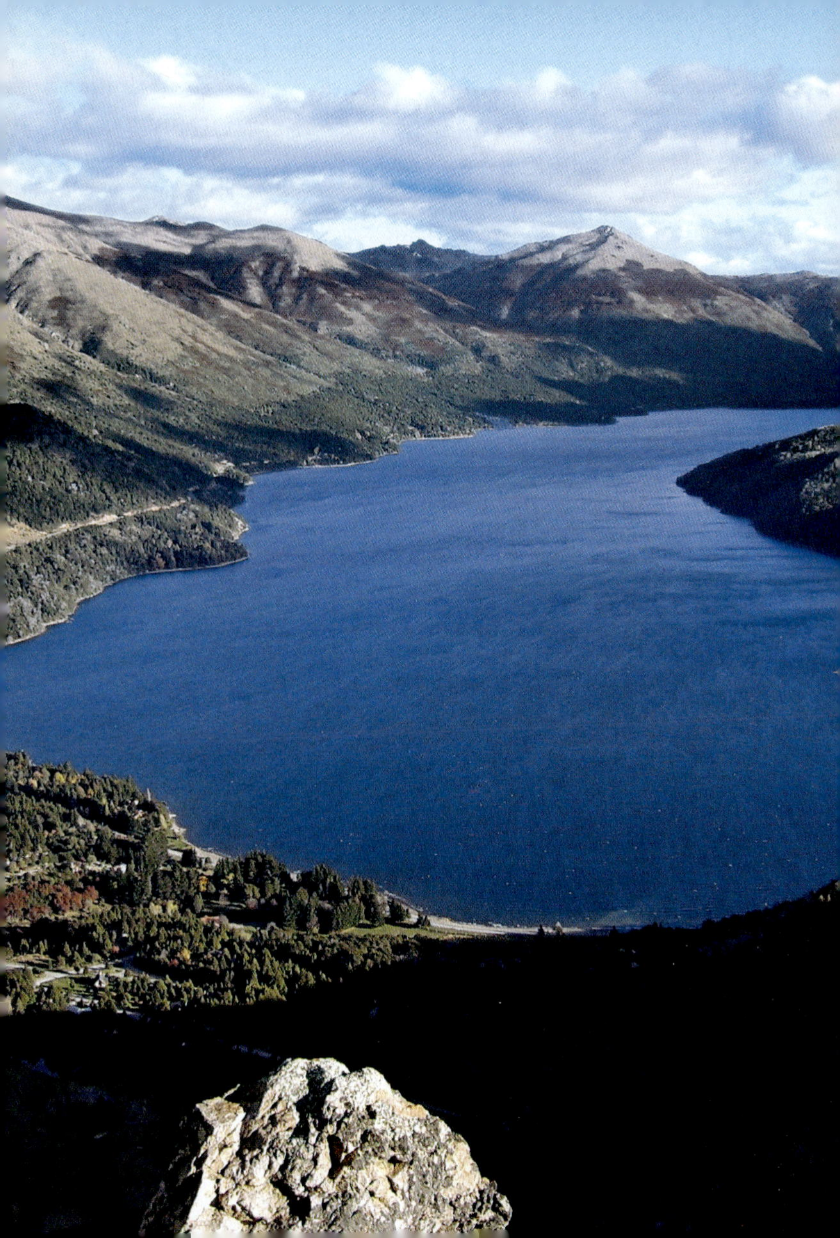

↗ 1180 m | ↘ 1180 m | 39.6 km

3 Tage

1 Rund um den Vulkan Antuco

Vulkanlandschaften im Parque Nacional Laguna del Laja

Der nördlichste Nationalpark Patagoniens ist von einer Vielzahl unterschiedlicher Landschaftsformen geprägt, die alle vulkanischen Ursprungs sind. Im Zentrum des Parks liegt die Laguna de la Laja, ein azurblauer See, dessen zahlreiche Arme sich weit hinein in die kargen und vegetationslosen »Highlands« der Anden erstrecken. Sein heutiges Maß erreichte der See im Jahre 1873 durch einen Lavastrom, der seinen Abfluss versperrte und so den See aufstaute. Westlich des Sees erhebt sich der Vulkan Antuco, dessen perfekter Kegel schon auf dem Weg von Los Ángeles Richtung Park zum Blickfang wird. »Antuco« bedeutet auf Mapudungún »Wasser und Sonne«. Vor allem Letztere findet der Wanderer in dieser wüstenhaften Gegend mehr als genug. Eduard Friedrich Poeppig, ein sächsischer Botaniker und Forschungsreisender, bestieg 1829 den Berg als erster. Der Vulkan Antuco ist durchaus aktiv: Zwischen 1739 und 1911 kam es zu 17 Ausbrüchen. In den letzten Jahren begrenzt sich seine Aktivität auf Fumarolen, die aus dem Hauptkrater emporsteigen. Dem Antuco gegenüber, sozusagen als landschaftlicher Kontrapunkt, ragt die wild zerklüftete und mit Eis überkrustete Sierra Velluda auf. Auch wenn man es auf den ersten Blick nicht gleich erkennt, handelt es sich dabei um einen zweiten Vulkan, wenn auch um einen längst erloschenen. Die Erosion hat alles »Weiche« weggespült und nur einen hohlen Zahn als Rest des ehemaligen Berges stehen gelassen.

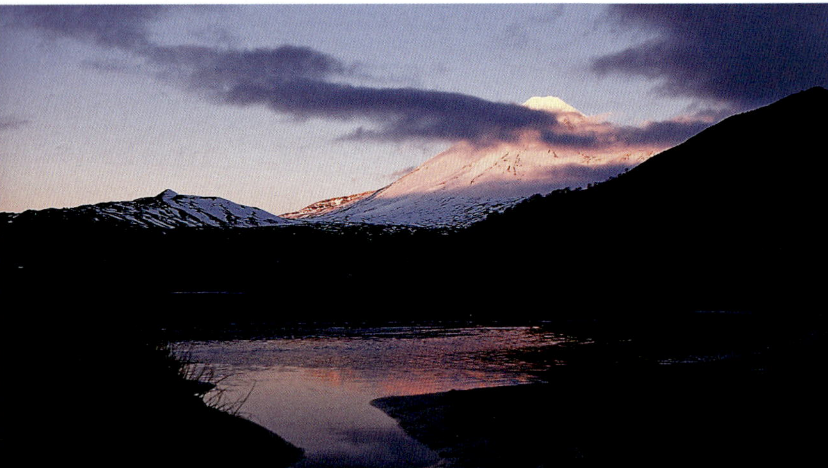

Ausgangspunkt: Guardería Chacay, 1100 m. Keine öffentlichen Verkehrsmittel direkt in den Park; letzte Bushaltestation ist das Örtchen El Abanico, welches von Los Ángeles über Antuco mehrmals am Tag angefahren wird. Die Busse der Firmen »El Volcán« und »El-per« starten vom Terminal Rural in Los Ángeles. Von El Abanico sind es 8 km zum Parkeingang und weitere 3 km bis zur Guardería Chacay. Zu Fuß benötigt man 3–4 Std.; meistens kann man auch ganz gut trampen.
Anforderungen: Einfache Trekkingtour durch wüstenhafte Vulkanlandschaft, Lavaströme und Ascheablagerungen; nur in Teilabschnitten markiert. Der schwierigste Abschnitt ist der im Frühsommer verschneite Pass zwischen der Sierra Velluda und dem Vulkan Antuco, langweilig ist der Rückweg auf der wenig befahrenen Schotterpiste.
Einkehr: Ein Kiosk bei der Guarderia Chacay bietet je nach Saison und Tageszeit Lebensmittel an.
Unterkunft: Innerhalb des Parks gibt es zahlreiche Möglichkeiten, wild zu zelten. Der einzige organisierte Zeltplatz, auf dem man auch kleine Hütten mieten kann, heißt Lagunillas und befindet sich 2 km hinter dem Parkeingang. Pensionen gibt es in El Abanico bzw. Antuco.
Das (weitgehend) verfallene Skigebiet an der Laguna de la Laja ist im Sommer geschlossen.
Variante: Man kann den Antuco, 2979 m, sowohl über das verfallene Skizentrum auf der Nordseite als auch über den namenlosen Pass auf der Südseite besteigen. Die Südseite hat bis später in der Saison Schnee und es gilt, einem Gletscher über einen Grat rechts aus dem Weg zu gehen. Bei trockenen Bedingungen ist der Anstieg auf beiden Routen technisch einfach, aber unbequem (es handelt sich um 1500 Hm loses Geröll).
Hinweis: Man muss sein Ticket unter pasesparques.cl im Voraus buchen (»Parque Nacional Laguna del Laja« auswählen). Im Sommer kann es sehr heiß werden, daher diese Tour besser in der Nebensaison unternehmen. Wenn dies nicht möglich ist, sollte man die Mittagszeit zum Wandern meiden.
Information: Aktivität des Vulkans unter rnvv.sernageomin.cl/volcan-antuco. CONAF-Informationszentrum bei der Guardería Chacay, Tel. +56 96 3005146, parque.lagunadellaja@conaf.cl.
Karten: Trekkingchile 1:30.000 Antuco; Andes Profundo 1:36.000 Volcán Antuco; Pixmap 1:50.000 Volcán Antuco y Sierra Velluda.

1. Tag: Guardería Chacay – Estero Los Pangues

2.15 Std., 450 Hm Aufstieg, 50 Hm Abstieg

Nachdem wir uns an der **Parkverwaltung** ❶ angemeldet haben, startet unsere Wanderung an der mit »Sierra Velluda« und »Meseta de los Zorros« ausgeschilderten Abzweigung am Ende des Parkplatzes. Wir wandern durch ein kleines Zypressenwäldchen nach Süden und steigen dann auf einem schottrigen Grat aufwärts. So erreichen wir nach 45 Min. eine kleine Ebene mit einer beschilderten Abzweigung. Der rechte Weg führt in 20 Min. zum Mirador Los Zorros (»Füchse«), den wir aber verschmähen.
Wir halten uns weiter geraudeaus in Richtung der vergletscherten Gipfel der Sierra Velluda. Der mit kleinen Steinen begrenzte Pfad führt geradeaus über eine Ebene Hinweg und steigt bald wieder an. Nach weiteren 30 Min. erreichen wir eine kleine Anhöhe, von wo wir auf einen gewaltigen, wie

Die Westflanke des Antuco im Abendrot.

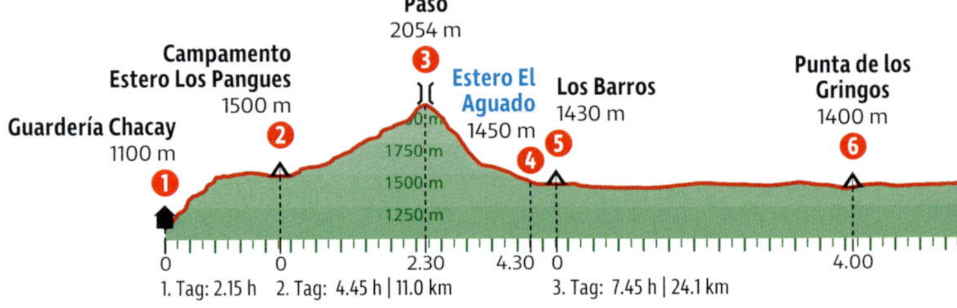

ein schwarzer Gletscher im Tal liegenden Lavastrom hinunterschauen. Wir verlieren etwa 10 m an Höhe und wenden uns dann nach links. Parallel zum Lavastrom steigen wir für 10 Min. bergan und stehen dann erneut auf einem kleinen Hügel. Von hier überblicken wir erstmals das gesamte Lavafeld, das es im Folgenden zu überqueren gilt. Der Weg ist gut mit Steinmännern und totem Holz markiert, trotzdem erfordert das scharfkantige Gestein unsere volle Aufmerksamkeit. Nach rund 1 km erreichen wir die andere Seite des Lavastroms. Vor uns erstreckt sich ein riesiger Schuttfächer bis in das gewaltige Amphitheater der Sierra Velluda hinein. Senkrecht ragen die Wände über dem nahezu ebenen Talboden auf, zahlreiche Wasserfälle werden von den Gletschern oberhalb gespeist und stürzen in rauschenden Kaskaden zu Tal. Wir wandern hinein in diesen von drei Seiten umgebenen Talkessel und finden an einem der Quellbäche des **Estero Los Pangues** ❷ einige wunderschön gelegene **Zeltplätze**, zum Teil mit Blick auf den Vulkan Antuco.

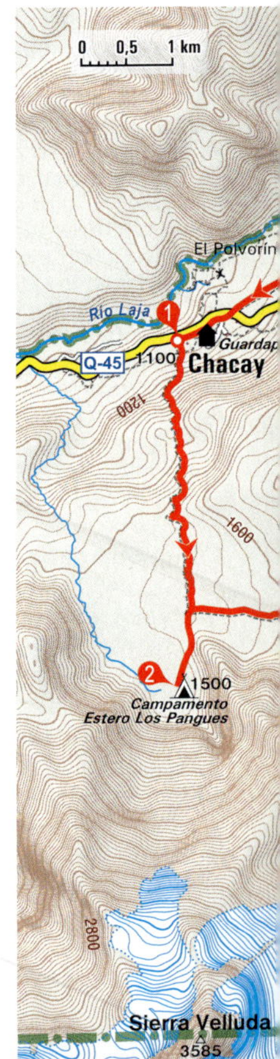

2. Tag: Estero Los Pangues – namenloser Pass – Los Barros

4.45 Std., 560 Hm Aufstieg, 630 Hm Abstieg

Von unserem **Zeltplatz** ❷ unterhalb der Sierra Velluda wandern wir zurück bis zu der Stelle, wo wir den Lavastrom verlassen haben. Hier wenden wir uns nach Osten und folgen dem Bach Estero Los Pangues auf dessen orografisch rechter Seite talaufwärts. Anfangs markieren noch einige Steinmänner den vermeintlichen Weg, später verlieren sich die Spuren in den weiten Aschefeldern, verschiedenen Lavaströmen und Schuttfächern.

Centro de Esquí
1400 m
7

Guardería Chacay
1100 m
1

39.6 km
6.30 7.45 h

Aber auch ohne Weg ist das Ziel klar: Der Pass, den es zu erreichen gilt, ist der offensichtlich niedrigste Punkt zwischen der Sierra Velluda und dem Vulkan Antuco. Dabei müssen wir weiter talaufwärts mehrfach den hier noch jungen Bach queren – eine letzte Möglichkeit, die Wasserflaschen vor der Passüberschreitung aufzufüllen.
Nach rund 2.30 Std. über viel loses Vulkangestein und möglicherweise Schneefelder erreichen wir den 2054 m hohen **Pass** ❸, über den meistens ein ziem-

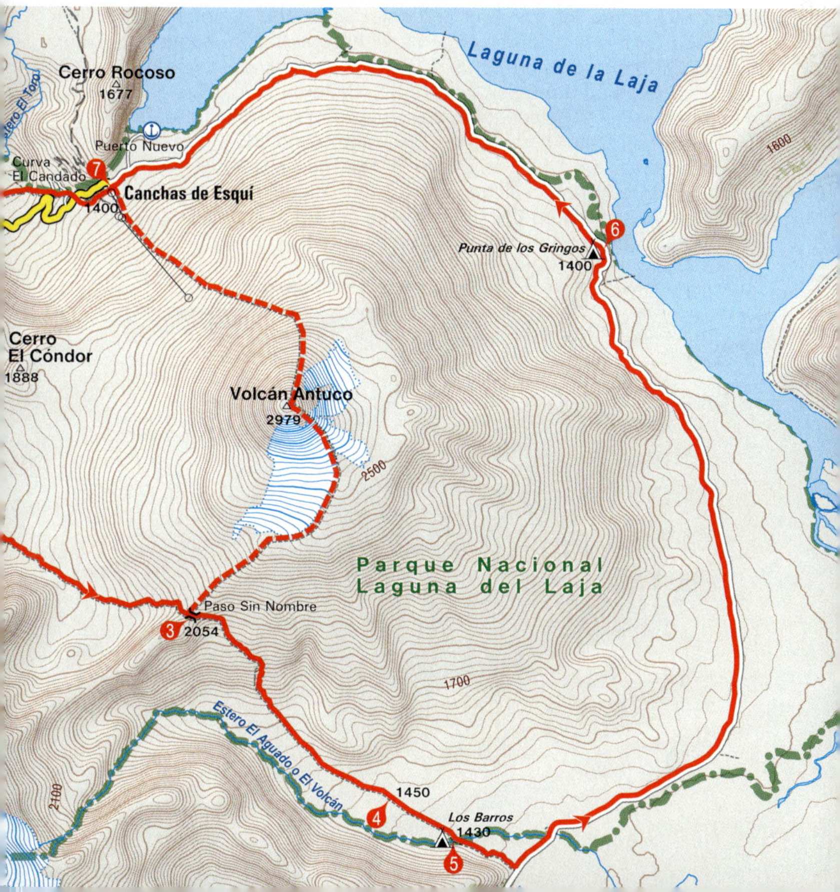

lich steifer Wind bläst. Weit unter uns liegt das Tal des Estero El Aguado, zu dem wir jetzt hinuntersteigen werden. Bei gutem Wetter erkennt man auch ganz weit entfernt eine einzeln stehende Araukarie, unser Ziel.
Für den Abstieg queren wir zunächst etwas nach links, da das Gefälle direkt unterhalb des Passes zu steil erscheint. Nach ca. 200 m treffen wir auf einen gut ersichtlichen Pfad, auf dem wir sicher absteigen können. Nach den ersten 300 Hm abwärts wendet sich der Weg nach links, und wir wandern auf einer Schulter hoch über dem Talgrund talabwärts. Nahezu hangparallel verläuft die Wegspur bis zu einem Rücken, auf dem einige Steinmänner das Zeichen für den weiteren Abstieg ins Tal geben. Über Serpentinen verlieren wir nochmals rund 300 Hm, dann erreichen wir den Talgrund des **Estero El Aguado** 4. Von hier erkennen wir schon deutlich, wenn auch noch weit entfernt, die bereits oben erwähnte, solitär stehende Araukarie. Wir halten direkt auf den Baum zu. Zwischen den verschiedenen Asche- und Schotterebenen müssen wir immer wieder einige kleine Seitenbäche überspringen, eine Gelegenheit, unsere leeren Trinkflaschen aufzufüllen. Nach – vom Pass aus gerechnet – insgesamt rund 2.15 Std. treffen wir auf die unmittelbar am Ufer des Estero El Aguado gewachsene Araukarie. In deren Umgebung finden sich einige ausgezeichnete Zeltplätze auf grüner Wiese. Ca. 500 m entfernt ist auch bereits der am Ausgang des Tals gelegene Polizeiposten von **Los Barros** 5 zu sehen.

Unser Camp unterhalb der Sierra Velluda am Estero Los Pangues.

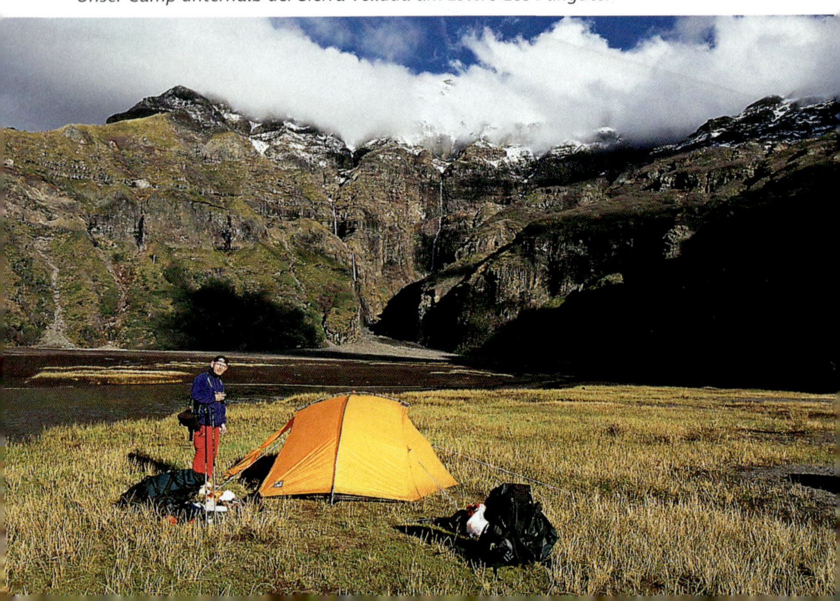

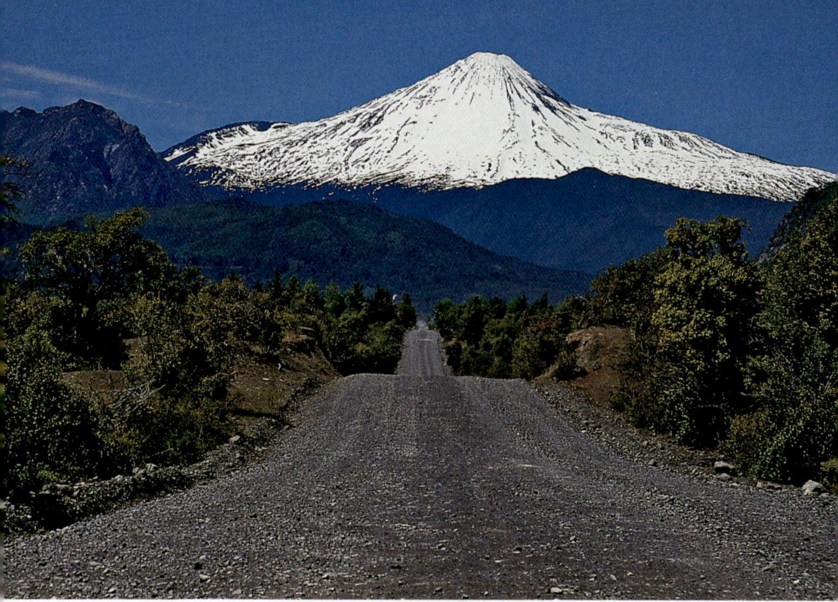

Auf dem Weg zum Vulkan.

3. (und ggf. 4.) Tag: Los Barros – Laguna de la Laja – Guardería Chacay
7.45 Std., 170 Hm Aufstieg, 500 Hm Abstieg
Der Rückweg von Los Barros nach Chacay ist lang, sehr lang, und zumindest im Sommer auch heiß. Bevor wir aufbrechen, sind daher auf alle Fälle die Wasservorräte aufzufüllen. Der hintere Teil der Laguna de la Laja fällt im Sommer meist trocken, und so kann es sehr lange dauern, bis wir wieder an Wasser kommen.
Von **Los Barros** 5 15 Min. bergab in Richtung Westen gehend gelangen wir an die Schotterpiste, der wir nun für 25 km folgen werden. Die Fahrstraße führt zunächst über weite Lavafelder, später durch steileres Gelände und einige Lavaströme in den Hängen des Vulkan Antuco. Nach etwa 4.00 Std. stehen wir gegenüber der weit in den See hineinragenden Landzunge **Punta de los Gringos** 6. Wer hier nächtigen möchte, findet einige geeignete Zeltmöglichkeiten im Windschatten großer Felsblöcke.
Nach weiteren 2.00 Std. kommt das erste Haus in Sicht, eine Hütte der Universität von Concepción. Wenig später gelangt man zur Hütte des Andenclubs und bald darauf passieren wir das (weitgehend verfallene) **Skizentrum** 7 mit zahlreichen Häusern und einem Sessellift. Vom Skizentrum führt die Straße nun bergab und wir erreichen nach insgesamt knapp 8.00 Std. unseren Ausgangspunkt an der **Guardería Chacay** 1.

↗ 1700 m | ↘ 1700 m | 14.1 km

8.15 h

2 Vulkan Llaima, 3125 m

Durch Geröll und Schnee auf den rauchenden Koloss

Dieser Vulkan ist einer der größten und aktivsten der Patagonischen Anden; sein letzter Ausbruch datiert aus dem Jahr 2008. Wegen der oft mächtigen Rauchfahne, die aus seinem Gipfelkrater steigt, kann man ihn bereits aus der Ferne eindeutig erkennen. Der Berg befindet sich im Nationalpark Conguillío, 85 km östlich von Temuco, der Hauptstadt Araukaniens, und ist eines der beliebtesten Ziele unter Bergsteigern in der Region. Dank dem kleinem Skizentrum an seinem Fuß ist der Vulkan Llaima gut zu erreichen. Die Bedeutung des Namens »Llaima« auf Mapudungún ist unklar; möglicherweise ist »Graben« gemeint, als Anspielung auf die Veränderung einer seiner Flanken nach einer Eruption im Jahr 1873, durch die der Berg auch um 30–50 Meter »gewachsen« ist.

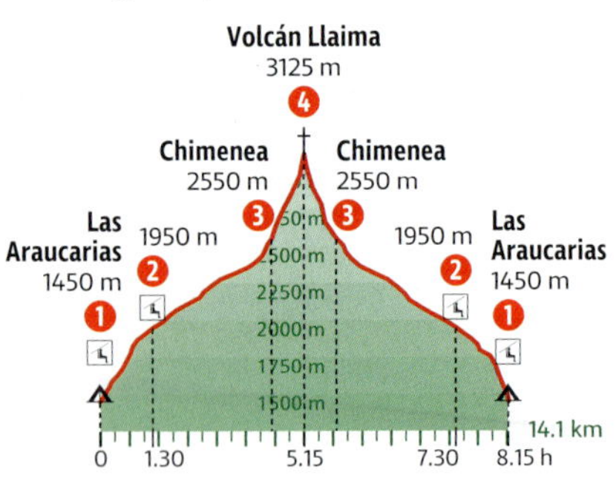

Ausgangspunkt: Las Araucarias, 1450 m. Von Temuco nach Cherquenco täglich mehrere Busse (Nar Bus und Voga Bus); Fahrzeit ca. 1–1.30 Std. Für die 22 km nach Las Araucarias gibt es keinen Bus.
Anforderungen: Anspruchsvolle Besteigung eines steilen Vulkans. Richtige Gletscher gibt es auf dieser Seite des Berges keine mehr, aber manchmal bilden sich Spalten im Schnee. Pickel und Steigeisen sind für eventuelle Firnreste nötig; je nach Wetter, Jahreszeit und Tageszeit besteht Steinschlaggefahr. Trittsicherheit und Schwindelfreiheit sind Voraussetzung, ebenso alpine Erfahrung – im Zweifelsfall einen Führer nehmen.
Einkehr: Keine.
Unterkunft: Zelten am Ausgangspunkt. Hotel Andenrose, 12 km von Curacautín, Tel. +56 9 98691700, andenrose@gmail.com, andenrose.com.
Variante: Besteigung des Llaima von der Laguna Captrén (Campingplatz) im Nationalpark Conguillío bei Curacautín.
Hinweise: 1. Ein Ticket ist im Voraus zu buchen (pasesparques.cl, »Parque Nacional Conguillío« auswählen). – 2. Normalerweise weht der Wind die Rauchschwaden des Kraters in Richtung Südost, deshalb ist es eine gute Idee, den Gipfel von Nordwesten (wie hier vorgeschlagen) zu erreichen. – 3. Seit Oktober 2017 wird wieder vermehrte seismische Aktivität registriert. Vor der Besteigung sollte man sich über die aktuelle Situation informieren. Eine Alternative wäre der leichtere Vulkan Lonquimay.
Information: Aktivität des Vulkans unter rnvv.sernageomin.cl/volcan-llaima oder bei der Parkadministration zwischen Cherquenco und Las Araucarias, parque.conguillio@conaf.cl, Tel. +56 228 406818.
Karten: Pixmap 1.50.000 Volcán Llaima; Trekkingchile 1:50.000 / 1:100.000 Lonquimay-Conguillío; Andes Profundo 1:36.000 Volcán Llaima.

Entlang der Lifte von **Las Araucarias** ❶ geht es bergauf bis zur **Bergstation** ❷ des zweiten Liftes am Rande einer weiten Ebene, die wir in Richtung Ostnordost durchqueren wollen. Metallpfosten markieren den Weg durch die Ebene, aber führen nicht auf den Gipfel! So gelangen wir nach 45 Min. zur Nordwestflanke des Berges. Nun geht es gerade bergauf; je nach Jahreszeit erleichtern Schneefelder am Anfang noch den Aufstieg. Normalerweise sieht man am Hang eine kleine Fumarole, die den Namen **Chimenea** ❸ (»Schornstein«) trägt und uns als Referenz dienen kann (gut 2.00 Std. Aufstieg bis zur Chimenea). Der letzte Teil des Aufstieges (ca. 1.30 Std.) verläuft durch loses Geröll und wird immer steiler, was das Vorankommen mühsam macht.

Wir erreichen den Kraterrand des **Volcán Llaima** ❹ genau an seiner höchsten Stelle. In seinem Inneren findet man eine Mischung aus Schnee, Fels und Rauch, manchmal donnert es in der Tiefe. Die Ausblicke auf die herumliegenden Vulkane sind atemberaubend: Lanín, Villarrica und Quetrupillán im Süden, die Sierra Nevada, Lonquimay und Tolhuaca im Norden.

Zurück geht es auf dem Hinweg, aber jetzt flott durch Vulkansand und Schneefelder rutschend.

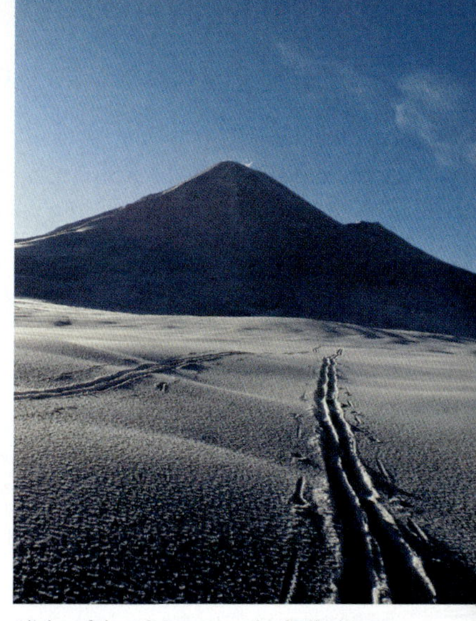

Blick auf den Llaima von oberhalb der Skistation.

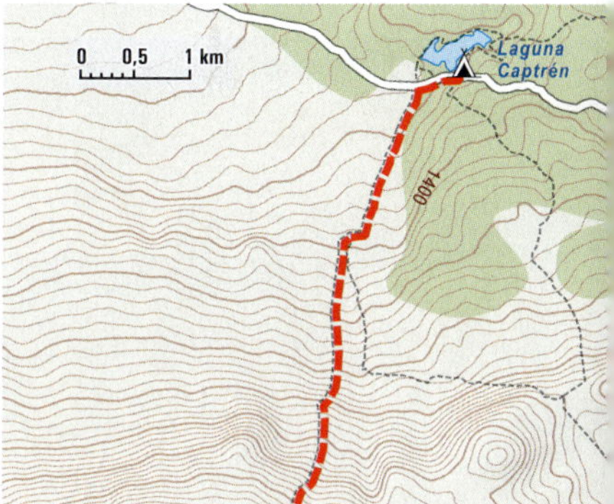

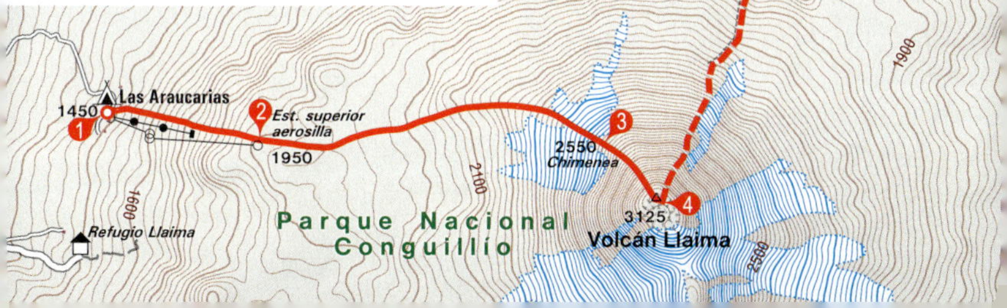

0 0,5 1 km
Laguna Captrén
1400
1900
Las Araucarias
1450
1
2
Est. superior aerosilla
1950
2100
3
2550
Chimenea
1600
Refugio Llaima
Parque Nacional Conguillío
4
3125
Volcán Llaima
2500

TOP

3

↗ 700 m | ↘ 700 m | 19.5 km

Parque Nacional Conguillío: In der Sierra Nevada

2 Tage

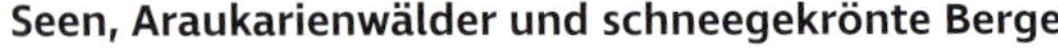

Seen, Araukarienwälder und schneegekrönte Berge

Der Nationalpark Conguillío ist eines der beliebtesten Ausflugsziele im chilenischen Seengebiet. Der Grund für die Popularität des Parks, die man sich außerhalb der Ferienmonate Januar und Februar gar nicht vorstellen kann – denn dann ist der Park nahezu menschenleer –, ist die außergewöhnliche landschaftliche Schönheit. Auf verhältnismäßig engem Raum und mithilfe der Straße gut erreichbar, findet sich hier alles, was die Einmaligkeit der Landschaft Araukaniens ausmacht. Zwischen dem 3125 m hohen Vulkan Llaima und der gegenüberliegenden vergletscherten Bergkette der Sierra Nevada erstrecken sich ausgedehnte Araukarienwälder und zauberhafte Seen. Araukarien sind ein lebendes Fossil und existieren seit über 180 Millionen Jahren auf unserem Planeten. Die Bäume selbst werden bis ca. 1500 Jahre alt. Der Name »Conguillío« bedeutet auf Mapudungún »Wasser und Araukarien« – eine zutreffende Beschreibung. Einige der schönsten Aussichtspunkte auf die zentral gelegene Laguna Conguillío werden auf dieser je nach Geschmack ein- bis zweitägigen Wanderung besucht. Wer noch mehr mag, verlängert die Tour mit dem anspruchsvollen Übergang zu den Termas am Río Blanco (»Termas Cañon del Blanco«). Im Tal des Río Blanco warten Geysire, Thermen und sogar Schlammbäder auf uns.

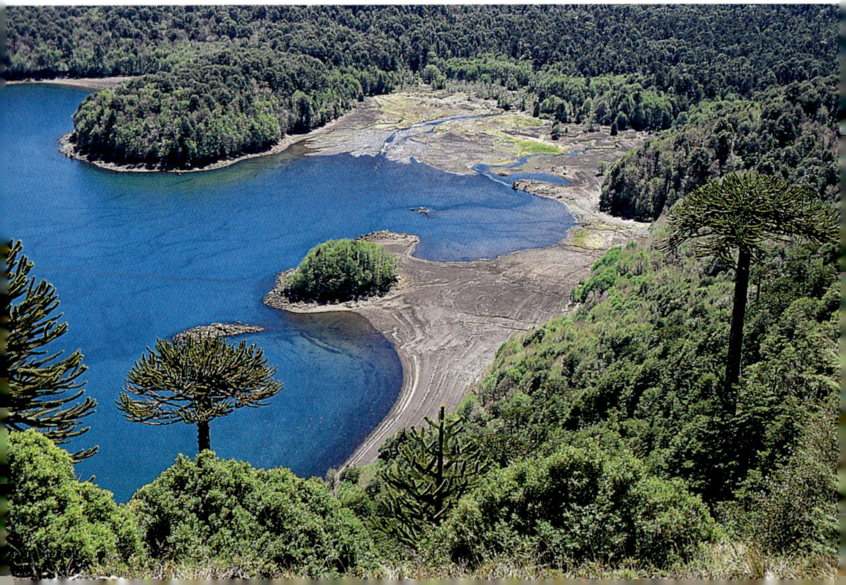

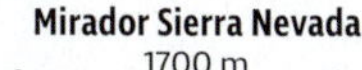

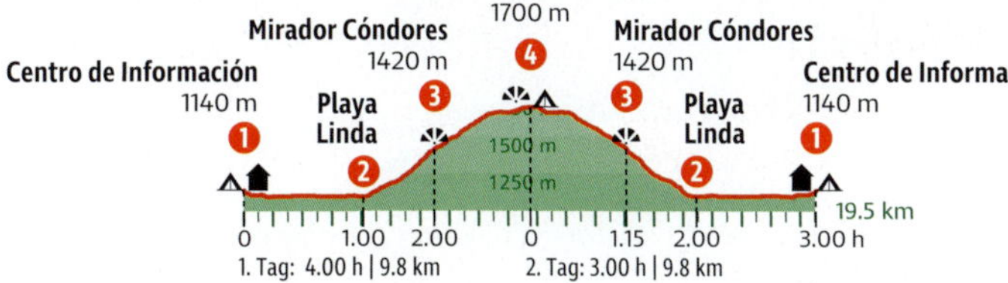

Ausgangspunkt: Informationszentrum an der Laguna Conguillío, 1140 m. Die Laguna wird im Sommer 1x täglich von der Firma Narbus/Igillaima morgens vom Terminal Rural in Temuco (Av. Aníbal Pinto 32) angefahren; am Nachmittag geht es zurück von der Laguna nach Temuco. Mo–Sa 10.30, zurück 14.50 Uhr, So 9.00 bzw. 17.45 Uhr. Aktuelle Info unter narbus.cl, Tel. +56 9 95312864.
Anforderungen: Markierte Wanderung auf gut ausgebautem Waldpfad.
Einkehr: Cafetería Pewén am Zeltplatz am Ausgangspunkt; unterwegs keine.
Unterkunft: Verschiedene Zeltplätze an der Laguna Conguillío, die alle über die Cafetería Pewén gemanagt werden. Alternativ einige Cabañas südlich der Straße.
Variante: Über die Sierra Nevada zu den Thermen am Río Blanco. Diese schwierige Route ist nur geübten Tourengehern bei guten Wetterbedingungen zu empfehlen (»schwarz«). Details nächste Seite.
Hinweis: Man muss sein Ticket unter pasesparques.cl im Voraus buchen (»Parque Nacional Conguillío« auswählen).
Tipp: Generell empfiehlt sich für den Besuch des Nationalparks ein eigenes Fahrzeug, insbesondere auch für die Durchquerung des Parks von Nord nach Süd, also von Curacautín nach Melipeuco.
Information: CONAF-Informationszentrum an der Laguna Conguillío. Allgemeines unter conguilliochile.cl.
Karten: Andes Profundo 1:50.000 Conguillío; Trekkingchile 1:50.000 / 1:100.000 Lonquimay-Conguillío; Pixmap 1:50.000 Volcán Llaima.

1. Tag: Laguna Conguillío – Sierra Nevada

4.00 Std., knapp 700 Hm Aufstieg

Egal, auf welchem Zeltplatz an der Laguna Conguillío man sein Lager aufgeschlagen hat, zunächst führen alle Spuren entlang des sandigen Seeufers nach Osten. Nach rund 1–1.30 Std. Wanderung vom **Informationszentrum** ❶ aus gelangt man an das südöstliche Ende des Sees, die sogenannte **Playa Linda** ❷. Alternativ kann man die Playa Linda auch über die Straße erreichen. Hier beginnt der eigentliche Aufstieg zur Sierra Nevada.

Wir gehen vom Parkplatz wenige Minuten in den Wald hinein und stoßen auf ein großes Hinweisschild. Dort biegen wir nach rechts ab und steigen nun durch dichten Wald langsam bergan. Nach wenigen Hundert Metern sprudelt (zumindest im Frühling) aus einer kleinen Grotte frisches Quellwasser, die letzte Gelegenheit vor dem Lagerplatz, die Wasservorräte aufzufüllen. Wir passieren den **Mirador Conguillío** und folgen dem Pfad im

Der Tiefblick auf die Laguna Conguillío.

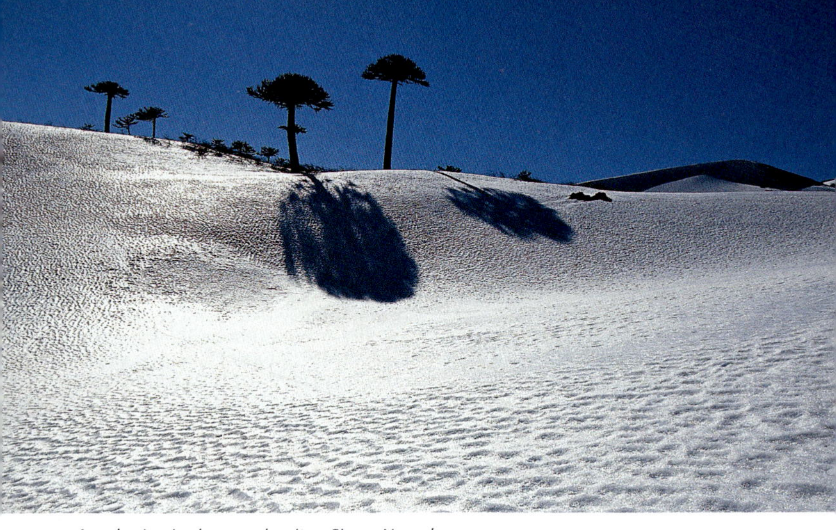

Araukarien in der verschneiten Sierra Nevada.

Wald aufwärts. Anfangs spenden riesige Südbuchen Schatten, dann wird der umgebende Wald zunehmend von den mit Flechten überwachsenen Stämmen der Araukarien geprägt. Nach 1.00 Std. erreichen wir in einer Rechtsschleife einen Kamm und somit den **Mirador Cóndores** 3, einen von Araukarien umrahmten Aussichtspunkt auf die Laguna. Von nun an und stets bergauf folgen wir dem aussichtsreichen Grat, bis er abflacht, und queren anschließend nach links in ein Hochtal am Fuß der Sierra Nevada, an dessen Eingang wir den **Mirador Sierra Nevada** 4 passieren.
Hier, an der Waldgrenze und unterhalb einer schwarzen Steilwand, über die ein kleiner Wasserfall plätschert, finden sich einige traumhaft gelegene Zeltplätze mit Wasserversorgung. Die Aussicht ist phänomenal: Direkt gegenüber schauen wir auf die Laguna Conguillío und den Vulkan Llaima, weit entfernt erkennen wir den zumeist mit einer Rauchfahne gekrönten Gipfel des Vulkan Villarrica, die nähere Umgebung ist geprägt von archaisch wirkenden Araukarien – ein Plätzchen zum Verweilen und Genießen.

2. Tag: Sierra Nevada – Laguna Conguillío
3.00 Std., knapp 700 Hm Abstieg
Der Abstieg erfolgt auf derselben Route.

Variante: Über die Sierra Nevada zu den Thermen am Río Blanco
5.30 Std., 550 Hm Aufstieg, 1150 Hm Abstieg
Wir überqueren den Bach am **Zeltplatz** 4 und steigen auf der orografisch rechten Seite des Baches hinauf zu einer flachen Felsrampe. Über diese ge-

winnen wir weiter an Höhe, bis wir unterhalb einer gestuften Wand stehen. Hier leiten Fußspuren nach links um die Wand herum – eine Sackgasse! Unsere Route führt gerade über die Steilstufen nach oben. Dabei sind an einigen Stellen die Hände zu Hilfe zu nehmen, und manche der brüchigen Felsstufen erfordern leichte Kletterei (maximal II. Schwierigkeitsgrad UIAA). Nach 1.30–2.00 Std. vom Zeltplatz erreichen wir einen mit einem großen Steinmann markierten Sattel, 2150 m, in den westlichen Ausläufern der Sierra Nevada.

Nun wenden wir uns am Grat nach Westen und folgen ihm ca. 1.00 Std. bergab. Wir erreichen einen weiteren, kleineren Grat, der direkt nach Norden ins Tal des Río Blanco hinunterführt. Zwischen zwei kleinen Waldflecken verlassen wir diesen zweiten Grat nach links und orientieren uns am kleinen Zufluss des Estero El Sapo, den wir kurz darauf erreichen. Nur noch wenige Meter flussabwärts, und wir erreichen die **Termas Cañón del Blanco**, 1150 m. Direkt an den Thermen wartet ein einfacher, aber schöner Campingplatz auf uns. In den warmen Becken können wir die müden Knochen entsprechend belohnen. Busanbindung besteht keine, aber man kann ein Taxi aus Curacautín rufen (am besten schon vorab).

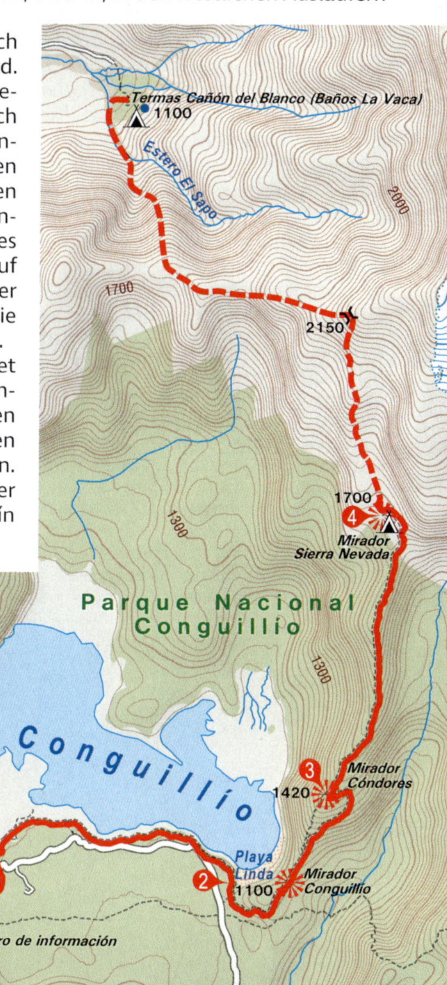

↗ 340 m | ↘ 340 m | 11.7 km

4

Parque Nacional Conguillío: Sendero Los Carpinteros

4.00 h

Im Valdivianischen Regenwald

Dies ist eine der wenigen Regionen auf der Welt, wo – dank milder Temperaturen und ständiger Regenfälle – der Gondwanische Wald die letzten 200 Mio. Jahre überlebt hat. »Gondwanisch« bezieht sich auf den Superkontinent Gondwana, den die heutigen Kontinente Südamerika, Afrika und Antarktis bildeten. Seinen Namen verdankt dieser Regenwald der Stadt Valdivia; er erstreckt sich über 8 bis 12 Breitengrade (Experten sind sich uneinig) zwischen dem Fluss Biobío und der Insel Chiloé. Es handelt sich um die artenreichsten Wälder der gemäßigten Breiten. Zudem ist ein guter Teil der Arten endemisch, sie kommen also nur hier vor. Ursache dafür ist, dass der Regenwald eine biogeografische Insel darstellt; Atacamawüste, Meer und patagonische Steppe verhindern den Kontakt mit Gebieten ähnlicher Vegetation. Einen besonders schönen Einblick in die Flora und Fauna bekommt man auf dem hier vorgeschlagenen Pfad, der dem Magellanspecht gewidmet ist. Neben riesigen Südbuchen (großteils Nothofagus dombeyi, Spanisch Coigüe/Coíhue) wachsen ab einer Höhe von ca. 1000 Metern zahlreiche Araukarien.

Ausgangspunkt: Laguna Conguillío, 1140 m. Anfahrt siehe Tour 3.
Anforderungen: Halbtagestour auf einem gut ausgebauten Waldpfad.
Einkehr: Cafetería Pewen am Zeltplatz.
Unterkunft: Verschiedene Zeltplätze an der Laguna Conguillío, die alle von den Angestellten in der Cafetería Pewen gemanagt werden. Alternativ gibt es noch einige Cabañas südlich der Straße.
Hinweis: Man muss sein Ticket unter pasesparques.cl im Voraus buchen (»Parque Nacional Conguillío« auswählen).
Tipp: Mit dem eigenen Fahrzeug ist die Durchquerung des Nationalparks von Nord nach Süd, also von Curacautín nach Melipeuco, sehr zu empfehlen.
Information: CONAF-Informationszentrum an der Laguna Conguillío, Allgemeines unter conguilliochile.cl.
Karten: Andes Profundo 1:50.000 Conguillío; Trekkingchile 1:50.000 / 1:100.000 Lonquimay-Conguillío; Pixmap 1:50.000 Volcán Llaima.

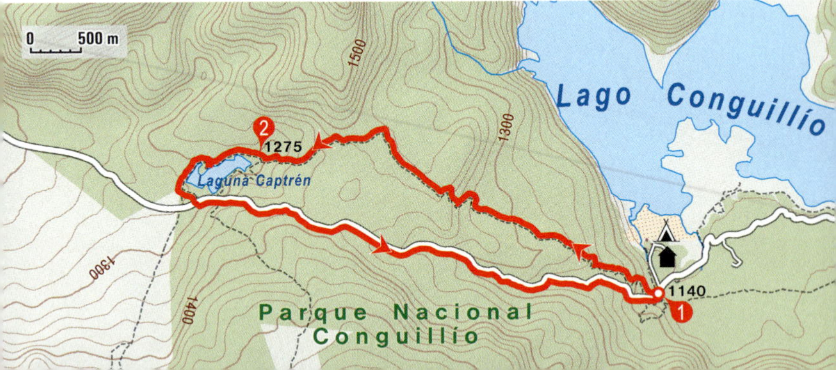

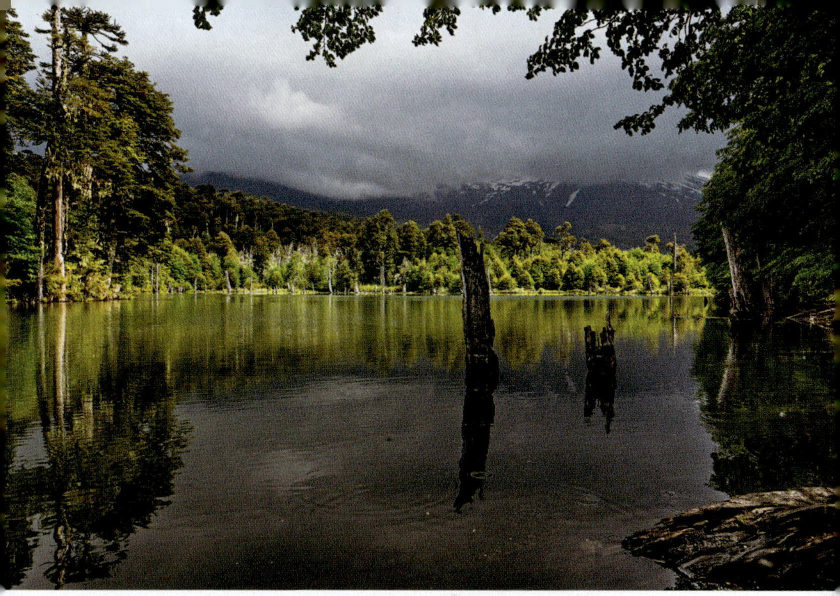

Ein Sonnenstrahl zwischen den Wolken an der Laguna Captrén.

Schräg gegenüber der **Administration** ❶ des Parque Nacional Conguillío beginnt ein Pfad, der mit dem Hinweisschild »Los Carpinteros« gekennzeichnet ist. Dieser Weg führt durch einen Märchenwald, welcher der »Herr der Ringe«-Trilogie als Hintergrund alle Ehre gemacht hätte. Dazu sei erwähnt, dass diese Filme in Neuseeland gedreht wurden, und tatsächlich haben beide Wälder den gleichen Ursprung. Einzig sonst findet man diesen Wald an der Ostküste Australiens.

In sanftem Auf und Ab, vorbei an über 1000 Jahre alten Araukarien und mächtigen Südbuchen, die hier bis 50 m hoch werden, wandern wir in rund 2.00 Std. bis zur **Laguna Captrén** ❷. In dieser spiegelt sich, gutes Wetter vorausgesetzt, der mit Schnee bedeckte Vulkan Llaima. Ein traumhafter Anblick!

Nach der Runde um die Laguna gehen wir entweder auf demselben Weg oder zur Abwechslung über die Straße zurück zum **Ausgangspunkt** ❶.

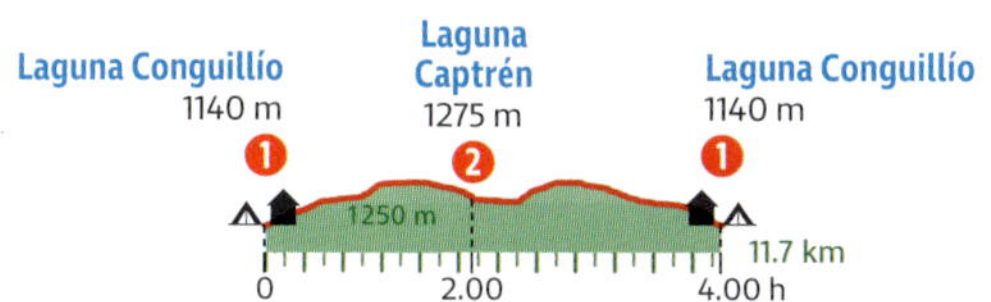

↗ 945 m | ↘ 945 m | 13.8 km

5 Sendero Los Lagos im Parque Nacional Huerquehue

5.40 h

Von Araukarien gekränzte Bergseen

Der Huerquehue-Nationalpark ist mit nur 12.500 ha Fläche im wahrsten Sinne des Wortes ein Kleinod innerhalb des chilenischen Nationalparksystems. Erreicht wird er von Pucón aus, dem Touristenmekka der Region. Auf der dem »Libertador« General O'Higgins gewidmeten Hauptstraße von Pucón findet man von Ausrüstung bis Supermarkt, Informationszentren, Agenturen und Restaurants alles, was man vor der Tour noch benötigt. In dem sich an der Ostseite des Lago Caburgua erstreckenden Park erwarten den Wanderer dann entspannte Tage in freier Natur. Der Sendero Los Lagos steigt vom Besucherzentrum am Lago Tinquilco auf ein Hochplateau mitten im Regenwald, dessen Lagunas es dann zu erforschen gilt. Während einer Rast an einem Bergsee zwischen jahrhundertealten Araukarien und dem rauchenden Vulkan Villarrica als Kulisse kann man sich schon mal klein und vergänglich fühlen. »Huerquehue« bedeutet auf Mapudungún »wo die Botschafter hausen«. Der »Huerquén« oder »Werkén« ist eine Art Vermittler, der im Namen seiner Gemeinschaft mit anderen Gruppen verhandelt und die Interessen seines Stammes verteidigt.

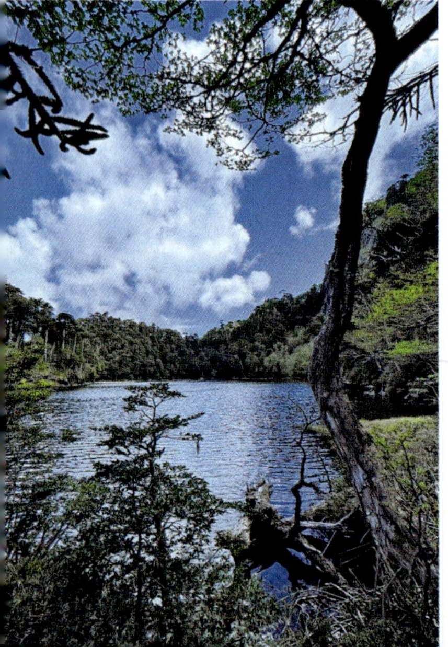

Ausgangspunkt: Guardería Lago Tinquilco, 800 m. Von Pucón führt eine asphaltierte Straße bis kurz vor den Lago Caburgua, von dort über eine Schotterpiste nach Paillaco und zum Lago Tinquilco, insgesamt 35 km. Vom Terminal Rural in Pucón (Uruguay 540) fahren saisonabhängig mehrmals am Tag Busse der Firma Caburgua zur Guardería.
Anforderungen: Einfache Wanderung auf gut ausgetretenen Pfaden.
Einkehr: Am Ausgangspunkt verschiedene Hospedajes mit Kaffeestube; Restaurant im Refugio Tinquilco am Nordende des Sees. Grundnahrungsmittel bekommt man auch bei den Termas de Río Blanco.
Unterkunft: CONAF-Zeltplatz am Lago Tinquilco. Keine Duschen, dafür lädt der Strand zum Baden ein. Am See alternativ zwei Hospedajes deutscher Einwanderer; sonst das Refugio Tinquilco.

Funkelnde Lagunas laden zum Verweilen ein.

Hinweis: Man muss sein Ticket unter pasesparques.cl im Voraus buchen (»Parque Nacional Huerquehue« auswählen). Der Park ist montags geschlossen!
Information: CONAF-Büro in Pucón: Lincoyan 336, Pucón. Sonst Hans Liechti, Agencia TravelAid, Ansorena 425 local 4, Pucón, Tel. +56 45 2444040, Tel. +56 9 9356886, travelaid.cl. Wanderführer vor Ort: Tomás Morán, Tel. +56 96 3106121, tomas.moranb@gmail.com. Am Parkeingang befindet sich auch ein CONAF-Informationszentrum.
Karten: Trekkingchile 1:50.000 / 1:100.000 Pucón; Pixmap 1:100.000 Villarrica-Caburgua.
Variante: Auf dem Hochplateau, wo die Bergseen liegen, kann man auch einen längeren Rundgang wandern, den Circuito Grande (4.2 km, 180 Hm Aufstieg, 265 Hm Abstieg, insg. 1.30 Std. extra). Dafür nehmen wir an der ersten Abzweigung nach dem Lago Verde den linken Weg nach Norden. Dieser führt uns an zwei weiteren Lagunas vorbei. Nach der zweiten gehen wir an der Abzweigung rechts und somit weiter nach Süden. So gelangen wir wieder zum Hauptweg am Lago Toro, dem wir für den Abstieg nach Süden (links) folgen.

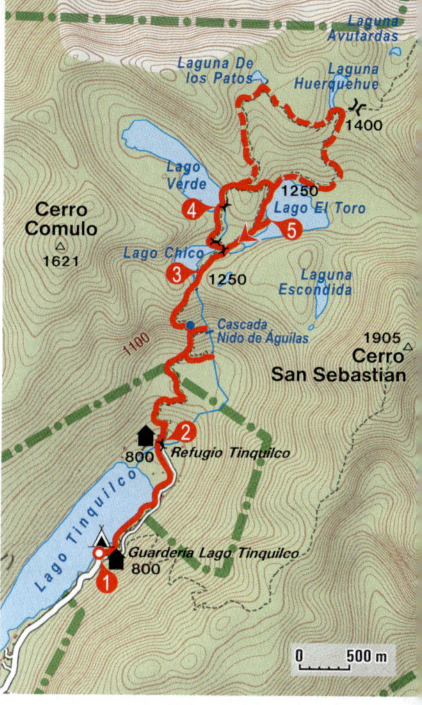

Wir starten an der **Guardería Lago Tinquilco** ❶ am Eingang des Nationalparks. Von dort folgen wir dem mit »Sendero Ñirrico« ausgeschilderten Lehrpfad zwischen Seeufer und Autostraße nach Nordwesten. Nach rund 30 Min. erreichen wir das Grundstück des **Refugio Tinquilco** ❷ (bis hier kommt man auch mit dem Auto). In einem kleinen Kiosk werden Erfrischungen angeboten. Wir gehen jedoch weiter und gelangen zu einer Hinweistafel, die den eigentlichen Anfang des Sendero Los Lagos markiert. Der Anstieg beginnt und wir tauchen in einen dichten Wald mit Mañio- und

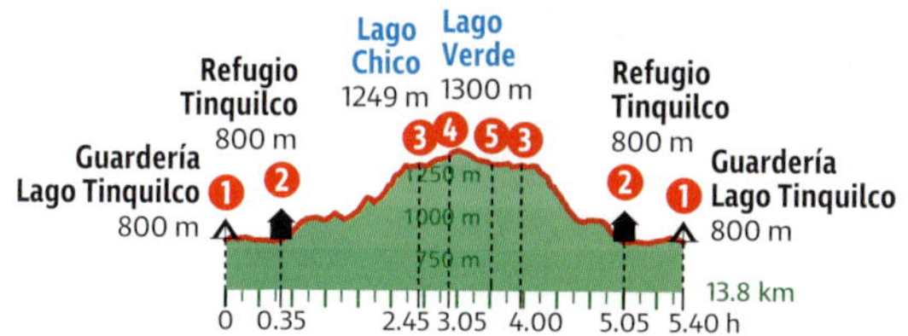

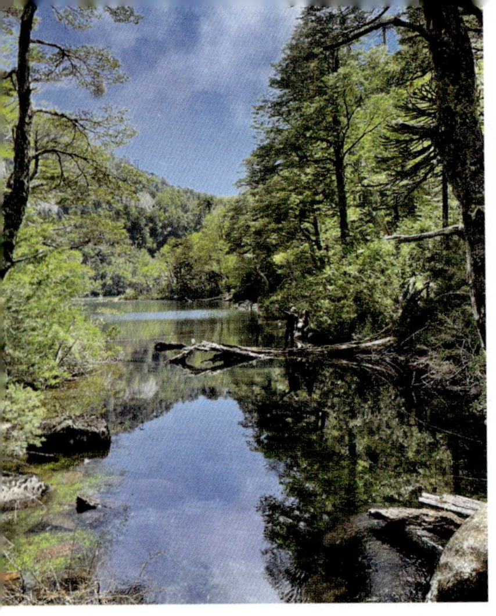

Der Lago Chico ist der erste der Bergseen, die uns im Herzen des Nationalparks erwarten.

Der knorrige Mañío ist eine der häufigeren Baumarten im Valdivianischen Regenwald.

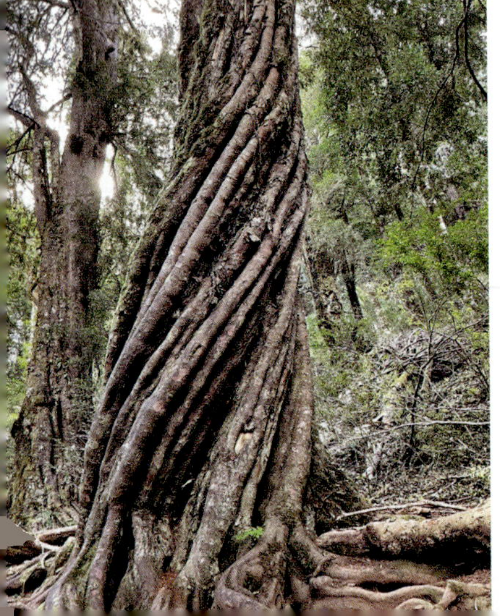

Tepa-Bäumen hinein. Wir passieren eine CONAF-Station (hier gibt es Trinkwasser), an der wir uns anmelden, und erreichen nach 40 Min. die Abzweigung zum **Cascada Nido de Águilas**, einem zwischen moosbewachsenen Felsen in die Tiefe stürzenden Wasserfall, der einen kurzen Besuch wert ist. Nun geht es in Kehren steil hinauf und bald erreichen wir den **Cascada Trufulco**, an dem wir nochmal Foto- und Verschnaufpause kombinieren können. Beim weiteren Aufstieg öffnet sich der Wald langsam ein wenig, und der mit einer Rauchfahne verzierte Vulkan Villarrica erscheint im Hintergrund. Nach 1.45 Std. Aufstieg wird der Weg flacher, und wir erreichen den ersten See, den **Lago Chico** ❸. Wir folgen dem Seeufer bis zu einer Weggabelung. Der rechte Weg führt zum Lago Toro, an dem wir auf dem Rückweg vorbeikommen werden. Jetzt aber nehmen wir die linke Abzweigung und treffen in 15 Min. auf den **Lago Verde** ❹, an dessen Ufer wir einen schönen Platz für ein ausgedehntes Picknick finden. Der Weiterweg führt uns in einer Kurve nach Osten, wo wir in kurzem Abstand an zwei Gabelungen jeweils rechts gehen müssen. So erreichen wir in 35 Min. den vom Hauptweg ein wenig versetzten Aussichtspunkt am Rande des **Lago Toro** ❺**.** Weiter geht es nach Südwesten, wo wir in 10 Min. auf den Hinweg treffen und kurz darauf wieder am **Lago Chico** ❸ sind. Von hier geht es auf bekanntem Weg bergab. Vom **Refugio Tinquilco** ❷ bis zum Ausgangspunkt ❶ nehmen wir diesmal aber den einfacheren Autoweg.

↗ 1500 m | ↘ 1500 m | 10.1 km

7.00 h

Vulkan Villarrica, 2847 m

6

Der außergewöhnlichste Vulkan

Die in einer Linie gelegenen Vulkane Lanín, Quetrupillán und Villarrica bilden ein spektakuläres Trio ohnegleichen. Am westlichsten und von Pucón aus am nächsten befindet sich der Vulkan Villarrica. Er sieht genauso aus, wie ein Kind einen Vulkan malen würde: ein perfekter Kegel, darauf ein Gipfelkrater und als i-Tüpfelchen eine permanente Fumarole, die aus dem mit Lava gefüllten Inneren steigt. Das Hinaufsteigen auf und Hineinschauen in den Krater ist zweifellos eines der ganz besonderen Erlebnisse in Nordpatagonien. Seine Aktivität hat aber auch einen Nachteil: Der Villarrica ist der gefährlichste Vulkan Chiles. Und natürlich handelt es sich bei dieser relativ leichten Hochtour auch um keinen Geheimtipp. Tausende von Bergsteigern (oft ziemlich unerfahren) versuchen hier jede Saison ihr Glück, und selten ist man alleine unterwegs. Der ursprüngliche Name des Berges lautet übrigens »Rukapillán«, was so viel wie »Haus des Geistes« bedeutet. In der Mapuche-Kultur ist ein Pillán einer der wichtigeren Geister. Es handelt sich dabei um einen Ahnen, der zu Lebzeiten die Vollkommenheit erreicht, indem er die Traditionen des Volkes ehrt und eine Sippschaft hinterlässt, die seiner gedenkt.

Eine größere Gruppe von Bergsteigern oberhalb des Piedra Blanca.

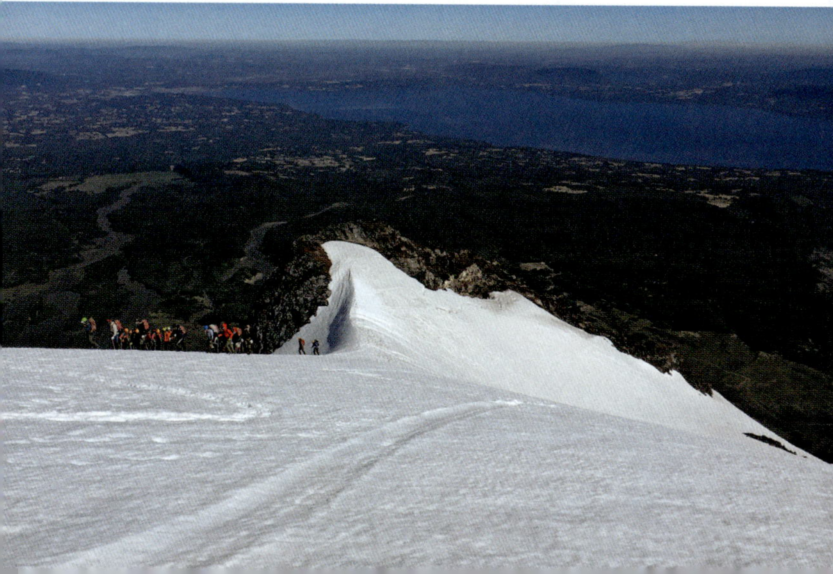

Ausgangspunkt: Skistation Villarrica, 1410 m. Von Pucón fährt man zunächst 2 km Richtung Villarrica, biegt dann links auf eine Schotterstraße und fährt in Serpentinen zur Skistation (insgesamt 12 km). Keine öffentliche Verkehrsverbindung.

Anforderungen: Anstieg durch steiles Lavagelände und max. 35° steiles Eis. Pickel und Steigeisen sind notwendig. Die Spaltengefahr hält sich, solange man auf der Route bleibt, in Grenzen. Kletterstellen sind ebenfalls keine zu erwarten.

Einkehr: Keine an der Route. In Pucón mehrere Restaurants.

Unterkunft: In Pucón Hostal Montaña, Bernardo O'Higgins 801, Tel. +56 9 7603 1168, hostalmountain@gmail.com.

Hinweise: 1. Man muss sein Ticket unter pasesparques.cl im Voraus buchen (»Parque Nacional Villarrica« auswählen). 2. Offiziell darf der Berg ausschließlich mit lokalem Bergführer bestiegen werden. Wer ihn dennoch auf eigene Faust besteigen möchte, muss die passende Ausrüstung (Steigeisen, Pickel, Helm und Gasmaske) sowie einen Beleg zur Bergerfahrung vorweisen (ein Mitgliedsausweis eines Alpenvereins reicht). Der Zugang wird um 7.00 Uhr geöffnet; am Eingang und an der obersten Liftstation erfolgen die Kontrollen durch CONAF.
3. Es gibt in Pucón auch die Möglichkeit, vorab ein Permit für den Vulkan zu bekommen (nicht am Wochenende geöffnet). Dies erspart eventuelle Diskussionen mit den Rangern am Berg.

Tipps: 1. Wenn der Lift in Betrieb ist, kann man von der Talstation bis auf 1840 m hochfahren.
2. Ein »rutschbarer« Untersatz (wie z.B. eine Plastiktüte) kann den Abstieg etwas lustiger gestalten. Aber Achtung: Diese populäre und schnelle Art, Schneefelder hinunterzusteigen, ist ziemlich gefährlich – einmal wegen der Geschwindigkeit, aber auch, weil unser Rücken und das ausgesetzte Steißbein keine Stoßdämpfer besitzen.

Information: CONAF-Büro in Pucón: Lincoyan 336, Pucón. Sonst Hans Liechti, Agencia TravelAid, Ansorena 425 local 4, Pucón, Tel. +56 45 2444040, Tel. +56 9 9356886, travelaid.cl. Am Parkeingang befindet sich auch ein CONAF-Informationszentrum. Aktivität des Vulkans unter rnvv.sernageomin.cl/volcan-villarica.

Karten: Pixmap 1:50.000 Villarrica Traverse; Andes Profundo 1:34.000 Volcán Villarrica.

Der Lavasee im Gipfelkrater.

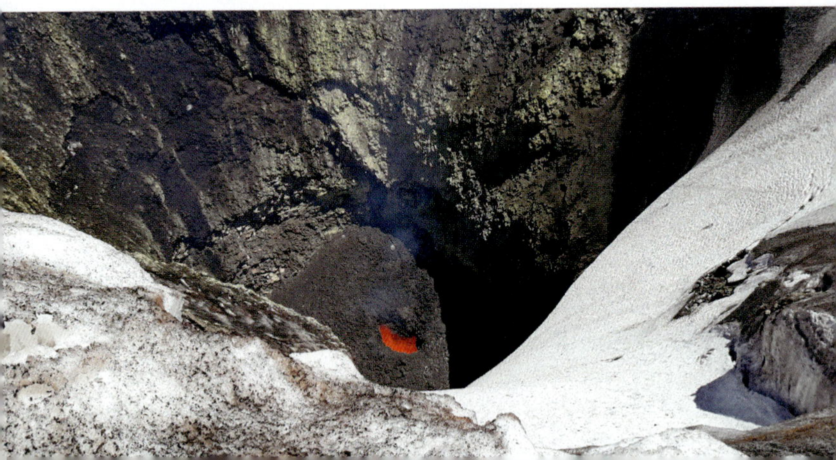

Von der **Talstation des Skizentrums** ❶ peilen wir den obersten Lift auf der linken Seite an (»Andarivel número 5«). Wir folgen der Skipiste für ca. 1.30 Std. bis zur **Bergstation** ❷. Dann geht es in einer Linkskurve weiter hinauf. Zu unserer Linken haben wir einen Felsgrat, den Piedra Negra. 30 Min. später erreichen wir ein zerstörtes Betongebäude, die **Capilla** ❸. Spätestens nach einer weiteren Stunde direkt nach Süden wandernd, kommen wir zu einer Schneezunge, **La Pingüinera**, und müssen die Steigeisen anlegen. Zu unserer Rechten sehen wir die Felsen des **Piedra Blanca** ❹.

Ab hier gibt es zwei Wege, die Wahl ist bedingungsabhängig. Die weniger steile Variante ist die beschriebene, die andere verläuft etwas weiter links (östlich). Gleich nach dem Piedra Blanca gehen wir also an einem kleinen Grat entlang Richtung Gipfel. Bei wenig Schnee werden wir eine (längst erkaltete) **Lavazunge** ❺ erkennen, an deren rechter Seite wir über Schneefelder aufsteigen. Kurz vor dem Kraterrand biegen wir nach links und durchqueren diese Lavazunge an einer bequemen Stelle; hier treffen sich beide Varianten wieder.

Am **Gipfelkrater** ❻ finden wir normalerweise keinen Schnee mehr, dafür ist es hier zu warm. Auf losem Geröll können wir ihn vorsichtig umrunden, sofern die Fumarole nirgends zu stark ist. Die Tiefblicke in den Lavasee, der innen brodelt, sind es unbedingt wert. Bei allzu starkem Rauch muss man die Gasmaske aufziehen.

Der Abstieg verläuft auf dem Hinweg und geht erstaunlich schnell (Vorsicht ist geboten!).

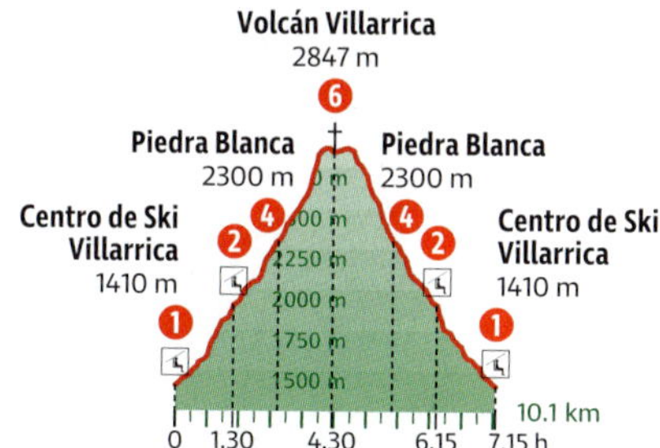

↗ 1800 m | ↘ 2100 m | 46.1 km

3 Tage

7 Die Villarrica-Traverse

Quer durch den Parque Nacional Villarrica

Der Parque Nacional Villarrica erstreckt sich wie ein schmales Band vom gleichnamigen Vulkan Villarrica über den Vulkan Quetrupillán bis zum an der Grenze zu Argentinien aufragenden Vulkan Lanín. Wenn man Form und Topografie des Parks näher betrachtet, liegt der Verdacht nahe, dass unter den Schutz der CONAF nur Flächen gestellt wurden, die landwirtschaftlich völlig bedeutungslos sind. Folgerichtig besteht der Kern des Parks aus einem wüstenhaften Hochplateau, an dessen Rand sich noch Restbestände des ursprünglichen und wunderschönen Araukarienwaldes befinden. Auf dieser Tour geht es um die Durchquerung des gesamten Parks. Der erste Teil (hier als Variante beschrieben) führt dabei vom Skigebiet am Fuße des Vulkans Villarrica um den Berg herum zur Guardería Chinay. Dort beginnt der hier vorgestellte zweite Teil des Gesamtweges. Die Tour ist vollständig markiert und gut zu finden. Wer Vulkanismus mit all seinen Erscheinungsformen hautnah erleben möchte, ist hier in seinem Element.

Ausgangspunkt: Guardería Chinay, 1000 m, an der Straße zwischen Coñaripe und Palguín. Leider gibt es keinen Bus dorthin (öffentliche Verkehrsmittel maximal bis Palguín). Am besten lässt man sich also von Pucón mit dem Taxi zum Ausgangspunkt bringen. Außerdem organisiert TravelAid (travelaid.cl) Transfers zu Start- und Endpunkten der Tour.
Endpunkt: Puesco, 700 m. Regelmäßige Busverbindung zurück nach Pucón (Mo bis Fr 17.00 Uhr nach Curarrehue und von dort mehrmals täglich nach Pucón).
Anforderungen: Mittelschweres Trekking, das auf dem Hochplateau mit seinen gigantischen Aschefeldern sorgfältige Navigation verlangt.
Einkehr: Keine.
Unterkunft: Unterwegs im Zelt.
Variante: Man kann die Tour auch um zwei Tage verlängern, indem man vom Skizentrum am Vulkan Villarrica startet (siehe Tour 6): Von dort (ca. 200 m unterhalb der Liftstation) beginnt unüber-

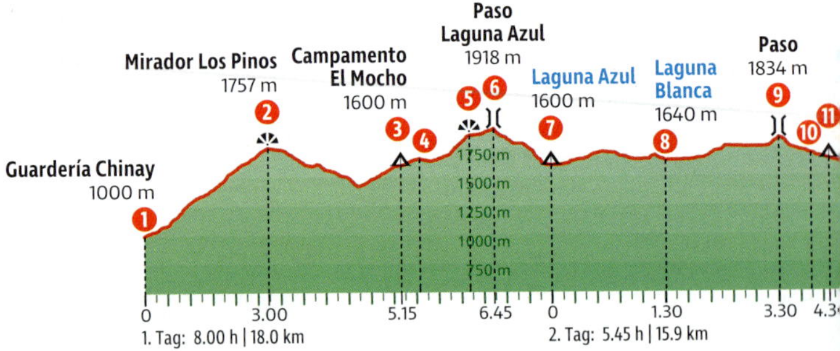

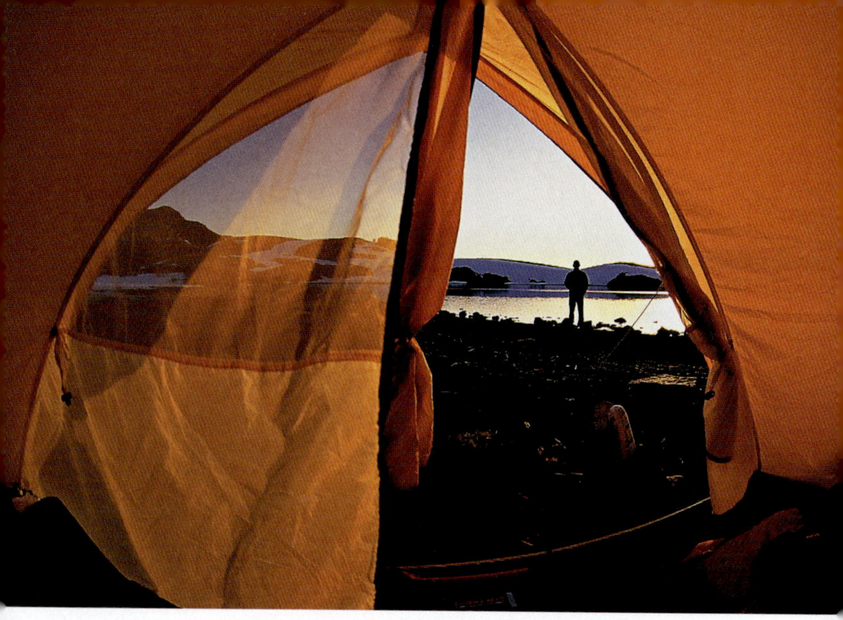

Idylle an der Laguna Azul unterhalb des Vulkans Quetrupillán.

sehbar (große Hinweistafel, anschließend mit roten Holzpfählen markiert) der Weg südwestlich um den Villarrica herum zur Guardería Chinay. Insgesamt verlängert sich die Tour um rund 29 km mit einem Gesamtanstieg von etwa 900 m. Gelegenheiten zum Zelten finden sich etwas nach Weghälfte und am südlichsten Punkt der Umrundung am Fluss Pichillancahue. Zum Schluss erreicht man die Straße zwischen Coñaripe und Palguín, auf der man links haltend 3 km zum Pass aufsteigt und nach weiteren 4 km zum Zeltplatz und zur Guardería Chinay gelangt.

Hinweis: Man muss sein Ticket unter pasesparques.cl im Voraus buchen (»Parque Nacional Villarrica« auswählen). An heißen Tagen im Januar sind tábanos (Bremsen) ein Faktor, der das Wohlbefinden deutlich beeinträchtigen kann.

Information: Aktivität des Vulkans unter rnvv.sernageomin.cl/volcan-villarica. CONAF-Büro in Pucón oder Hans Liechti, Agencia TravelAid (beide siehe Tour 5).

Karten: Pixmap 1:50.000 Villarrica Traverse; Andes Profundo 1:34.000 Volcán Villarrica; Pixmap 1:50.000 Volcán Quetrupillán.

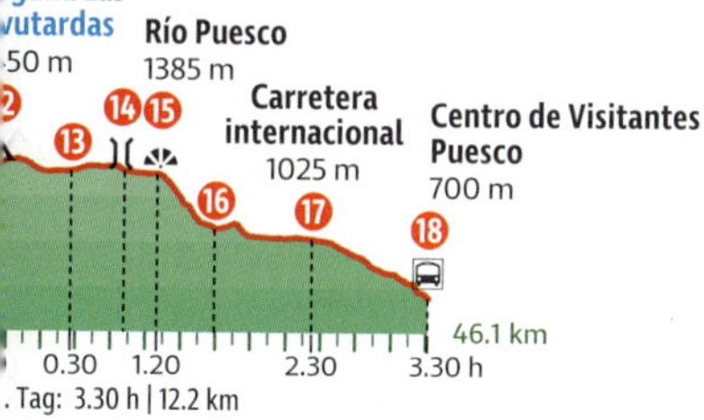

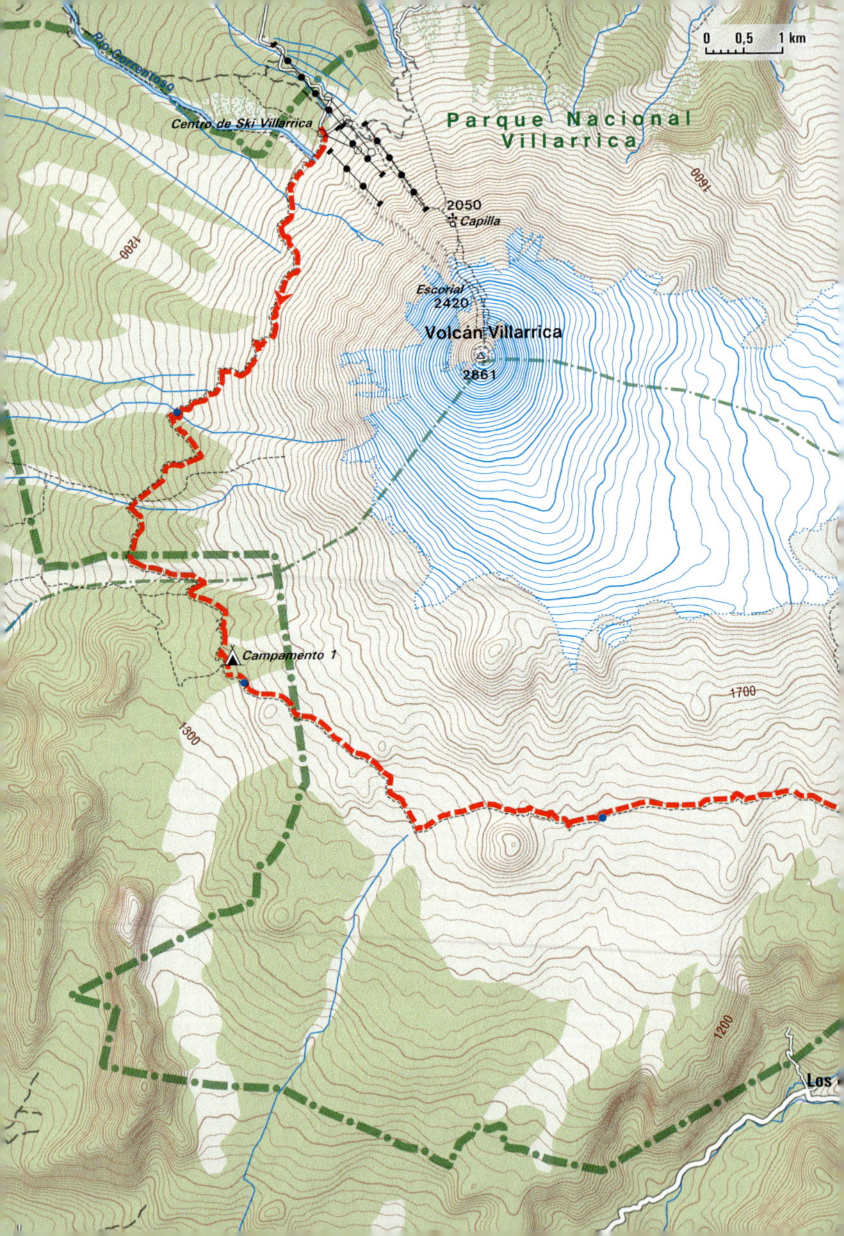

0 0,5 1 km
Parque Nacional Villarrica
Río Correntoso
Centro de Ski Villarrica
2050
Capilla
Escorial 2420
Volcán Villarrica
2861
1600
1200
1700
Campamento 1
1300
1200

1. Tag: Guardería Chinay – Estero El Mocho – Laguna Azul
8.00 Std., 1300 Hm Aufstieg, 700 Hm Abstieg

Der Start der Wanderung ist gut markiert, er beginnt etwa 50 m unterhalb der **Guardería** ❶. Nach der Querung des Río Chinay verschlechtert sich die Qualität des Weges deutlich, Bäume und Äste versperren zum Teil den Weg und wollen umgangen werden. Steil geht es nun nach oben, anfangs durch Südbuchenwald, später gesellen sich die ersten Araukarien dazu. Ein Schild weist auf eine Quelle hin – hier sollte man noch mal Wasser tanken, die nächste Gelegenheit nachzufüllen ist weit. Schließlich erreichen wir die Baumgrenze. Oberhalb dieser steigen wir weiter nach Osten, eine Angelegenheit, die insbesondere bei *puelche* – einem starken Ostwind – sehr unangenehm werden kann. Die Landschaft wird zusehends trockener.

Wir erreichen einen Pass und folgen dem Gipfelgrat rechter Hand nach Südosten. Nach 10 Min. Gratwanderung erreichen wir den den höchsten Punkt des Pfades (und dieser Mini-Kordillere), den **Mirador Los Pinos** ❷. Im Norden zeigen sich bei gutem Wetter die Vulkane Llaima, Tolhuaca und Lonquimay. Gegenüber erhebt sich der Quetrupillán und dahinter der per-

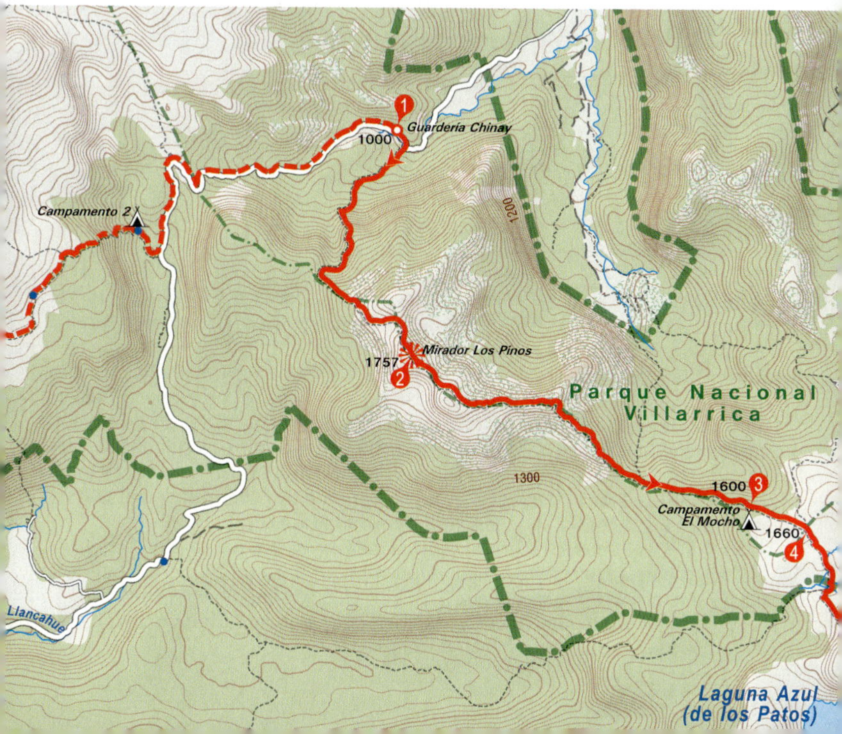

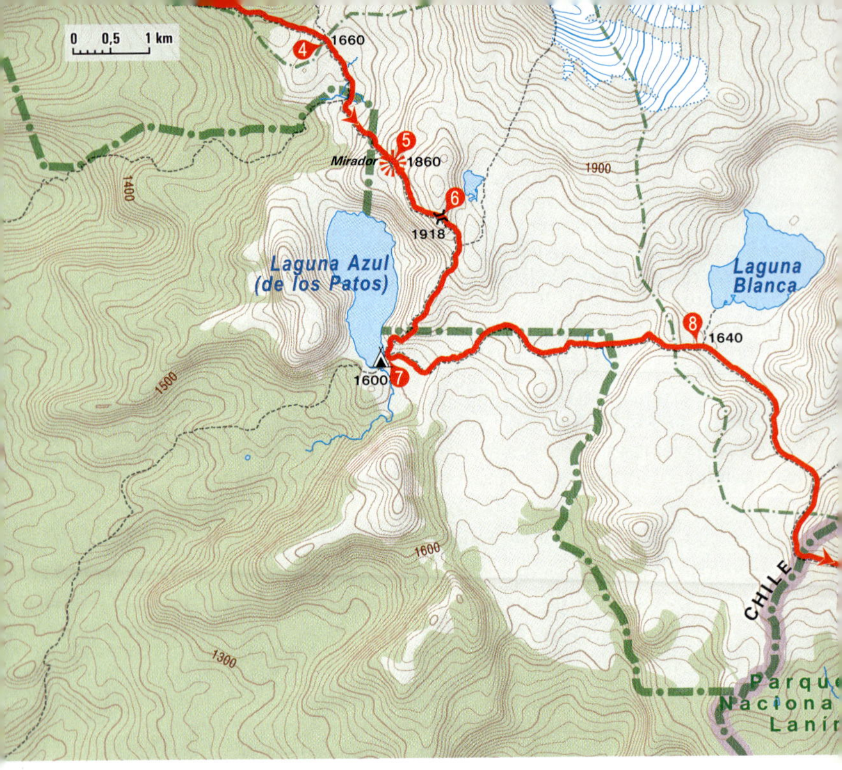

fekt geformte Lanin. Nördlich von uns liegt auch das Tal des Estero del Mocho, über das man früher die Berge erreichte (der untere Teil, »Paraíso Escondido«, befindet sich heutzutage in Privatbesitz).

Unser Weg verläuft weiter am Grat entlang, erst nach Südosten und dann in einer Linkskurve nach Osten, während wir langsam an Höhe verlieren. Eine halbe Stunde später leitet uns der Weg bergab in den Wald hinein. Wir erreichen so den Talboden und anschließend geht es gegenüber am Hang des Quetrupillán wieder hinauf. An der Waldgrenze überquert man einige Zuflüsse des Estero el Mocho, an denen man– wenn sie noch Wasser führen – auch zelten kann **(Campamento El Mocho ❸)**.

Von den Quellen des Estero el Mocho gehen wir hinauf zu einem breiten Sattel, der zwischen dem Vulkan Quetrupillán links und einem niedrigen, kastenförmigen Berg rechts liegt. Dort treffen wir auf einen **Wegweiser ❹**, von dem aus wir in ein weites, von zahlreichen Wasserläufen durchzogenes Hochtal hineinschauen.

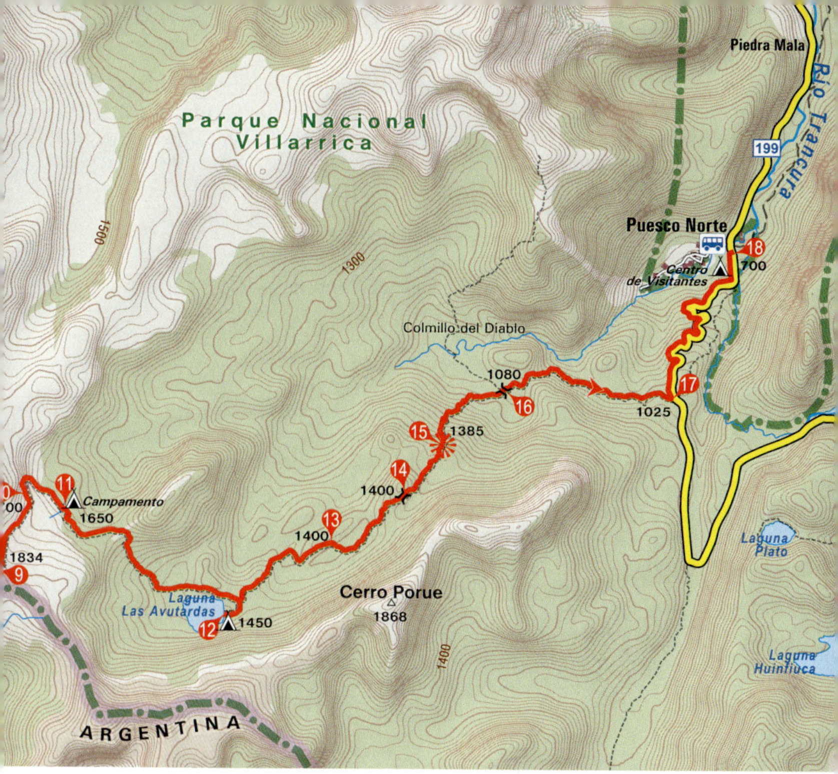

Der weitere Weg, jetzt mit Steinmännchen markiert, führt uns in einem weiten Bogen um das Hochtal herum. Dabei überqueren wir einige Nebenbäche und erreichen nach gut 45 Min. ein weiteres **Hinweisschild (»Mirador«)** ❺ oberhalb einer kleinen Schlucht. Hier wenden wir uns nach links. Ziel ist die niedrige, vor uns liegende Bergkette aus dunklem Lavagestein. Durch ein an eine Mondlandschaft erinnerndes Tal steigen wir steil hinauf zu einem kleinen **Sattel** ❻, den wir nach etwa 1.15 Std. vom Camp am Estero del Mocho erreichen. Rechts vor uns können wir bereits die Laguna Azul erkennen. Um zu ihr zu gelangen, müssen wir allerdings die vor uns liegenden felsigen Hügel auf linker (östlicher) Seite umgehen.

Wir wandern daher weiter bis zu einem torartigen Einschnitt, von dem wir wieder den im Südosten vor uns aufragenden Vulkan Lanín erkennen. Hier geht es nun hinunter und anschließend nach rechts. Auf der linken Seite bietet sich eine grandiose Aussicht auf die karge Landschaft am Fuß des Vulkans Quetrupillán und dessen gigantische Lavaströme. Wir wandern nun etwa auf gleichbleibender Höhe in südliche Richtung und gelangen bald wieder auf den hier runden Rücken oberhalb der **Laguna Azul** 7. Am Ende dieses Rückens steigen wir steil hinunter an ihr Ufer und suchen uns dort einen geeigneten Zeltplatz. Sollte die Sonne scheinen, bietet sich ein Bad in den kühlen Fluten des Sees an.

2. Tag: Laguna Azul – Laguna Las Avutardas
5.45 Std., 400 Hm Aufstieg, 550 Hm Abstieg
Wir starten frühmorgens, da die heutige Tagesetappe bis zur Laguna Las Avutardas recht lang ist und wir nicht wissen, wie viele (ab Mittag aufgeweichte) Schneefelder wir durchqueren müssen. Wir verlassen den Strand an der **Laguna Azul** 7 und gehen einige Meter zurück, bis wir am Rande eines Lavastroms ein großes Hinweisschild sehen. Von dort überqueren wir den Lavastrom auf einem gut sichtbaren und mit Ästen markierten Pfad. Nach ein paar Hundert Metern haben wir das Ende des Lavastroms erreicht. Wir wenden uns nach links und steigen ein Stück aufwärts zu einem zweiten großen Lavastrom. Auch dieser wird von Stein zu Stein hüpfend überquert, dahinter geht es weiter bergauf.
Wir gelangen bald an den Rand einer großen, mit Geröll übersäten Ebene, durch die unser Weiterweg nach Osten führt. Während unsere Stiefel zunehmend im Staub versinken, sind unsere Augen damit beschäftigt, den nächsten Steinmann auszumachen, um nicht die Richtung zu verlieren. Nach einiger Zeit kommen wir an einen schmutzigen Bach. Wir durchqueren das Bachbett und stehen an der Fortsetzung der Ebene, die im Hintergrund von einer niedrigen Hügelkette begrenzt wird. Der Weg führt jetzt nicht zu dem breiten, vor uns liegenden Sattel, sondern wendet sich leicht nach rechts zu einem deutlich sichtbaren Einschnitt in der besagten Hügelkette. Steinmänner leiten uns hinunter an die Basis dieses Einschnitts, anschließend geht es in Kehren steil hinauf. Oben angelangt, blicken wir auf die in einem Kessel nordöstlich von uns liegende **Laguna Blanca** 8. Wir steigen den Hügel wieder hinunter und gelangen an das sandige, ausgetrocknete Bett eines Baches, das wir durchqueren. Wer mag, kann hier den Weg verlassen und einen Abstecher zum See unternehmen.
Wir gehen jedoch weiter und folgen dem ausgetrockneten Bachbett durch ein weites Tal nach Süden. Bald wälzt sich von links ein Lavastrom herunter, den wir an seiner Stirnseite umrunden. An dieser Stelle beginnt jetzt wieder ein gut ausgetretener Pfad, der den Hang hinaufführt. Langsam steigen wir empor und erkennen etwas überrascht, dass wir uns auf dem Rand eines alten Kraters befinden. Wir umrunden den Krater etwa zur Hälfte und werfen nochmals einen Blick zurück auf den Villarrica im Westen und den Quetrupillán im Norden. Dem Berghang nach links folgend, gelangen wir bald hinunter auf eine kleine Ebene, durch die ein Bach plätschert. Nach dem langen, staubigen Weg über die Asche- und Lavafelder ist dies das erste Mal, dass so etwas wie Leben in dieser toten Landschaft existiert. Wir

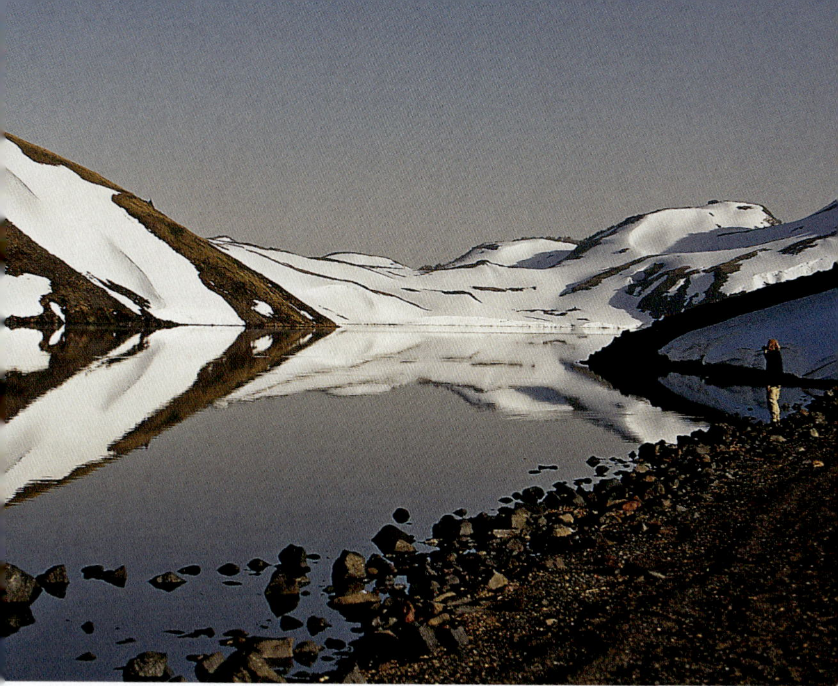

Zähneputzen und los geht's! Beginn der dritten Etappe an der Laguna Azul.

füllen unsere Wasserflaschen und steigen hinauf zu einem vor uns liegenden, 1834 m hohen **Pass** ❾. Bei gutem Wetter hat man von hier aus einen fantastischen Ausblick auf den gewaltigen Vulkankegel des mit 3746 m höchsten Gipfels im Seengebiet, des Lanín.

Auf der anderen Seite des Passes gehen wir in Kehren ein Stück hinab. Wir halten uns dabei möglichst weit links. Bald erreichen wir den **Steilabbruch** ❿ einer von mehreren Bächen durchflossenen Ebene, von der wir hinunter auf die grünen Wiesen und die ersten Bäume im Quellgebiet des Río Puesco schauen. Wir wandern parallel zum Steilabbruch nach links, bis wir an einer Hinweistafel auf einen Pfad treffen, der uns durch die Steilwand hinunterführt. Nun geht es unterhalb des Steilabbruchs praktisch wieder zurück. Unterhalb der Wand, über die zahlreiche kleine Wasserfälle stürzen, wandern wir nach Südosten und halten auf das obere Ende eines Wäldchens zu. Wer müde ist, findet hier sicherlich einen schönen **Platz zum Zelten** ⓫.

Wir wandern jedoch weiter, überqueren nochmals zwei Bäche und gelangen schließlich auf einen Kamm, der das Tal des Río Puesco und die unter uns liegende Laguna Avutardas voneinander trennt. Ein markierter Pfad führt hinunter in den Wald und zu einer sumpfigen Wiese; am gegenüberliegenden Waldrand zeigt eine große Markierung den Weiterweg an. Von hier aus gibt es keine Probleme mit der Orientierung mehr, und wir erreichen in wenigen Minuten die **Laguna Las Avutardas** ⓬. Am Ostufer des Sees befindet sich eine schöne Wiese, auf der wir unser Zelt aufstellen.

3. Tag: Laguna Las Avutardas – Puesco
3.30 Std., 100 Hm Aufstieg, 850 Hm Abstieg
Wir verlassen die **Laguna Las Avutardas** ⓬ auf einem klar ersichtlichen Pfad und steigen so zunächst gemütlich durch den Südbuchenwald bergab. Nach den letzten zwei Tagen durch die wüstenhafte Einöde rund um den Vulkan Quetrupillán stellt der üppige Wald einen unglaublichen Kontrast dar. Nach rund 30 Min. gelangen wir zu einem kleinen Bach, den wir überqueren. Der Weg führt nun nach rechts und steigt kurz steil aufwärts. Wir erreichen eine sumpfige Lichtung, auf der sich der zuvor deutliche Pfad verliert. Die nächste Wegmarkierung befindet sich am äußersten Ende der **Lichtung** ⓭. Allerdings gelingt es den Wenigsten, diese ohne unangenehmen Kontakt zum lokalen Unterholz zu finden. Wer also mit seinem sperrigen Rucksack irgendwo im Bambus hängen bleibt, sollte sich nicht grämen, denn erstens gibt es wirklich einen Pfad auf der anderen Seite der Lichtung, und zweitens verläuft sich hier fast jeder.
Wir wandern nun wieder in den Wald hinein, umkurven dabei viele umgestürzte Bäume und müssen gut aufpassen, um nicht den Pfad erneut zu verlieren. Im steten Auf und Ab überqueren wir dabei nochmals einen unscheinbaren **Sattel** ⓮ und gelangen etwa 1.00 Std. nach dem Start an die Überreste eines hölzernen Weidezaunes. Noch wenige Meter und wir stehen an einem schönen **Aussichtspunkt** ⓯ mit Blick über das Tal des Río Puesco. Hier beginnt der eigentliche Abstieg, und wir legen daher eine kleine Pause ein. Der Weiterweg führt nun steil in Serpentinen durch den Wald und über Grashänge in das Tal hinunter.
Schließlich stoßen wir auf einen breiten Weg, an dem eine große **Hinweistafel** ⓰ mit Karte auf die Wandermöglichkeiten in der Region hinweist. Na denn! Wir folgen der Fahrspur nach rechts. Sie führt uns in rund 40 Min. nahezu hangparallel zur **internationalen Straße** ⓱ nach Argentinien. Nun folgt der langweiligste Teil der Tour, der Abstieg über die Asphaltstraße zum Haus des Guardaparque von CONAF. Rund 1.00 Std. benötigen wir, wobei sich der Weg wie Kaugummi zieht. Eine Kehre folgt der nächsten, bis wir endlich unten ankommen. Beim neuen **Besucherzentrum** ⓲ des Nationalparks fragen wir, wo wir zelten dürfen.
Von der **Guardería Puesco** fährt montags bis freitags um 17.00 Uhr ein Bus zurück nach Curarrehue (aktuelle Fahrplan-Info einholen!).

Weideflächen unterhalb des rauchenden Vulkans Villarrica.

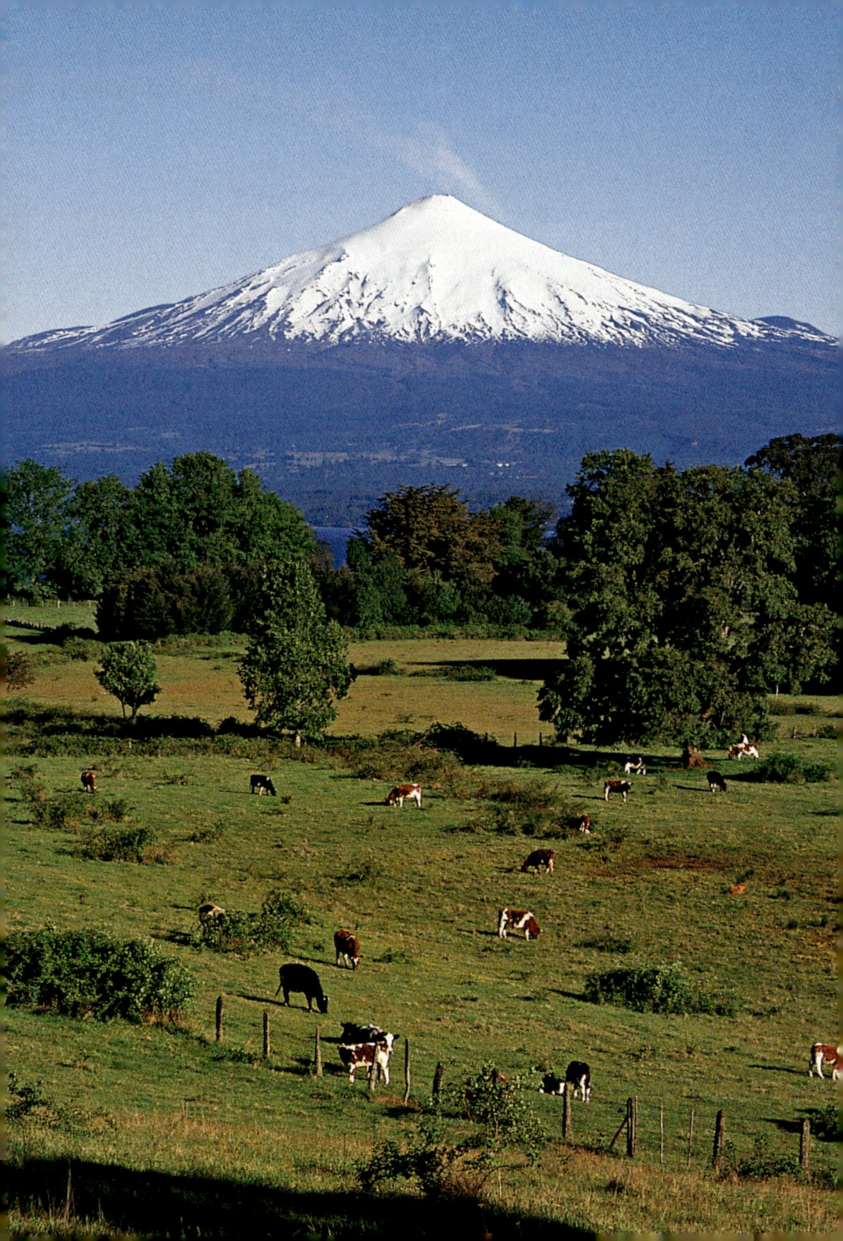

↗ 1700 m | ↘ 1700 m | 21.1 km

9.45 h

8 Vulkan Mocho-Choshuenco, 2422 m

Der zweiköpfige Vulkan

Wie der Rücken eines Kamels erhebt sich das Mocho-Choshuenco-Massiv zwischen den Bergseen Lago Ranco und Lago Panguipulli. Die eigentlichen Gipfel El Mocho (südlich) und Choshuenco (nördlich) werden von der gleichen Seite angegangen: Erst am Hochplateau zwischen beiden Gipfeln teilen sich die Routen. Für fitte Bergsteiger ist es möglich, beide Gipfel am selben Tag zu erklimmen. Während es sich beim Mocho noch um eine Besteigung mit minimalen technischen Schwierigkeiten handelt, ist der Gipfel des Choshuenco nur kletternd zu erreichen; Bergwanderer kommen daher – wie hier beschrieben – nur bis an den Fuß des Gipfelaufbaus. »Choshuenco« bedeutet auf Mapudungún »Gelbes Wasser«, was wohl mit den schwefelhaltigen Dämpfen des Vulkans im Zusammenhang steht. Mocho bedeutet auf Spanisch »kopflos« oder »geköpft« und ist somit mal wieder ein treffender Name.

Ausgangspunkt: Refugio Club Andino Universidad Austral, 1000 m. Anfahrt auf der Panamericana nach Panguipulli, dann umrundet man den gleichnamigen See auf seiner Ostseite. Ab Choshuenco geht es 11 km weiter nach Südwesten Richtung Enco, wo man an einer beschilderten Abzweigung den Weg links zur »Reserva Nacional Mocho-Choshuenco« nimmt. Nach 2 km erreicht man einen CONAF-Kontrollpunkt, und, nach weiteren 11 km in Kehren ansteigend, den Parkplatz. Mit einem Allradfahrzeug kommt man noch ein Stück weiter, bis zur Tumba del Buey. Bis Choshuenco gibt es Busverbindungen, aber ab dort

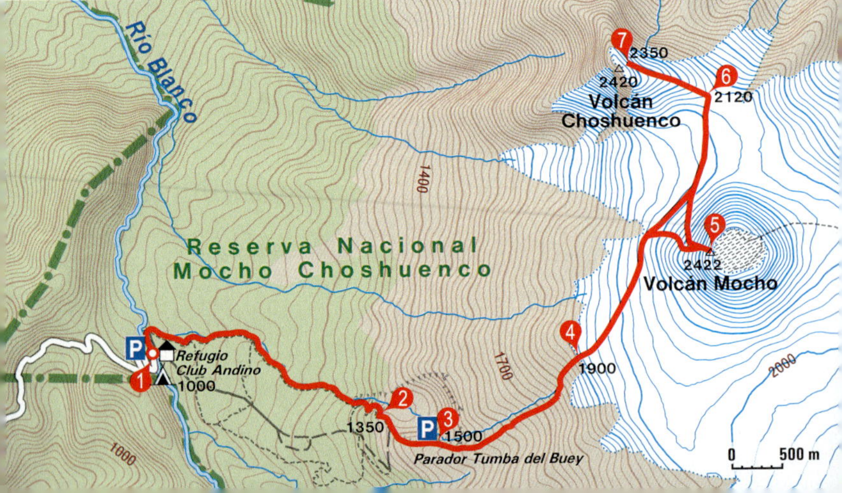

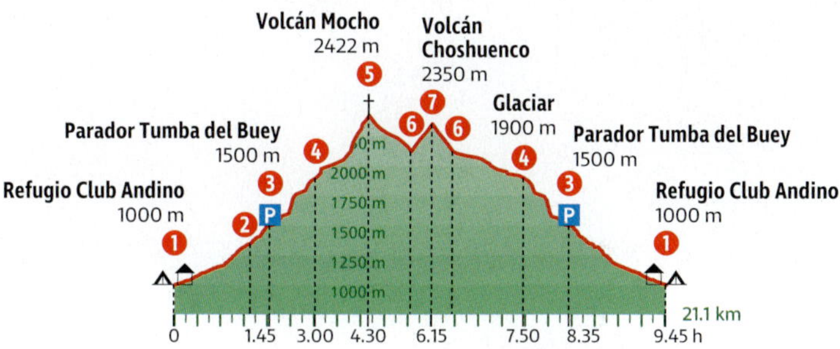

zu trampen ist auf der wenig befahrenen Straße nicht empfohlen.
Anforderungen: Der Weg führt zum Teil durch steiles Geröll. Auf höheren Lagen keine guten Pfade. Steigeisen und Pickel sind notwendig. Da der Gletscher in den letzten Jahren deutlich zurückgegangen ist, haben sich im unteren Teil Spalten gebildet, denen man aber meistens über die Moränen ausweichen kann. Je nach Bedingungen muss man sich für die Gletscherüberquerung anseilen. Wer nicht absolut davon überzeugt ist, einer Spaltenbergung gewachsen zu sein, sollte einen Bergführer nehmen. Dies gilt auch für eine eventuelle Besteigung des Choshuenco.
Einkehr: Unterwegs keine. Viele Restaurants In Panguipulli, ein paar in Choshuenco.
Unterkunft: Im unbewirtschafteten Refugio am Ausgangspunkt, dort kann man auch zelten. In Choshuenco einfache Unterkünfte.
Hinweis: Das Ticket ist im Voraus unter pasesparques.cl zu buchen (»Reserva Nacional Mocho-Choshuenco« auswählen).
Information: Aktivität des Vulkans unter rnvv.sernageomin.cl/complejo-volcanicomocho-choshuenco. Turist-Info in Choshuenco.
Karten: Andes Profundo 1:32.000 Volcán Mocho-Choshuenco; Pixmap 1:50.000 Volcanes Mocho y Choshuenco.

Vom Parkplatz am **Refugio** ❶ steuern wir am besten den »Sendero El Puma« (also »Pumapfad«) an. Dafür gehen wir erst auf einer Schotterpiste 200 m in Richtung Norden parallel zum Río Blanco bis zu einem zweiten Parkplatz. Hier startet der gut markierte Sendero Richtung Osten bergauf durch den Wald. Dreimal treffen wir auf beschilderte Abzweigungen und halten uns jeweils links Richtung Osten. Nach der dritten Abzweigung wird der Weg steiler und wir steigen in Kehren weiter. So erreichen wir nach etwa 1.15 Std. die **Waldgrenze** ❷ und den Rand eines alten Kraters, dem wir folgen. Nach einem ersten Aussichtspunkt mit Sicht auf den Lago Panguipulli treffen wir wieder auf die Schotterpiste, die aber kurz darauf an einem großen Parkplatz am **Parador Tumba del Buey** ❸ definitiv endet.
Ab hier ist kaum noch ein Pfad vorhanden, und der sandige Boden macht das Vorankommen ein wenig beschwerlich. Einige Pfosten dienen als Wegweiser in Richtung Nordosten. Mit etwas Glück erreichen wir bald die ersten Schneefelder und kurz darauf die Front des Gletschers. Wir gehen der

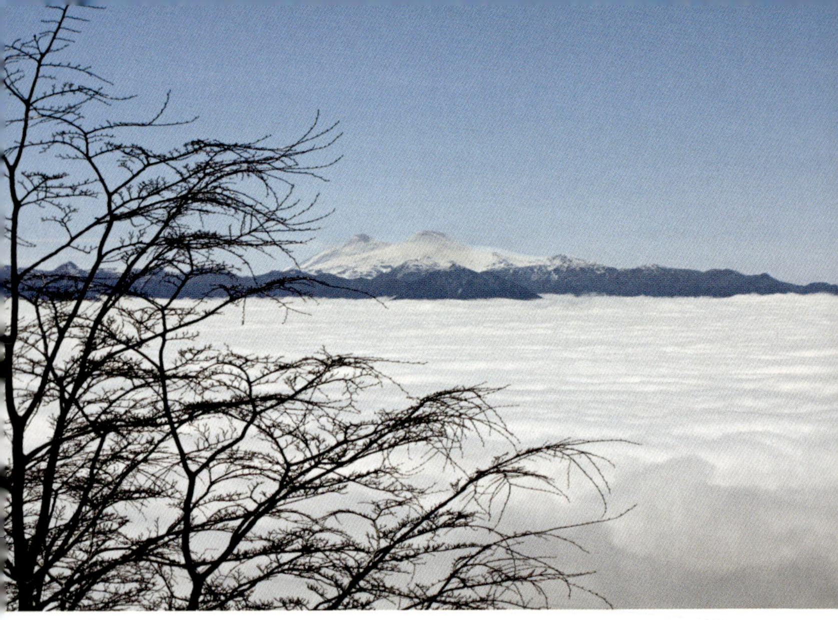

Über den Wolken scheint immer die Sonne. Der Zwillingsgipfel Mocho-Choshuenco von Süden gesehen.

ersten Gletscherzunge links aus dem Weg und steigen erst nach einem steilen Hang auf den **Gletscher** 4 (1.15 Std. vom Parkplatz). Hier muss man sich normalerweise anseilen.

Nun geht es sanft hinauf in Richtung Sattel. Dieses weite, vereiste Hochplateau verbindet unsere beiden Gipfel. Wir biegen nach rechts ab und nehmen den letzten Teil des Anstiegs zum **El Mocho** 5 in Angriff. Bald ist es steil, der Schnee zu Ende, und wir müssen die steile Westflanke des Gipfelkegels weglos durch roten Schutt erklimmen.

Um den Südostgrat, auf dem man den Choshuenco besteigt, zu erreichen, müssen wir zunächst einmal zurück Richtung Sattel bzw. Hochplateau und mit einem Bogen nach rechts die großen Spalten umgehen. Der **Grat** 6 selbst erwartet uns mit gemischtem Terrain, also Schnee und Eis und einer 40°-Hangneigung. Bis zum **Gipfelaufbau** 7 des **Choshuenco** kommt man noch ohne wirkliche technische Schwierigkeiten (45 Min.). Die beiden Gipfeltürme aus morschem Fels würden dann noch 1–2 Seillängen technisches Klettern im IV. Grad erfordern.

Der Abstieg verläuft auf dem Aufstiegsweg, einige direkte Varianten zwischen dem Verlassen des **Gletschers** 4 und der **Tumba del Buey** 3 auf sandigem Untergrund sind etwas bequemer.

↗ 1900 m | ↘ 1900 m | 21.6 km

2 Tage

Zum Vulkan Puyehue, 2236 m

9

Die Landschaft im steten Wandel

Im Jahr 2011 hat sich im Nationalpark Puyehue einiges geändert: Im Cordón Caulle, der aktivsten Vulkanzone im Park, kam es zu einer heftigen Eruption mit einer Aschewolke, die knapp 12 km in die Atmosphäre aufstieg und aus der es über Tage und Wochen vulkanisches Material regnete. Aufgrund des Westwindes wurden die Städte Bariloche und Villa La Angostura am meisten betroffen; selbst in Buenos Aires wurde in den folgenden Monaten mehrmals der Flughafen gesperrt. Wer von Osorno nach Bariloche über den Pass Cardenal Antonio Samoré fährt, findet noch heute Asche- und Bimsablagerungen am Straßenrand. Im Nationalpark selbst ist die zuvor populäre Trekkingtour nach Los Baños nicht mehr möglich. Der Vulkan Puyehue, um dessen Besteigung es hier geht, ist hingegen schon lange nicht mehr aktiv. Die Estancia El Caulle, die den Weg zum Refugio Puyehue pflegt, bietet Packpferde und auch geführte Reittouren an. Der Pfad hinauf zum Refugio ist durch die Pferde entsprechend erodiert.

Die innere Kraterwand des Puyehue: ein Freeride-Paradies.

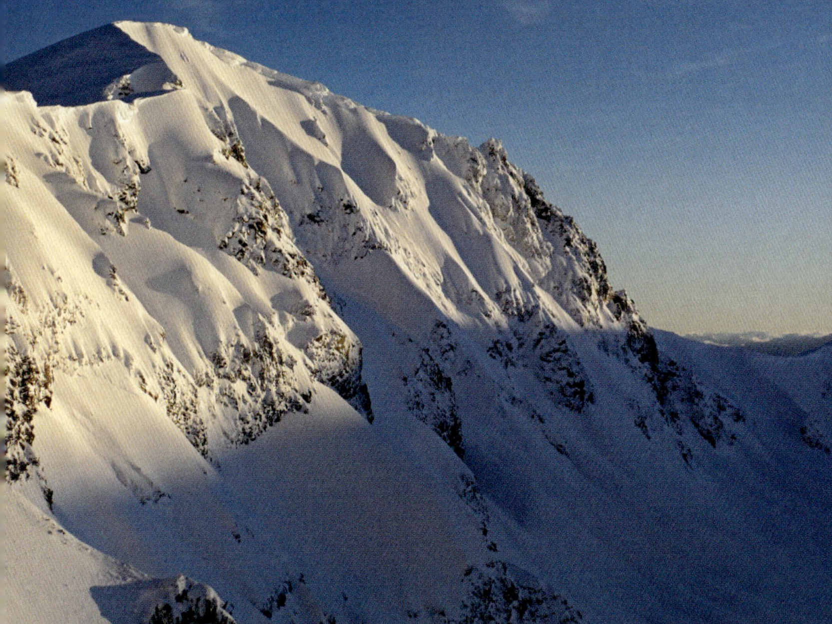

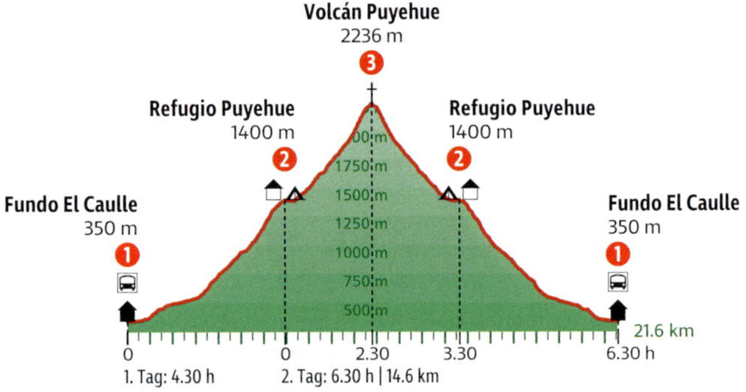

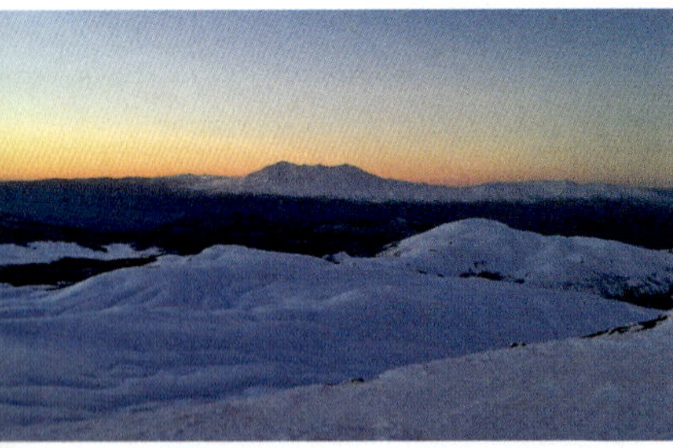

Sonnenaufgang in der Vulkanwelt: Blick auf den Puyehue von Süden (Antillanca).

Ausgangspunkt: El Caulle, 350 m, an der Verbindungsstraße von Osorno (Chile) nach San Carlos de Bariloche (Argentinien). Mehrere Busgesellschaften befahren zumindest im Sommer täglich die Strecke. Außerdem mehrmals wöchentlich Regionalbus direkt nach Anticura.
Anforderungen: Mittelschwere Tour auf einen von frischer Asche bedeckten Vulkan. Der Aufstieg über die erodierten Pfade ist extrem schweißtreibend, eine gefüllte Wasserflasche sollte auf jeden Fall stets im Gepäck sein.
Einkehr: Restaurant in El Caulle, unterwegs keine.
Unterkunft: Schöner CONAF-Campingplatz gegenüber der Guardería des Nationalparks in Anticura. Auch auf der Farm (mit Restaurant) El Caulle gibt es Zeltplätze. Unterwegs kann man im neu errichteten Refugio Puyehue nächtigen.
Hinweis: Der Eintritt in den Parque Nacional Puyehue ist vom Staat her ausnahmsweise frei! Dafür kassiert der Privatbesitzer am Ausgangspunkt eine Maut.
Tipps: 1. Vor dem Start sollte man die ca. 2 km östlich von El Caulle gelegene CONAF-Guardería in Anticura besuchen. Hier erhält man aktuelle Infos zum Wanderweg und über den Nationalpark im Allgemeinen. Nebenan liegt der idyllische CONAF-Zeltplatz. Vom Informationszentrum führen zwei kurze, aber sehr empfehlenswerte Naturlehrpfade zu insgesamt drei verschiedenen, im üppigen Regenwald versteckten Wasserfällen.
2. Beim Fundo El Caulle kann man Packpferde mieten und Reittouren buchen.
Information: Aktivität des Vulkans unter rnvv.sernageomin.cl/complejo-volcanicopuyehue-cordon-caulle. CONAF-Informationszentrum in Anticura bzw. beim Restaurant auf dem Fundo El Caulle, bei Letzterem zahlt man den Eintritt.
Karten: Andes Profundo 1:30.000 Volcán Puyehue, Pixmap 1:50.000 Volcán Puyehue; Trekkingchile 1:75.000 Puyehue. Im Restaurant in El Caulle ist gegen Gebühr ebenfalls eine brauchbare Karte des Parks erhältlich.

1. Tag: El Caulle – Refugio Puyehue

4.30 Std., 1050 Hm Aufstieg

Nachdem wir im Restaurant des **Fundo El Caulle** ❶ den fälligen Eintritt bezahlt und uns in das Gästebuch eingetragen haben, starten wir in Richtung Refugio. Die Wasservorräte sollten prall gefüllt sein, da wir eine lange Strecke vor uns haben und Wasser zwischendurch Mangelware werden kann. Ein Feldweg führt uns nun über das private Gelände der Hacienda. Nach wenigen Minuten gelangen wir zu einem Hinweisschild »Volcán«. Dem Schild folgend gelangen wir nach links auf ein Plateau hinauf, das als Weideland genutzt wird. Wir überqueren dieses offene Plateau zum Waldrand, wo jetzt der eigentliche Aufstieg beginnt.

In Serpentinen führt der Weg steil durch den schattigen, dichten Wald. Bis auf etwa 600 m Höhe durchwandern wir dabei den sogenannten »Bosque

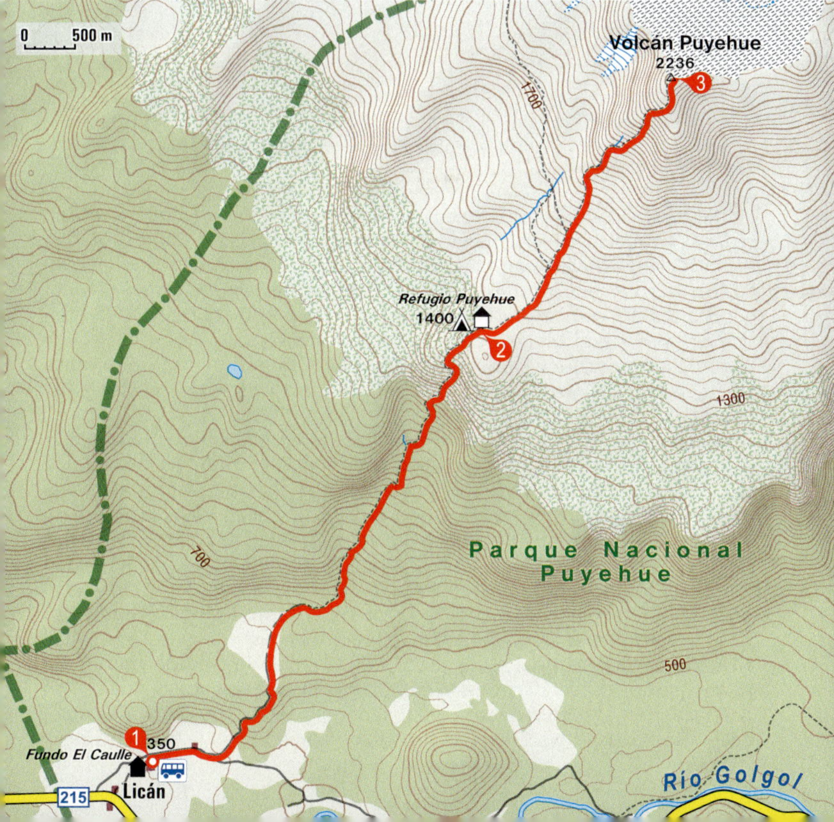

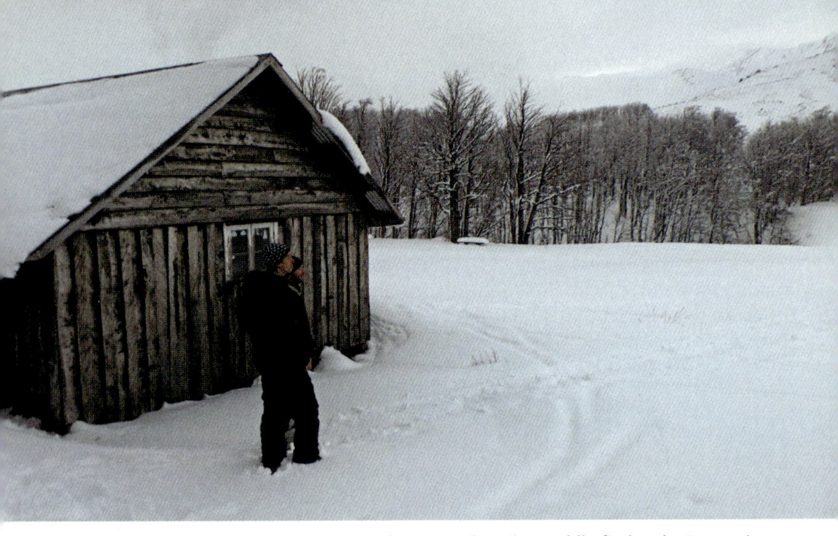

Bei schlechtem Wetter vermag das Refugio Puyehue das Wohlbefinden der Bergsteiger deutlich zu beeinflussen.

Valdiviano«, einen der artenreichsten Regenwälder der gemäßigten Breiten mit zahlreichen verschiedenen Baumarten wie Tepa, Coihue, Mañio, Ulmo, Tineo, Arrayán und Olivillo sowie einem Unterwuchs aus Chilco-, Matico-, Quila- und Aromo-Büschen. Darüber besteht der Wald vorwiegend aus Tepa- und Mañio-Bäumen. Nach rund 1.30–2.00 Std. lichtet er sich ein wenig, und wir gelangen an ein gewöhnlich ausgetrocknetes, nach Regenfällen jedoch Wasser führendes Bachbett. Hier können wir eine Pause einlegen und ein wenig verschnaufen; etwa ein Drittel des Aufstiegs ist geschafft.

Der Weiterweg führt hinüber zu einem weiteren kleinen Bach und setzt sich dann steil ansteigend durch den Wald fort. Tief in die Asche hat sich der Pfad eingefressen, und manchmal hat man eher das Gefühl, sich eine Erosionsrinne hochzuwühlen, als auf einem offiziellen Weg zu wandern. Auf rund 1000 m Höhe ändert sich die Vegetation erneut, ein schöner, mit Flechten behangener Lenga-Wald beginnt. Es wird etwas flacher, und nach rund 4.00 Std. schweißtreibenden Aufstiegs erreichen wir den Waldrand.

Jetzt ist nur noch eine Wiese zu überqueren, um zum **Refugio Puyehue** ❷ zu gelangen. Neben dem einfachen, alten Refugio wurde eine neue Hütte errichtet, in der man bei schlechtem Wetter zumindest kochen kann. Wir ziehen jedoch die sehr schönen Zeltplätze am Waldrand vor, Sitzbank und Tisch sind vorhanden. Wasser ist entweder am unterhalb der Hütte gelegenen Bach oder etwa 15 Min. in Richtung Vulkan Puyehue in einem weitgehend ausgetrockneten Bachbett zu finden. Schilder weisen den Weg! Etwas oberhalb der Hütte existiert übrigens ein traumhafter Aussichtspunkt. Selbst schuld, wer hier nicht Sonnenaufgang oder -untergang genießt ...

2. Tag: Refugio Puyehue – Vulkan Puyehue – Ref. Puyehue – El Caulle
6.30 Std., 850 Hm Aufstieg, 1900 Hm Abstieg
Wegen der bei klarem Wetter zu erwartenden Hitze sollte man früh in Richtung Vulkan starten. Die Route ist ausgeschildert und so gelangen wir nach etwa 20–30 Min. an eine Weggabelung. Nach links zweigt der ehemalige Weg nach Los Baños ab, geradeaus geht es hinauf zum Krater des Puyehue. Wer bis dato vergessen hatte, dass Bergsteiger Vulkane alles andere als lieben, der wird sich jetzt daran erinnern. Vulkane sind einfach nichts anderes als große, lose Haufen Schutt, hier auch noch mit Asche aus dem Jahre 2011 bedeckt. Gut, dass man das Gepäck im Zelt gelassen hat! Mühsam quälen wir uns also hoch, bis wir nach rund 2.00 Std. den Kraterrand des **Vulkans Puyehue** ❸ erreichen. Die Aussicht von hier oben ist fantastisch – wenn man nicht gerade im Nebel steht.
Runter geht's ziemlich schnell, und so stehen wir bereits 1.00 Std. später wieder am **Refugio Puyehue** ❷. Wir bauen das Zelt ab und wandern auf bekanntem Weg zurück nach **El Caulle** ❶.

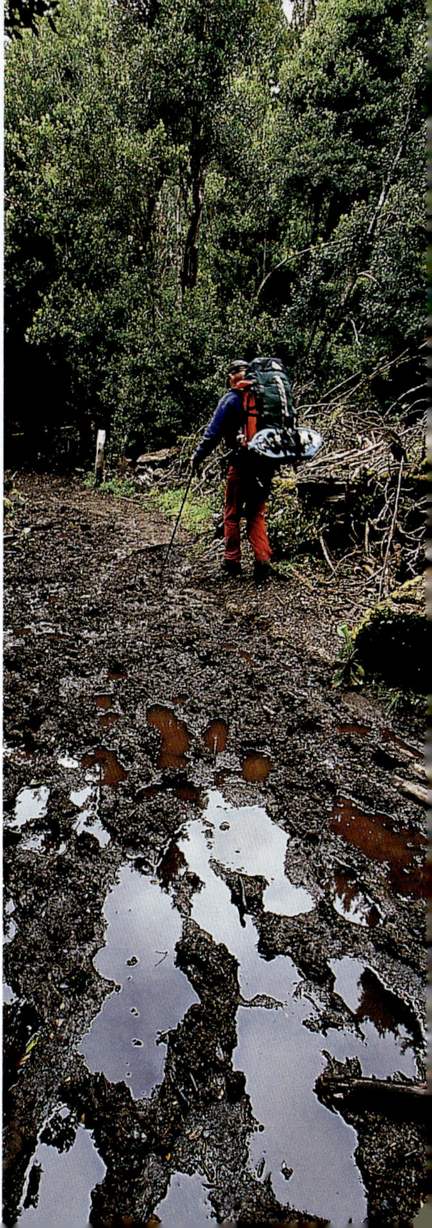

Der Regenwald macht seinem Namen alle Ehre: Aufstieg zum Refugio Puyehue.

TOP

↗ 730 m | ↘ 780 m | 24.2 km

10 Zu den Thermalquellen von Callao

2 Tage

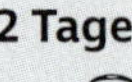

Abgelegene Seentraverse mit warmen Quellen

»Valle el Callao« nennt sich das Tal, durch das man die Seen Todos los Santos und Rupanco im Herzen des Nationalparks Vicente Pérez Rosales zu Fuß verbinden kann. Zeugen des Vulkanismus der Region sind hier nicht nur die majestätischen Blicke auf Puntiagudo, Osorno und Casablanca, sondern auch die warmen Gewässer, die auf halbem Weg dieser Tour sprudeln und den müden Wanderer die Strapazen des Tages vergessen lassen. Die Zivilisation hat mittlerweile den Endpunkt, Las Gaviotas, erreicht, und zwar in Form einer Schotterpiste am Südufer des Lago Rupanco. Der Ausgangspunkt muss weiterhin per Fischerboot angepeilt werden. Dazu fährt man nach Petrohué, wo man auch noch schnell die Saltos de Petrohué besichtigen sollte: kleine Wasserfälle auf schwarzem Vulkanfelsen mit dem imponenten Volcán Osorno im Hintergrund.

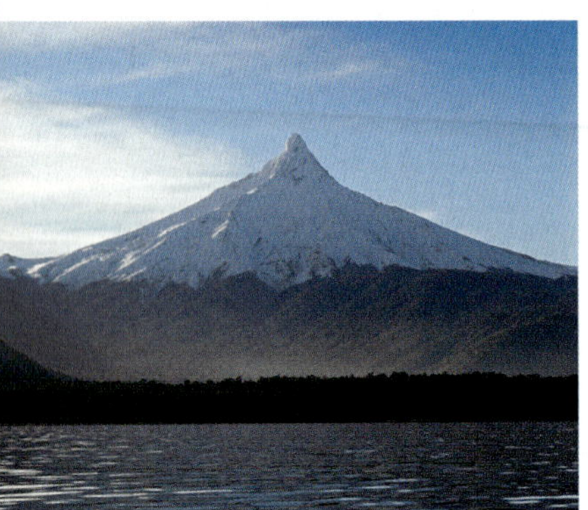

Der majestätische Vulkan Puntiagudo.

Ausgangspunkt: Puerto Rincón, 180 m. Täglich mehrere Busse von Puerto Varas nach Petrohué; Fahrzeit etwa 1.30 Std. Für die Überfahrt nach Puerto Rincón stehen Fischer mit ihren Booten zur Verfügung; Preis ca. 50.000–80.000 Pesos (einfache Strecke) für das Boot.
Endpunkt: Las Gaviotas am Lago Rupanco. Las Gaviotas wird jeden zweiten Tag von einer Fähre angefahren. Falls man die Fähre nicht erwischt: Eine 10 km lange Schotterpiste verläuft entlang der Südseite des Lago Rupanco nach Puerto Poncho. Die Fähre legt um 14.00 Uhr in Las Gaviotas ab, der Bus von Puerto Poncho nach Osorno fährt um 15.30 Uhr, kurz nach Ankunft der Fähre.

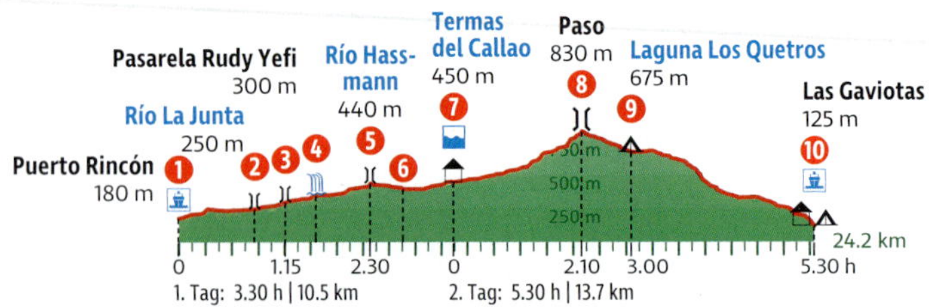

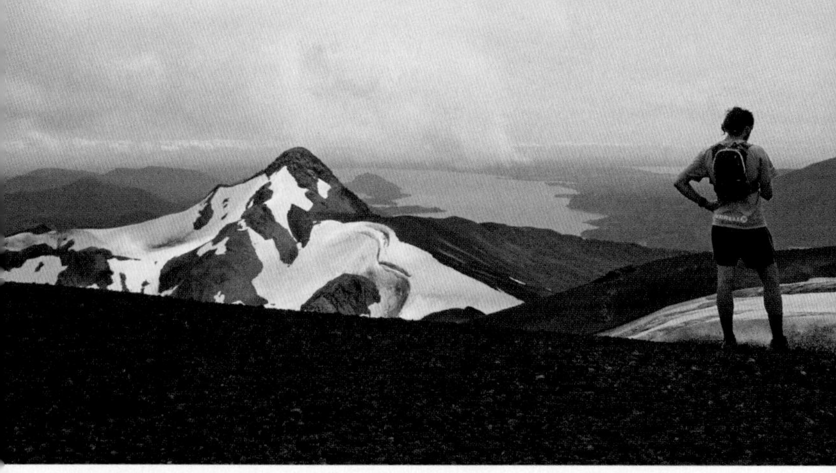

Der Blick nach Norden während des Anstiegs auf den Cerro Cenizo (Variante). Im Hintergrund der Lago Rupanco.

Anforderungen: Fast durchwegs gut ausgetretene Pfade (zum Teil sogar metertief, dank der Erosion im Laufe der Jahrhunderte), teilweise auch beschildert. Dennoch sind abschnittsweise Trittsicherheit sowie ein gewisser Instinkt für die Wegfindung notwendig.
Einkehr: Keine.
Unterkunft: In Petrohué: Hotel Petrohué. CONAF-Hütte nahe der Quelle, Schlüssel und alle Infos erhält man bei Altamirano, dem Verwalter, der auf einer Farm in der Nähe der Hütte lebt. Außerdem gibt es nahe den Quellen auch ein altes, von der Agentur Aqua Motion renoviertes Bauernhaus. In Las Gaviotas El Encuentro, Camping und Blockhütten, privater Bootstransport (turismoelencuentro.cl, Tel. +56 9 82712990).
Variante: Von den Thermen aus lohnt ein Abstecher auf den wenig begangenen Cerro Cenizo, 1663 m, als Tagestour, der beste Aussichtspunkt der Gegend mit privilegierter Sicht auf die Ostflanke des Volcán Puntiagudo (Details siehe Seite 108).
Hinweise: 1. Man muss sein Ticket unter pasesparques.cl im Voraus buchen (»Parque Nacional Vicente Pérez Rozales« auswählen). Außerdem ist eine Anmeldung bei CONAF in Petrohué Pflicht.
2. Die 39–42 °C warmen Thermalquellen sind auch zu Pferd erreichbar.
3. Das Refugio Ex-Abandonado (Hütte, Camping, Dusche, Pferde, Essen und Guideservice) befindet sich 300 m neben den Thermen. Die Betreiber organisieren Boote und Pferde für die Anreise (Tel. +56 9 93344450, valleelcallao@gmail.com).
4. Überall bezahlt man Eintritt, Thermengebühren, Campinggebühren; und dann gibt es wohl auch noch hausgemachtes Brot und andere Leckereien zu besorgen. Daher ist es ratsam, eine gute Summe Bargeld dabeizuhaben.
Tipp: Saltos de Petrohué. Neben den Wasserfällen gibt es zwei kurze Rundwege, die ebenfalls lohnend sind.
Information: Parkinfo in Petrohué; Héctor Altamirano, Tel. +56 67 289304 (die Familie wohnt an den Thermen).
Karten: Trekkingchile 1:50.000 / 1:150.000 Llanquihue.

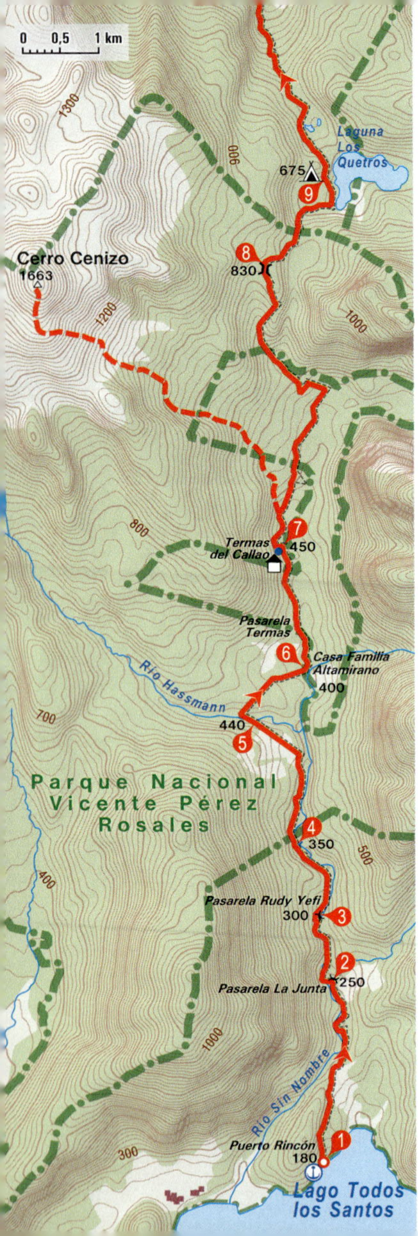

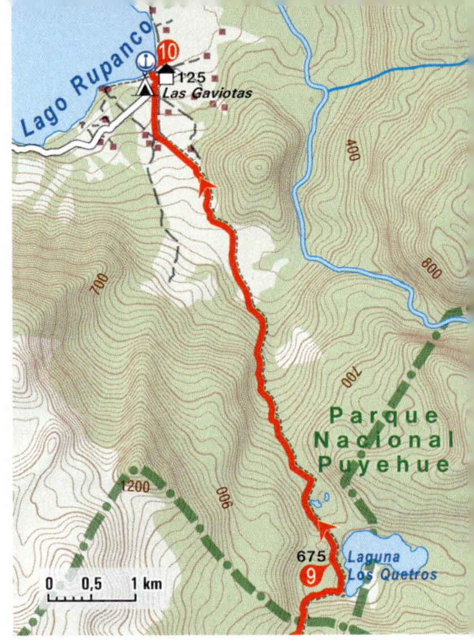

1. Tag: Puerto Rincón – Termas del Callao

3.30 Std., 330 Hm Aufstieg, 60 Hm Abstieg

Puerto Rincón ❶ ist eine kleine Bucht, wo ein paar Siedlerfamilien leben. Hier verlassen wir unser Boot und folgen dem Pfad auf eine Wiese. Nach ca. 20 Min. gelangen wir an das Ufer des Río Sin Nombre, dem wir einen guten Teil des Tages folgen werden. Am orografisch linken Ufer geht es also flussaufwärts weiter. Noch etwa 20 Min. recht eben im Wald laufend erreichen wir die erste **Hängebrücke** *(pasarela)* über den **Río La Junta** ❷.

Weiter am Río Sin Nombre entlang und kaum steigend kommen wir in weiteren 20 Min. an die **Pasarela Rudy Yefi** ❸, einem Siedler zu Ehren so benannt. Mit ihrer Hilfe wechseln wir das Ufer und wandern

nun auf der orografisch rechten Seite des Sin Nombre weiter. Wir passieren einen **Wasserfall** ❹ und gehen kurz darauf an ein paar Feldern entlang, wo ein weiterer Siedler Ackerbau treibt. Im Hintergrund sticht der imposante Volcán Puntiagudo – auf Deutsch »der spitze Vulkan«) ins Auge. Gleich nachdem wir das letzte Feld hinter uns gelassen haben, erscheint vor uns der Río Hassmann mit seiner klapprigen **Hängebrücke** ❺ (1.00 Std. von Hängebrücke zu Hängebrücke). Wenn nötig und je nach Jahreszeit kann man den Fluss aber auch durchwaten.
Der Pfad führt nach rechts und wieder an den Río Sin Nombre, den wir ein zweites Mal dank einer weiteren Hängebrücke überqueren. Am Ostufer erwartet uns die **Farm** der **Familia Altamirano** ❻. Hier melden wir uns an und bitten bei Bedarf um den Schlüssel des Refugio. Nach weiteren 30 Min. und einer letzten Hängebrücke erreichen wir am Fluss die **Termas del Callao** ❼. Mit einem warmen Bad lassen wir den Tag hier ausklingen. Das **Refugio Termas del Callao** liegt gleich daneben auf der Weide.

2. Tag: Termas del Callao – Las Gaviotas
5–6 Std., 400 Hm Aufstieg, 720 Hm Abstieg
Zuerst durch Weideland folgen wir dem Flussverlauf von den Termas weiter aufwärts in den Wald. Nachdem wir ein gutes Stück gegangen sind, biegt das Tal des Río Sin Nombre nach Osten ab, wir halten uns hier aber nord-

Gleich sind wir da – die letzten Meter zum Lago Rupanco.

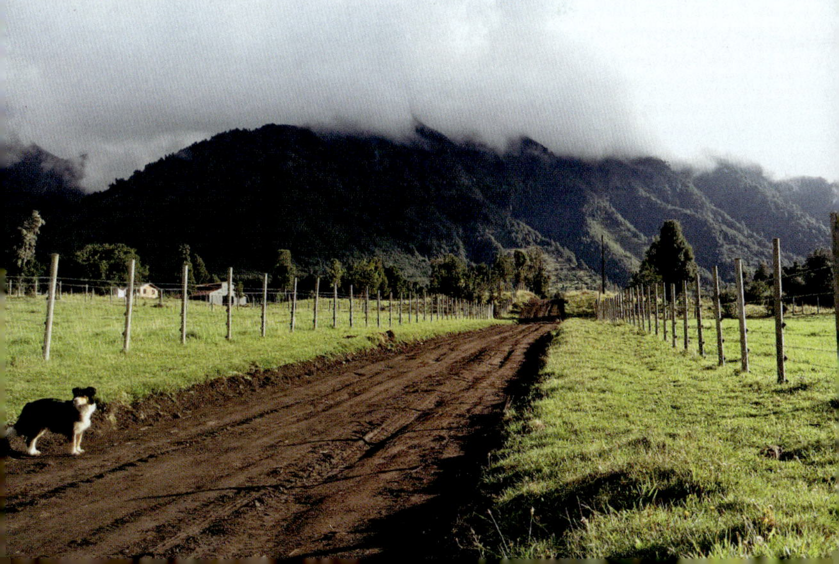

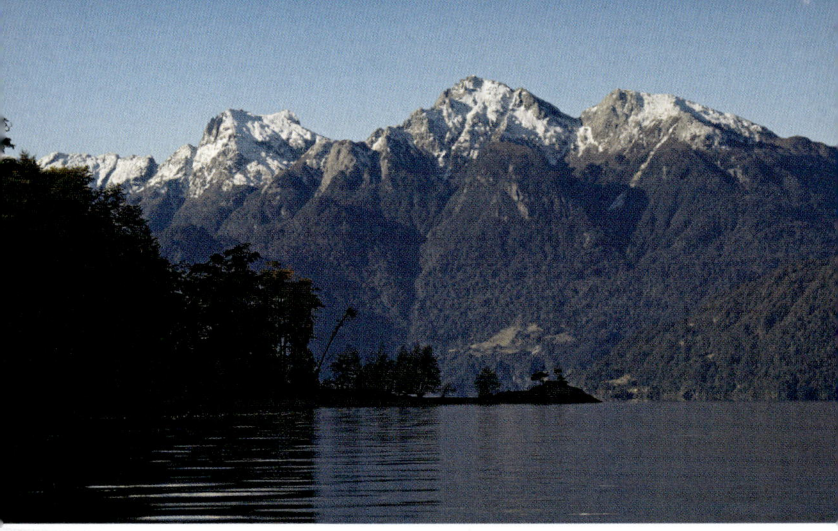

Unerforschte Bergketten östlich des Lago Todos los Santos.

westlich und ersteigen einen 830 m hohen **Pass** 8. Nach dem Abstieg geht es über feuchte Wiesen auf die **Laguna Los Quetros** 9 zu, ca. 3.00 Std. von den Thermen (campen möglich). Auf die Laguna folgt ein letzter Aufstieg, bevor wir durch nun wieder dichte Bergwälder auf einen weiteren, kleineren See zusteuern. Von einem kleinen Bauernhaus können wir nach gut 1.30 Std. zum ersten Mal den Lago Rupanco sehen, 1.00 Std. später stehen wir an seinem Ufer. Der kleine Ort heißt **Las Gaviotas** 10 und bedeutet das Ende der Traverse. Hier kann man problemlos noch einen Tag verweilen und die Landschaft genießen, während man auf die Fähre wartet.

Variante: Cerro Cenizo

Ca. 6.00 Std., 1200 Hm Auf- und Abstieg

500 m nördlich der Thermen nimmt man an einer offenen Stelle im Wald einen Weg links (mit rosa Plastikstreifen markiert). Dieser Weg ist nicht leicht zu finden, aber immer wieder helfen Markierungen weiter und führen uns Richtung Nordwesten. Nach gut 1.00 Std. gelangen wir so an den Waldrand und folgen einem Flussbett weiter bergauf. Bald ist jegliche Vegetation (und jede Möglichkeit, Wasser nachzuladen) vorbei und wir laufen auf Vulkansand direkt nach Westen bis zur Schulter des Cerro Cenizo. Der Schlussanstieg erfolgt auf besagter Schulter Richtung Norden. Seen und Vulkane, vor allem der spitze Puntiagudo, dominieren die Landschaft.
Der Rückweg erfolgt auf dem Aufstiegsweg.

↗ 1700 m | ↘ 1700 m | 19.5 km

9.30 h

Vulkan Calbuco, 2003 m

11

Am »Hausberg« von Puerto Montt

Auch der Vulkan Calbuco schlummert nur leicht vor sich hin; sein letzter Ausbruch datiert aus dem Jahr 2015. Damals warf er seine Asche bis 15 km hoch in den Himmel. Wie üblich bei allen Vulkanen dieser Region, trugen die Westwinde das Material dann nach Argentinien, was dann Sachschaden in Millionenhöhe und die monatelange Einschränkung des Flugverkehrs zur Folge hatte. Verschiedene Ausbrüche in seiner Geschichte haben die ursprünglich kegelförmige Silhouette dieses Vulkans eher etwas unförmig hinterlassen. Nichtsdestotrotz ist die Besteigung ein lohnendes alpinistisches Abenteuer, mit ein wenig Kletterei im Schlussanstieg. Der Calbuco gehört zur 300 km² großen und wenig besuchten Reserva Nacional Llanquihue. In unteren Lagen erwartet uns ein unberührter Regenwald, dessen riesige Alerces wohl die Hauptattraktion sind. »Calbuco« bedeutet auf Mapudungún »Blaues Wasser« – wieder mal treffend, denn der Vulkan liegt zwischen den Seen Chapo und Llanquihue.

Gipfelwelt über dem Wolkenmeer – im Hintergrund sind (von links nach rechts) die Vulkane Osorno, Puntiagudo und Tronador zu sehen.

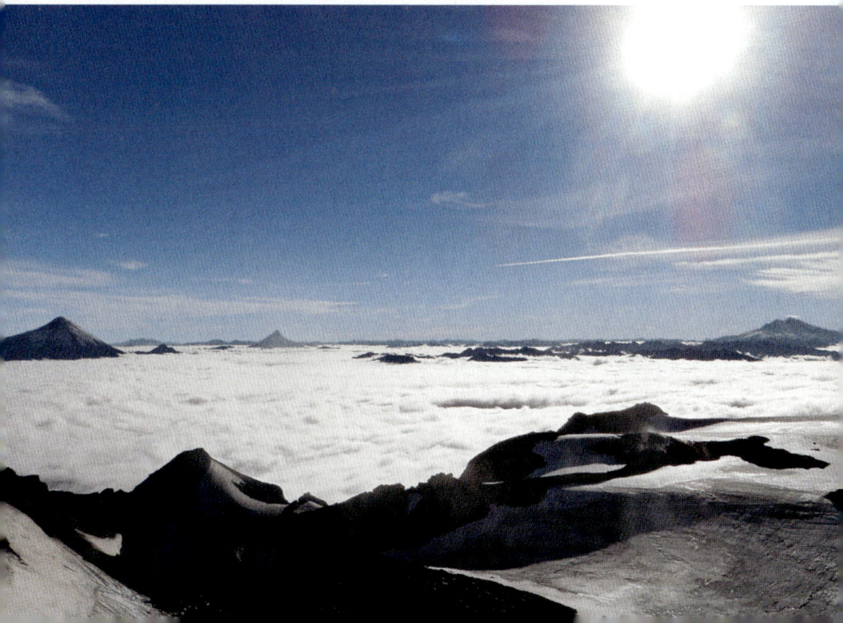

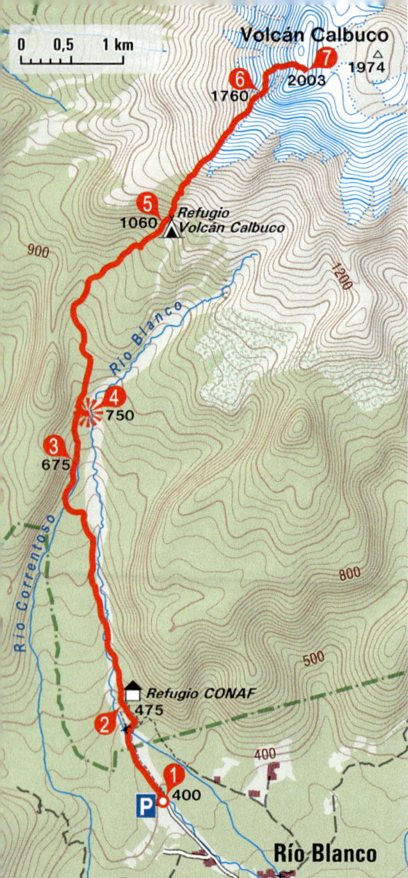

Ausgangspunkt: Parkplatz am Río Blanco, 400 m. Anfahrt von Puerto Varas über die Autobahn nach Puerto Montt und weiter Richtung Carretera Austral über Pelluco nach Chamiza. Dort geht es links vor einer Brücke auf einen ausgeschilderten Schotterweg nach Correntoso. Nach dem Ort an der ersten Kreuzung erneut links, Richtung Lago Chapo. Nach ca. 7 km neuerlich links auf einen holprigen Fahrweg; auf diesem noch 2 km zum Ausgangspunkt. Vom Terminal de Buses in Puerto Montt fahren 2x täglich Busse nach Lago Chapo, man muss an der Kapelle am Río Blanco aussteigen und die besagten letzten 2 km zu Fuß bewältigen.
Anforderungen: Trittsicherheit und Gespür für die Wegfindung sind essenziell; wegloses Gelände im letzten Teil des Aufstiegs. Manchmal benötigt man Steigeisen und Pickel, obwohl es nicht allzu steil ist. Der (optionale) 30 m hohe Gipfelturm verlangt Kletterei im III. Grad. An diesem Turm ist dann Abseilen möglich.
Einkehr: Keine.
Unterkunft: CONAF-Hütte kurz nach dem Start. In Puerto Varas: Ellenhaus, San Pedro 325, Tel. +56 65 233577, ellenhaus.loslagoshoteles.com.
Hinweis: Man muss sein Ticket unter pasesparques.cl im Voraus buchen (»Reserva Nacional Llanquihue« auswählen). Das Ticket ist kostenlos. Außerdem Anmeldung bei der CONAF-Hütte.
Tipp: Man kann die Besteigung des Calbuco auch vom Valle de los Ulmos, also von Norden her, unternehmen. Da man sich dabei aber auf Privatgelände bewegt und zudem ein Allradfahrzeug benötigt, muss man die Tour über eine Agentur buchen; empfehlenswert ist Huella Andina (huellandina.com).
Information: Aktivität des Vulkans unter rnvv.sernageomin.cl/volcan-calbuco.
Karten: Trekkingchile 1:50.000 / 1:150.000 Llanquihue.

Vom **Parkplatz** ❶ am **Río Blanco** gehen wir noch 500 m flussaufwärts und dann rechts in den Wald hinein. Kurz darauf stoßen wir schon auf die **CONAF-Hütte** ❷, wo wir uns anmelden müssen. Danach kommen wir wieder ans Ufer des Río Blanco, den wir auf einer Holzbrücke überqueren. Auf der orografisch rechten Seite des Flusses steigt der Weg dann all-

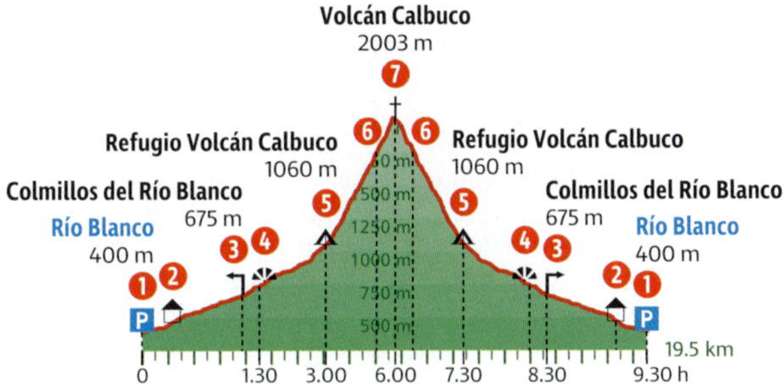

mählich hinauf. Wir tauchen in einen Alerce-Wald ein und halten uns an der **Abzweigung** ❸ zu den Colmillos del Río Blanco links. Nach insgesamt 1.30 Std. erreichen wir einen **Aussichtspunkt** ❹, wo wir Sicht auf einen Wasserfall weiter oben haben.

Ab hier verläuft der Weg im Wald. Wir passieren einige Alerce-Riesen und eine Brücke und gelangen in 1.30 Std. zum **Refugio Calbuco** ❺. Das Refugio wurde zwar beim letzten Vulkanausbruch zerstört, aber immerhin gibt es hier einige geschützte Rast- und Campingplätze mit Wasserversorgung. Ab der Hütte werden der Weg steiler und die Bäume immer kleiner, bis wir nach 1.30 Std. die ersten Geröllfelder erreichen. Hier oberhalb der Baumgrenze öffnet sich der Blick ins Tal. Wir folgen einem Grat bergauf, bis wir nach 1.00 Std. vor einer **Felswand** ❻ stehen, der wir links ausweichen. Nun verlaufen sich die Pfadspuren in grobsteinigen Schuttfeldern. Wir erreichen eine Mulde, die evtl. noch mit Schnee gefüllt sein kann, und steigen direkt auf den Gipfelgrat hinzu. Zu unserer Rechten sehen wir einen ziemlich zerbröckelten Felsturm – den eigentlichen Gipfel des Berges. Ihn zu besteigen erfordert allerdings Kletterei im III. Grad (also nicht jedermanns Sache), gutes Gespür und beim Abstieg evtl. Abseilen.

Wir halten uns daher lieber weiter links und kommen so »zu Fuß« an den Gipfelgrat des **Volcán Calbuco** ❼. Der Rundblick auf Seen, Regenwald, Dörfer und natürlich eine Auswahl von weiteren Vulkanen ist alle Mühe wert.

Der nicht zu unterschätzende Abstieg verläuft dann mal wieder auf dem Aufstiegsweg.

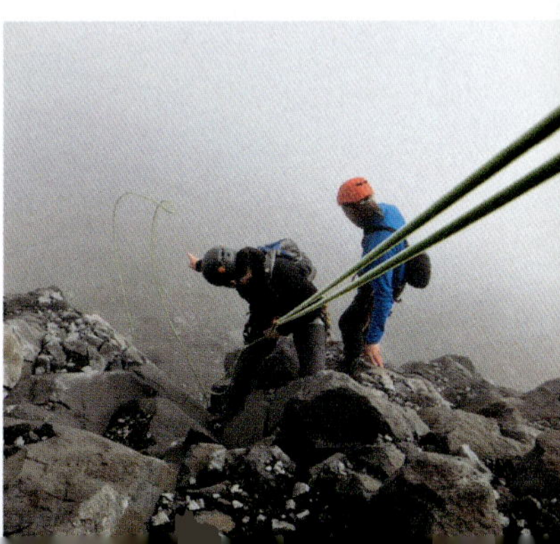

Wer den Gipfelturm besteigt, seilt sich dann normalerweise ab.

↗ 410 m | ↘ 410 m | 6.2 km

12 Lago Rucachoroi und Laguna Verde

2.30 h

Zeitreise ins Jura

Der Norden des Lanín-Nationalparks ist ein vergessenes Schatzkästlein für Wanderungen und Trekkingtouren. Allerdings ist die Verkehrsanbindung relativ schlecht, sodass man entweder über ein eigenes Fahrzeug oder genügend Lebensmittel für längeres Trampen verfügen sollte. Einen schönen Eindruck von den Araukarienwäldern im Park bekommt man am Lago Rucachoroi (»Rucachoroi« bedeutet »Treffpunkt der Papageien«) westlich von Aluminé. Die Araukarie oder Pehuén wird von den hier lebenden Mapuche-Gemeinschaften, den Pehuenches, als heilig betrachtet. Ihre Samen dienen ihnen als Nahrungsgrundlage und ihr Harz als Medizin. Wissenschaftlich betrachtet ist die Araukarie ein lebendes Fossil: Es gibt sie seit 200 Millionen Jahren auf unserem Planeten.

Ein Papagei beim Schmausen. Für Menschen sind die Samen der Araukarie nur gekocht genießbar.

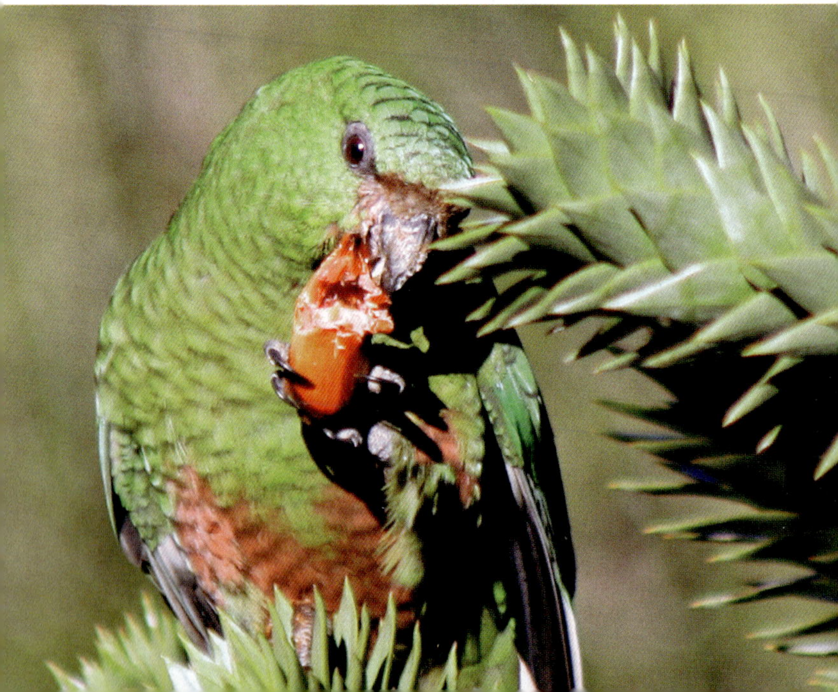

Ausgangspunkt: Lago Rucachoroi, 1230 m, Zeltplatz am Südwestende. Letzter regulär mit öffentlichen Verkehrsmitteln angefahrener Ort ist Aluminé, ca. 30 km entfernt. Von dort zum Lago Rucachoroi entweder trampen oder mit Taxi.
Anforderungen: Halbtagestour auf einem gut ausgebauten, gelb markierten Waldpfad. Für die Flussquerung am Beginn des Weges sollte man Schuhe und Hose ausziehen.
Einkehr: Bei den Mapuche-Familien am Südufer des Sees erhält man Grundnahrungsmittel; unterwegs keine.
Unterkunft: Schöner Zeltplatz am Ausgangspunkt sowie ein eingerichteter Campingplatz (mit Kiosk) am Südufer.
Hinweis: Für alle Wandertouren im Nationalpark ist eine Online-Anmeldung auf pnlanin.com.ar fällig.
Information: Guardaparque auf halber Höhe des Lago Rucachoroi am Straßenrand bzw. Intendencia des Parque Nacional Lanín in San Martín de los Andes.
Karten: Mapa topográfico del Parque Nacional Lanín (Mapas & Sendas & Bosques) 1:200.000, erhältlich in San Martín; Pixmap 1:50.000 Ñorquinco-Rucachoroi.

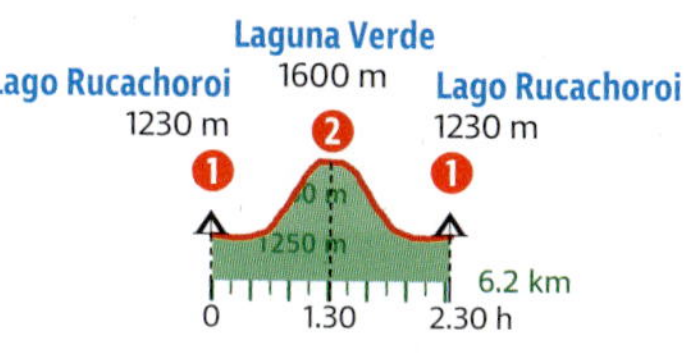

Die kurze Tour bildet so etwas wie das i-Tüpfelchen des Lago Rucachoroi, der schon für sich alleine einen Besuch wert ist.

Vom **Zeltplatz** am Westende des **Lago Rucachoroi** ❶ folgen wir einer Fahrspur parallel zum Westufer. Wir gelangen an den Arroyo Calfiquitra, der über eine Furt zu queren ist. Die Fahrspur setzt sich auf der anderen Seite fort und wir erreichen nach wenigen Minuten eine wirklich außergewöhnlich große **Araukarie** etwas nordwestlich des Sees. Hier treffen wir auf ein Hinweisschild, das den Beginn des Pfades zur Laguna Verde anzeigt. Über diesen geht es nun in den wunderschönen Wald hinein und bald steil ansteigend zum »grünen See«. Da es praktisch keine Möglichkeiten gibt, den Weg zu verfehlen, sollten wir – je nach Zahl der Fotopausen – die kleine **Laguna Verde** ❷ in ca. 1.30 Std. erreicht haben.
Der Rückweg ist mit dem Hinweg identisch.

↗ 2600 m | ↘ 2600 m | 21.0 km

13 Vulkan Lanín, 3747 m

2 Tage

Auf den größten Vulkan des Seengebiets

Der Lanín ist ein perfekter Kegel mit über 2500 m Prominenz. An klaren Tagen kann man ihn praktisch von allen Aussichtspunkten des Seengebiets aus erkennen. Auf seinen von ewigem Eis gekrönten Gipfel zu treten ist wohl DER Klassiker unter den Hochtouren Patagoniens. Logischerweise wird dieser Koloss im Herzen des Araukarienwaldes vom Mapuche-Volk als heilig betrachtet. Es gibt verschiedene Legenden über diesen Berg, aber in einem sind die meisten sich einig: Hier haust ein böser »Pillán«, ein Geist, den man durch Rituale und Gaben bei Laune halten muss. Auch lebt in diesem Park der kleinste Hirsch der Welt, genannt »Pudú pudú«. Ein erwachsener Pudú wiegt bis zu 10 kg und ist 40 cm hoch, also gerade einmal kniehoch.

Ausgangspunkt: Parkplatz Arroyo Turbio, 1208 m, bzw. Guardaparque Parque Nacional Lanín. Etwas nördlich von Junín de los Andes auf die Ruta 23 und nach gut 20 km links auf die Ruta 60 in Richtung Chile einbiegen. Auf ihr fährt man bis kurz vor die chilenische Grenze. Keine öffentliche Busverbindung.

Anforderungen: Sehr anspruchsvolle Bergtour! Routine bei der Verwendung von Steigeisen sowie Trittsicherheit und Schwindelfreiheit sind ein absolutes Muss, dazu auch guter Instinkt für die Wegfindung. Ein Pickel ist Pflicht, Stöcke können sehr hilfreich sein. Bei Weitem nicht jeden Tag ist das Wetter gut ge-

Bei Sonnenaufgang wollen wir längst unterwegs zum Gipfel sein.

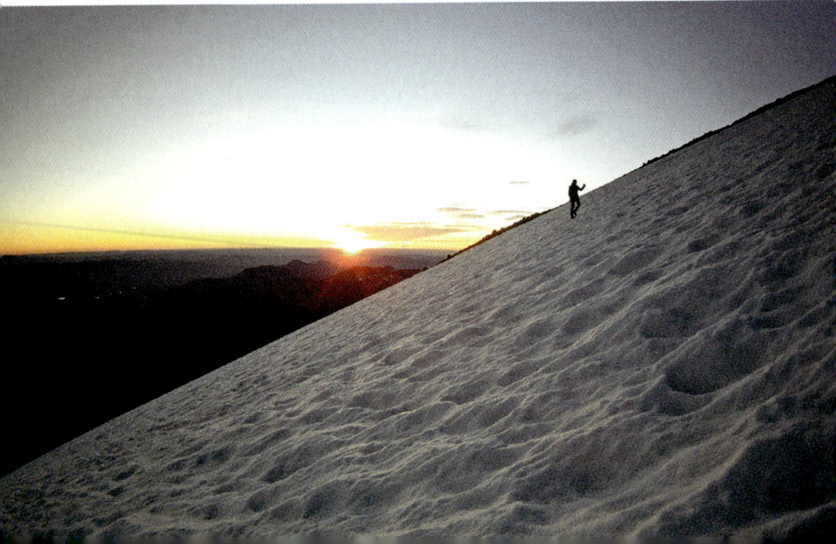

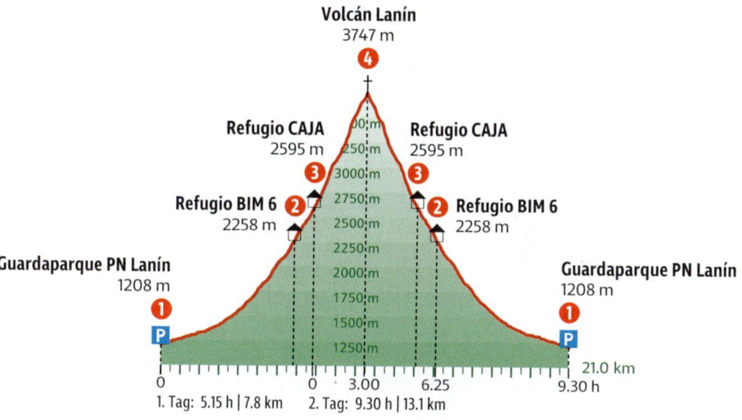

nug, um sicher auf den Gipfel und wieder zurück ins Tal zu kommen.

Einkehr: Keine. An der Plaza in Junín einige Restaurants.

Unterkunft: Junín: siehe Tour 15. Unterwegs Refugio BIM 6 (20 Schlafplätze) und Refugio CAJA (Club Andino Junín de los Andes, 8 Plätze), beide unbewartet. Um die Hütten darf man auch campen.

Hinweise: 1. Eine Anmeldung und das Reservieren eines Schlafplatzes sind Pflicht. Dafür muss man den Anweisungen unter pnlanin.com.ar folgen. Es sind nur zwischen 50–100 Besucher täglich am Berg erlaubt, und man darf nur eine Nacht dort verbringen. Eine zweite Anmeldung muss man vor Ort an der Rangerstation bewerkstelligen.

2. An derselben Rangerstation muss man auch seine Ausrüstung vorzeigen. Es gibt eine Liste an Gegenständen, die nicht fehlen dürfen. Außer einem Pickel, Steigeisen und Helm gehört noch ein VHF-Funkgerät mit der programmierten Frequenz (155.675 Mhz) des Parks dazu. Die komplette Liste findet man unter qsistemas.com.ar/lanin/uploads/equipamento2024.pdf.

3. Aktivität des Vulkans unter rnvv.sernageomin.cl/volcan-lanin.

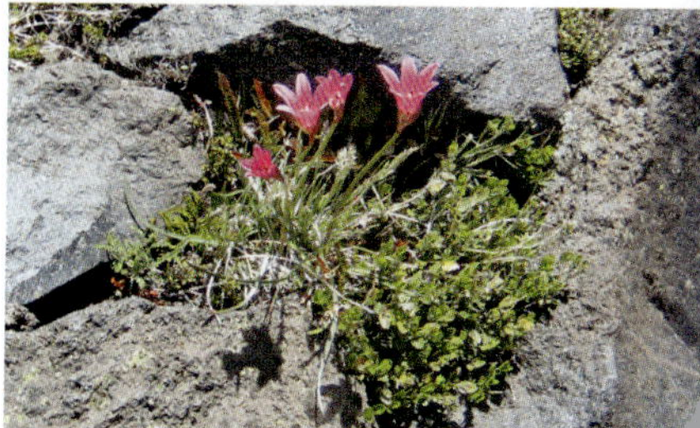

Frühling am Vulkan: In tieferen Lagen blüht es farbenfroh.

4. Wasser bei den Hütten gibt es nur in Form von geschmolzenem Schnee, allerdings liegt nicht immer Schnee.

4. Einen Bergführer zu nehmen ist nicht Plicht, aber ratsam (auch aus bürokratischen Gründen). Alquimia Expediciones (alquimiaturismo.com.ar) ist der größte Anbieter mit firmeneigenen Zelten am Berg. Wer weniger Trubel will, kann direkt z.B. den lokalen IFMGA-Bergführer Martin Bisi kontaktieren, martinbisi@gmail.com, Tel. +54 92944294344.

Karten: Pixmap 1:50.000 Volcán Lanín; Andes Profundo 1:33.000 Volcán Lanín.

1. Tag: Guardería Parque Nacional Lanín – Refugio CAJA

5.15 Std., gut 1400 Hm Aufstieg

Vom **Parkplatz** an der **Rangerstation** ❶ folgen wir der Fahrspur in den Wald Richtung Vulkan. An einem Bogen der Straße nehmen wir die kleine Abkürzung geradeaus und erreichen nach 30 Min. das Ende des Waldes. Wir verlassen nun endgültig den Fahrweg (der zum Bergsteigerfriedhof führt) und gehen auf einem Pfad nach rechts, vorbei an einer letzten Waldinsel. Nun wandern wir durch eine trockene Berglandschaft mit der massiven Bergflanke vor unseren Augen. Das Camp beim roten Refugio BIM 6 auf halber Höhe ist von hier aus schon gut zu erkennen.

Der Pfad nähert sich dem Rücken einer Moräne: Die sogenannte Espina de Pescado (»Fischgräte«) führt ziemlich gerade hinauf. Wir aber nehmen den weniger anstrengenden Weg zu ihrer rechten, den Camino de Mulas (»Maultierweg«). Mühsam ist es sowieso, in dem rutschigen Untergrund voranzukommen. Nach 1.00 Std. macht der Aufstiegsweg einen Rechtsbogen, indem er einem felsigen Grat kurz folgt. Noch 1.30 Std. sind es zum ersten Camp, dem **Refugio BIM 6** ❷.

Wir steigen aber (insofern es mit der Reservierung geklappt hat) noch knapp 350 Hm (1.00 Std.) zur zweiten Hütte, dem **Refugio CAJA** ❸ hoch,

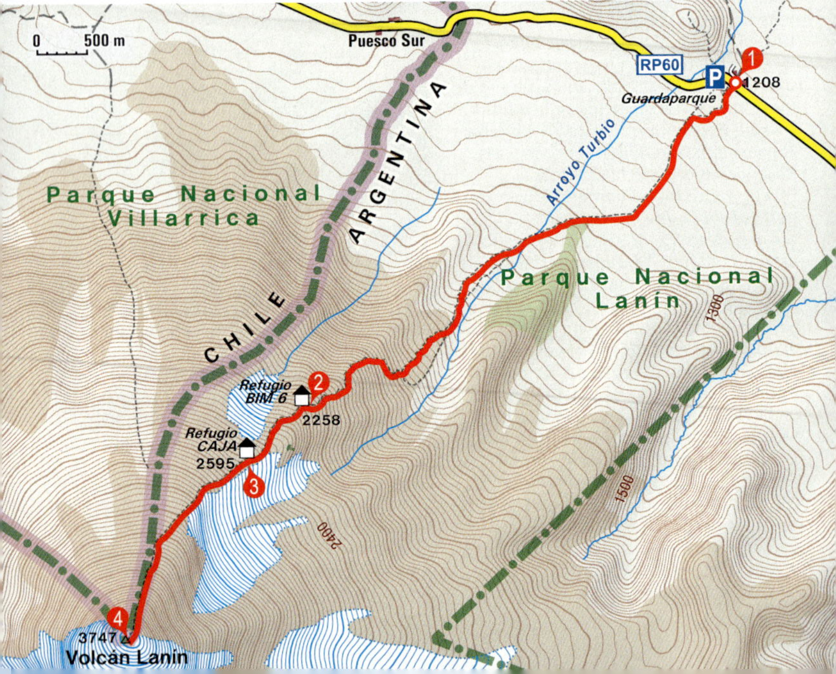

um am nächsten Tag etwas weniger Strecke vor uns zu haben. Schnee zum Schmelzen findet man hier normalerweise bei einigen Schneefeldern etwas nördlich der Hütte (den Spuren folgen).

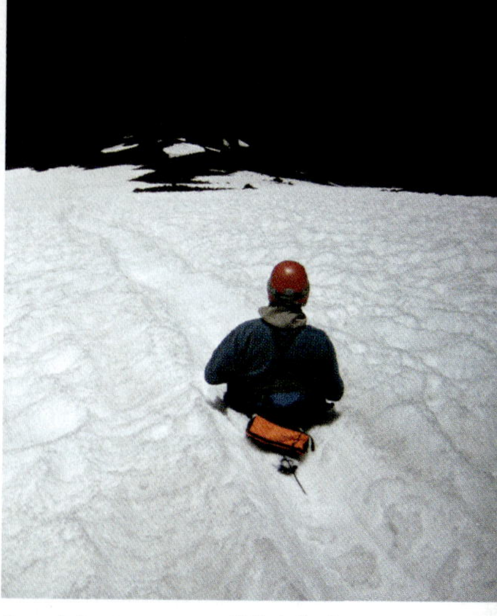

Bergab kann man zum Teil einfach rutschen, ein unterhaltsamer, aber auch nicht ungefährlicher Sport.

2. Tag: Refugio CAJA – Volcán Lanín – Guardería P.N. Lanín

Ca. 9.30 Std., 1200 Hm Aufstieg und 2600 Hm Abstieg

Vom **Refugio CAJA** ❸ folgen wir der Flanke des Berges nun in Richtung Südwesten. Wie lange wir noch gehen müssen, bis der felsige Untergrund endgültig Schneefeldern weicht, hält von der Jahreszeit ab. Auf jedem Fall ist der Weg markiert, und man muss ihm folgen! Links, also südlich von uns, befindet sich z.B. ein kleiner Gletscher mit Spaltengefahr – im Zweifelsfall auf den GPS-Track schauen.

Nach gut 2.00 Std. vom Refugio gelangen wir an den unteren Teil einer breiten Senke. Bei wenig Schneeauflage (oder hohen Temperaturen und/oder viel Betrieb) herrscht hier Steinschlaggefahr. Der vor Kurzem neu markierte Weg auf der rechten (nördlichen) Seite der Senke ist die sicherste Option. Über der Senke befindet sich eine Felswand, der wir rechts ausweichen müssen). Nun ist es ziemlich steil, und wir gehen einigen Eisformationen links aus dem Weg. Bald wird es wieder flacher, und wir haben den rundlichen Gipfel des **Vulkan Lanín** ❹ erreicht. Zur Abwechslung ist hier mal kein Krater, aber dafür ein 360°-Blick auf das ganze Seengebiet. Wälder und Seen wechseln sich unten ab, während Vulkane den Horizont zieren.

Allzu lang sollten wir aber nicht hier oben bleiben, denn der gesamte Abstieg steht noch vor uns! Generell werden wir dafür dem Aufstiegsweg folgen. Je nach Schneeverhältnissen ist es bei den weniger steilen Stellen auch üblich, auf rutschbarem Untersatz das Vorankommen etwas unterhaltsamer zu gestalten (dies ist aber nicht ganz risikofrei). Die verschiedenen Hütten bieten während des langen Weges ins Tal willkommene Pausen. Kurz nach dem **Refugio BIM 6** ❷ kann man auch den direkten Weg durch lockeres Geröll nach unten nehmen. Es ist zum Glück auch hier erstaunlich, wie schnell man vorwärtskommt. Trotzdem ist es insgesamt ein ziemlich anstrengender Tag, bis wir wieder an der Straße und damit am **Ausgangspunkt** ❶ ankommen.

↗ 800 m | ↘ 800 m | 6.8 km

14 San Martín de los Andes: Cerro Colorado, 1784 m

4.30 h

Tiefblick auf den Lago Lácar

Am nördlichen Ende der »Ruta de los 7 Lagos«, der »Straße der 7 Seen«, liegt das malerische, voll auf Tourismus eingestellte San Martín de los Andes, eingebettet in ein kleines Tal, das am Ostufer des Lago Lácar beginnt. Mehrere Berge lassen sich in der Umgebung auf offiziellen Pfaden (wir befinden uns hier im Nationalpark Lanín) als Tagestouren besteigen: Cerro La Mona, Falkner, Campana, Aseret, Planicies und auch der am nächsten gelegene Cerro Colorado sind nur einige der erwähnenswerten Ziele für Wanderer. Auch besitzt San Martín ein kleines Skigebiet am Cerro Chapelco, was die Stadt zu einem beliebten Winterferienort macht.

Ausgangspunkt: Pampa de Trompul, 1007 m, gegenüber der Piedra de Trompul; kleiner beschilderter Parkplatz. Von San Martín de los Andes 13 km auf der Ruta 48 in Richtung Paso Hua-Hum. Keine öffentliche Busverbindung.
Anforderungen: Deutlicher und gut gewarteter Pfad, manchmal sehr steil.
Einkehr: Keine Möglichkeit am Weg. In San Martín: La Tasca, Moreno 866.
Unterkunft: In San Martín: Bärenhaus, Los Álamos 156, Tel. +54 2972 422775, hosteria@barenhaus.com.ar, barenhaus.com.ar.
Hinweis: Für alle Wandertouren im Nationalpark ist eine Online-Anmeldung auf pnlanin.com.ar fällig.
Information: Intendencia del Parque Nacional Lanín in San Martín de los Andes und Centro de visitantes & Museo del Parque in der Av. E. Frey 749, San Martín de los Andes, Tel. +54 2972 420664.
Karten: Pixmap 1:50.000 San Martín de Los Andes.

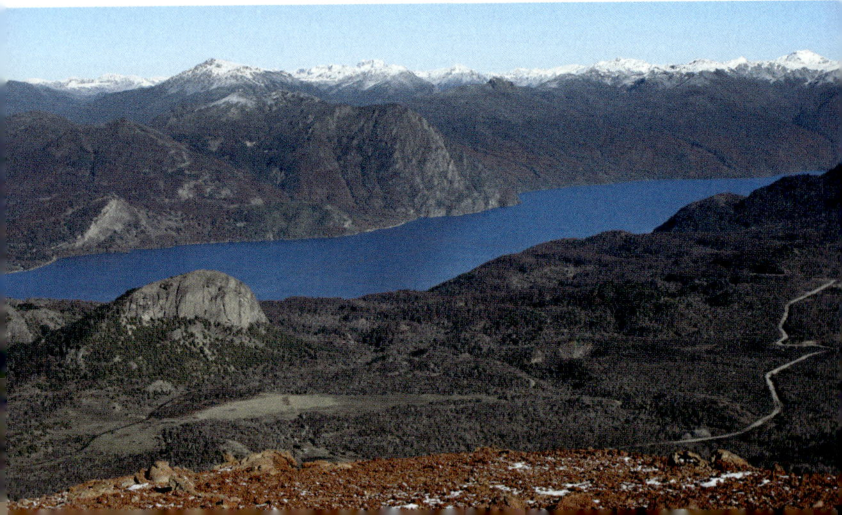

Von dem Informationsschild am **Ausgangspunkt** ❶ kann man den Cerro Colorado, den »roten Gipfel«, bereits klar sehen. Wir durchqueren eine Weide und tauchen in den Südbuchenwald ein. Der Pfad ist mit gelb-weißen Markierungen versehen. Im Wald treffen wir auf einen Bach, den wir überqueren müssen. Je nach Jahreszeit könnte es sich hier um unsere einzige Möglichkeit handeln, die Wasserflaschen aufzufüllen. Gleich hinter der kleinen Holzbrücke wenden wir uns scharf nach links (bergauf) und halten weiterhin auf den Berg zu.

Nun wird es steiler, aber glücklicherweise ist unser Pfad in unendlich vielen Kehren angelegt, die die Mühsal des Aufstiegs verringern. Wir steigen an einem Grat über dem Bach entlang, und bald öffnet sich die Sicht auf den Lago Lácar und die Pampa de Trompul. Nach gut 1.30 Std. haben wir den steilsten Teil hinter uns.

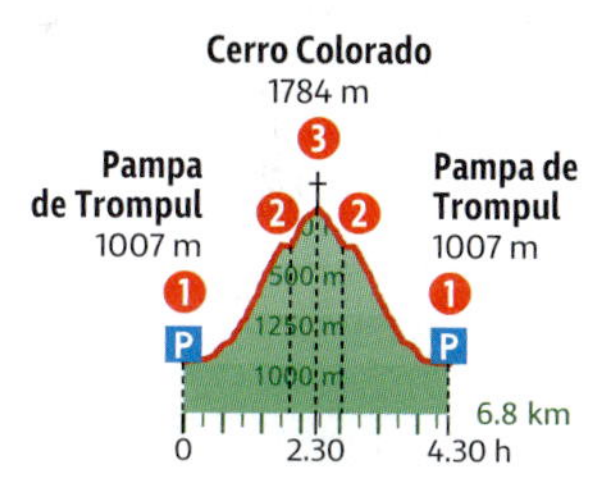

Der Weg ist jetzt wieder ziemlich eben und führt uns in einer Traverse nach Westen (links) durch dichte und immer niedriger werdende Südbuchenwälder hindurch. Wind und schneereiche Winter drücken in diesen hohen Lagen das »Dach« des Waldes hinunter. Wir verlassen den Wald und stehen plötzlich vor einem **Felsvorsprung** ❷ mit bester Aussicht ins Tal. Dies ist der perfekte Ort für eine letzte kleine Pause.

Ab hier ist der Anstieg windausgesetzt. Einige Inseln von Zwergbuchen säumen noch den Weg, werden aber kurz vor dem Gipfel des **Cerro Colorado** ❸ dann endgültig von rotem Vulkansfels abgelöst. Die Aussicht von oben beinhaltet Vulkane (natürlich mit Lanín auf Platz Nr. 1 im Norden), Seen und Wälder. Unten im Tal liegt der Lago Lácar und wartet auf unsere Rückkehr.

Diese erfolgt dann mangels Alternativen auf dem Anstiegsweg.

Der Tiefblick auf den Lago Lácar mit der Piedra de Trompul im Vordergrund.

↗ 1170 m | ↘ 1170 m | 6.5 km

6.00 h

15 Cerro El Chivo, 2064 m

Dem Lanín am nächsten

Junín de los Andes ist mit ca. 9000 Einwohnern ein kleineres, ländliches Städtchen. Für Touristen dient es in erster Linie als Zwischenstopp auf der Straße, die über Paso Mamuil Malal nach Chile führt. Die nahe gelegenen Seen Huechulafquen, Epulafquen und Paimún sind jedoch einen Abstecher wert. Huechulafquen bedeutet auf Mapudungún »Großer See«, und tatsächlich handelt es sich bei ihm um das größte Gewässer im 379.000 ha umfassenden Parque Nacional Lanín. Direkt am Ufer des Lago Huechulafquen beginnt unsere heutige Tour, die nicht zuletzt durch ihre Nähe zum eindrucksvollen Vulkan Lanín einen ganz besonderen Reiz hat.

Ausgangspunkt: Camping Bahía Cañicul, 900 m. Anfahrt von Junín de los Andes auf der Ruta 61 in Richtung Piedra Mala (48 km). Bus gibt es keinen.
Anforderungen: Steiler Anstieg auf einem anfangs recht guten Pfad mit einigen einfachen Kletterstellen. Ab dem Mirador sind Trittsicherheit und Gespür für die Wegfindung erforderlich, einige Abschnitte oberhalb der Waldgrenze sind praktisch weglos. Im bewaldeten Teil markiert, weiter oben weisen mit Bambusstämmen dekorierte Steinmänner den Weg.
Einkehr: Einfaches Restaurant am Ausgangspunkt; es gibt auch Grundnahrungsmittel. In Junín Restaurants.
Unterkunft: Campingplatz und Cabañas am Ausgangspunkt. In Junín de los Andes: Hotel Ruta 234, Tel. +54 2972 491030, hotelruta234.com.ar, info@hotelruta234.com.ar, an der Hauptstraße.
Hinweise: 1. Am Ausgangspunkt muss man sich anmelden, da man sich abschnittsweise auf Mapuche-Gebiet befindet. Auch für den Nationalpark ist Anmeldung erforderlich, und zwar unter pnlanin.com.ar – 2. Auch ein Parkeintritt ist zu bezahlen. – 3. Offiziell endet der Pfad an der Waldgrenze.
Information: Tourist-Info in Junín.
Karten: Pixmap 1:50.000 Volcán Lanín.

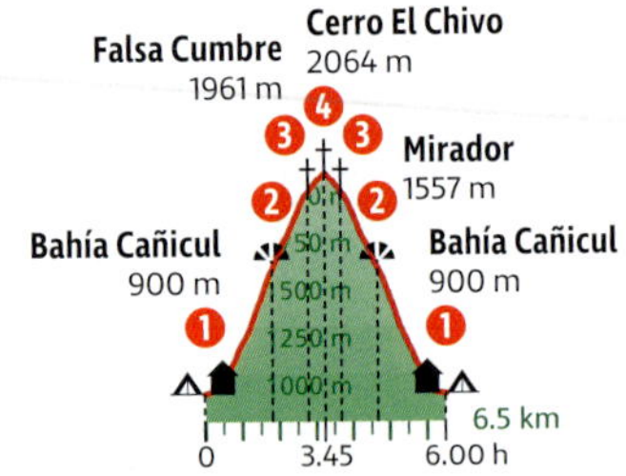

Das Informationsschild zum offiziellen Beginn der Wanderung findet man auf der Erdpiste 100 m hinter dem Eingang zum **Campingplatz** ❶ rechter Hand. Wir durchqueren die Wiese und betreten den dichten Südbuchenwald (markiert). Der Weg ist klar zu erkennen, er führt ziemlich genau nach Norden steil bergauf und verläuft am Rand einer Schlucht, die wir hin und wieder zu unserer Linken erahnen können. Nach ca. 1.00 Std. wird der Wald lichter und die Bäume niedriger: Ein klares Zeichen dafür, dass hier viele Monate im Jahr Schnee liegt. Durch die niedrigen Bäume wird der Blick auf den See frei. 1.00 Std. später erreichen wir eine kleine Lichtung im Wald. Es handelt sich um einen **Mirador** ❷. Hier ist das offizielle Ende der Tour; alte Schilder mahnen zur Rückkehr.

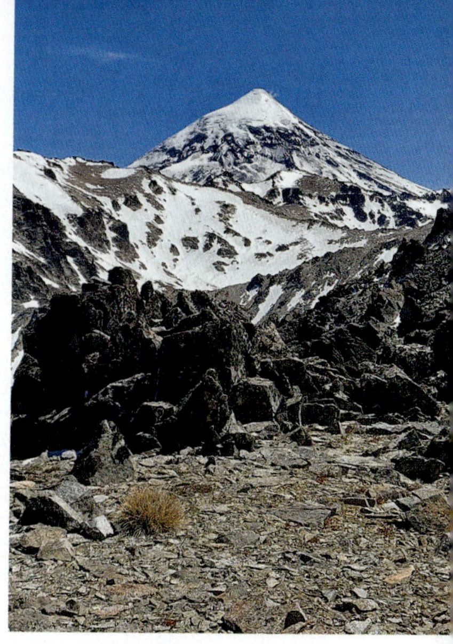

Blick auf die Ostwand des Volcán Lanín. Am linken Grat geht über Gletscher die selten begangene Mazzoldi-Route.

Wir aber folgen einem felsigen Grat auf seiner rechten Seite. Der Weg ist definitiv nicht mehr leicht zu finden: Spuren sind kaum vorhanden, Buschwerk ist ärgerlich, aber Steinmänner weisen die Richtung. An manchen Felsstufen muss man sich schon mal mit den Händen helfen. Nach 45 Min. erreichen wir so die Vegetationsgrenze und einige eher mächtige Felsen, die wir in Schlenkern umgehen. Ein Gipfel erscheint klar vor uns, und wir besteigen ihn auch, aber leider handelt es sich hier – nomen est omen – um die **Falsa Cumbre** ❸, den »falschen Gipfel«. Zum Trost ist uns aber von hier aus schon eine imposanter Blick auf die Süd- und Ostflanken des Volcán Lanín gegönnt. Den eigentlichen Gipfel des **Cerro El Chivo** ❹ erreichen wir erst, nachdem wir dem Grat weitere 30 Min. in einem Linksbogen nach Norden gefolgt sind. Wie üblich genießen wir das Panorama mit Bergen und Seen und machen uns schließlich sehr aufmerksam auf den Rückweg.

Das nicht markierte, schwer zu begehende Gelände oberhalb des Waldes beinhaltet auch im Abstieg etwas Potenzial, sich zu verlaufen. Ab der **Falsa Cumbre** ❸ folgen wir nicht weiter dem Grat nach Süden. Sein Nachbar, der unklar und eigentlich nicht so einladend in Richtung Südosten verläuft, ist der Richtige. Er führt uns an einer markierten Stelle in den Wald; der Rest des Abstiegs ist dann relativ trivial.

↗ 1600 m | ↘ 1740 m | 30.8 km

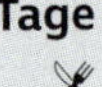

16 Refugios Frey und San Martín

3 Tage

Alpine Hüttentour oberhalb von Bariloche

Der bereits 1934 als erster argentinischer Nationalpark gegründete 717.000 ha große Parque Nacional Nahuel Huapi umfasst eine der schönsten Landschaften Südamerikas. Verträumte Seen, dicht mit Regenwald bedeckte Täler und Hügel, der vom ewigen Eis überzogene Tronador und steile Felsgipfel haben dieser Gegend nicht zufällig den Namen »Argentinische Schweiz« eingebracht. Touristisches und administratives Zentrum ist San Carlos de Bariloche, ein von europäischen Einwanderern gegründeter Ort. Passend zur Vorgeschichte auch die lokalen Spezialitäten: Wildgerichte und Schokolade. Eine landschaftliche Besonderheit bilden die unzähligen, bis zu 200 m hohen Granittürme des Cerro Catedral in der Umgebung des Refugio Frey, die schon aus der Ferne zu sehen sind, wenn man von Norden über die berühmte Ruta 40 kommt. Die Bergwelt ist ebenfalls nach europäischem Vorbild erschlossen, es gibt andine Hütten und markierte Wege. Diese laden zu mehrtägigen Wanderungen ein, von denen eine hier vorgestellt wird. Dabei wandert man in drei Tagen von Villa Catedral – der Talstation des Skizentrums, die mittlerweile zu einem kleinen Ort angewachsen ist – über die Refugios Frey und San Martín (auch Jakob genannt). Gut ausgetretene Pfade, Täler mit intakten Südbuchenwäldern, weite Sicht auf Seen und Berge und zuletzt noch die Möglichkeit, mit wenig Gepäck zu wandern, ergeben die beliebteste Mehrtagestour der Gegend.

Ausgangspunkt: Villa Catedral, 1000 m. Von Bariloche stündlich Busse.
Endpunkt: Tambo Báez, 859 m. Die Tour endet an einer Schotterpiste auf halbem Weg zwischen Bariloche und Colonia Suiza; hier fährt kein Bus. In der Hochsaison organisiert das Refugio San Martín täglich einen Minibus zurück nach Bariloche (vom Refugio betriebenes Tel. +54 9 2944 820028, nur Whatsapp). Sonst muss man sich ein Taxi organisieren oder 5 km auf der staubigen Piste bis zum See weiterlaufen (RP 79 bis zur Kreuzung mit Av. Bustillo am km 10,5).

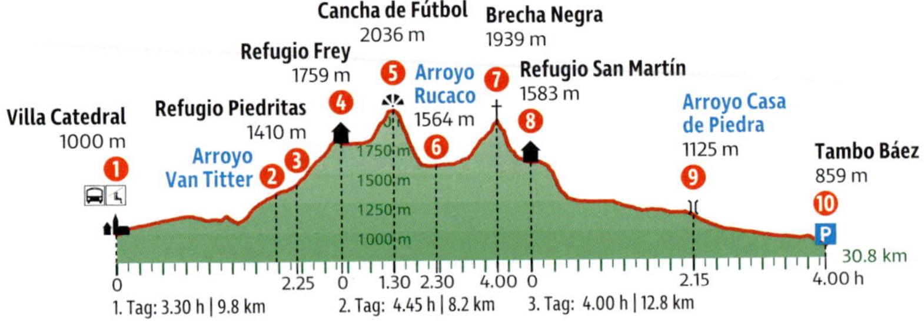

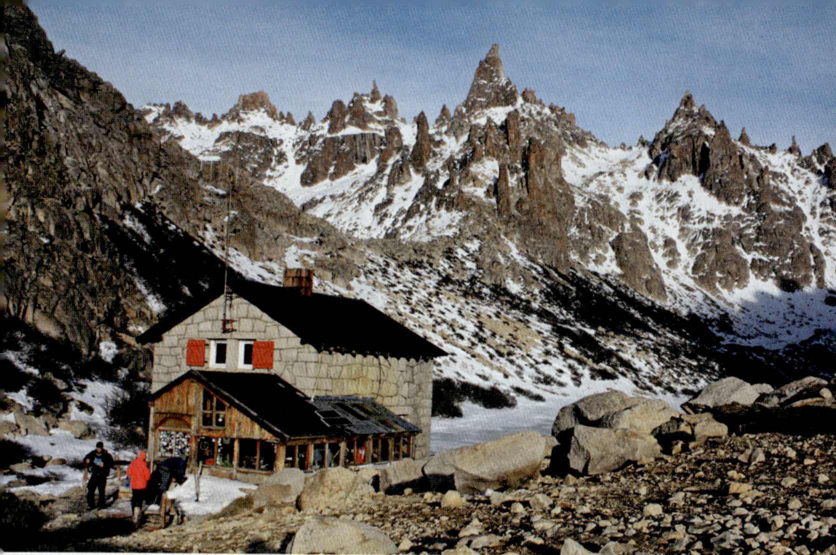

Das Gebiet um das Refugio Frey am Cerro Catedral ist ein Kletterparadies ohnegleichen.

Anforderungen: Alpines Trekking durch eine mit Hütten und markierten Wegen nach alpinem Vorbild erschlossene Gebirgswelt. Für geübte Wanderer gut begehbar, auch wenn so manche unangenehme Schotterpassage dabei ist. Im Frühjahr kann noch viel Schnee liegen. Am zweiten Tag wandert man über zwei Pässe, gutes Wetter ist Voraussetzung.
Einkehr: Unterwegs auf den Hütten; in Villa Catedral zahlreiche Möglichkeiten.
Unterkunft: In den Hütten (Schlafplätze und auch Zeltplätze muss man einzeln reservieren!): Refugio Frey (refugiofrey-bariloche.com), Refugio San Martín (auch »Jakob«; refugiojakob.com.ar), beide Hütten sind das ganze Jahr über bewirtschaftet. Da die Hütten (insbesondere das Refugio Frey) häufig sehr voll sind, empfiehlt es sich, ein eigenes Zelt mitzunehmen. Geeignete Zeltmöglichkeiten bestehen in unmittelbarer Umgebung der Hütten (ebenfalls reservieren!).
Varianten: 1. Mit der Seilbahn auf die Punta Princesa und von dort zum Cancha de Fútbol absteigen – weniger Aufstieg, aber schwierigeres Gelände.
2. Sehr geübte Bergwanderer können diese Tour über den Cordón de los Inocentes mit Tour 17 verbinden und so alle vier Klassiker dieser kleinen Hüttenwelt in 4–5 Tagen bewältigen. Achtung: Dieser Abschnitt ist nicht einfach (»schwarz«)! Details siehe Seiten 127/128.
Hinweis: Für alle Touren im Parque Nacional Nahuel Huapi muss man sich kostenlos anmelden unter nahuelhuapi.gov.ar/registros-trekking-escalada-esqui-travesia.
Tipp: Die Pizza im Refugio Frey ist legendär!
Information: Centro de Informaciones de Montañas, Club Andino Bariloche (CAB), Calle 20 de Febrero n° 30, Bariloche, Mo–Sa 9–20 Uhr; clubandino.org. Hier erhält man die besten Infos zu allen Trekkingmöglichkeiten im Nationalpark.
Karten: Pixmap 1:50.000 San Carlos de Bariloche.

1. Tag: Villa Catredral – Refugio Frey

3.30 Std., 900 Hm Aufstieg, 150 Hm Abstieg

Ausgangspunkt ist der große Parkplatz in **Villa Catedral** ❶, dem Skizentrum von San Carlos de Bariloche. Wer nicht mit der Seilbahn hochfahren möchte (Variante), nimmt den Weg »untenrum«. Dieser ist deutlich ausgeschildert, eine riesige Hinweistafel zeigt den Beginn des Treks an. Auf diesem gehen wir also auf einem anfangs noch breiten Weg nach Süden.

Nahezu ohne merkbare Höhenunterschiede führt der Weg über unzählige kleine Bäche (mit Brücken) am Hang des Berges entlang. Stets unter uns haben wir den Lago Gutiérrez. Nach einiger Zeit erreichen wir so den Taleingang des Arroyo Van Titter. Ein kurzer Blick auf den Hauptturm des Catedral, den Torre Principal, ist uns gegönnt, dann geht es in den Wald hinein. Nach 15 Min. passieren wir eine Wegkreuzung, an der von links der Pfad vom Lago Gutiérrez heraufkommt.

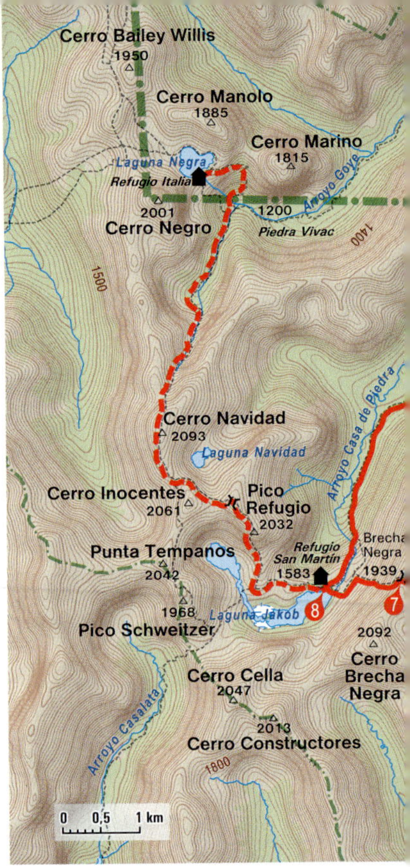

Nach einer starken Steigung gelangen wir an den **Arroyo Van Titter** ❷, dessen Rauschen unter uns wir schon eine Weile gehört haben. Wir queren den Bach über eine Metallbrücke und kommen wenig später zum **Refugio Piedritas** ❸ (insgesamt ca. 2.30 Std.). Diese pittoreske kleine Hütte wurde direkt an einen großen Felsblock gebaut, aber ihr goldenes Zeitalter ist vorüber; ein Tisch draußen lädt immerhin zum Picknick ein.

Danach führt der Pfad nun steiler den Hang hinauf. Dabei verlassen wir bald den hohen Wald und steigen zwischen kleiner werdenden Südbuchen aufwärts. Nach etwa 1.00 Std. vom Refugio Piedritas erreichen wir das **Refugio Emilio Frey** ❹, der malerisch an der Laguna Toncek liegt. Wir melden uns in der Hütte an und lassen uns ggf. den am Refugio grenzenden Zeltplatz zeigen. Die in unmittelbarer Umgebung aufragenden zahlreichen

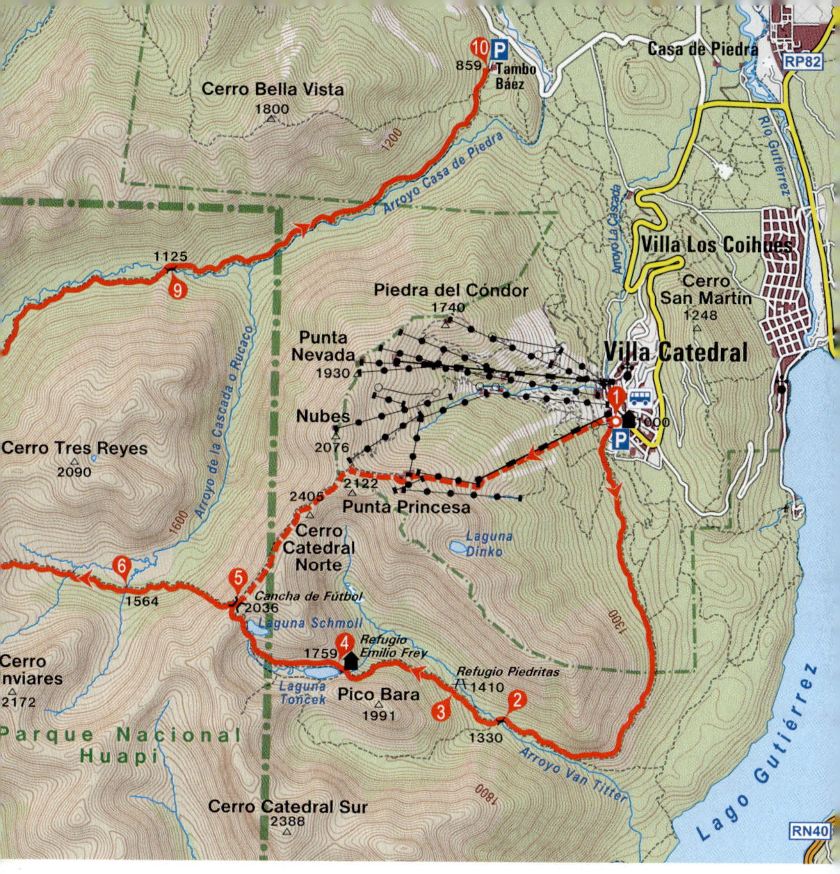

kleinen Nadeln und Türmchen sind spektakulär und bieten, auch aufgrund des deutlich besseren Wetters (im Vergleich zum Süden), einige der besten und schönsten Klettermöglichkeiten Argentiniens.

2. Tag: Refugio Frey – Refugio San Martín (Jakob)
4.45 Std., 660 Hm Aufstieg, 840 Hm Abstieg
Wir folgen dem Pfad am Nordufer der Laguna Toncek und steigen dann hinauf zur Laguna Schmoll. Von dort geht es etwas steiler aufwärts, und nach etwa 1.30 Std. erreichen wir den **Cancha de Fútbol** 5 (»Fußballplatz«), eine ebene Fläche, von der man einen hervorragenden Ausblick auf die umliegenden Berge des Nationalparks, insbesondere natürlich auf

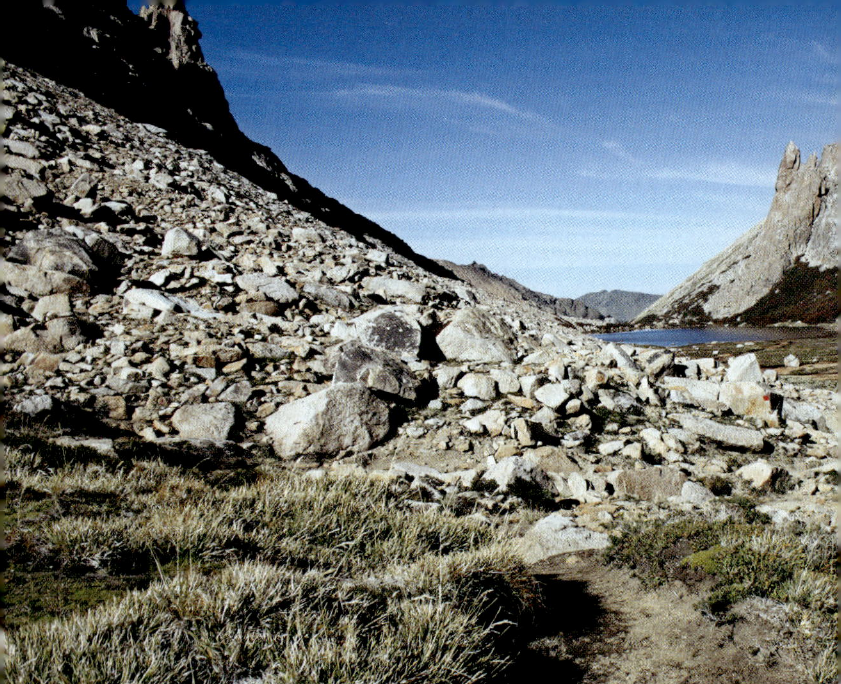

Ein Blick zurück, bevor wir das malerische kleine Tal der Laguna Toncek verlassen.

den Hauptturm des Cerro Catedral, hat. Wir gehen ein paar Meter nach links, wo der Abstieg ins Valle Rucaco markiert ist. Über viel loses Geröll steigen wir ins Tal hinunter, bis wir auf einen Pfad treffen, der uns in den Wald hineinführt. Wenige Minuten später haben wir den Talgrund erreicht, wo wir am **Arroyo Rucaco** 6 zunächst eine Pause einlegen und unsere Wasservorräte auffüllen.

Nachdem sich die Knie wieder halbwegs erholt haben, wenden wir uns talaufwärts und steigen durch dichtes Buschwerk langsam höher. Nach einer Weile erreichen wir ein kleines Plateau, von dem es schließlich über einen steilen Kamm auf den fast 2000 m hohen Sattel des **Brecha Negra** 7 (ca. 2.00 Std. vom Arroyo Rucaco) geht. Unten im Tal ist schon das am Ufer der Laguna Jakob liegende Refugio San Martín zu erkennen. Der Abstieg führt jetzt einen steilen und rutschigen Geröllhang hinunter. Fast in Falllinie mühen wir uns so 350 Hm ins Tal hinab, bis der Pfad schließlich in den Wald hineinführt. Über sumpfige Wiesen folgen wir einem Bach in Richtung See, wo wir nach insgesamt rund 6.00 Std. das neue **Refugio San Martín** 8 erreichen.

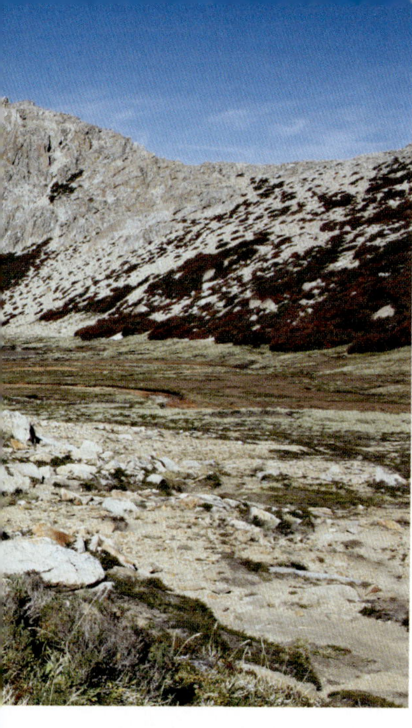

3. Tag: Refugio San Martín – Arroyo Casa de Piedra – Tambo Báez

4.00 Std., 40 Hm Aufstieg, 760 Hm Abstieg

Der Weg runter ins Tal des Arroyo Casa de Piedra ist nicht zu verfehlen, da hierüber die Hütte mit Hilfe von Pferden versorgt wird. Die erste Stunde geht steil bergab und danach »patagonisch flach« das Tal hinunter. Zu erwähnen ist die **Hängebrücke** **9** auf halbem Weg, wo man den Bach von der Süd- auf die Nordseite quert.

Nach insgesamt rund 5.00 Std. erreichen wir **Tambo Báez** **10**, Heimat einer mapuchestämmigen Familie mit Parkplatz, wo der Pfad endet. 300 m trennen uns dann noch von der Straße zwischen Colonia Suiza und Bariloche. Am besten, man hat vorab einen Abholdienst organisiert, denn man ist noch nicht in der Zivilisation, und hier fährt auch kein Bus.

Variante: Refugio San Martín – Cordón de los Inocentes – Refugio Italia

Ca. 8.30 Std., 900 Hm Aufstieg, 840 Hm Abstieg

Die Überschreitung des Cordón de los Inocentes ist das spektakulärste, aber auch längste und schwierigste Teilstück der Hüttenwanderungen im Hinterland von Bariloche. Und da es viele Unfälle gegeben hat, wird sie häufig auch als nicht mehr möglich tituliert. Diese Etappe beinhaltet eine ausgesetzte Passage im III. Schwierigkeitsgrad. Dazu kommt, dass sie nicht sehr begangen ist und auf dem felsigen Untergrund sich der Pfad auch schon mal verlieren kann. Im Frühjahr können Schneefelder zu durchqueren sein. Auch sind einige Passagen auf dem Grat stark dem Wind ausgesetzt. Demnach ist diese Tour nur erfahrenen Wanderern vorbehalten. Man muss auf jeden Fall gutes Wetter abwarten und dem Hüttenwirt des Refugio San Martín Bescheid geben (er steht mit dem Refugio Italia per Funk in Verbindung).

Vom **Refugio San Martín** **8** wandern wir auf dem markierten Pfad zur Laguna de los Témpanos. *Témpanos* bedeutet »Eisschollen«. Das war einmal ... den kleinen Gletscher – und somit die Eisschollen am Wasser – gibt es seit einigen Jahren nicht mehr. Trotzem liegt der See eindrucksvoll inmit-

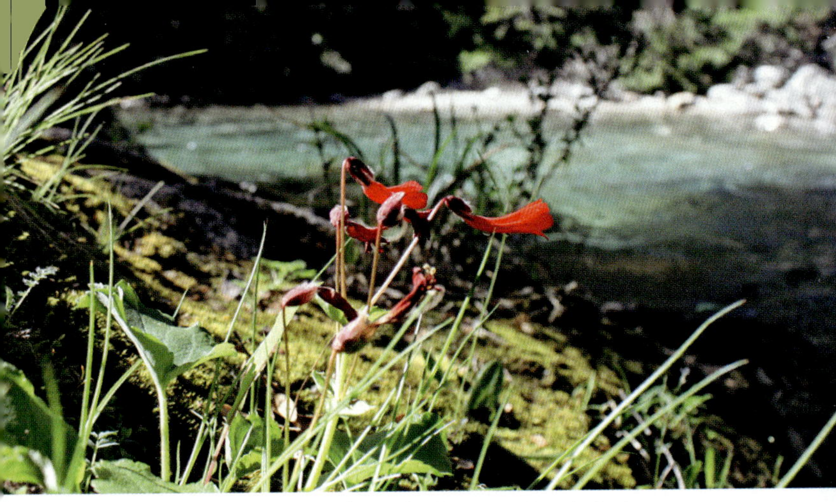

Eine Bachträne (Ourisia ruelloides) am Ufer des Arroyo Casa de Piedra.

ten eines von steilen Felswänden geformten Kessels. Um auf den Grat des Cordón de los Inocentes zu kommen, steigen wir einen Felskamm hinauf, der in Nord-Süd-Richtung genau vor dieser Laguna unseren Weg kreuzt. Steinmännchen signalisieren, dass wir auf dem richtigen Weg sind. Unterhalb einer senkrechten Felswand queren wir nun etwa 50 m nach links zu einem **Couloir**. Hier beginnt das schwierigste Teilstück. Ca. 200 Hm steigen wir über ausgesetzten Fels nach oben. Danach verflacht die Route ein wenig, und wir halten uns links, wo wir über ein Geröllfeld schräg hinauf auf einen **ersten Sattel** steigen.
Hinter dem Sattel folgen wir dem linken Kamm auf seiner rechten Seite nach Nordwesten in Richtung eines Felsturms. Dieser wird auf seiner Nordseite umgangen. Wir bleiben unterhalb des Kammes und queren nun den mit Geröll durchsetzten Hang. Auf der Ostseite des Cordón de los Inocentes wandernd halten wir auf einen **zweiten Sattel** zu, der links von zwei steilen Felsnadeln liegt (30 Min. vom ersten Sattel). Von dort ist der Weiterweg klar ersichtlich. Tief unten im Tal erblicken wir nun die Laguna Navidad. Dahinter erhebt sich der gleichnamige Berg, unser nächstes Ziel. Vorher müssen wir jedoch erst noch den Kessel del Lagune links umgehen. Wir wandern also weiter nach links (Westen) und queren die steilen Geröllfelder unterhalb der Bergkette. Erst bleiben wir auf etwa gleicher Höhe, aber nach 300 m müssen wir einige Türme absteigend umgehen. Gleich dahinter steigen wir langsam auf einen **dritten Sattel** zwischen den Bergen Inocentes und Navidad. Nun gehen wir am rechten Kamm entlang nach Norden bis zum flachen Gipfel des **Cerro Navidad** (4–5 Std. vom Refugio aus). Das Panorama ist überwältigend. Der gesamte Lago Nahuel Huapi

liegt zu unseren Füßen, im Westen ist jetzt auch der eisbedeckte Cerro Tronador gut zu erkennen. Bei besonders gutem Wetter sieht man im Norden den Volcán Lanín in der Ferne.
Vom Gipfel geht es ein paar Hundert Meter leicht abfallend in Richtung Norden. Nach kurzer Zeit öffnet sich vor uns das tiefe Tal des Arroyo Navidad. Am Endes des Tales ist etwas oberhalb bereits die Laguna Negra, das Ziel unserer heutigen Etappe, zu sehen. Doch zunächst gehen wir durch steile Schotterhalden dem Tal entgegen. Dann steigen wir durch grobes Geröll weiter hinab. Hier können auch im Hochsommer noch Schneereste liegen. Bald haben wir einen kleinen Bach erreicht, dem wir folgen. Eine enge Schlucht, die den Weiterweg versperrt, umgehen wir links. Bald darauf queren wir wieder nach rechts zum Bachlauf. Wir klettern nun den Bachlauf hinunter, bis dieser nach einiger Zeit flacher wird. Hier treffen wir auf einen Pfad, der nach links über sumpfige Wiesen führt. Mal durch Gebüsch und Wald, mal am Bach entlang, folgen wir den steil ins Tal hinunterführenden Spuren, bis wir nach 2.00–2.30 Std. und 850 Hm Abstieg den von der Colonia Suiza zum Refugio Italia führenden Hauptweg erreichen. Nach einer Pause am **Arroyo Goye** folgen wir dem breiten Weg nach links. In weiten Serpentinen steigen wir die rund 350 m zur Hütte hinauf, eine zum Ende dieses langen Tages mühselige Angelegenheit. Nach rund 1.00 Std. erreichen wir das an der Laguna Negra gelegene Refugio Italia. Auch an dieser Hütte müssen wir bereits angemeldet sein (siehe Tour 17)!

Das neue Refugio San Martín an der Laguna Jakob.

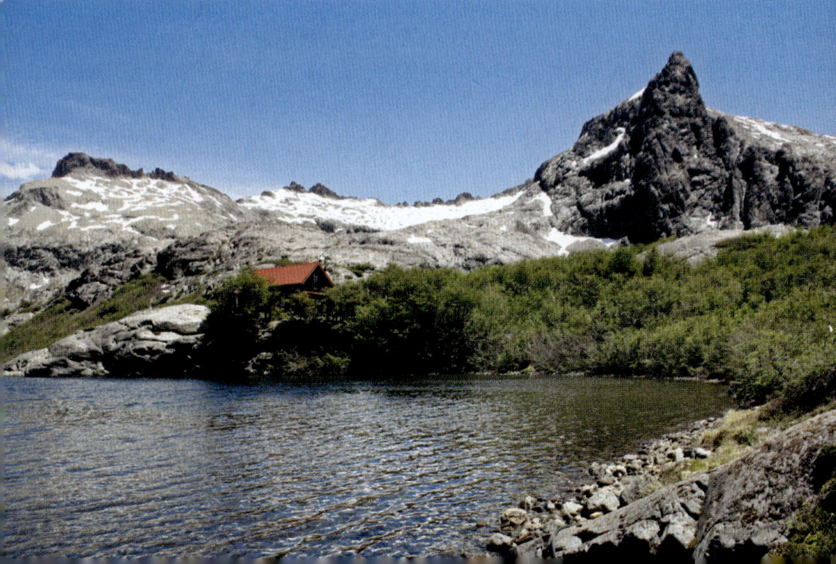

↗ 1500 m | ↘ 1500 m | 21.8 km

17 Refugios Italia und López

2 Tage

Die Hausberge hinter der Schweizer Kolonie

25 km von Bariloche entfernt, am Ufer des Lago Moreno, liegt Colonia Suiza, ein von Schweizer Familien um 1900 gegründetes idyllisches Dörfchen mit ca. 150 Einwohnern. Teehäuser, Restaurants, Brauereien und mittwochs und sonntags sogar ein Handwerkermarkt warten auf die Besucher. Entlang des Arroyo Goye (nach der ersten Familie benannt, die sich hier niederließ) führt unsere Wanderung in die Berge. Das vom Club Andino Bariloche im Jahr 1970 gebaute Refugio Italia dient uns dabei als Stützpunkt, mit dem wir unseren Rundgang relativ komfortabel gestalten können.

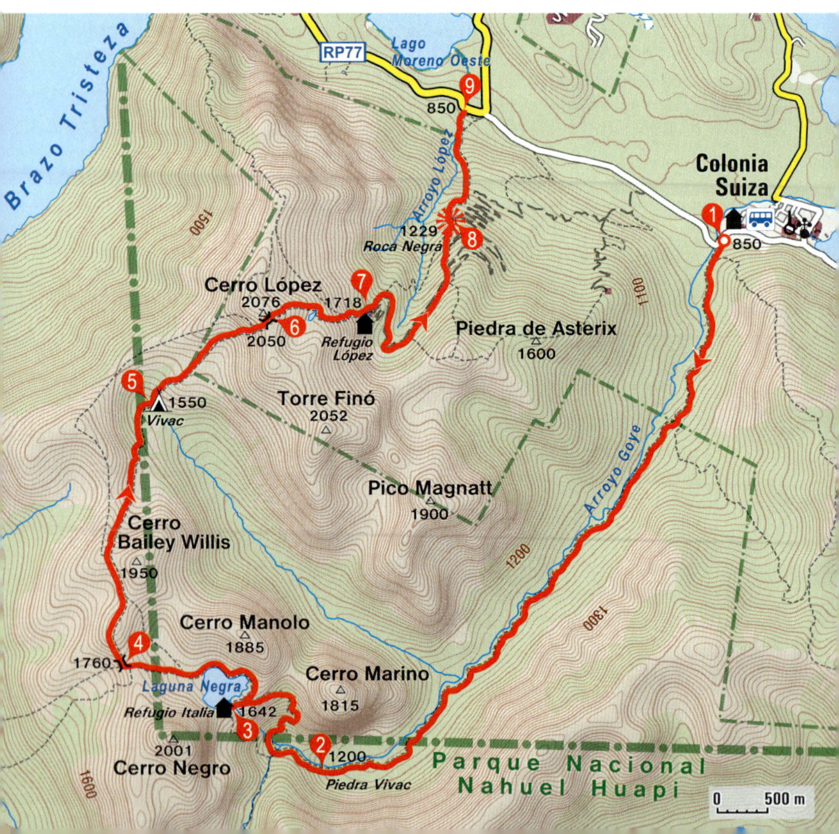

Ausgangspunkt: Colonia Suiza, 850 m. Ein öffentlicher Bus (Nr. 10) verbindet Bariloche und Colonia Suiza alle 2–3 Std.; den Busfahrer um Halt am Beginn des Wanderweges bitten. Allerdings wechseln die Fahrpläne und Linien häufig, weshalb man sich vorher beim CAB informieren sollte. Sonst per Taxi.
Endpunkt: Puente Arroyo López, 850 m. Bus Nr. 10 fährt auch hier vorbei. Im Zweifelsfall kann man sich von den Hüttenwirten ein Taxi bestellen oder die Rufnummer eines Taxis geben lassen.
Anforderungen: Alpines Trekking durch eine mit Hütten und markierten Wegen nach alpinem Vorbild erschlossene Gebirgswelt. Beim Umrunden der Laguna Negra ist eine Felsstufe mit einem Fixseil zu überwinden. Alle anderen Teilstücke sind gut begehbar, auch wenn so manche unangenehme Schotterpassage dabei ist. Im Frühjahr kann noch viel Schnee liegen. Für den zweiten Tag ist gutes Wetter Voraussetzung, da man oberhalb der Baumgrenze wandert.
Einkehr: Unterwegs auf den Hütten; zahlreiche Möglichkeiten in Colonia Suiza (z.B. Cervecería Berlina 100 m vor dem Ausgangspunkt).
Unterkunft: Im Refugio Italia, auch Laguna Negra oder (selten) Manfredo Sege genannt (anmelden unter refugiolagunanegra.com). Auf dem Weg, aber nicht besonders empfohlen ist auch das Refugio López (anmelden unter facebook.com/refugiolopezoficial oder Tel. +54 9 294 4533554). Das Refugio Laguna Negra wird nur in den Sommermonaten (November bis April) bewirtschaftet. Da beide Hütten häufig sehr voll sind, empfiehlt es sich, ein Zelt mitzunehmen. Geeignete Zeltmöglichkeiten bestehen in unmittelbarer Umgebung der Hütten (auch zum Zelten muss man sich anmelden!).
Hinweis: Für alle Touren im Parque Nacional Nahuel Huapi muss man sich kostenlos anmelden unter nahuelhuapi.gov.ar/registros-trekking-escalada-esqui-travesia.
Information: Centro de Informaciones de Montañas, Club Andino Bariloche (CAB), Calle 20 de Febrero n° 30, Bariloche, Mo–Sa 9–20 Uhr; clubandino.org. Hier erhält man die besten Infos zu allen Trekkingmöglichkeiten im Nationalpark.
Karten: Pixmap 1:50.000 San Carlos de Bariloche.

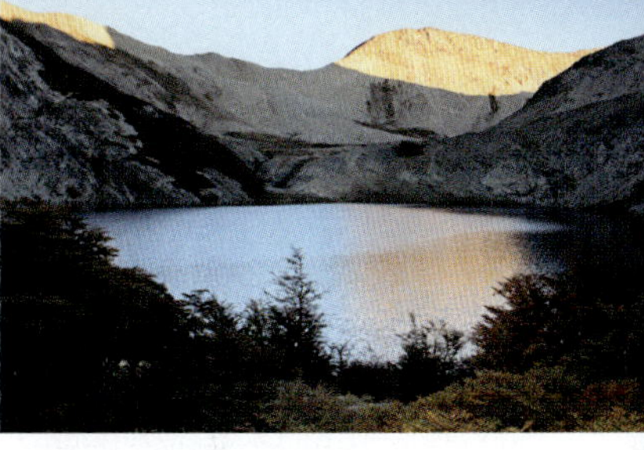

Die Laguna Negra – der »Schwarze See« – unterhalb des Cerro Negro.

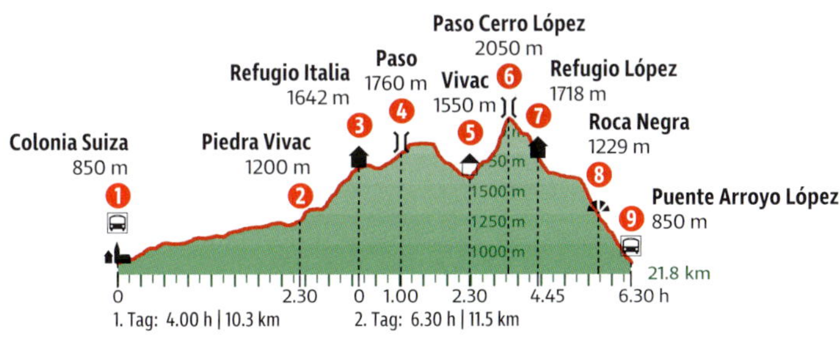

1. Tag: Colonia Suiza – Arroyo Goye – Refugio Italia

4.00 Std., 840 Hm Aufstieg, 50 Hm Abstieg

Startpunkt ist die **Colonia Suiza** ❶. Von der Straße beginnt hinter einem Gatter eine Fahrspur in das Tal des **Arroyo Goye** (beschildert). Nach 30 Min. wird die Spur immer schmaler und bald sind wir auf einem richtigen Pfad. Wir wandern in einem Coihue-Wald, anfangs sehen wir auch einige Tanneninseln. Sanft ansteigend geht es immer am linken Ufer des Baches entlang, wobei sich sumpfige Lichtungen mit wunderschönem Wald abwechseln. Nach rund 2.30 Std. gelangen wir zum **Piedra Vivac** ❷ (auch: Rancho Manolo), einem überhängenden Felsen, der als Notunterkunft benutzt werden kann. Nun wird es steiler. In einer großen S-Kurve, bei der zwei kleinere Bäche überquert werden, steigen wir in Kehren (dieser Abschnitt wird »Los Caracoles« genannt) hinauf zum gut 1640 m hoch gelegenen **Refugio Italia** ❸ an der Laguna Negra.

2. Tag: Refugio Italia – Refugio López und Arroyo López

6.30 Std., 730 Hm Aufstieg, 1520 Hm Abstieg

Von der **Hütte** ❸ aus gehen wir 5 Min. zurück und folgen dann einem Pfad, der die Lagune an ihrer Nordseite umrundet. Achtung, der Weg ist felsig und steil! In der schwierigsten Passage an einer Felsstufe ist ein 10 m langes Fixseil angebracht, an dem man sich zum Auf- und Absteigen festhalten kann. Nachdem wir die Laguna umrundet haben, steigt der Pfad durch Geröll zum **Sattel** ❹ zwischen Cerro Negro und Cerro Bailey Willis an (etwa 1.00 Std. von der Hütte). Dieser Sattel ist eine Wegkreuzung, wo links der Pfad der 5-Lagunas-Traverse (Tour 18, sehr empfehlenswert!) in Richtung Cerro Tronador abbiegt.

Wir aber folgen dem Grat in nördlicher Richtung. Dabei besteigen wir erst einen kleinen Hügel und kommen dahinter an einen Sattel. Der Berg vor uns ist der eigentliche Gipfel des Cerro Bailey Willis, den wir auf seiner linken Seite auf gleicher Höhe bleibend umgehen, um so in einen weiteren kleinen Sattel zu gelangen. Dahinter führen uns die Markierungen abwärts in einen sumpfigen Talkessel. Bevor es an der anderen Seite wieder hochgeht, passieren wir ein **Wäldchen** mit Platz zum **Zelten** ❺ (bei gutem Wetter gemütlicher als am Refugio López).

Nun steigen wir den steilen und unangenehmen Geröllhang des Cerro López zu einem unscheinbaren **Sattel** ❻ zwischen dem Pico Turista und dem Hauptgipfel des Berges auf. Von dort aus können wir einen

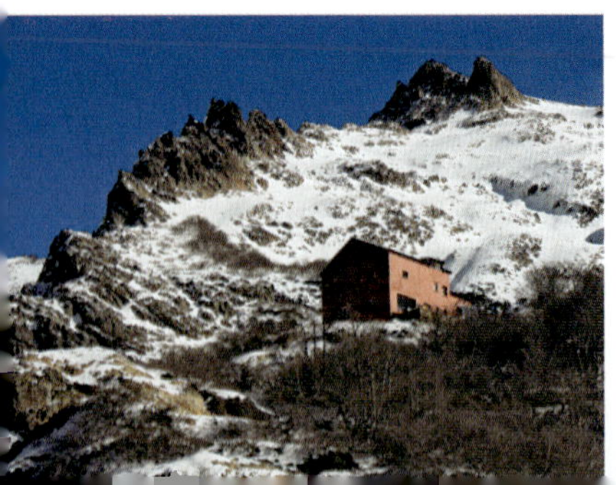

Das Refugio López ist der Zivilisation relativ nah.

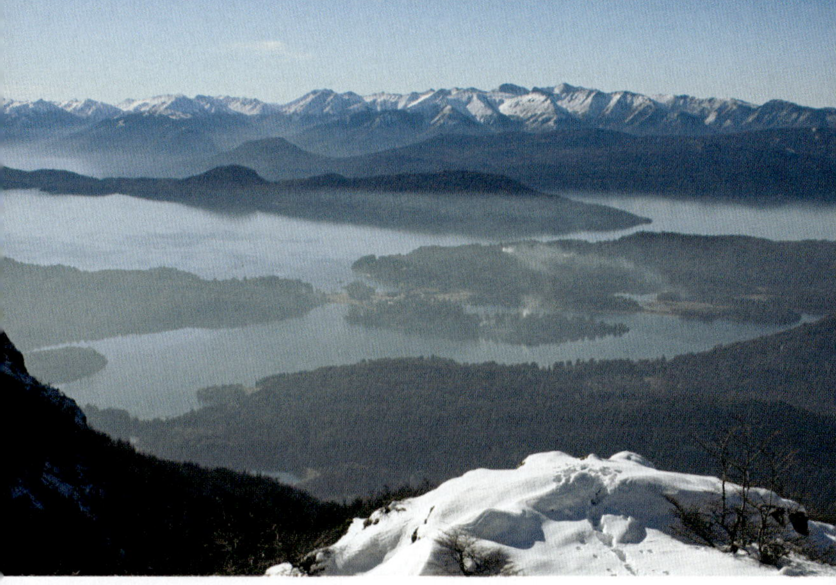

Der Tiefblick auf den Lago Nahuel Huapi (auf Deutsch »Insel der Pumas«).

Abstecher (15 Min.) in nordwestlicher Richtung zum Pico Turista machen, wo uns eines der besten Panoramen oberhalb des Lago Nahuel Huapi erwartet. Selbst der nördliche Eckpfeiler des Seengebietes, der Vulkan Lanín, ist als kleines weißes Dreieck im Norden zu erkennen.
Der Abstieg führt uns in östliche Richtung einige Hundert Meter hinunter zu einem kleinen See. Dort verlassen wir das La Hoya genannte Hochtal, in dem oft auch im Sommer noch Schnee liegt. Auf gut ausgeschildertem Weg geht es weiter hinunter, bis wir nach rund 4.30 Std. das **Refugio López** 7 erreichen. Hier können wir nochmal übernachten, oder nur kurz ausschnaufen und den zweistündigen Abstieg in die Zivilisation beginnen. Obwohl es eine (private) Fahrstraße gibt, die fast bis zum Refugio López führt, ist es viel schöner, über den gut ausgeschilderten Wanderweg ins Tal abzusteigen. Der Autostraße folgend laufen wir erst in Kehren und dann in einer weiten Linkskurve knapp 30 Min. hinunter, wo nach der Kurve der mit einem Schild markierte Pfad links beginnt. Diesem folgen wir auf der Ostseite des Arroyo López ins Tal.
Am Aussichtspunkt **Roca Negra** 8 lohnt es sich, eine kleine Pause einzulegen, der Blick auf den Nahuel Huapi wird nach unten nicht besser. Steil absteigend durchqueren wir einen dichten Wald und gelangen anschließend an die Straße nach Bariloche, genau an der **Brücke** 9 über den **Arroyo López** (ca 2.00 Std. vom Refugio).

↗ 2700 m | ↘ 2650 m | 40.6 km

18 Die Fünf-Seen-Traverse

5 Tage

Zwischen Nahuel Huapi und Tronador

Wen es reizt, das abendliche Bier in der Hütte gegen eine volle Portion Wildnis und Natur einzutauschen, der liegt hier richtig. Im Gegensatz zu den anderen vorgeschlagenen Touren im Bereich des Lago Nahuel Huapi (Touren 16 und 17) gibt es auf diesem Pfad nicht jeden Abend eine Einkehrmöglichkeit. Dafür lädt täglich eine neue Laguna zumindest zu einem Fußbad ein. Zudem ist diese Tour viel weniger begangen als die Hüttentour. Das verlangt aber auch ein wenig mehr Planung, denn drei volle Tage ist man auf sich selbst gestellt. Man wandert abwechselnd im Südbuchenwald, durch sumpfige Täler und über steinige Bergkämme oberhalb der Baumgrenze. Über der abwechslungsreichen Landschaft thront der gewaltige Cerro Tronador mit seinen Eiswänden, der sämtliche Nachbarn um volle 1500 Meter überragt und von Gletschern bedeckt ist. Von Zeit zu Zeit kann man Gletscherabbrüche an seinen Flanken sehen und auch hören: Nicht umsonst bedeutet Tronador »der Donnerer«.

Das Refugio Italia mit dem Cerro Negro im Hintergrund.

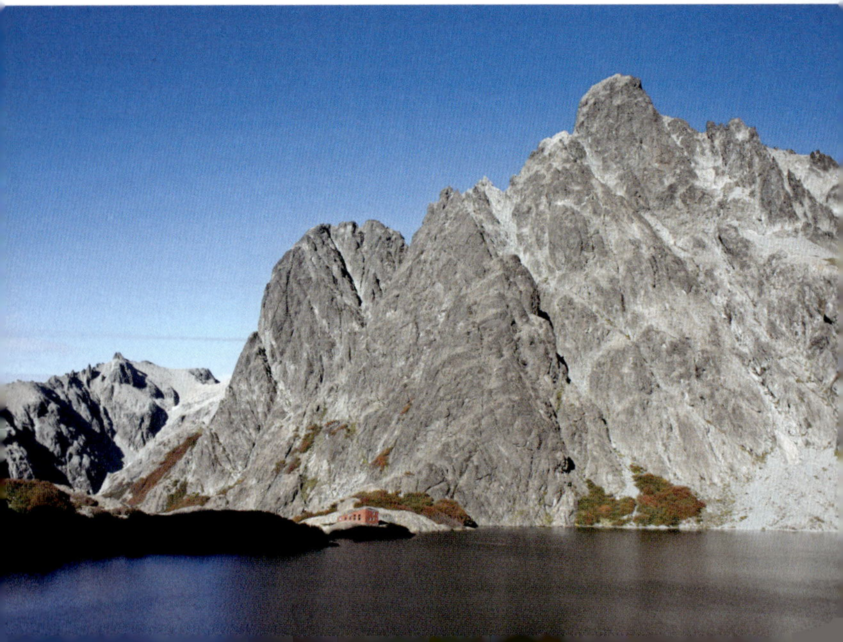

Ausgangspunkt: Colonia Suiza, 800 m, 24 km westlich von Bariloche. Busverbindung ab Bariloche (Bus Nr. 10; den Busfahrer um Halt am Beginn des Wanderweges bitten).
Endpunkt: Rangerstation bei Pampa Linda, 850 m. Um zurück nach Bariloche zu kommen, muss man den Bus um 17.00 Uhr erreichen. Da sich der Fahrplan jahreszeitlich bedingt ändert, sollte man sich rechtzeitig im Club Andino (siehe »Information« sowie bei Tour 19) über die Abfahrtszeiten informieren.
Anforderungen: Mehrtägige Tour durch Täler, Wälder und über Felsgrate. Flüsse, Hochmoore und zum Teil steile Geröllhalden müssen überquert werden. Eine kurze Passage über eine Felsplatte ist technisch anspruchsvoll (III. Grad), aber mit Fixseil gesichert (zweiter Tag). Im Frühjahr kann noch viel Schnee liegen. Es gibt keinerlei Abkürzungen, über die man im Falle eines Falles schnell wieder zurück in die Zivilisation käme. Der Weg ist meistens, aber nicht immer, gut markiert, kann aber kurzzeitig in einem Schneefeld oder einer Geröllhalde verschwinden. Erfahrung im Routenfinden ist Voraussetzung; am besten hat man zudem Karte, Kompass und GPS-Gerät dabei. Ein VHF-Funkgerät (Club Andino Bariloche: Tx: 184.450 Rx: 142.450, Parques Nacionales: 155.675, im Zweifelsfall beim Club Andino fragen, siehe Information) oder ein Satellitentelefon sind zu empfehlen.
Einkehr: Am Refugio Italia (auch »Laguna Negra« oder »Manfredo Segre« genannt) gibt es Abendessen und auch Frühstück. Man kann auch noch eine Packung Kekse oder ein Sandwich für Tag 2 bekommen. Am Laguna Ilón Camp ebenfalls Verpflegungsmöglichkeit.
Unterkunft: Für die erste Nacht bietet das Refugio Italia ein festes Dach über dem Kopf – Reservierung nötig unter refugiolagunanegra.com. An der Laguna Ilón kann man einen Schlafplatz in einem Gemeinschaftszelt bekommen oder auch sein eigenes aufbauen (für beides unter refugioilon.com.ar reservieren).

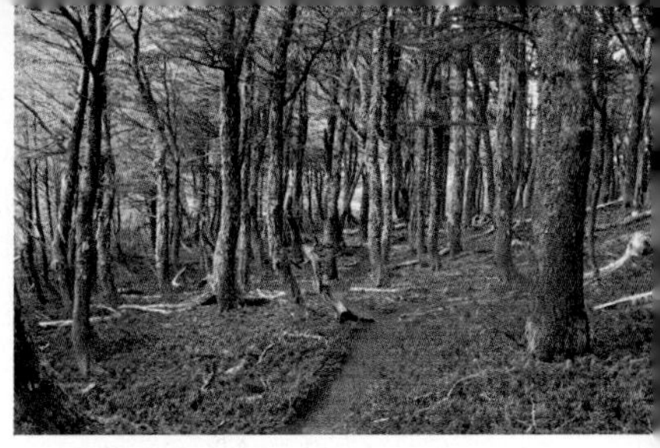

Der Südbuchenwald ist im Seengebiet unser steter Begleiter.

Aber da man für die weiteren Nächte sowieso ein Zelt dabeihaben muss, wird dieses wohl immer unsere erste Wahl sein. Auch in Pampa Linda kann man nächtigen (Hostería Pampa Linda oder Camping Club Andino Bariloche).
Varianten: Der Abstecher Laguna Ilón – Mirada del Doctor (»Ausblick des Doktors«) bietet einen atemberaubenden Tiefenblick auf den Lago Nahuel Huapi und den Lago Frey. Mit etwas Glück kann man sogar Kondoren zusehen. Die Geschichte erzählt, dass hier der deutsche Arzt Christfried Jakob (ein häufiger Besucher der Gegend) stundenlang die Aussicht zu genießen wusste. Details siehe Seite 140.
Hinweise: 1. Eine (kostenlose) Registrierung im Nationalpark ist für diese Tour Pflicht, unter nahuelhuapi.gov.ar/registros-trekking-escalada-esqui-travesia.
2. Das Trinkwasser wird meist aus den Lagunas geschöpft. Im Frühling ist dessen Qualität viel besser als im Spätsommer. Vorsichtshalber sollte man es aber immer mit Chlor oder Jod aufbereiten.
3. Die Sümpfe sind im Dezember viel feuchter als im März.
Information: Centro de Informaciones de Montañas, Club Andino Bariloche (CAB), Calle 20 de Febrero n° 30, Bariloche, Mo–Sa 9–20 Uhr; clubandino.org. Hier erhält man die besten Infos zu allen Trekkingtouren im Nationalpark.
Karten: Pixmap 1:50.000 San Carlos de Bariloche; Pixmap 1:50.000 Monte Tronador.

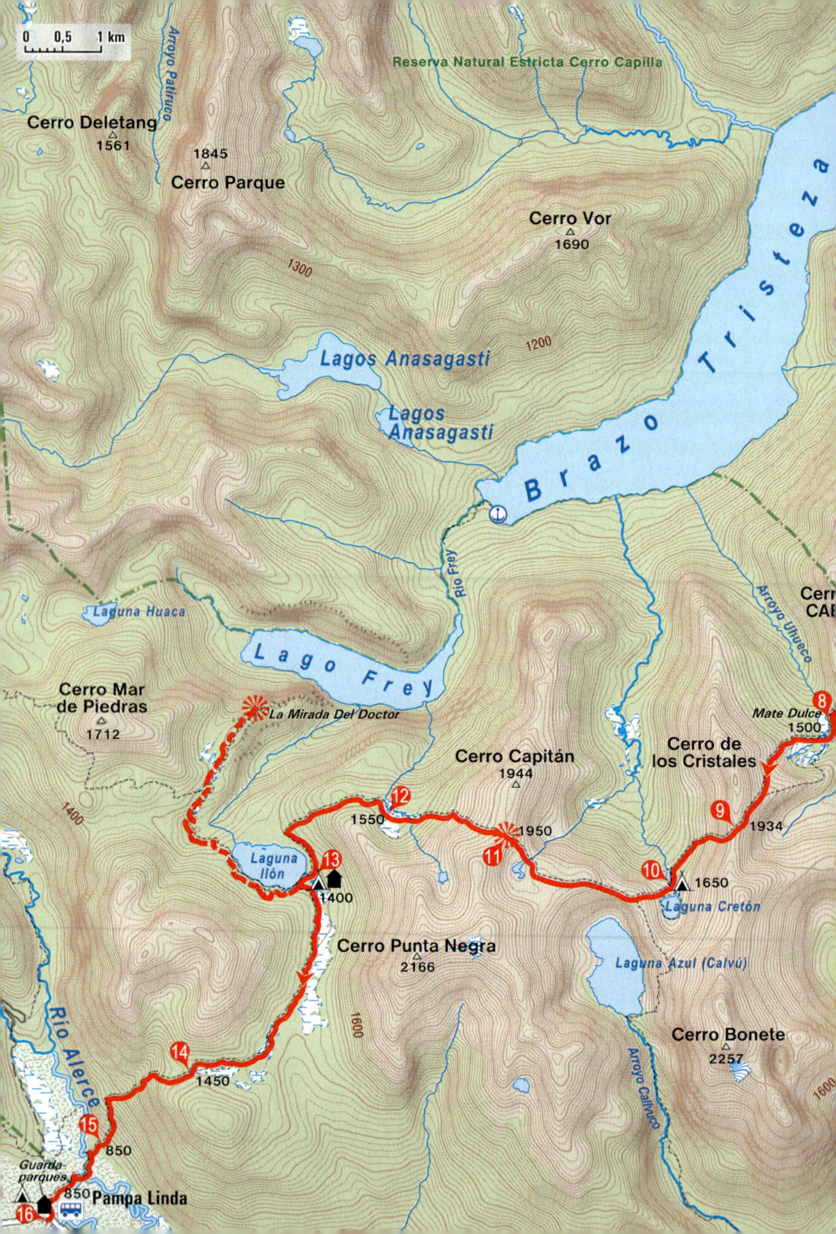

0 0,5 1 km
Reserva Natural Estricta Cerro Capilla
Arroyo Patiruco
Cerro Deletang
1561
1845
Cerro Parque
Cerro Vor
1690
1300
1200
Brazo Tristeza
Lagos Anasagasti
Lagos Anasagasti
Río Frey
Laguna Huaca
Lago Frey
Arroyo Uhueco
Cerro Mar de Piedras
1712
La Mirada Del Doctor
Mate Dulce
1500
Cerro de los Cristales
Cerro Capitán
1944
1400
1550
1950
1934
Laguna Ilón
1400
1650
Laguna Cretón
Cerro Punta Negra
2166
Laguna Azul (Calvú)
1600
Río Alerce
Cerro Bonete
2257
Arroyo Calvuco
1450
850
Guarda-parques
850
Pampa Linda
1600
8
9
10
11
12
13
14
15
16

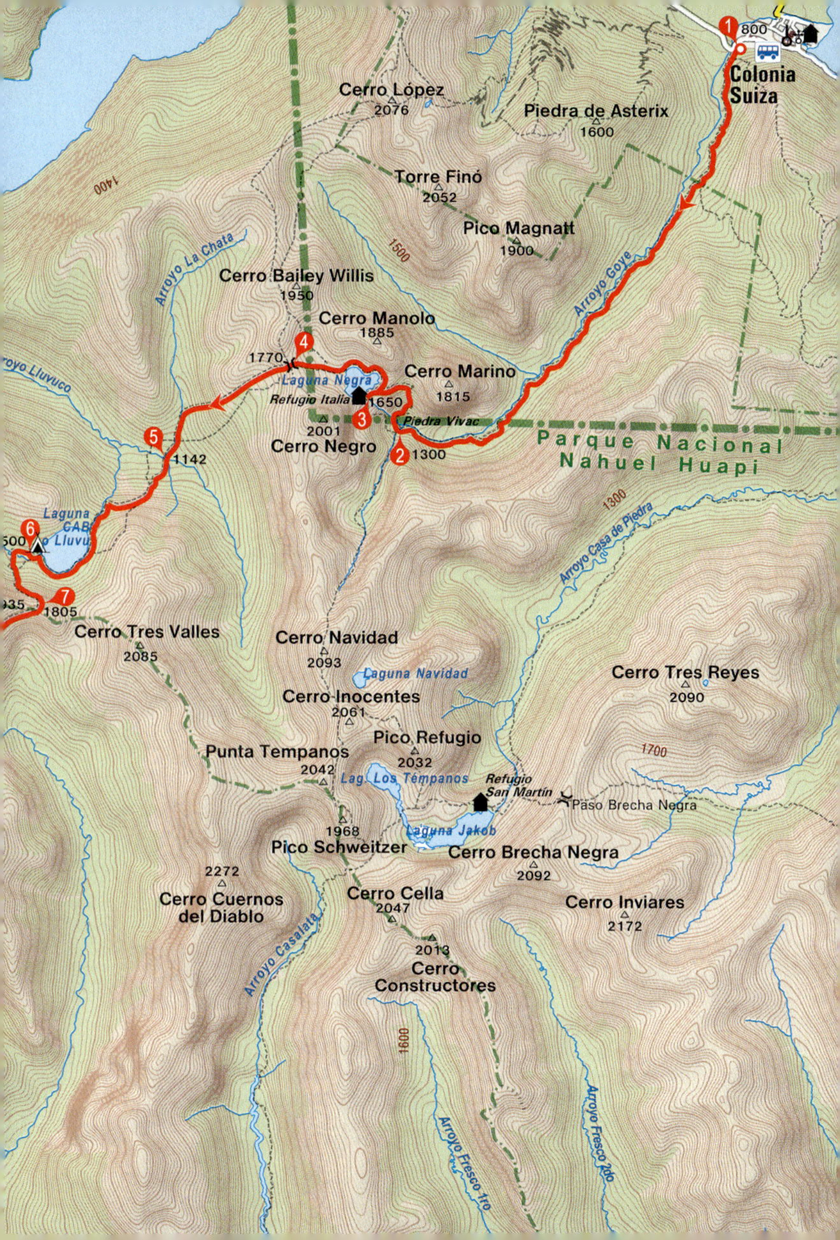
1
800
Colonia Suiza
Cerro López
2076
Piedra de Asterix
1600
Torre Finó
2052
Pico Magnatt
1900
1400
1500
Arroyo La Chata
Cerro Bailey Willis
1950
Cerro Manolo
1885
Arroyo Goye
4
1770
Laguna Negra
Refugio Italia
1650
3
Cerro Marino
1815
Piedra Vivac
2001
Cerro Negro
2
1300
Parque Nacional Nahuel Huapi
5
1142
Laguna
6
7
1805
Cerro Tres Valles
2085
1300
Arroyo Casa de Piedra
Cerro Navidad
2093
Laguna Navidad
Cerro Tres Reyes
2090
Cerro Inocentes
2061
Pico Refugio
2032
1700
Punta Tempanos
2042
Lag. Los Témpanos
Refugio San Martín
Paso Brecha Negra
1968
Laguna Jakob
Pico Schweitzer
Cerro Brecha Negra
2092
2272
Cerro Cuernos del Diablo
Cerro Cella
2047
Cerro Inviares
2172
Arroyo Casalata
2013
Cerro Constructores
1600
Arroyo Fresco 1ro
Arroyo Fresco 2do

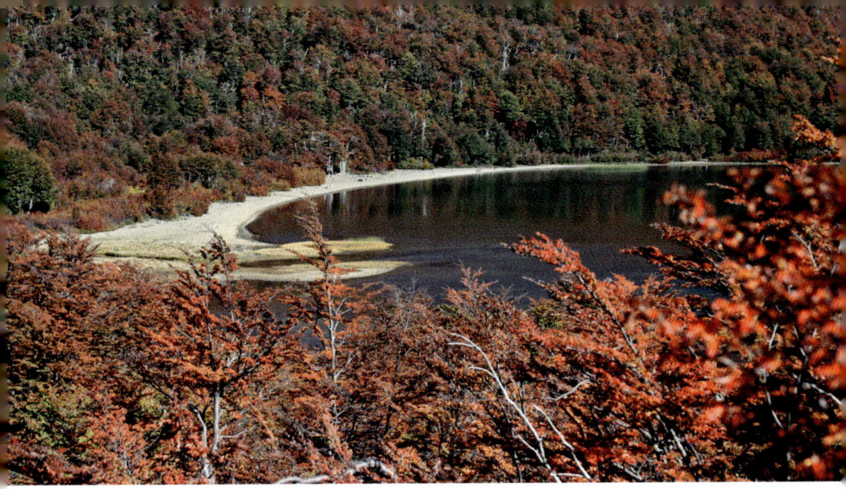

Herbstfarben an der Laguna Ilón.

1. Tag: Colonia Suiza – Arroyo Goye – Refugio Italia

4.00 Std., 890 Hm Aufstieg, 40 Hm Abstieg

Startpunkt ist wie in Tour 17 **Colonia Suiza** ❶. An der Straße beginnt ein markierter Wanderweg in das Tal des Arroyo Goye. Flach ansteigend geht es immer am linken Ufer des Baches entlang, wobei sich sumpfige Lichtungen mit wunderschönem Wald abwechseln. Nach etwa 2.30 Std. gelangen wir zum **Piedra Vivac** ❷, einem überhängenden Felsen, der als Notunterkunft genutzt werden kann. Nun wird es steiler. In einer großen S-Kurve, bei der zwei kleinere Bäche überquert werden, steigen wir in Kehren hinauf zum 1642 m hoch gelegenen **Refugio Italia** ❸ an der **Laguna Negra**.

2. Tag: Laguna Negra – Arroyo La Chata – Laguna CAB

3.30 Std., 550 Hm Aufstieg, 700 Hm Abstieg

Weiter wie bei Tour 17 gehen wir von der **Hütte** ❸ 5 Min. zurück und folgen dann einem Pfad, der die Laguna an ihrer Nordseite umrundet. Achtung, der Weg ist felsig und steil! In der schwierigsten Passage an einer Felsstufe ist ein 10 m langes Fixseil angebracht, an dem man sich festhalten kann – der technische Höhepunkt der ganzen Tour. Nachdem wir die Laguna umrundet haben, steigt der Pfad durch Geröll zum **Sattel** ❹ zwischen Cerro Negro und Cerro Bailey Willis an (etwa 1.00 Std. von der Hütte).

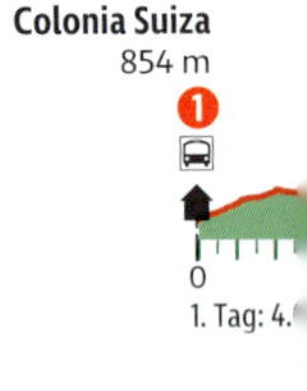

Hier trennt sich unsere Route von Tour 17, und von hier aus sehen wir zum ersten Mal den Cerro Tronador und auch die Laguna CAB, unser heutiges Ziel. Um sie zu erreichen, müssen wir zunächst auf der anderen Seite des Sattels wieder

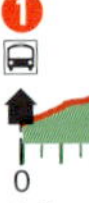

hinunter. Zwei Wege führen weiter ins Tal, am besten hält man sich rechts. Anfangs geht es durch steiles Geröll und dann über einen steilen Waldpfad. Es gilt auch zwei Flussüberquerungen zu meistern, einmal über den Arroyo Lluvuco und dann im Talboden über den **Arroyo La Chata** 5. Zuletzt müssen wir auf der anderen Seite des Flusses direkt wieder hoch (ca. 350 Hm). Am Ende folgen wir dem Bach, der aus der Laguna fließt. An der **Laguna CAB** gibt es mehrere Zeltplätze; der »offizielle« **Campingplatz** 6 befindet sich aber erst 300 m nach der Laguna. Hier sorgt ein Bach für besseres Trinkwasser.

3. Tag: Laguna CAB – Mate Dulce – Laguna Cretón
4.30 Std., 780 Hm Aufstieg, 630 Hm Abstieg
Dieser Tag ist der anstrengendste der ganzen Tour. Vom offiziellen **Campingplatz** 6 geht es noch 200 m flach nach Westen, dann wenden wir uns nach links (Süden), um am Hang des Cerro CAB hinaufzusteigen. Der Pfad ist steil und felsig und führt links am Gipfel vorbei. Nach 1.30 Std. ist der **Grat des Cerro CAB** 7 erreicht (ein kurzer Abstecher am Grat entlang zum Gipfel lohnt sich; tolle Aussicht). Nun müssen wir auf die andere Seite des Berges (auf den kurzen steilen Abstieg hinter dem Grat achten) und den steilen Geröllhang horizontal nach rechts durchqueren. Nachdem wir einen zweiten Grat überquert haben, windet sich der Pfad hinunter ins **Mate-Dulce-Tal** 8 (1.00 Std.). Dieses Tal ist ziemlich sumpfig und von mehreren Wegen durchzogen, zudem findet man hier Campingstellen.
Nach einer Mittagspause können wir zwischen zwei Wegen aus dem Tal hinaus wählen, nach Westen oder nach Süden. Beide sind ähnlich und treffen sich am gegenüberliegenden Hang des Cerro de los Cristales wieder. Am einfachsten ist es, einem Bach nach Westen flussaufwärts bis kurz über die Waldgrenze zu folgen und dann nach links (Südwesten) abzubiegen. So gelangen wir über steiniges Gelände in 1.30 Std. bis zur **Schulter des Cerro de los Cristales** 9, wo man – wie der Name bereits sagt – Kristalle finden kann. Links unten sieht man die Laguna Cretón. Der mühsamste Teil des Tages steht uns nun bevor, denn wir müssen 300 Hm durch Felsen und Ge-

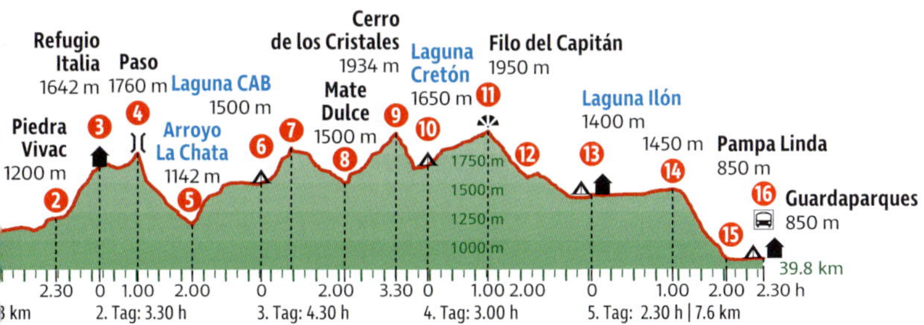

röll ins Tal absteigen bis zum Bach, der aus der **Laguna Cretón** ⑩ fließt. Im Südbuchenwäldchen am Bach und auch oben an der Lagune gibt es wieder mehrere schöne Zeltplätze zur Auswahl.

4. Tag: Laguna Cretón – Laguna Ilón
3.00 Std., 380 Hm Aufstieg, 630 Hm Abstieg
Von der **Laguna Cretón** ⑩ führt ein gut begehbarer Grat nach Westen und schon nach 30 Min. sehen wir unten zu unserer Linken die prächtige Laguna Azul. Weiter geht es sanft ansteigend bis zur Laguna Jujuy. Von hier aus sind es noch 100 Hm im Aufstieg, und zwar immer am **Filo del Capitán** ⑪ (»Grat des Kapitäns«) entlang, mit majestätischem Blick auf den Tronador. Ab hier geht es wieder 400 Hm durch steiles Geröll hinunter zu einer **sumpfigen Wiese** ⑫, die es zu überqueren gilt. Immer noch nach Westen, aber jetzt durch Wald, führt ein gut ausgetretener Weg runter zur **Laguna Ilón** ⑬. Hier gibt es einen **Campamento** mit einem großem Zelt, in dem man den Abend bei einem wohlverdienten Bier ausklingen lassen kann.

5. Tag: Laguna Ilón – Pampa Linda
2.30 Std., 100 Hm Aufstieg, 650 Hm Abstieg
Dieser Abschnitt ist wieder stark begangen. Er führt von der **Laguna** ⑬ aus durchs Tal nach Süden. Hier erwartet uns ein letzter steiler **Abstieg** ⑭ bis zur **Pampa Linda** ⑮ (»das schöne Tal«). Eine nagelneue Brücke führt über einen kleinen, aber tiefen Nebenfluss des Río Manso, und nach knapp 30 Min. gemächlichen ebenen Wanderns erreichen wir die **Rangerstation** ⑯ und somit das Ende der Tour.

Variante: Laguna Ilón – Mirada del Doctor
Ca. 3.30 Std., 200 Hm Aufstieg, 200 Hm Abstieg
Weil die Busse in Pampa Linda erst am Nachmittag abfahren, haben wir am letzten Tag eigentlich viel Zeit. Wer nochmal früh aufstehen und eine Extratour – ganz ohne Gepäck! – laufen will, muss unbedingt zum »Aussichtspunkt des Doktors«. Man umrundet die Laguna Ilón an ihrer Südseite und nimmt den Pfad nach Westen. Der Weg geht durch den Wald erst sanft 100 Hm abwärts und dann wieder bergauf. Nach etwa 1.45 Std. erreicht man den **Doctor**. Dieser Abstecher ist alle Mühe wert. Man genießt einen fantastischen Tiefblick auf den Lago Frey und den Brazo Tristeza, den Seitenarm des Lago Nahuel Huapi, auch der Cerro Tronador ist ganz nahe. Ein weiteres Plus ist, dass im näheren Umkreis Kondore nisten. Häufig sammeln hier Jungvögel ihre Flugpraxis – direkt vor unserer Nase.
Es geht auf gleichem Weg zurück zur Laguna Ilón und dann ins Tal, wenn man den Bus nach Bariloche noch erreichen will. Oder man macht's gemütlicher und legt eine zusätzliche Nacht an der Laguna Ilón oder in Pampa Linda ein.

Felsplatten auf dem Weg zum Mirada del Doctor.

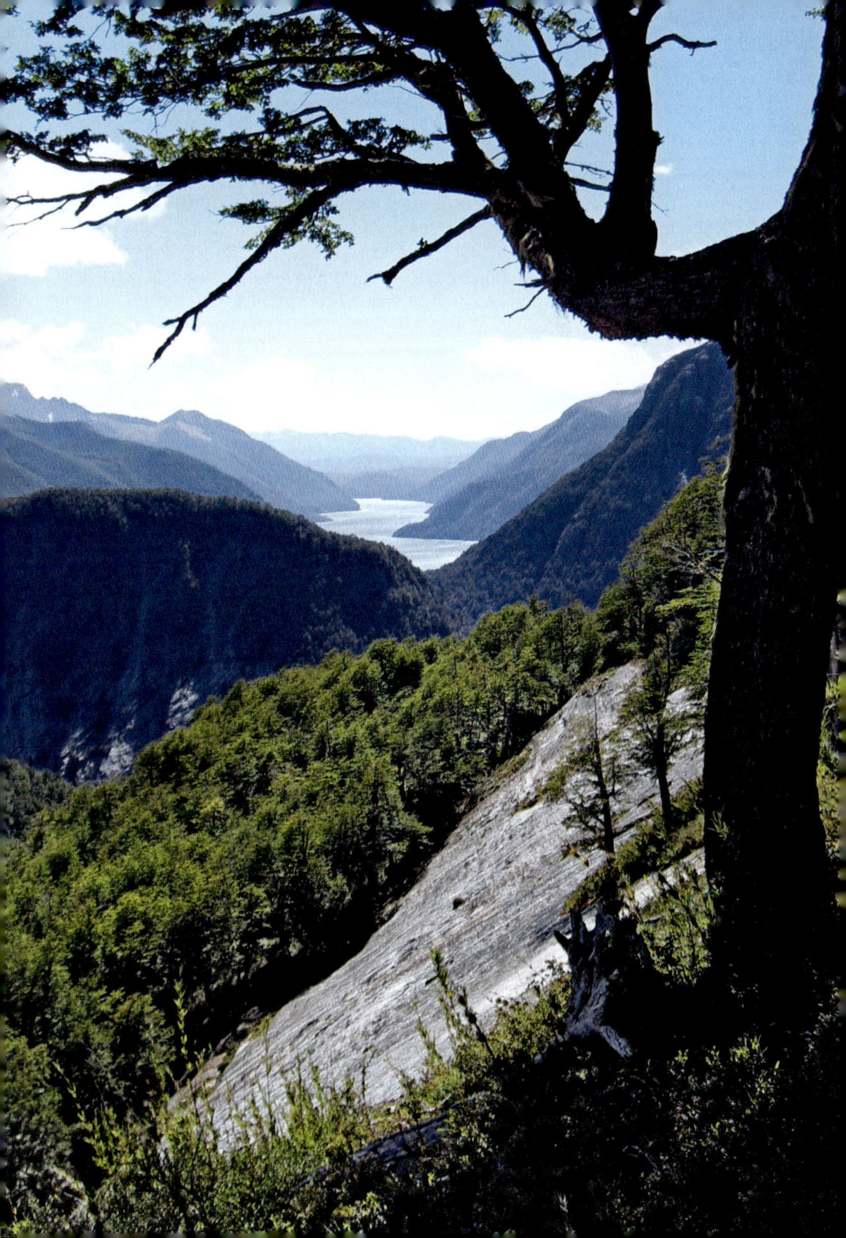

TOP

19 Über den Paso de las Nubes

↗ 860 m | ↘ 910 m | 23.7 km

2 Tage

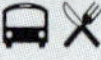

Zwischen Dschungel und Gletschern

Der Cerro Tronador ist mit 3427 m Höhe der beherrschende Berg im Süden des Seengebietes und damit des Nationalparks Nahuel Huapi. Obwohl es die Form des Berges nicht vermuten lässt, handelt es sich um einen längst erloschenen Vulkan. Der Name Tronador bedeutet »der Donnerer«, was aber hier nichts mit Vulkanismus zu tun hat. Der hinter der Pampa Linda gelegene Gletscher Ventisquero Negro wird von einem über 1000 Meter oberhalb des Gletschers liegenden Plateau gespeist, von dem sich immer wieder Eislawinen lösen und ins Tal hinunterdonnern. Auf dem Weg in die Tiefe vermischt sich das Eis mit dem mitgenommenen Geröll und es entsteht die auffällige schwarze Farbe des Gletschers. Wo sich Gletscher bilden können, gibt es auch viel Niederschlag, und somit wandern wir direkt in den regenreichen Selva Valdiviana hinein. Es geht über einen Bergpass, und am Ende der Wanderung steht noch die Bootsfahrt über zwei Seen zurück nach Bariloche auf dem Programm. Dazu bildet die alternative Überquerung des Glaciar Alerce am Cerro Tronador das i-Tüpfelchen für eine perfekte Tour, diese verlangt aber etwas mehr Planung und wird deshalb als Variante genau beschrieben.

Ausgangspunkt: Pampa Linda (Guardaparques), 850 m. Ab Bariloche preiswerter Bus des Club Andino um 8.30 Uhr, zurück um 17.00 Uhr, allerdings nur in der Sommersaison. Reservierung im Centro de Informaciones (siehe »Information«) oder telefonisch unter Tel. +54 9 2944213932. Außerdem wird Pampa Linda im Sommer von Bariloche aus täglich von Ausflugsbussen angefahren; Buchung bei den Agenturen in Bariloche. Anfahrt mit eigenem Auto siehe Tour 20.

Endpunkt: Puerto Frías, 800 m. Das Touristenboot fährt täglich gegen 16.00 Uhr von Puerto Frías über die Laguna Frías nach Puerto Alegre. Von dort geht es ein kurzes Stück mit einem Bus nach Puerto Blest und dann wiederum mit dem Boot über den Lago Nahuel Huapi nach Puerto Pañuelo, wo letztendlich Anschluss an das Nahverkehrssystem von Bariloche besteht (alles als ein Paket buchbar, siehe »Hinweise«).

Anforderungen: Alpine Hüttentour, Zelt nicht erforderlich. Der Abschnitt parallel

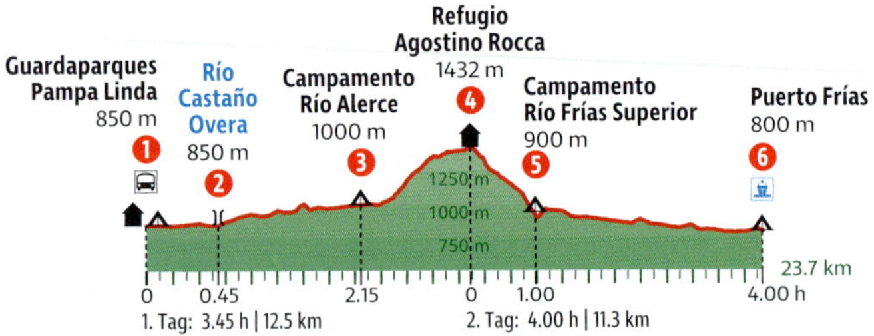

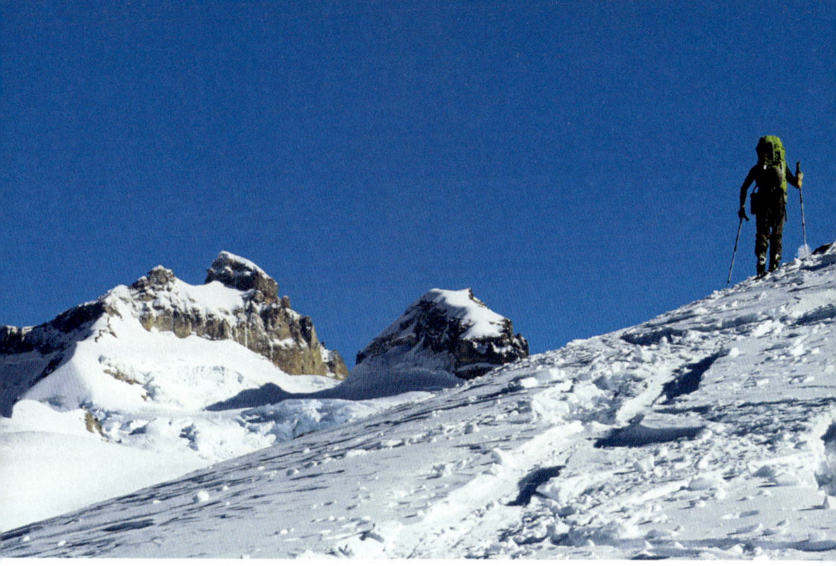

Hochtour am Tronador: Der Hauptgipfel ist der linke; rechts der Pico Argentino.

zum Río Frías kann bei Nässe unangenehm sein, viele umgestürzte Bäume trüben den Gehgenuss. Der Fluss selbst muss dann auch über einen umgefallenen Stamm gequert werden.

Einkehr: Am Ausgangspunkt betreibt der Camping Club Andino Bariloche ein einfaches Restaurant. Unterwegs im Refugio Agostino Rocca; an der Variante das Refugio Otto Meiling (relativ elegant und entsprechend teuer). In Puerto Frías gibt es keine Einkehrmöglichkeit.

Unterkunft: Hostería Pampa Linda oder Camping Club Andino Bariloche am Ausgangspunkt. Unterwegs das Refugio Agostino Rocca (refugiorocca.com, Tel. +54 9 294 4655903) sowie Zeltgelegenheiten auf der Nord- und Südseite des Paso de las Nubes. In Puerto Frías kann man neben der Grenzstation zelten. Wenn man die Variante läuft, das Refugio Otto Meiling (refugiomeiling.com, info@refugiomeiling.com, Tel. +54 9 294 4213932).

Hinweise: 1. Für alle Touren im Parque Nacional Nahuel Huapi muss man sich kostenlos anmelden unter nahuelhuapi.gov.ar/registros-trekking-escalada-esqui-travesia.

2. Den Parkeintritt bezahlt man am Anfang der Schotterpiste, die zur Pampa Linda führt.

3. Empfohlener lokaler UIAGM/IFMGA Bergführer in der Bariloche-Gegend: Luciano Fiorenza, pataguides.com, pataguides@pataguides.com, Tel. +54 9 294 4667777.

3. An den Refugios muss man seinen Schlafplatz (bzw. Zeltplatz) im Voraus reservieren, Kontakte siehe Unterkunft. Den Bus nach Pampa Linda reserviert man im Centro de Informaciones (siehe Information) oder telefonisch unter Tel. +54 9 294 4213932.

4. Den Transport ab Puerto Frías bis Puerto Pañuelo in Bariloche reserviert man als Paket bei der Agentur Turisur (Mitre 219 und Mitre 150, Bariloche, turisur.com.ar, ventas@turisur.com.ar, Tel. +54 9 294 4339000).

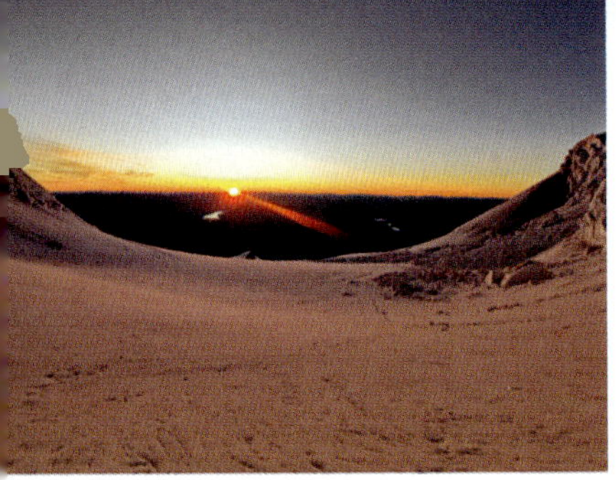

Sonnenaufgang während der Besteigung des Cerro Tronador.

Information: Centro de Informaciones de Montañas, Club Andino Bariloche (CAB), Calle 20 de Febrero n° 30, Bariloche, Mo–Sa 9.00–20.00 Uhr; clubandino.org. Hier erhält man die besten Infos zu allen Trekkingmöglichkeiten im Nationalpark. Sonst vor Ort an der Rangerstation in Pampa Linda.

Varianten: 1. Zum Refugio Agostino Rocca über das Refugio Otto Meiling und den Glaciar Alerce: Diese zweitägige Variante stellt möglicherweise die schönste und abwechslungsreichste (und technisch nicht allzu anspruchsvolle Tour) in ganz Nordpatagonien dar. Zur Hauptroute kommt noch eine weitere Hütte, das Refugio Otto Meiling direkt am Fuße der Gletscher des Tronador dazu und ein kleines andinistisches Abenteuer in Form einer Gletscherüberschreitung. Besondere Anforderungen sind Erfahrung im Umgehen mit Steigeisen, im Begehen von und Orientieren auf Gletschern und in Spaltenbergung, wobei das Eis aber nie steiler als 20° ist. Für den »Normalwanderer« empfiehlt es sich, einen lokalen Bergführer für diese Strecke anzuheuern (siehe Hinweis). Diese Variante ist besonders reizvoll und wird deshalb unten genau beschrieben.
2. »Andinismus«: Von den drei Gipfeln des Cerro Tronador ist der mittlere der höchste und gleichzeitig der schwierigste. Er ist daher ausschließlich erfahrenen Alpinisten vorbehalten. Wesentlich attraktiver für Bergsteiger ist der Pico Argentino, den man vom Refugio Otto Meiling mit einer Tagestour erreicht. Er erfordert »nur« Gletschererfahrung (viele Spalten, insbesondere im Spätsommer) und solide Technik beim Gehen mit Steigeisen in Passagen bis max. 50°. Einen lokalen Bergführer zu nehmen ist ratsam (siehe »Hinweis«).
3. Von Puerto Frías nach Chile: Nach Erledigung der Grenzformalitäten geht es auf einer Fahrstraße, die nur von einem zwischen den Grenzposten hin und her pendelnden Bus genutzt wird, zum Paso Pérez Rosales und danach hinunter zur chilenischen Zollstation in Casa Pangue. (Von dort führt auch ein Pfad nach Süden zur Nordseite des Tronador.) Die Straße geht weiter bis Peulla am Ostende des Lago Todos los Santos (ca. 27 km). Dort bestehen Zeltmöglichkeiten direkt am See. Die Fähre zur anderen Seeseite (Petrohué) legt gegen 15.00 Uhr ab. Die Schifffahrt über den Lago Todos los Santos gehört zu den malerischsten im argentinisch-chilenischen Seengebiet.

Karten: Pixmap 1:50.000 Monte Tronador.

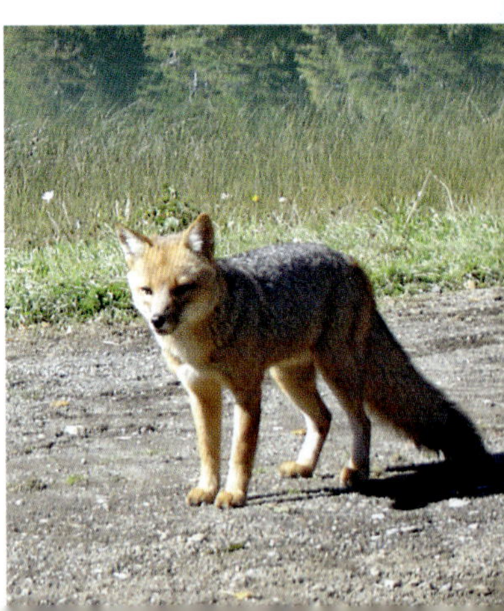

Der niedlichste Dieb in der Gegend.

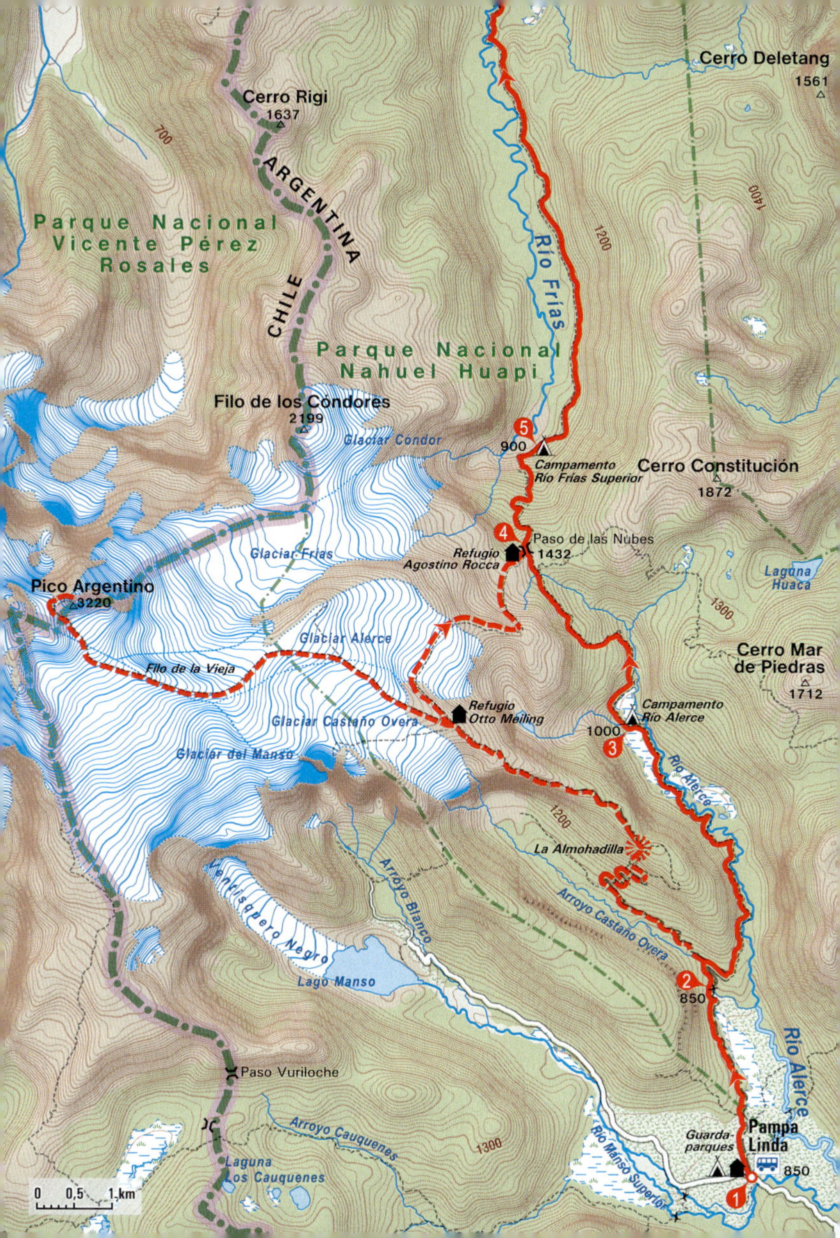

Cerro Deletang
1561
Cerro Rigi
1637
700
1400
ARGENTINA
CHILE
Parque Nacional Vicente Pérez Rosales
Río Frías
1200
Parque Nacional Nahuel Huapi
Filo de los Condores
2199
Glaciar Condor
900
Campamento Río Frías Superior
Cerro Constitución
1872
Paso de las Nubes
Refugio Agostino Rocca
1432
Glaciar Frías
Laguna Huaca
1300
Pico Argentino
3220
Glaciar Alerce
Cerro Mar de Piedras
1712
Filo de la Vieja
Refugio Otto Meiling
Campamento Río Alerce
1000
Glaciar Castaño Overa
Glaciar del Manso
Río Alerce
1200
La Almohadilla
Arroyo Blanco
Ventisquero Negro
Arroyo Castaño Overa
Lago Manso
850
Río Alerce
Paso Vuriloche
Arroyo Cauquenes
1300
Pampa Linda
Guarda-parques
Río Manso Superior
850
Laguna Los Cauquenes
0 0,5 1 km

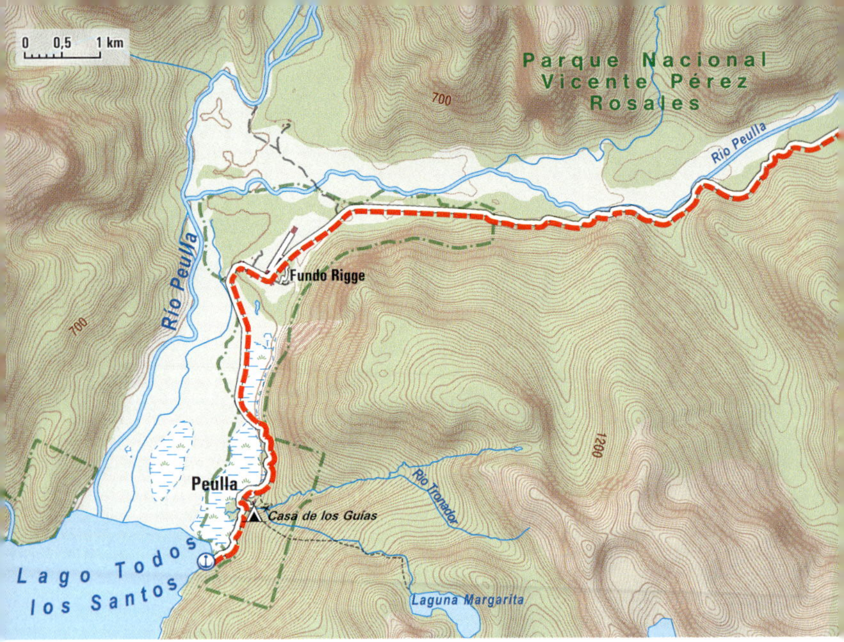

0 0,5 1 km

Parque Nacional
Vicente Pérez
Rosales

700

Río Peulla

Río Peulla

Fundo Rigge

700

1200

Peulla

Casa de los Guías

Río Tronador

Lago Todos
los Santos

Laguna Margarita

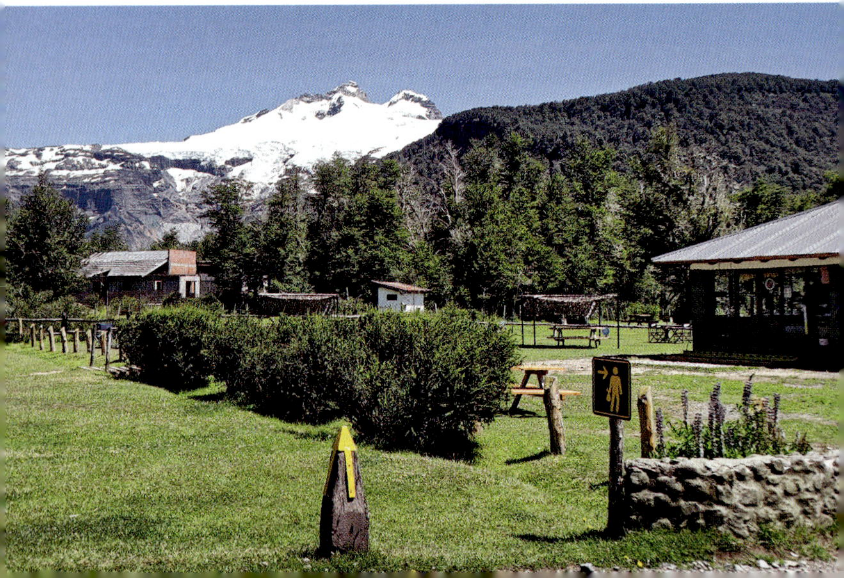

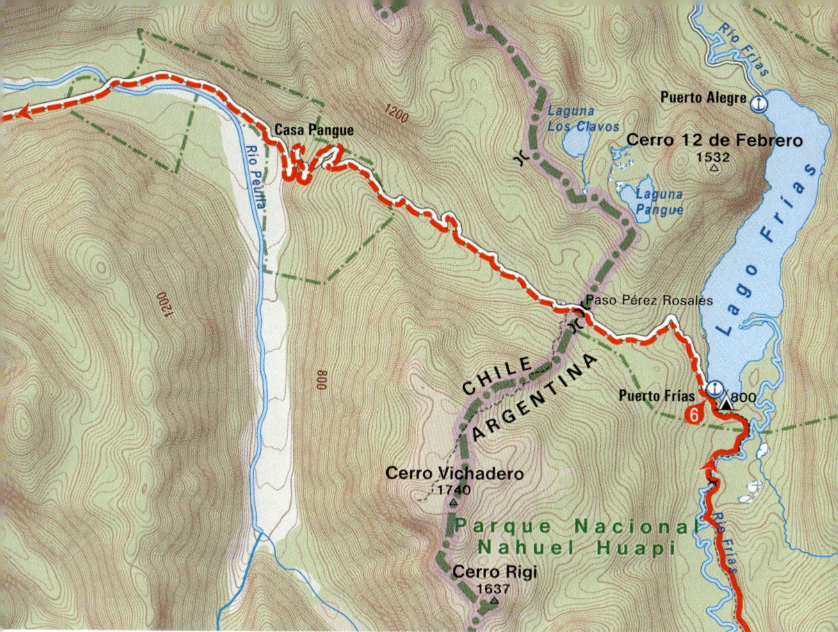

1. Tag: Pampa Linda – Refugio Agostino Rocca

3.45 Std., 700 Hm Aufstieg, 160 Hm Abstieg

Der Weg beginnt neben dem Haus des Guardaparque in der **Pampa Linda ❶**. Von dort wandern wir ca. 3 km auf einem Fahrweg (Schilder) bis zum **Río Castaño Overa ❷**. Ca. 200 m hinter der Brücke (Schilder) teilt sich der Weg: Rechts geht es zum Paso de las Nubes, links zum Refugio Otto Meiling (Variante). Wir halten uns rechts und folgen der alten Straße bis zum Río Alerce. Am Fluss entlang laufen wir gemütlich das Tal hinauf, bis wir nach 1.30–2.00 Std. das **Río Alerce Camp ❸** am Rande eines Sumpfes erreichen. Von hier aus kann man einen Abstecher zum Wasserfall »Cascada Alerce« machen. Wer sich fit genug fühlt, folgt dem orografisch rechten Ufer des Río Alerce nach Westen bis zur Laguna Alerce, die ihr Wasser vom etwas oberhalb endenden Glaciar Alerce erhält (ca. 1.00 Std. extra).

Ansonsten weiter in Richtung Paso de las Nubes: Wir queren zunächst mit Blick auf den Wasserfall den Río Alerce und umgehen anschließend links haltend ein weiteres Sumpfgebiet. Danach wird es steil: Wir verlassen den Wald und steigen in Kehren hinauf zum direkt am Paso de las Nubes neu errichteten **Refugio Rocca ❹**. Zelten direkt neben der Hütte ist erlaubt.

Campingplatz in Pampa Linda, im Hintergrund der Cerro Tronador.

2. Tag: Refugio Agostino Rocca – Puerto Frías

4.00 Std., 120 Hm Aufstieg, 790 Hm

Der Abstieg von der Hütte in das Tal des Río Frías ist steil, bietet jedoch immer wieder fantastische Blicke auf den gegenüber ins Tal polternden Ventisquero Frías und seine vom Plateau herabstürzenden Wasserfälle. Etwa 1.00 Std. nach dem Pass erreichen wir den Talboden und somit das **Río Frías Superior Camp** 5. Hier besonders auf die roten Wegmarkierungen achten! Wir halten uns rechts und tauchen nach einer Bachüberquerung in den Wald ein. Von nun an geht es ausschließlich durch einen vor Feuchtigkeit triefenden Regenwald, in dem man ständig umgestürzten Urwaldriesen ausweichen oder diese mühsam überklettern muss. Weiter talabwärts treffen wir auch auf einige sehr alte Alerce-Bäume, die hier einen riesigen Umfang und Höhen bis 70 m erreichen.

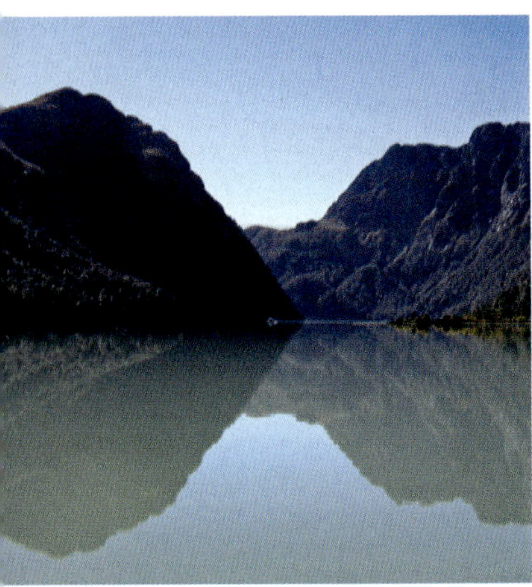

Boot in Sicht am Lago Frías.

Nach ca. 4.00 Std. ausschließlich im Wald gelangen wir an den Río Frías, der kurze Zeit später auf einem umgestürzten Baumstamm überquert wird. Auf der anderen Seite des Flusses verläuft ein Fahrweg, sodass der Weiterweg bis **Puerto Frías** 6 und der dortigen Grenzstation schnell geschafft ist. Nachdem man sich bei den Leuten von der Gendarmería vorgestellt hat, kann man hier auch zelten.

Von Puerto Frías aus bieten sich zwei Alternativen an: Entweder über die Laguna Frías und den Lago Nahuel Huapi (Bus und Boot) zurück nach Bariloche oder, falls man sein ganzes Gepäck dabeihat, in Richtung Puerto Montt nach Chile, siehe Variante 3.

Variante: Zum Refugio Agostino Rocca über das Refugio Otto Meiling und den Glaciar Alerce: 1 zusätzlicher Tag, insgesamt also 3 Tage

1. Tag: Pampa Linda – Refugio Otto Meiling

4.30 Std., 1150 Hm Aufstieg

Die ersten 3 km verlaufen genauso wie schon beschrieben. An der Abzweigung nach der **Brücke** über den **Río Castaño Overa** 2 gehen wir jetzt aber links. Wir folgen dem Pfad zum Refugio Otto Meiling, der sich bald ein zweites Mal gabelt: Nach links geht es zum Abbruch des Glaciar Castaño Overo, ein ca. 1-stündiger Abstecher. Unser Anstieg führt aber rechts in endlosen Kehren steil nach oben, bis wir nach insg. ca. 3.00 Std. den Kamm

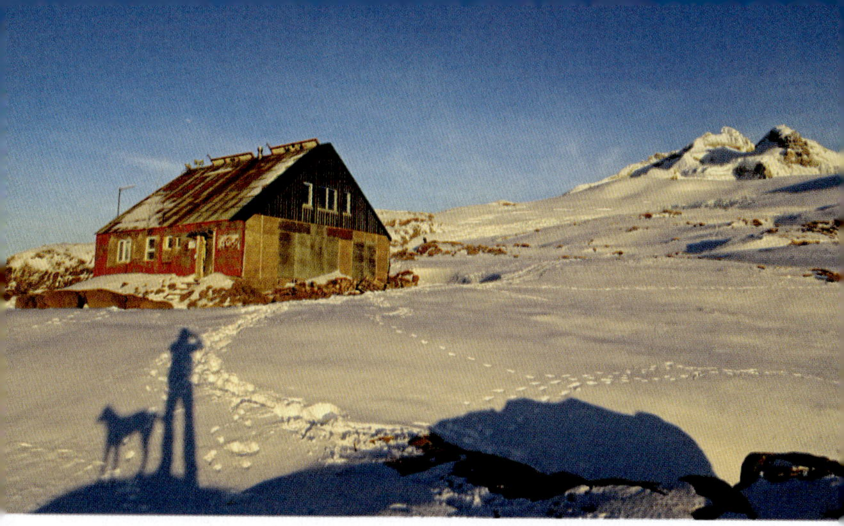

Das Refugio Otto Meiling wenige Meter unterhalb des Glaciar Castaño Overo. Otto Meiling war ein deutscher Siedler, der u.a. den Club Andino Bariloche gründete.

erreichen. Dieser Ort wird **La Almohadilla** genannt. Von dort hat man bereits einen herrlichen Ausblick auf Tronador und Umgebung.
Das nun folgende Wegstück leitet über felsigen schwarzen Untergrund (den sogenannten Mohrenkopf) und ist mit Steinpyramiden bestens gekennzeichnet. Nach weiteren rund 1.30 Std. gelangen wir so zum **Refugio Otto Meiling**, das nach einem der Gründungsväter des Club Andino Bariloche benannt ist. Die Hütte liegt kurz vor dem Beginn der Gletscher in einer Mulde.

2. Tag Refugio Otto Meiling – Glaciar Alerce – Ref. Agostino Rocca

6.00 Std., 500 Hm Abstieg
Der Pfad beginnt 50 m oberhalb des **Refugio Otto Meiling**, wo das Wasser für die Hütte aus einem Bach geschöpft wird. Unterhalb dieser Stelle kreuzen wir den Bach und gehen diagonal in Richtung Nordwesten. Es gilt die Steininsel, auf der das Refugio liegt, abzusteigen. Nach ca. 20 Min. auf einem mit Steinmännern rudimentär markierten Pfad gelangen wir an den Glaciar Alerce. Der Gletscher kann je nach Jahreszeit mehr oder weniger Schnee aufweisen,

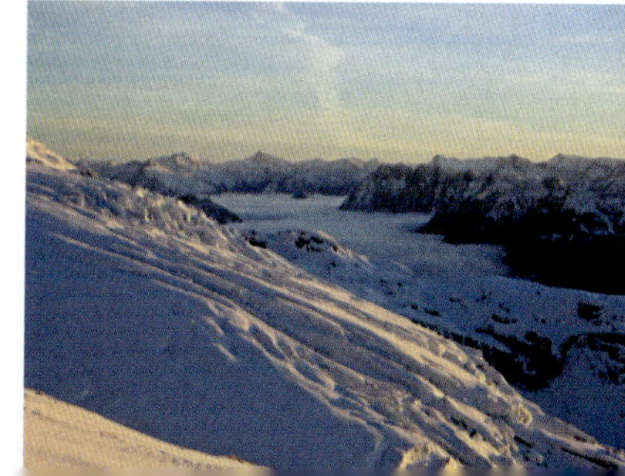

Der Glaciar Alerce.

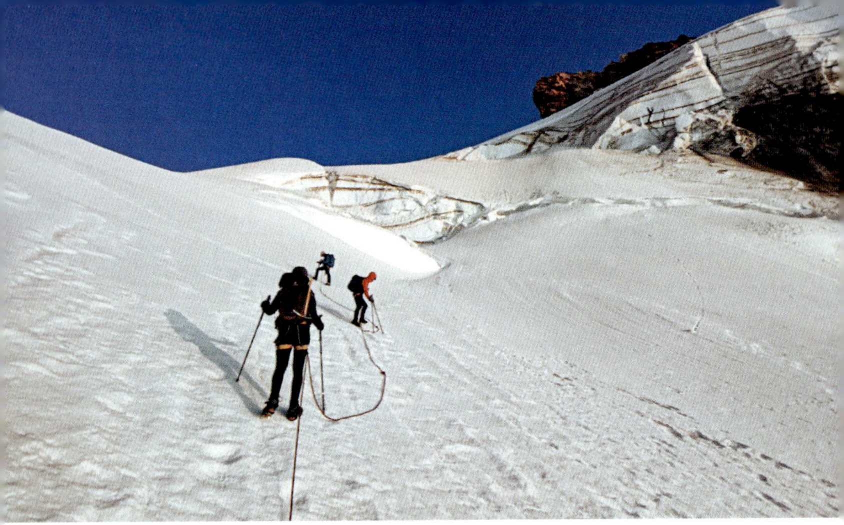

Gletscherquerung während der Besteigung des Tronador.

aber immer muss man anfangs Steigeisen anziehen. Jetzt geht es auf eisigem Boden praktisch flach auf die andere Seite, wo ein Felsgrat hinabführt. Nach 45 Min. erreichen wir den Felsgrat und schalten wieder auf Trekkingmodus. Wir folgen dem Grat in Richtung Tal (Osten) bis zu einer großen Stufe, wo der Boden von Vulkangestein auf Granit und somit von bräunlich auf grau wechselt. Diese Stufe ist mithilfe einiger fixer Ketten (insgesamt etwa 20 m) auf der Nordseite des Grates relativ leicht zu überwinden. Danach geht es auf einem Pfad erst nach Osten unterhalb einer Felswand und dann in einer Linkskurve nach Westen. Der Weg sucht immer die einfachste Passage. Nach der Kurve heißt es eine weitere Felsstufe hinabzusteigen. Dies schaffen wir neuerlich mittels einer fixen Kette (5 m). Bald drauf kommen wir an eine flache Stelle unterhalb des Paso und genießen den Blick auf einige Wasserfälle, die von der Flanke des Tronador stürzen. Wir müssen noch einen kleinen Hügel in Richtung Norden überschreiten, dann stoßen wir auf den Hauptpfad, der vom Alerce-Tal heraufsteigt. Wir folgen ihm noch 5 Min. bis zum **Refugio Agostino Rocca** **4**.

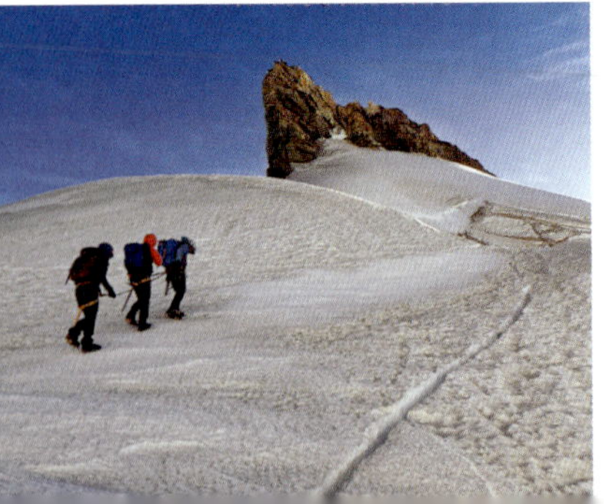

Schlussanstieg am Pico Argentino – die letzten Meter sind die steilsten!

↗ 1200 m | ↘ 1200 m | 25.4 km

8.30 h

Cerro Volcánico, 1877 m

20

Die beste Sicht auf den Tronador

In den Patagonischen Anden bilden die großen Berggipfel häufig die politische Grenze zwischen Argentinien und Chile. So ist es auch bei dem mit einem Grenzmarkstein geschmückten Cerro Volcánico der Fall. Von hier aus kann man die verschiedenen vergletscherten Gipfel des Tronador – auf Deutsch treffend der »Donnerer« – hervorragend bestaunen. Der Hauptgipfel heißt »Pico Internacional« und seine beiden Trabanten »Pico Chileno« und »Pico Argentino«. Trotz seiner markanten Erscheinung wurde der Tronador erst 1934 zum ersten Mal bestiegen, und zwar vom deutschstämmigen Hermann Claussen. Die Nacht überraschte ihn alleine und ohne Taschenlampe auf dem Gipfel. »Ohne Essen, Wasser oder Tabak« musste er bis Sonnenaufgang warten, bevor er den Abstieg wagen konnte. Die »Claussen-Traverse« ist heute noch eine begehrte und respektierte Route unter Bergsteigern. Kurz nach Claussens Abenteuer errichtete der Club Andino Bariloche das Refugio Otto Meiling als ersten Stützpunkt für den Berg (siehe Tour 19).

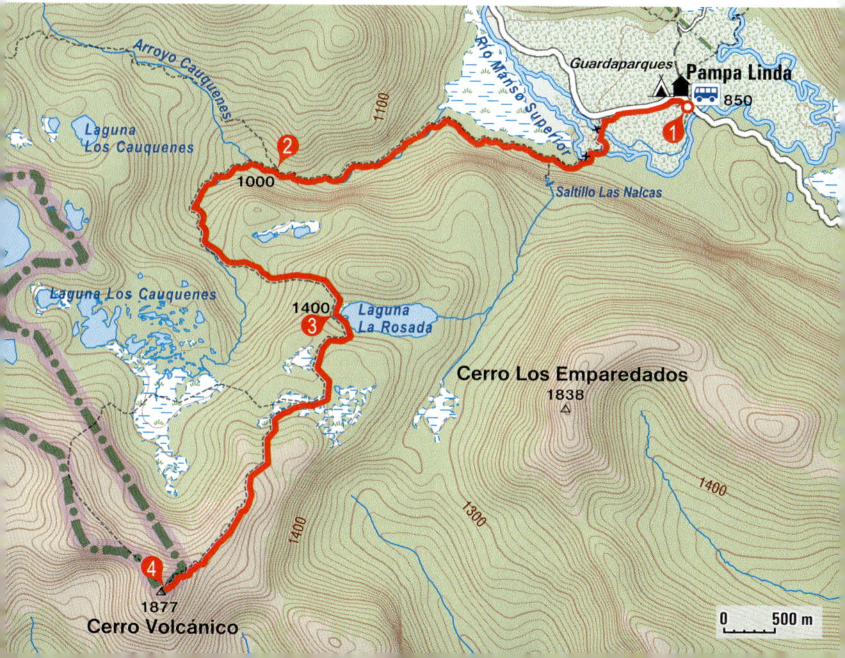

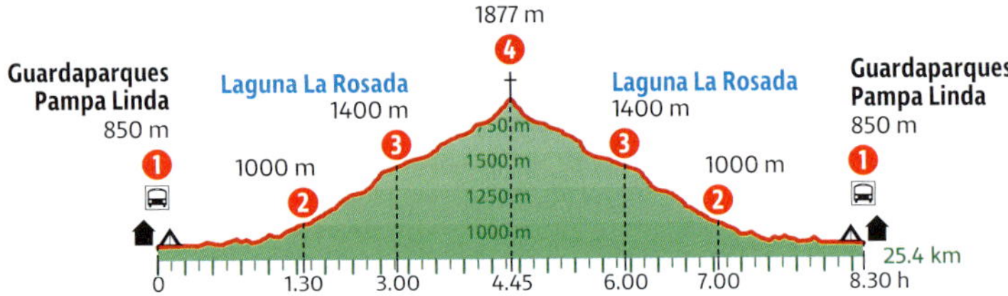

Ausgangspunkt: Pampa Linda, 850 m. Von Bariloche auf der Ruta 40 bis Villa Mascardi (Richtung El Bolsón), dort nach rechts auf einen beschilderten Fahrweg und mit ca. 2.00 Std. Fahrt auf einer rauen Piste zur Pampa Linda. Ab Bariloche preiswerter Bus des Club Andino um 8.30 Uhr, zurück um 17.00 Uhr, allerdings nur in der Sommersaison. Reservierung im Centro de Informaciones (siehe »Information«) oder telefonisch unter Tel. +54 9 2944213932. Außerdem wird Pampa Linda im Sommer von Bariloche aus täglich von Ausflugsbussen angefahren; Buchung bei den Agenturen in Bariloche.
Anforderungen: Teilweise steiler und auch rutschiger Pfad, einige kleine Bäche müssen überquert werden (am besten mit festen Sandalen). Ansonsten gut unterhaltene, markierte Wege. Insgesamt sind etwas Trittsicherheit und Geschick in der Wegfindung hilfreich.
Einkehr: Unterwegs keine; am Ausgangspunkt in der Hostería Pampa Linda.
Unterkunft: Hostería Pampa Linda (hosteriapampalinda.com.ar, info@hosteriapampalinda.com.ar, Tel. +54 2944 110390); daneben befindet sich ein Zeltplatz.
Hinweise: 1. Für alle Touren im Parque Nacional Nahuel Huapi muss man sich kostenlos anmelden unter nahuelhuapi.gov.ar/registros-trekking-escalada-esqui-travesia. Der Parkeintritt ist am Beginn der Schotterpiste zu bezahlen, die zur Pampa Linda führt.
2. Nach Regenfällen und bei Hitze (durch Schmelzwasser) können einige der Bäche deutlich über die Ufer treten, sodass sich das Überqueren der Bäche recht spannend gestalten kann.
3. Wer gerne reitet, kann bei der Hostería Pampa Linda ein Pferd mieten.
Information: Centro de Informaciones de Montaña, Club Andino Bariloche (CAB), Calle 20 de Febrero n° 30, Bariloche, Mo–Sa 9–20 Uhr; clubandino.org. Hier erhält man die besten Infos zu allen Trekkingmöglichkeiten im Nationalpark. Sonst vor Ort an der Rangerstation in Pampa Linda.
Karten: Andes Profundo 1:50.000 Ruta de los Jesuitas – Paso Vuriloche.

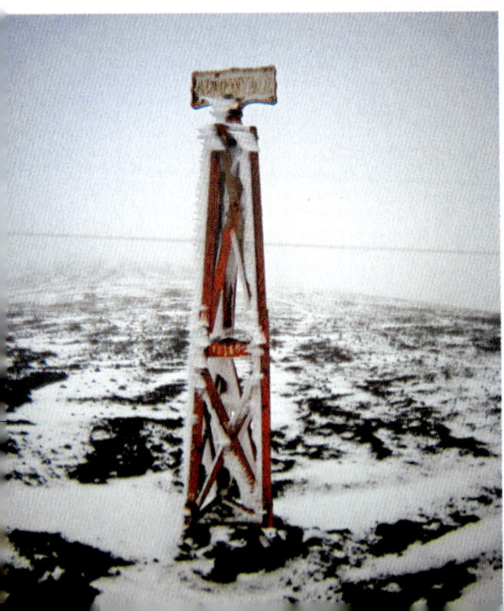

Verschneiter Grenzpfosten am Cerro Volcánico.

Von der **Rangerstation** mit Parkplatz in **Pampa Linda** ❶ wandern wir an der Hauptstraße entlang noch ein Stück weiter. Nach 10 Min. macht die Schotterpiste vor uns eine Rechtskurve; kurz vorher biegen wir links in eine Seitenstraße und treffen hier auf den eigentlichen Beginn des Pfades. Wir folgen dem zuerst breiten Weg nach Süden und mittels Brücke über den Río Manso. Hinter der Brücke biegt der Pfad nach Westen und wir gelangen in 5 Min. an die Abzweigung zum Wasserfall **Saltillo Las Nalcas**, den man mit einem Abstecher von insg. 15 Min. erforschen könnte.

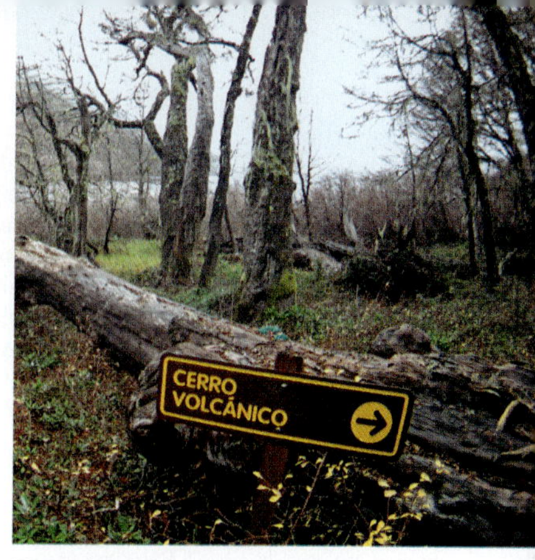

Wegweiser an der Laguna La Rosada.

Unserer Hauptweg aber führt geradeaus weiter, wir folgen nun dem Río Cauquenes auf seiner orografisch rechten Seite flussaufwärts. Normalerweise sind ab hier je nach Jahreszeit einige mehr oder weniger kleine Bachquerungen fällig. Es geht allmählich bergauf, und nach 1.00 Std. ab der Abzweigung zum Wasserfall kommen wir neuerlich an eine **Abzweigung** ❷. Der rechte Weg führt über den Paso Vuriloche nach Chile; wir halten uns links. Mehrmals einen Bach durchquerend folgen wir seinem Verlauf anfangs nach Westen und dann nach Süden bergauf. Weiterhin links haltend erreichen wir nach 1.00 Std., nun nach Osten gehend, die **Laguna La Rosada** ❸, an deren Ufer man auch campen könnte.

Nach einer Rastpause an der Laguna folgen wir dem Aufstiegsweg weiter nach Süden. Der Wald wird niedriger, und wir nutzen einige Wiesen zum Vorankommen (Achtung bei der Wegsuche, das Unterholz ist nämlich ziemlich dicht, wenn man an eine falsche Stelle gerät). So steigen wir in 45 Min. zur Vegetationsgrenze hinauf. Ab hier ist der Pfad auf dem felsigen Vulkanboden nicht mehr leicht zu erkennen, aber das Ziel ist in Sicht und das Terrain weitläufig. Der Weg macht einen Bogen nach rechts (Südwesten) und folgt einem felsigen Grat. An manchen Stellen wird hier im Frühjahr noch Schnee liegen. Weiterhin den Gipfel (Richtung Südwesten) anpeilend, umgehen wir einige Felsen und passieren eine Grenzmarkierung. Der Schlussanstieg zum Gipfel des **Cerro Volcánico** ❹ ist wegen des sandigen Untergrunds ein wenig mühsam. Von oben haben wir dafür wie erwähnt einen prächtigen Rundblick, nicht nur auf den mächtigen Tronador, sondern auch auf die von kleineren Berggipfeln umrahmten Seen Hess und Fonck im Süden.

Nachdem wir uns sattgesehen haben, müssen wir noch den nicht schwierigen, aber langen Abstieg über den Aufstiegsweg bewältigen.

Mittlere Patagonische Anden

Vom südlichen Ende des Seengebiets am Cerro Tronador bis zum Lago Buenos Aires (bzw. Lago General Carrera oder Chelenko) zieht sich einer der unbekanntesten Teile der patagonischen Andenkette hin. Über 600 Kilometer einer komplex aufgebauten Gebirgskette ragen hier auf, die sowohl für Alpinisten als auch für Wanderer mit wenigen Ausnahmen »Terra incognita« sind. Besonders Spektakuläres gibt es allerdings auf den ersten Blick auch nicht zu vermelden. Aber auch hier liegen funkelnde Seen inmitten ausgedehnter Buchenwälder, und markante Bergspitzen zieren den Horizont. Kein einziger Gipfel ist über 3000 Meter hoch, aber an vielen Berghängen warten große Wände aus grauweißem Granit auf den Andinisten. Das bekannteste Beispiel ist das Valle de Cochamó südöstlich von Puerto Montt, das »Yosemite von Südamerika«. Den südlichen Abschluss des Gebiets bildet ein See, der von großer Bedeutung ist. Es handelt sich mit etwa 1900 km² um den zweitgrößten See in Südamerika. Aus ihm fließt der größte Fluss Chiles, der Río Baker. Ob dieser See so wichtig ist, dass er gleich drei Namen braucht, ist fraglich. Trotzdem nennen ihn die Chilenen »Lago General Carrera« und die Argentinier »Lago Buenos Aires«; als Erstes hatten ihn die einheimischen Tehuelche »Chelenko« getauft, was so viel wie »stürmisches Gewässer« bedeutet. Die Tehuelche-Sprache gilt seit 2019 als tote Sprache, das Volk als solches existiert nicht mehr. Die Fahrt über den See von Puerto Tranquilo aus zu den Capillas de Mármol ist, obwohl nicht mit Wandern verbunden, ein Muss. Die Capillas (»Kapellen«) sind vom Seewasser erodierte Felsformationen, die befahrbare Höhlen gebildet haben.

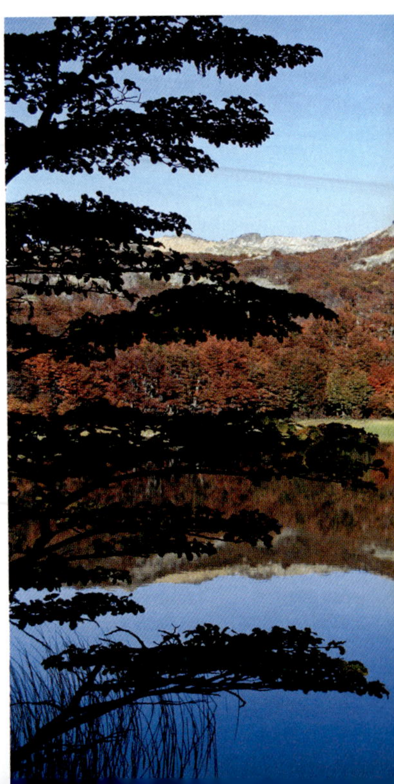

Auf der argentinischen Seite kann man mittels der Ruta 40 relativ bequem die Region erforschen, auch wenn verschiedene Abschnitte dieser famosen Straße nicht immer in gutem Zustand sind. In Chile hingegen wird dieses Gebiet erst seit 1992 von der Carretera Austral durchquert. Orografische Hindernisse, wie das Meer, Seen, Berge und Eisfelder, dazu auch noch der undurchdringliche Regenwald haben aus dem Versuch, den Süden Chiles mit dem Rest des Landes zu verbinden, eins der schwierigsten und teuersten staatlichen Unternehmen Chiles im Laufe des 20. Jahrhunderts gemacht. Momentan verläuft die Carretera Austral bis Villa O'Higgins am gleichnamigen See, ist aber nur zum Teil asphaltiert, und mehrmals muss man Fähren nehmen, um Seen zu überwinden, was einiges an Logistik erfordert.

Die größeren Städte in Argentinien sind El Bolsón und Esquel, in Chile ist Coyhaique zu erwähnen.

Bekanntestes Wandergebiet ist die Gegend um den Cerro Castillo. »Castillo« bedeutet »Schloss«, und tatsächlich hat der Berg etwas Majestätisches an sich, vor allem auch, weil er sich direkt aus dem flachen Tal des Río Ibañez erhebt.

Bergsee auf dem Weg zum Refugio Lindo (Tour 25).

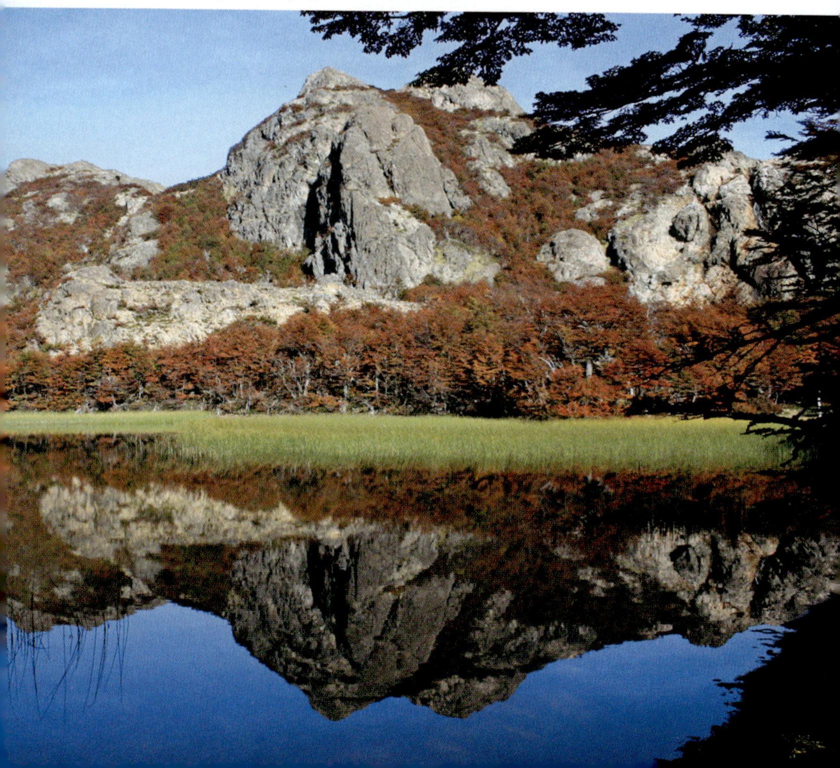

TOP

↗ 1550 m | ↘ 1550 m | 33.4 km

21 Laguna Trinidad im Cochamó-Tal

3 Tage

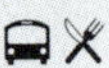

Vom Ozean in die Kordillere

Durch das Tal des Río Cochamó verläuft ein Pfad, der schon seit Tausenden von Jahren zur Durchquerung der Anden genutzt wird. Anfang des 20. Jahrhunderts mit Alerce-Stämmen befestigt, ermöglichte der Weg den Viehtransport zwischen den heutigen Staaten Chile und Argentinien. Einstmals reger Verkehr und der Zahn der Zeit haben ihre Spuren hinterlassen: An manchen Stellen ist der Weg so erodiert, dass man nicht einmal zu Pferd aus der Furche, in der man sich fortbewegt, blicken kann. In den letzten Jahren wurde dieses Tal ein sehr beliebtes Ziel für Touristen. Vor allem chilenische Studenten sind in den Sommermonaten hier in Mengen unterwegs. Die Infrastruktur hat sich entsprechend gebessert, neue Campingplätze im Tal wurden installiert und die sumpfigen Wege gewartet. Auch besteht die Möglichkeit, bei Siedlern Pack- oder Reitpferde zu mieten. Eine Besonderheit dieses im üppigen Regenwald gelegenen Tales sind die gewaltigen Granitberge, die die Landschaft, in der sich der Wanderer bewegt, einengen. Von einem Basecamp an einem der Campingplätzen in La Junta aus lassen sich mehrere Seitentäler des Cochamó erforschen, unter ihnen das hier vorgeschlagene Valle del Trinidad.

Ein Bergsteiger-Aussichtspunkt im Valle del Anfiteatro südlich des Río Cochamó. La Junta ist als grüne Fläche im Tal zu erkennen, der Berg gegenüber links ist der Cerro Arcoíris.

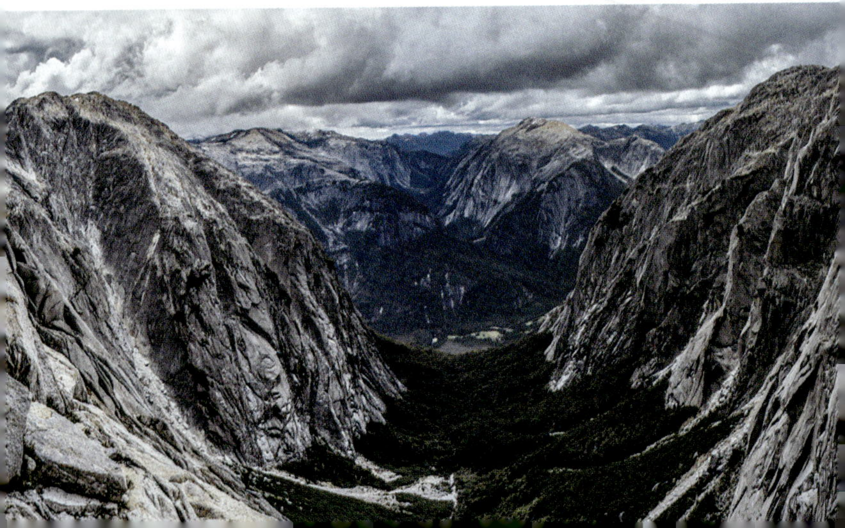

Ausgangspunkt: Parkmöglichkeit am Río Cochamó, 45 m, an einem Siedlerhaus (Señor Claudio). Anfahrt von Puerto Varas Richtung Petrohué, bei Ensenada rechts Richtung Cochamó fahren. Durch den Ort und 5 km danach vor einer Brücke links in einen Fahrweg; nach 4,7 km und insg. ca. 1.30 Std. Fahrzeit ist man angekommen. Busse täglich von Puerto Varas oder Puerto Montt bis Ensenada und von dort durch das Tal des Río Petrohué zur ausgeschilderten Abzweigung zum Campo Aventura am Río Cochamó (Fahrzeit etwa 3.00 Std.).
Anforderungen: Mehr oder weinger gewarteter Pfad, der aber zum Teil steil und schlammig ist. Eine weitere Herausforderung sind Bachquerungen, wobei die Bäche bei Regen stark anschwellen können.
Einkehr: Unterwegs keine. In Cochamó: Restaurant La Ollita an der Hauptstraße, Tel. +56 65 81665225. Variante: Einkehr und Unterkunft in Paso El León.
Unterkunft: In Cochamó: La Bicicleta Hostel, Avenida Cochamó 179; unterwegs in den Hütten von La Junta und El Arco, dort jeweils auch Zeltplätze. Empfohlen ist der Campingplatz La Junta oder das Refugio Cochamó am anderen Flussufer; Reservierung unter cochamo.com.
Variante: Durch das Cochamó-Tal in 5–6 Tagen über die Grenze nach Argentinien: Siedlerpfade führen von La Junta zum Lago Vidal Gormaz und dann durch das Tal des Río León bis Paso El León, einem kleinen Dorf an der Grenze. Zuletzt muss man noch die 60-km-Schotterpiste von Paso El León bis zur Ruta 40 bei Villegas trampend bewältigen (kein öffentlicher Bus). Auf der Ruta 40 fahren Busse der Firma Via Bariloche in beide Richtungen.
Tipps: 1. Für die Touren im Valle Cochamó kann man vor Ort auch Pferde mieten (15.000–30.000 Pesos pro Tag).
2. In der Region um Cochamó findet man auch hervorragende Klettergebiete.
Information: cochamo.com; Administración turística de Cochamó, Tel. +56 65 2562551, turismo@municochamo.cl. Lokaler Wanderführer: Vianney Lhoumeau, Tel +54 92 944610068, peakpatagonia@gmail.com, peakpatagonia.com.
Karten: Andes Profundo 1:50.000 / 1:30.000 Valle de Cochamó, Pixmap 1:75.000 Valle Cochamó.

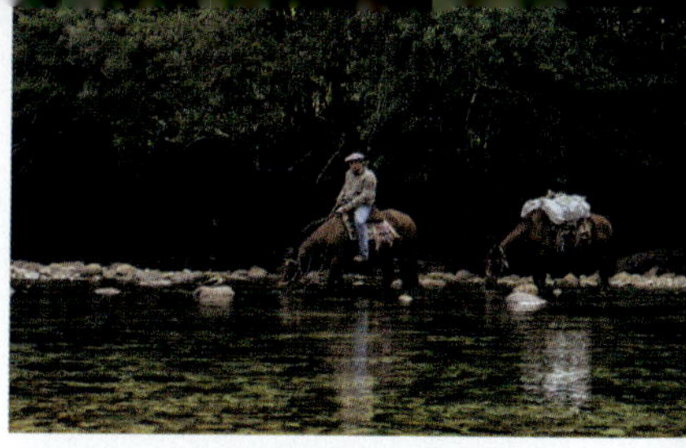

Oft lassen sich Touristen von Packpferden Gepäck und Proviant bis La Junta bringen.

1. Tag: Casa de Claudio – La Junta

3.35 Std., 430 Hm Aufstieg, 160 Hm Abstieg

Am Straßenende im Tal des **Río Cochamó** kann man nicht gut parken, dafür stellt Claudio, einer der letzten Siedler hier, seinen **Garten** ❶ (natürlich nicht kostenfrei) zur Verfügung. Von hier aus laufen wir ein paar Minuten bis zum Registrierhäuschen am Parkeingang (selten geöffnet). Ein breiter Pfad führt uns nun auf der Nordseite des Río Cochamó ins Tal hinein. Es geht flussaufwärts, ist aber nie besonders steil – dafür äußerst feucht und matschig. An vielen Stellen ist der Hauptweg tief eingegraben und steht unter Wasser. Es wimmelt von kleinen Seitenpfäden, die etwas irreführend diesen Tümpeln aus dem Weg zu gehen versuchen.

Nach ca. 40 Min. entfernt sich der Pfad etwas vom Fluss und führt über den **Río La Piedra**, einen Zufluss des Cochamó. Der Hauptweg geht durch

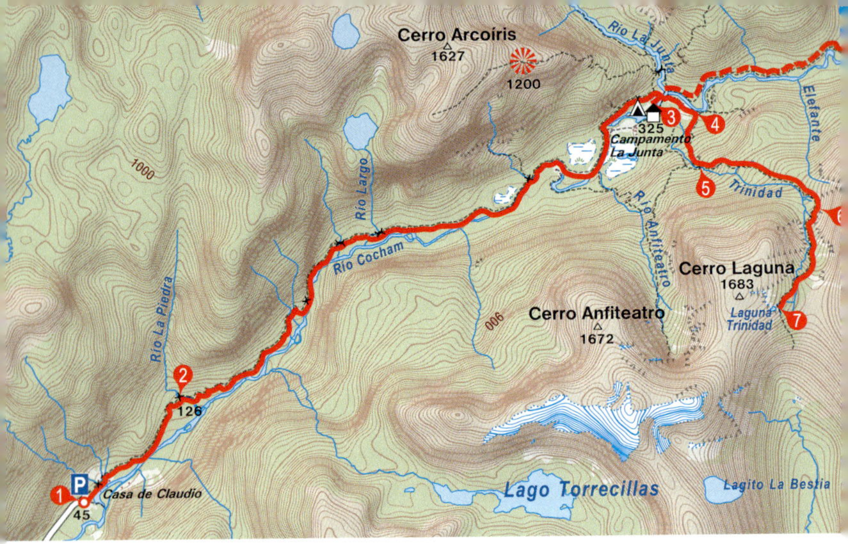

eine Furt, die für Pferde gedacht ist. Wir Wanderer dürfen kurz vorher den mit »Puente« (»Brücke«) beschilderten Nebenweg auf der linken Seite nicht verpassen. Hinter der **Hängebrücke** ❷ biegen wir im Wald scharf nach rechts und kommen so in 5 Min. wieder an den Hauptweg. Weiter geht es auf matschigem Boden durch den Urwald am Río Cochamó entlang talaufwärts. An manchen Stellen ist der Wald so dicht, dass wir wie in einem grünen Tunnel laufen! Nur selten hat man hingegen etwas Sicht auf die ersten grauen Granitwände des Cerro Anfiteatro gegenüber. Nach 45 Min. biegt das Tal nach Osten und unser Weg wird flacher.
Wir laufen aber noch 1.30 Std. bis **La Junta** ❸. So nennt sich die Stelle, wo der gleichnamige Fluss in den Río Cochamó fließt. Hier gibt es mehrere Campingplätze. Je nachdem, wo wir gebucht haben, müssen wir noch den Río Cochamó mithilfe einer Art Mini-Seilbahn überkreuzen. Einige kleine

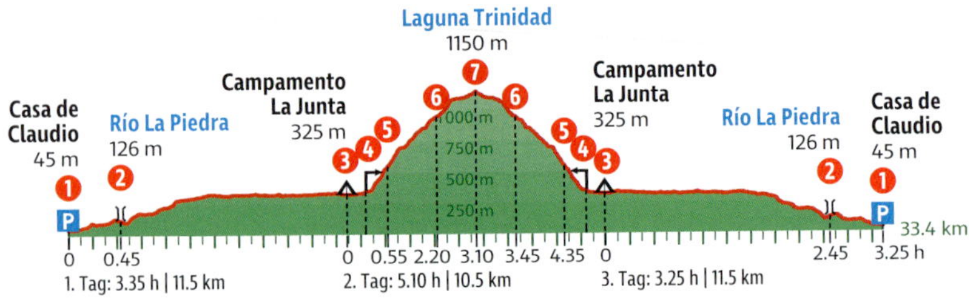

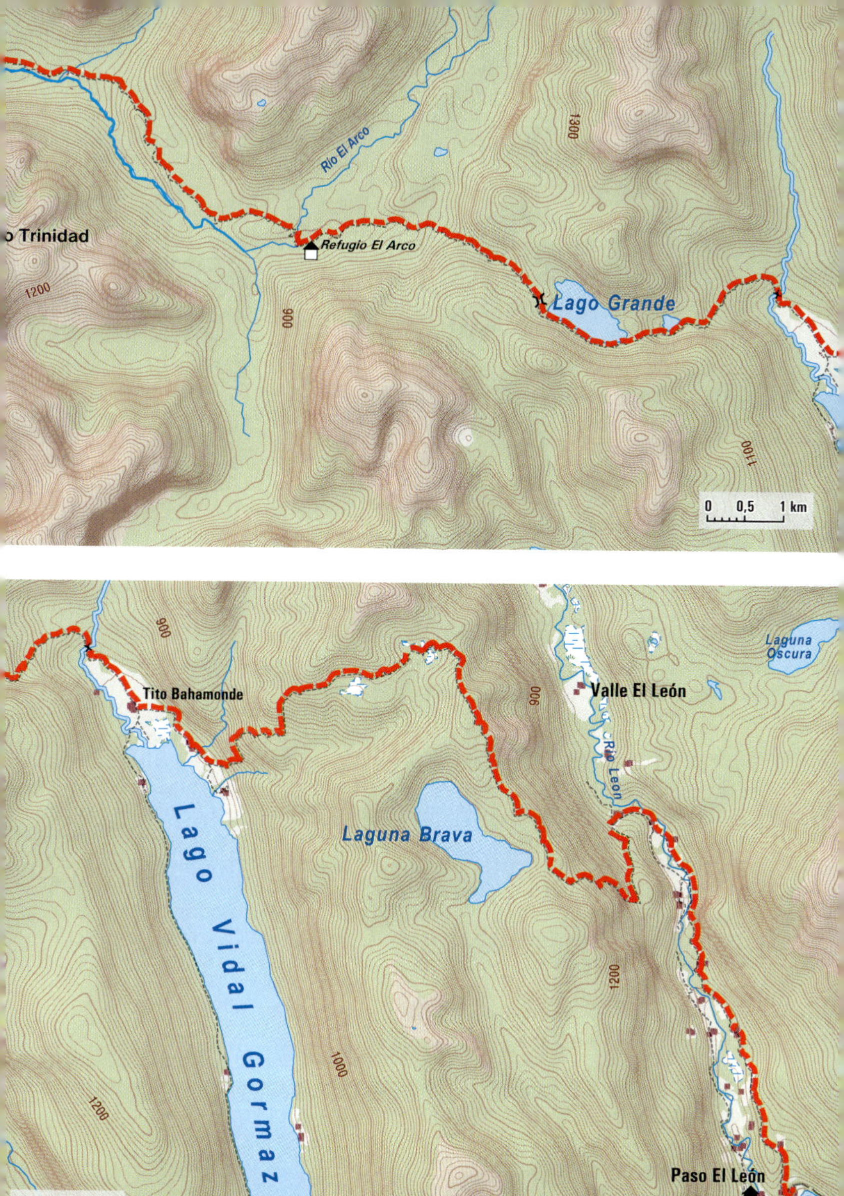

Río El Arco
1300
o Trinidad
Refugio El Arco
1200
900
Lago Grande
1100
0 0,5 1 km
900
Tito Bahamonde
Laguna Oscura
Valle El León
900
Río León
Laguna Brava
Lago Vidal Gormaz
1200
1000
1200
Paso El León
0 0,5 1 km

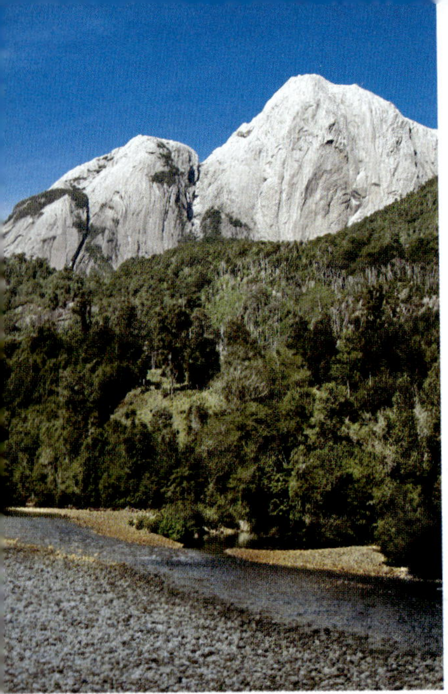

Der Cerro Trinidad, einer unter Dutzenden von Granitbergen der Umgebung.

Pfade lassen die nähere Umgebung erforschen, einer von ihnen führt an eine Naturrutsche (nicht ganz ungefährlich!) aus Granit am La Junta.

2. Tag: La Junta – Laguna Trinidad – La Junta

5.10 Std., 960 Hm Auf- und Abstieg

Im Hochsommer kann die Mittagshitze unerträglich werden, deshalb starten wir am besten so früh wie möglich. Der Weg führt vom **Camping La Junta** ❸ erst über die Seilbahn und dann weiter flussaufwärts am Camping Vista Hermosa vorbei. Nach 15 Min. erreichen wir die mit »Trinidad« beschilderte **Abzweigung** ❹ und wenden uns nach rechts (Süden). Steil geht nun es im Urwald bergauf und nach 40 Min. finden wir die nächste **Abzweigung** ❺ mit Brücke über den Rio Trinidad. Wir halten uns links weiterhin stark bergauf und wandern an einigen Alerce-Baumriesen vorbei. Teils durch Schlamm und über Wurzeln kletternd erreichen wir nach weiteren 1.25 Std. den Fuß der Granitwand des **Cerro Trinidad** ❻. Weiter geht es steil bergauf nach Süden und durch den zwischen Cerro Trinidad und Cerro Gorila eingeengten Taleingang. Südbuchen dominieren in diesen hohen Lagen den Wald. Wir wandern an der Wand des Gorila entlang und endlich verflacht der Weg. An einigen kleinen Bergseen vorbei erreichen wir nach ca. 1 Std. ganz am Talende die **Laguna Trinidad** ❼. Dieser direkt unterhalb einer Granitwand geformter See lädt in den Sommermonaten zum Badevergnügen. Der Abstieg nach **La Junta** ❸ verläuft dann wieder in unseren Fußstapfen (ca. 2 Std.).

3. Tag: La Junta – Abzweigung Valle de Cochamó

3.25 Std., 160 Hm Aufstieg, 430 Hm Abstieg

Zurück in die Zivilisation geht es auf dem Pfad des ersten Tages. Wir wandern jetzt zwar flussabwärts, aber es dauert erstaunlicherweise praktisch genauso lang wie auf dem Hinweg.

Erfrischung garantiert: die aus dem Granit geschnittene Laguna Trinidad.

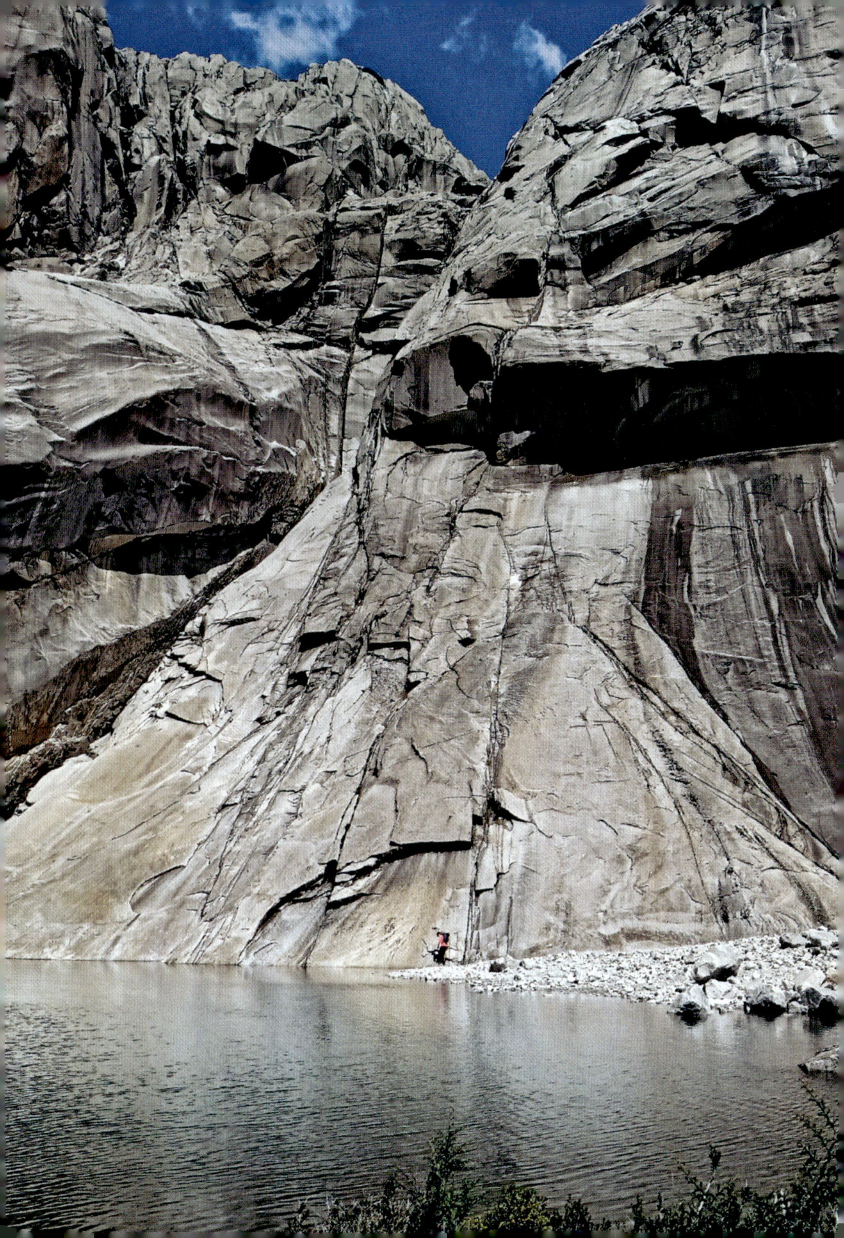

↗ 300 m | ↘ 300 m | 6.7 km

22 Laguna Témpanos und Ventisquero Colgante

2.45 h

Zu Besuch im Parque Nacional Queulat

Wir befinden uns mitten im Niemandsland an der Carretera Austral, 200 km nördlich von Coyhaique. Dieser mit nur 1500 km² eher kleine Park ist absolut naturbelassen. Ein immergrüner Regenwald strotzt auf wenigen Kilometern zwischen Meer und Andengipfeln vor Biodiversität. Verwunderlich ist, dass wir mitten in diesem feuchten Dschungel Eismassen antreffen werden. Der touristische Juwel des Parks ist nämlich der oberhalb der Laguna Témpanos gelegene Ventisquero Colgante. Ein enormer »hängender« Gletscher frisst sich hier durch den Berg und stürzt in mehreren wilden Wasserfällen tief hinunter in den See. »Queulat« bedeutet auf der Sprache der Chonos, dem Volk, das hier einst lebte, so viel wie »das Rauschen von Wasserfällen« und passt damit perfekt als Beschreibung für diese Tour.

Ausgangspunkt: Parkplatz kurz vor der Hängebrücke am Río Ventisquero, 120 m. Auf der Hauptstraße von La Junta nach Coyhaique kommt man in den Nationalpark und dort links auf einer ausgeschilderten Straße zum Eingangshäuschen. Bis zum Parkplatz ist es noch ca. 1 km. Di und Sa Busse von Coyhaique nach Chaitén, Abfahrt Di und Sa 8.00 Uhr, zurück Mi und So 10.00 Uhr; die Haltestelle befindet sich an der Hauptstraße. Busse von Coyhaique nach El Cisne täglich um 15.00 Uhr.
Anforderungen: Problemlose Wanderung auf bequemen Wegen.
Einkehr: Am Weg keine. In Puyuhuapi z.B. Café Rossbach.
Unterkunft: Campingplatz am Ausgangspunkt. In Puyuhuapi: Hostal Alemán Puyuhuapi. In Puerto Cisnes: Hostal Michay.
Hinweis: Ein Ticket ist unter pasesparques.cl im Voraus zu buchen (»Parque Nacional Queulat« auswählen).
Tipps: 1. Eine Übernachtung in der Gegend einplanen, für eine bequeme Tagestour von Chaitén oder Coyhaique ist die Anfahrt zu lang.
2. Auf der Laguna Témpanos kann man auch Kajakfahrten machen.
Information: Infohäuschen am Eingang.
Karten: Pixmap 1:125.000 Río Palena Inferior – Canal Puyuhuapi; IGM 1:50.000 Puyuhuapi.

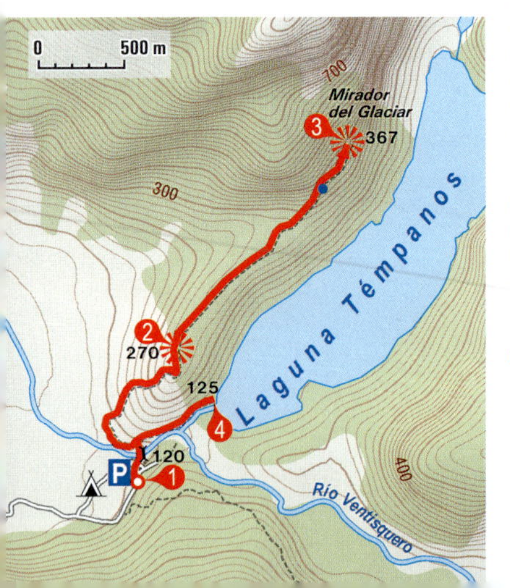

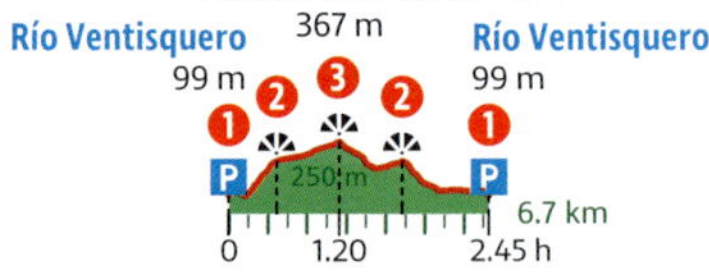

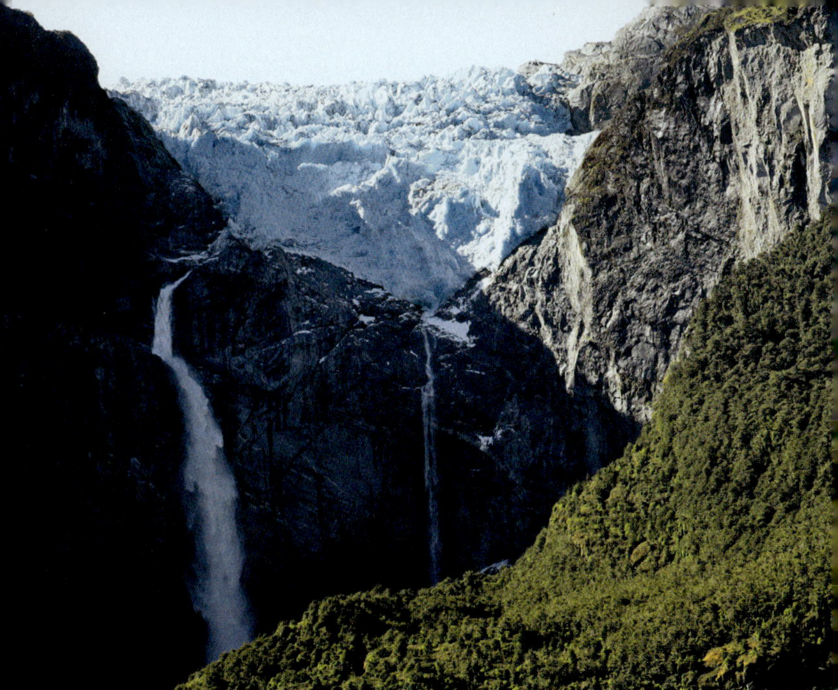

Die Hauptattraktion des Parque Nacional Queulat: der Ventisquero Colgante.

Am **Parkplatz** ❶ folgen wir den Schildern ein paar Meter zur **Hängebrücke** *(puente colgante)* über den Río Ventisqueros. Das Wasser hier hat dank der Gletschersedimente eine typisch milchige Farbe. Gleich dahinter finden wir eine Gabelung, wo wir den linken Weg nehmen: Der rechte führt hinunter an den See. Anfangs ist es flach, aber nach 10 Min. geht es im Zickzack zum Teil mit Stufen streng bergauf. Am Ende der Steigung liegt strategisch zum Ausschnaufen die erste Aussichtsplattform. Es folgt kurz darauf eine weitere **Aussichtsplattform** ❷, jetzt mit Sicht auf die Laguna Témpanos (»Eisschollen«).

Parallel zum See wandern wir nun relativ flach dahin und nähern uns allmählich der Front des Gletschers und dem **Mirador** ❸ kurz vor Waldende. Die imposanten Wasserfälle, die der Gletscher nährt, sind ein Spektakel für sich. Dazu gesellen sich auch hin und wieder gigantische Eisbrocken, die donnernd in die Tiefe stürzen.

Der Rückweg gleicht dem Hinweg, aber wir können an der Abzweigung an der Brücke noch einen Abstecher ans Ufer der **Laguna Témpanos** ❹ hinzufügen. Auch einen kurzen Lehrpfad gibt es am Campingplatz.

↗ 2250 m | ↘ 2250 m | 39.0 km

23 Unterhalb des Cerro Castillo

3 Tage

Die schönste Bruchhalde Patagoniens

So spektakulär der Berg auch aussieht, seine Wände und Flanken bestehen großteils aus Schotter, dem man selbst als Wanderer nicht völlig ausweichen kann. Bergsteiger, die bis zu seinem Gipfel gelangen wollen, sind meistens im Frühling unterwegs, wenn Schnee und Eis den brüchigen Fels noch zusammenhalten. Die hier vorgestellte Rundtour ermöglicht eindrucksvolle Einblicke in die West- und Südseite des Berges; ein Sonnenaufgang oberhalb der Laguna Cerro Castillo gehört zu den schönsten Motiven Patagoniens. Die Wege sind gut gewartet, und es herrscht relativ wenig Betrieb.

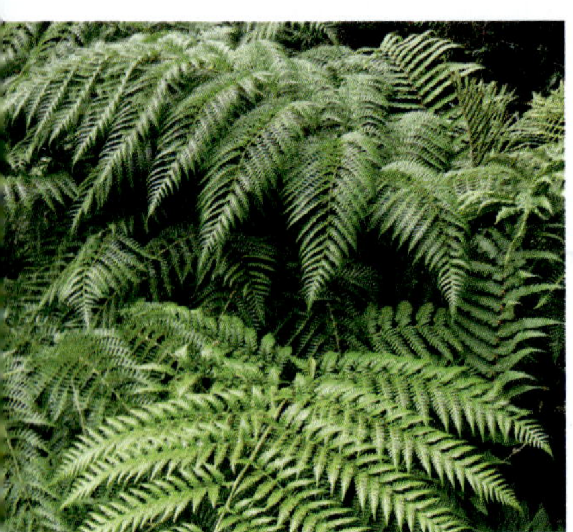

Malerisches Farngewächs ist auf der Regenseite der Kordillere allgegenwärtig.

Ausgangspunkt: Villa Cerro Castillo, 360 m. Der Ort ist über die Carretera Austral an das Busnetz im Süden Chiles angeschlossen.

Anforderungen: Mittelschwere Rundtour unterhalb des wie ein Spukschloss über dem Tal thronenden Cerro Castillo. Der Abschnitt vom Campamento Los Porteadores zum Mirador oberhalb der Laguna Cerro Castillo ist steil und erfordert sicheres Gehen auf Geröll. Obwohl der Weg relativ gut gelb bzw. rot-weiß markiert wurde, ist etwas Orientierungsvermögen nötig.

Einkehr: Nur in Villa Cerro Castillo; unterwegs keine.

Unterkunft: Unterwegs ausschließlich im Zelt. Verschiedene Pensionen in Villa Cerro Castillo. Empfehlenswert u.a. das Casa de Familia von Nibaldo Calderón,

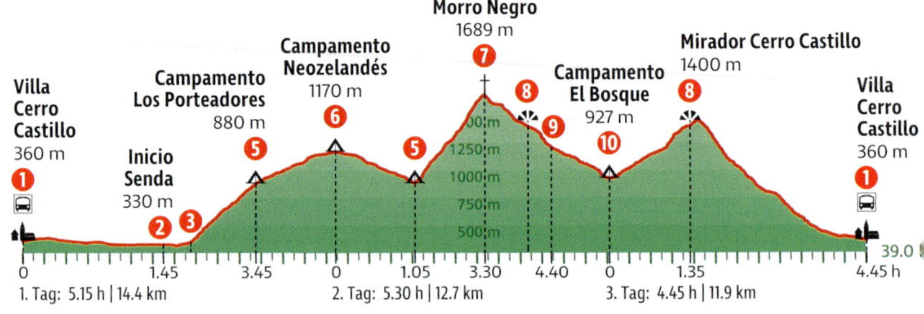

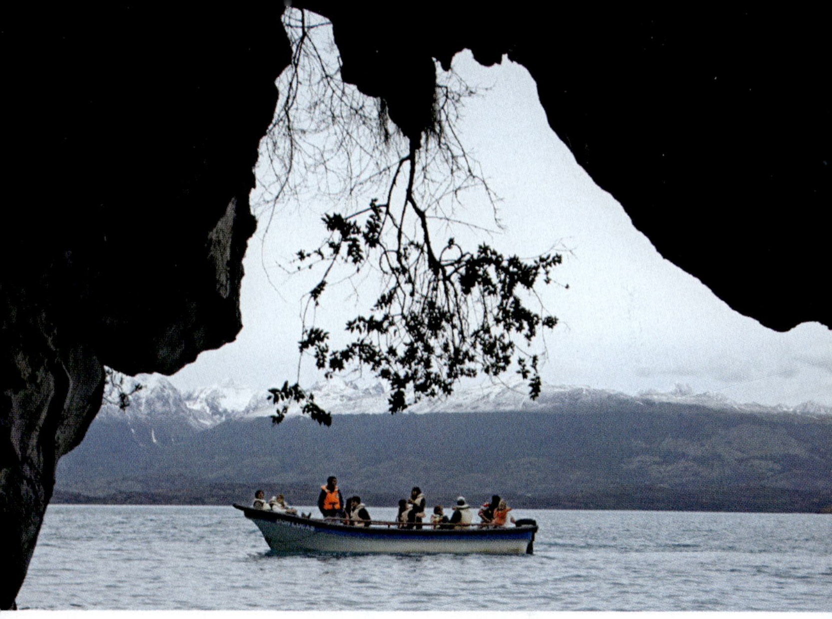

Vor oder nach der Wanderung sind die Capillas de Mármol am Lago Chelenko ein Muss.

Los Pioneros 872, am Ortsende. Señor Calderón arbeitet auch als Führer im Gebiet des Cerro Castillo.

Variante: Zustieg von Las Horquetas zur Laguna Cerro Castillo (2 Tage, 500 Hm Aufstieg): Von Las Horquetas Grande (75 km südlich von Coyhaique) kann man ebenfalls zur Laguna Cerro Castillo und weiter zum Dorf wandern. Nach der Anmeldung und Mautzahlung vor Ort folgt man zunächst einer kleinen Fahrstraße nach Westen bis zur Rangerstation am Ufer des Río Turbio (4–5 Std., 15 km). Dort verlässt man die zum Lago La Paloma führende Straße und wandert auf der orografisch rechten Seite des Río Turbio flussaufwärts. An seinem Oberlauf findet man gegenüber der Wasserfälle einige schöne Zeltgelegenheiten, wo man den ersten Tag ausklingen lassen kann. Der Weiterweg leitet nun über den sogenannten Portezuelo Peñón, 1500 m, in das Tal des Estero del Bosque. So gelangt man, sich stets an den jeweiligen Bächen nach Südwesten orientierend, in 4.00 Std. zum Campamento El Bosque. Der Pfad ist meist gut zu erkennen, an den wichtigsten Stellen sind Wegmarkierungen angebracht.

Hinweise: Das Ticket ist im Voraus unter pasesparques.cl zu buchen (»Parque Nacional Cerro Castillo« auswählen). Private Landbesitzer verlangen manchmal auch Maut (Bargeld mitnehmen).

Tipp: Am Campamento Neozelandés lohnt es sich, ein oder zwei Tage zur Erkundung der Umgebung zu bleiben. Türkisgrüne Gletscherseen und so manch spektakuläre Aussicht auf namenlose Gipfel wollen hier entdeckt werden.

Information: Touristeninformation in Villa Cerro Castillo.

Karten: Andes Profundo 1:50.000 Cerro Castillo; Pixmap 1:50.000 Cerro Castillo; IGM 1:50.000 Villa Cerro Castillo.

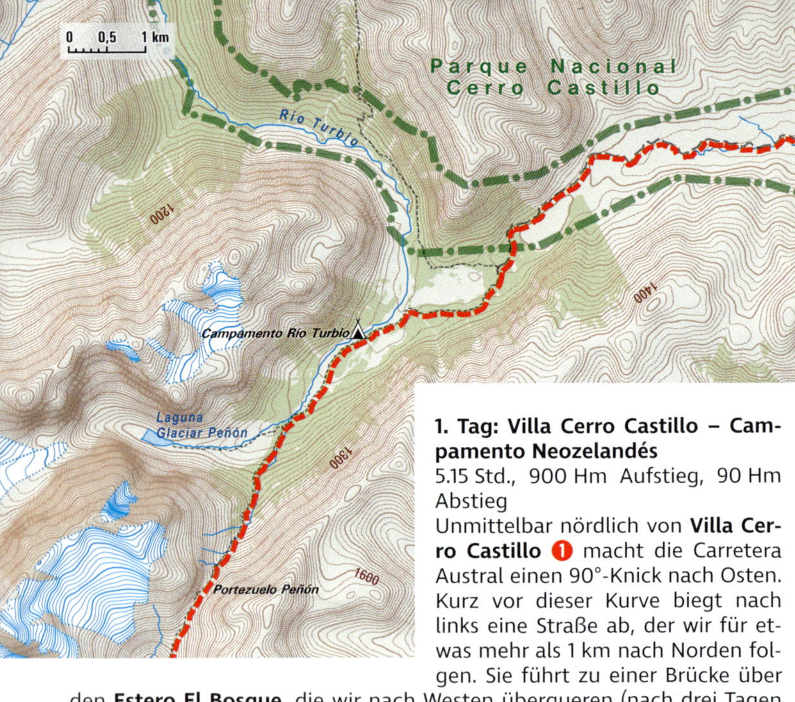

1. Tag: Villa Cerro Castillo – Campamento Neozelandés

5.15 Std., 900 Hm Aufstieg, 90 Hm Abstieg

Unmittelbar nördlich von **Villa Cerro Castillo** ❶ macht die Carretera Austral einen 90°-Knick nach Osten. Kurz vor dieser Kurve biegt nach links eine Straße ab, der wir für etwas mehr als 1 km nach Norden folgen. Sie führt zu einer Brücke über den **Estero El Bosque**, die wir nach Westen überqueren (nach drei Tagen werden wir dort von Norden her ankommen). Wir folgen der Straße weiter nach Südwesten und biegen an der nächsten Gabelung rechts ab. Ziemlich eintönig wandern wir nun der Straße folgend nach Westen, bis wir kurz vor der Brücke über den Estero Parada auf den eigentlichen **Beginn des Weges** ❷ stoßen (Schilder). Alternativ kann man sich diese ca. 1.45 Std. auch ersparen und sich mit dem Taxi hierher bringen lassen.

Der Weg verläuft nach Nordwesten flach in Richtung Taleingang des Estero Parada. Nach 30 Min. gelangen wir an einen **Kontrollposten** ❸, wo Anmeldung und Maut fällig sind. Nun geht es im Wald ansteigend zur ehemaligen Seitenmoräne hinauf und weiter über einen gut angelegten Pfad langsam, aber kontinuierlich bergan. Nach 45 Min. überqueren wir die **Parkgrenze** und etwas dahinter einen **Zaun** ❹. Ab und zu treffen wir auf einige grob gezimmerte Bänke – immer wieder ein guter Anlass, eine kleine Pause einzuschieben und den Blick auf die fantastischen Berge hinten im Tal, u.a. auf den links aufragenden Cerro Palo, schweifen zu lassen. Ca. 1.00 Std. nach dem Parkeingang gelangen wir an eine Gabelung nahe dem **Campamento Los Porteadores** ❺ und nehmen den linken Weg. (Wer nicht zum Campamento Neozelandés hinauf möchte, kann hier übernachten.)

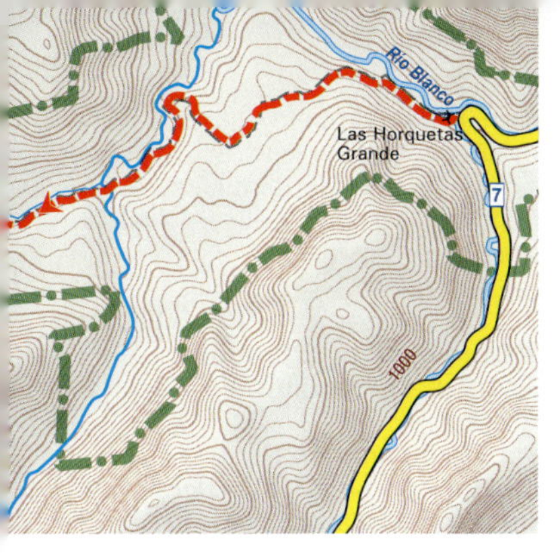

Der Weg taucht wieder in den Wald ein, die Aussicht reduziert sich auf wenige Meter. Nach weiteren 1.30 Std. gelangen wir zum am Ende des Waldes gelegenen **Campamento Neozelandés** ❻. Hier unter den letzten Bäumen inmitten eines von eindrucksvollen Bergen umgebenen Talkessels bauen wir unser Zelt auf. Wer Zeit hat, sollte hier mindestens einen Tag extra verbringen, um die nähere Umgebung zu erkunden. Zwischen den imposanten Felstür-

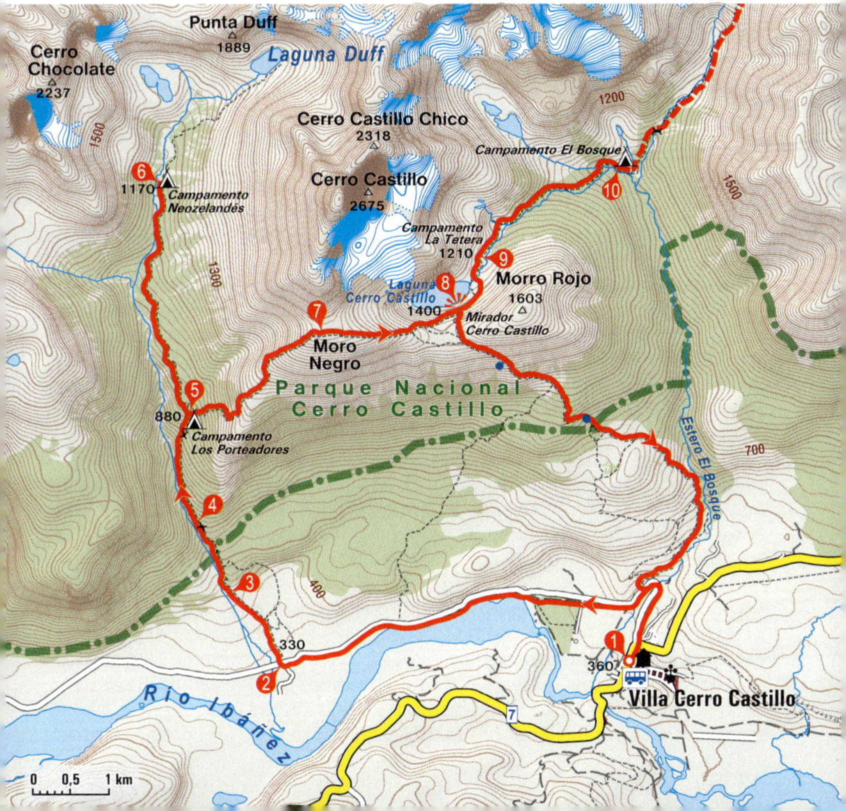

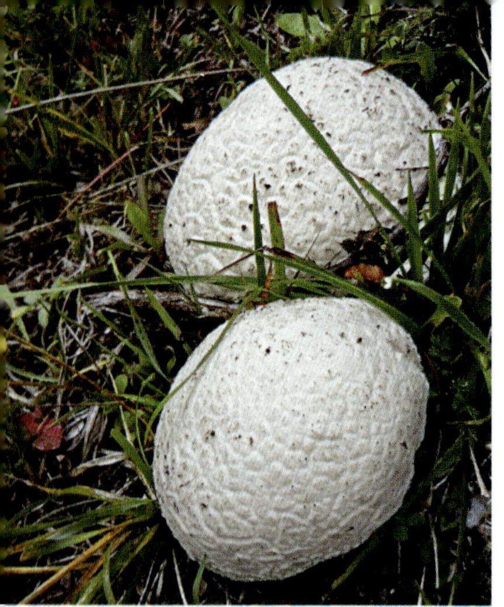

Der junge »Polvera« (Lycoperdon sp.), ein Stäubling, ist genießbar, solange er noch komplett weiß ist.

men liegen zahlreiche kleine Seen – z.B. die Laguna Duff –, an denen sich bei gutem Wetter die Zeit draußen, weit weg von jeglicher Zivilisation, genießen lässt.

2. Tag: Campamento Neozelandés – Campamento El Bosque

5.30 Std., 810 Hm Aufstieg, 1050 Hm Abstieg

Vom **Campamento Neozelandés** 6 steigen wir zunächst wieder hinunter zum **Campamento Porteadores** 5. Hier beginnt ein in Abschnitten mühseliger Pfad (Hinweisschild »Sendero Las Horquetas« und gelbe Markierungen), der uns nun steil und zum Teil über loses Geröll bis auf den Gipfel des **Morro Negro** 7 auf 1689 m Höhe führt.

Absteigend vom höchsten Punkt dieses Schotterrückens kommen nun endlich die beeindruckende Südseite des Cerro Castillo und die darunterliegende Laguna Cerro Castillo in Sicht. Mit etwas Glück sieht man gerade, wie sich ein Serac (Gletscherturm) löst und ins Tal stürzt.

Wir wandern nun auf dem vor uns liegenden Rücken langsam bergab. Dabei halten wir uns etwas nördlich des Kamms und erreichen nach ca. 45 Min. eine Wegkreuzung, **Mirador Cerro Castillo** 8 genannt und mit einem großen Steinmann gekennzeichnet. Wir umrunden die Laguna, deren Ostufer zur Rast lädt, und stoßen gleich dahinter auf das ehemalige **Campamento La Tetera** 9. Dieses wurde aus ökologischen Gründen im Jahre 2020 geschlossen. Weiter geht es nun in Richtung Nordwesten bergab in den Wald. Nach 30 Min. erreichen wir die Abzweigung zur Laguna Congelada (lohnenswerter Abstecher, 1.00 Std. Rundweg) und wandern noch weitere 30 Min. weiter bergab bis zum neu angelegten **Campamento El Bosque** 10. Kurz vor der Ankunft muss leider noch ein Zufluss des Estero El Bosque durchwatet werden.

3. Tag: Campamento El Bosque – Villa Cerro Castillo

4.45 Std., 540 Hm Aufstieg, 1110 Hm Abstieg

Vom **Campamento El Bosque** 10 wandern wir auf demselben Weg zurück zum **Mirador Cerro Castillo** 8. Hier beginnt ein mit gelben bzw. rot-weißen Markierungen versehener Pfad direkt nach Villa Cerro Castillo. Dabei eröffnen sich immer wieder fantastische Ausblicke in das Tal des Río Ibañez

und weiter bis zum türkisgrünen Lago General Carrera. Vom Mirador folgen wir den Markierungen und Steinmännern bis zum Kamm des Schotterrückens.
Nun halten wir uns nach Südosten und steigen über unfassbar viel Geröll in Richtung Baumgrenze. Weiter nach Südosten haltend passieren wir zwei zumeist ausgetrocknete Bachbetten und steigen dann nach Süden in zunehmend von Viehwirtschaft geprägtes Weideland ab. Dem Pfad folgend wenden wir uns nach links und erreichen einen kleinen **Pass** zwischen den bewaldeten Hängen des gut 1600 m hohen Morro Rojo und einigen vorgelagerten Hügeln. Der Weg wird nun nach und nach immer breiter, zahlreiche Abzweige verlocken dazu, nach rechts abzukürzen. Man sollte sich aber davor hüten – im Zweifelsfalle immer links halten!
Über den staubigen Pfad eilen wir weiter hinunter ins Tal. Bald sehen wir in einer tiefen Schlucht unter uns den Estero El Bosque. Der Pfad führt jetzt in den Wald hinein, wo wir auf einen Viehzaun stoßen. Diesem folgen wir an einem alten Viehgatter vorbei bis zu einem Tor. Wir durchqueren das Tor und folgen dem Weidezaun zu einem zweiten Gatter. Hier biegen wir scharf nach links ab und gelangen auf eine Schotterstraße, die in ein paar Kurven zu einer Farm hinunterführt. Wir durchqueren die Viehgatter und gelangen unterhalb der Farm auf die Straße, die nach links zur Brücke über den Estero El Bosque führt.
Auf bekanntem Weg gelangen wir nun zurück nach **Villa Cerro Castillo** ❶.

Der Cerro Castillo vom Río Ibañez aus gesehen.

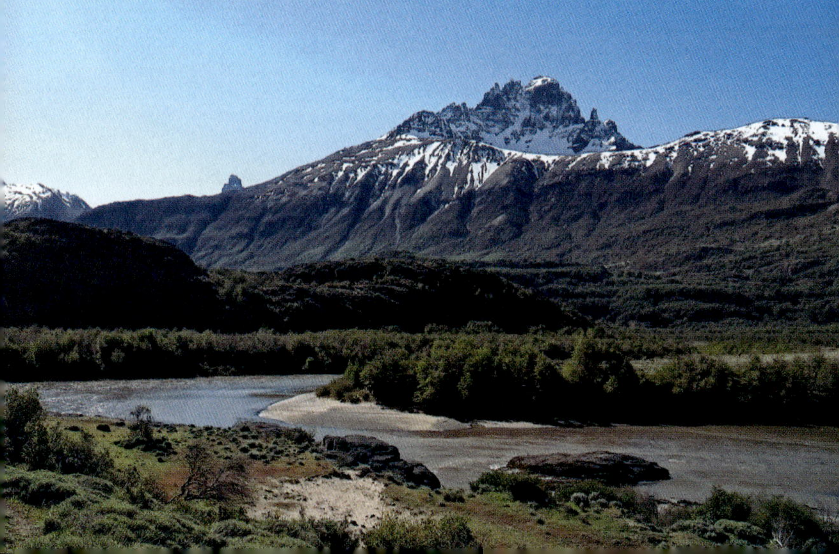

↗ 1760 m | ↘ 1760 m | 28.8 km

24 Unterwegs in der Comarca Andina

3 Tage

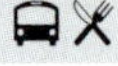

Hüttenromantik mit End-60er-Charme

Südlich von Bariloche liegt der Ort El Bolsón. Hier betreten wir die »Comarca Andina«, in der sich auf den nächsten Kilometern auf dem Weg nach Süden kleine Dörfer wie El Hoyo, Lago Puelo und Epuyén aneinanderreihen und zum Erforschen der umliegenden Seen- und Berglandschaft einladen. Die Gegend ist innerhalb Argentiniens bekannt für ihre Obstprodukte (vor allem Himbeeren, Erdbeeren und Kirschen) sowie die zahllosen kleinen Brauereien, die zum Teil ein hervorragendes Bier produzieren (auch der Hopfen wird lokal angebaut). In den Bergen westlich des Tals, in dem sich El Bolsón befindet, trifft man auf eine kleine Hüttenwelt, die einen Besuch unbedingt wert ist. Die meisten Hütten produzieren auch ihr eigenes Bier, ein nicht zu unterschätzender Motivationsfaktor für einen langen Wandertag. Auf der hier vorgeschlagenen Dreitagestour bekommt man einen guten Eindruck der Region. Wem sie gefällt, kann die Tour ausgehend vom Refugio Cajón del Azul problemlos um zwei bis drei weitere Tage verlängern.

Ausgangspunkt: Chacra Wharton, 540 m. Bus von El Bolsón während der Saison zweimal täglich, sonst per Taxi.
Anforderungen: Einfache Rundtour auf markierten Wanderwegen (gelbe Blechmarken plus Farbkleckse).
Einkehr: Kleiner Lebensmittelladen (»El Polaco«) am Ausgangspunkt; unterwegs in den Refugios (mit Ausnahme von Refugio Natación).
Unterkunft: Die Comarca Andina ist nach alpinem Vorbild erschlossen, die hübsch ausgebauten Hütten erleichtern den Rucksack. Ein Schlafsack gehört trotzdem ins Gepäck, da für die Übernachtung lediglich eine Matratze zur Verfügung gestellt wird. Kochen und auch Zelten ist an den Hütten möglich.
Variante: Verlängerung um 2–3 Tage: Refugio Cajón del Azul – Refugio El Retamal – Refugio Los Laguitos (1. Tag) – Refugio Encanto Blanco (2. Tag) – Centro de Ski Perito Moreno (3. Tag). Der längste Tag ist dabei der rund 8-stündige Aufstieg vom Refugio Cajón del Azul zum Refugio Los Laguitos (Zeltgelegenheit auf halbem Weg). Schwierigster Abschnitt ist der steile und unangenehm schottrige Pass vom Tal des Río Azul zum Refugio Encanto Blanco (rund 7.00 Std. vom Refugio Los Laguitos zum Refugio Encanto Blanco). Für den Weg hinaus zum Centro de Ski Perito Moreno sollte man rund 6.00 Std. einplanen, der Rücktransport nach El Bolsón wird auf Nachfrage gerne von der Hütte Encanto Blanco aus organisiert. In den Hütten bekommt man auch Verpflegung.
Hinweis: Anmeldung online unter anprale.com, dort auf »Registro« klicken.
Information: Vor Ort beim Registro de Informes de Montaña de El Bolsón, Ecke Gral. Roca und Mario J. Guasco an der Plaza Pagano, El Bolsón, Tel. +54 294 4492604 oder 455336; sonst beim Club Andino Piltriquitron (CAP), Ecke Roca mit Sarmiento, El Bolsón. Außerdem online auf den Webseiten anprale.com und elbolsontrekking.com.
Karten: Die bei der Touristeninformation erhältliche Skizze ist ausreichend. Sonst Pixmap 1:50.000 El Bolsón.

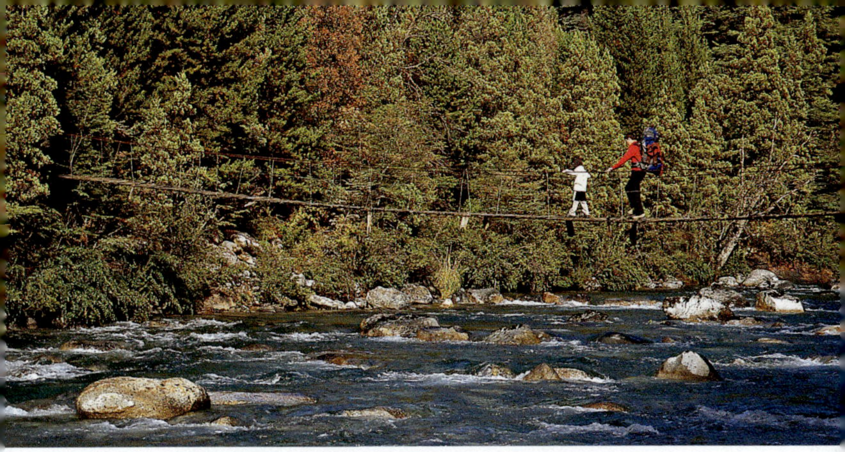

Wackelige Hängebrücke über den Río Azul.

1. Tag: Chacra Wharton – Refugio Hielo Azul

5.00 Std., 1060 Hm Aufstieg, gut 300 Hm Abstieg

Vom Wegekreuz an der **Chacra Wharton** ❶ wandern wir den Fahrweg zum Río Encanto Blanco hinunter (nach Westen). Dabei sollte man sich nicht von den Schildern des Campingplatzes Puente Arcoíris irritieren lassen, sondern stur dem Fahrweg folgen. Am Fluss angekommen überqueren wir diesen über eine erste **Hängebrücke** ❷, dann halten wir uns links und queren einen zweiten Fluss, den Río Azul. Ein Fahrweg leitet uns bergan, bis wir zu einer Weggabelung kommen. Geradeaus folgt der Fahrweg dem Río Azul (unser Rückweg), links geht es zum Refugio Natación (Hinweisschilder). Den gelb-roten Markierungen folgend steigen wir nun langsam, aber kontinuierlich den stark erodierten Weg bergan.

Auf ca. 1250 m Höhe erreichen wir eine Art Wendeplatz, wo der zuvor an eine Fahrspur erinnernde Weg in einen schmalen Pfad übergeht, gleichzeitig tauchen wir in den für die Gegend charakteristischen Südbuchenwald

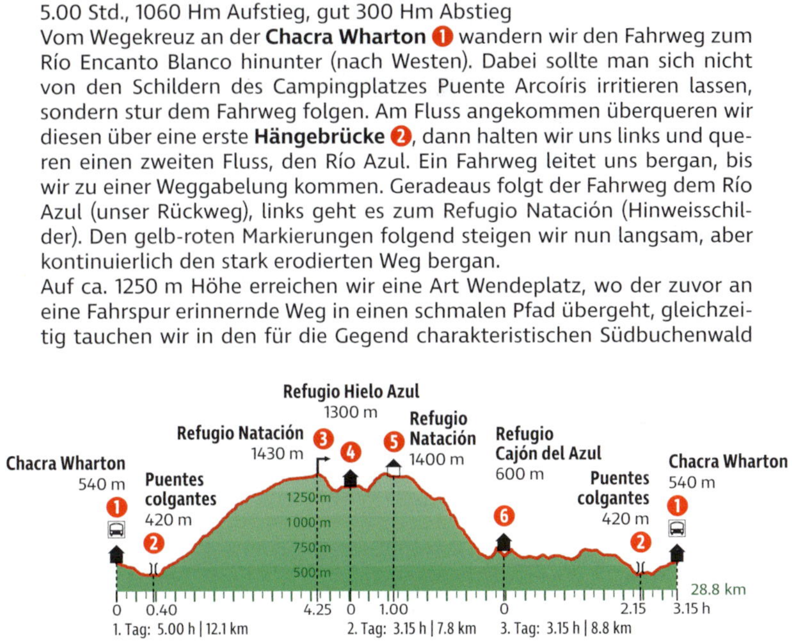

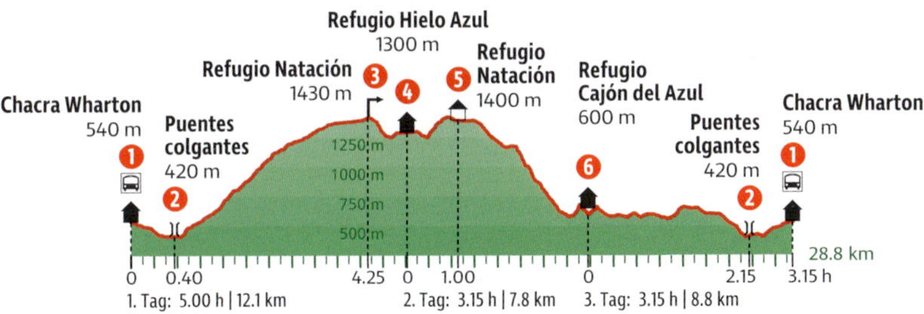

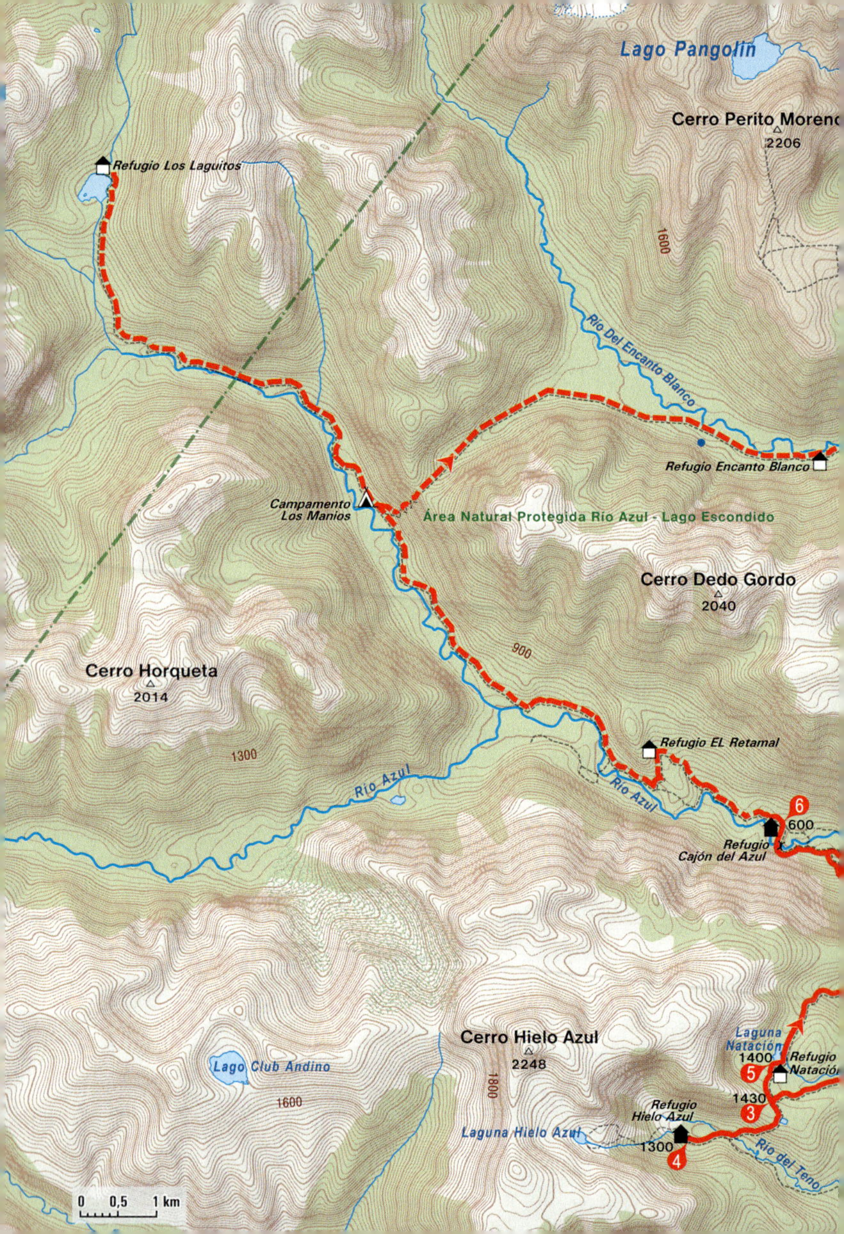

Lago Pangolin
Cerro Perito Moreno
2206
1600
Refugio Los Laguitos
Río Del Encanto Blanco
Refugio Encanto Blanco
Campamento Los Manios
Área Natural Protegida Río Azul - Lago Escondido
Cerro Dedo Gordo
2040
900
Cerro Horqueta
2014
1300
Refugio EL Retamal
Río Azul
Río Azul
6
600
Refugio Cajón del Azul
Cerro Hielo Azul
2248
1800
Lago Club Andino
1600
Laguna Natación
1400
Refugio Natación
5
1430
3
Refugio Hielo Azul
Laguna Hielo Azul
1300
4
Río del Teno
0 0,5 1 km

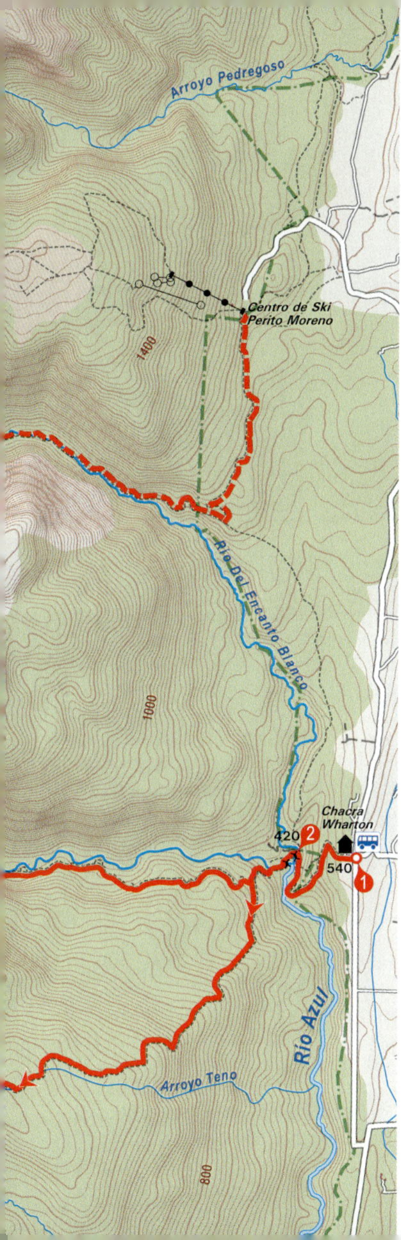

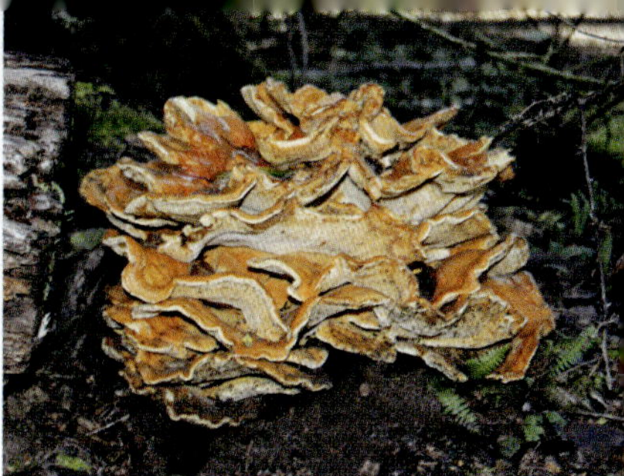

Im Herbst ist Pilzsaison.

ein. Leicht ansteigend erreichen wir schließlich eine **T-Kreuzung** ❸. Rechts geht es in ca. 10 Min. zum unbewirtschafteten Refugio Natación, links zum Refugio Hielo Azul. Wir halten uns also links und steigen zu einem kleinen See auf. Kurz danach ist der höchste Punkt erreicht und es geht steil in das Tal des Arroyo Teno hinunter. Unten angekommen wenden wir uns nach rechts, bis wir über einige Baumstämme auf die andere Seite des Bachs gelangen. Weiter dem Weg folgend erreichen wir in rund 15 Min. das urgemütliche **Refugio Hielo Azul** ❹. Wer sich noch einen zusätzlichen Tag Zeit nimmt und über das notwendige Equipment verfügt, kann die von der Hütte als Tagestour mögliche Überschreitung des Cerro Hielo Azul ins Auge fassen (Steigeisen, Pickel).

2. Tag: Refugio Hielo Azul – Refugio Cajón Azul
3.15 Std., 300 Hm Aufstieg, 1000 Hm Abstieg
Zunächst folgen wir dem bereits bekannten Weg in umgekehrter Richtung bis zur T-Kreuzung unweit des **Refugio Natación** ❺. Dieses erreichen wir dann bald und genießen

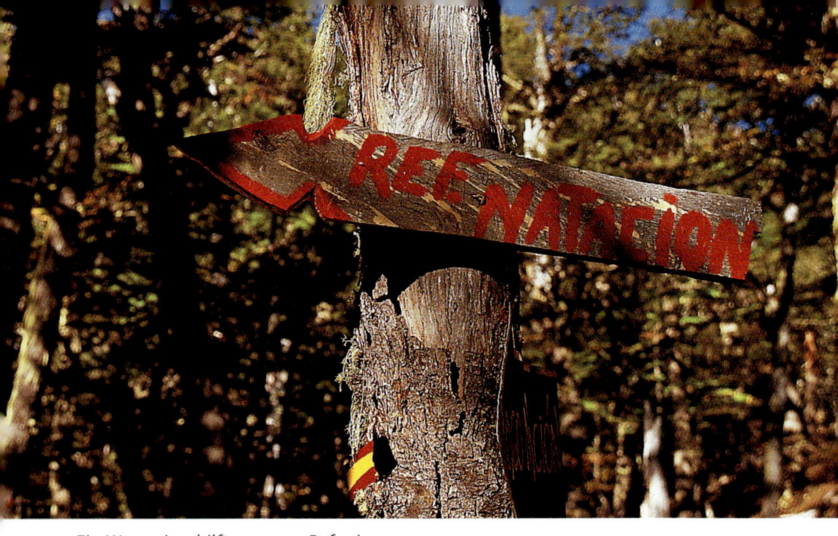

Ein Wegweiser hilft uns zum Refugio.

dort eventuell ein zweites Frühstück am gleichnamigen See. Von der Hütte folgen wir dem gut ausgeschilderten Weg östlich um den See herum und beginnen nun den langen Abstieg. Dieser folgt zunächst der orografisch rechten Seite eines Baches und überquert diesen. Nach kurzem Gegenanstieg geht es endgültig hinunter, schade um die vielen Höhenmeter des Vortags …
Unweit des Río Azul treffen wir auf einen Fahrweg, auf dem wir uns nach links wenden. Nach wenigen Metern parallel zum Fluss geht es steil nach oben, eine beeindruckende Klamm (Cajón del Azul) will zunächst erstiegen und dann überquert werden. Nach der Brücke sind es nur wenige Minuten zum **Refugio Cajón del Azul** ❻. Falls dieses überfüllt sein sollte, lohnt auch der Anstieg zu dem rund 45 Min. entfernten Refugio El Retamal (für diejenigen, die eine Verlängerung der Tour über das Refugio Los Laguitos planen, eine sinnvolle Verkürzung des nächsten Tages).

3. Tag: Refugio Cajón del Azul – Chacra Wharton
3.15 Std., 400 Hm Aufstieg, 460 Hm Abstieg
Vor dem **Refugio Cajón del Azul** ❻ überqueren wir zunächst auf der Brücke den Fluss und wandern bald darauf auf der Fahrspur parallel zum Fluss bergab. Dabei sind deutlich mehr An- und Abstiege zu bewältigen, als es der Blick auf die Karte suggeriert. Ab dem Wegekreuz Refugio Natación/Cajón del Azul kommt uns der Weg wieder bekannt vor: Über die beiden **Hängebrücken** ❷ geht es zurück an das Ostufer des Río Azul und anschließend hinauf zum **Ausgangspunkt** ❶.

↗ 2300 m | ↘ 2300 m | 28.2 km

2 Tage

Cerro Lindo, 2135 m

25

Der schönste Berg über El Bolsón

Die tiefen Täler dieser Gegend eignen sich wegen ihres im Winter milden Klimas vortrefflich für die Landwirtschaft und werden schon seit Ende des 19. Jahrhunderts genutzt. In neuerer Geschichte wurde El Bolsón jedoch zum argentinischen Mekka der Hippies, die Ruhe und eine andere Lebensart suchten. Heute geht es in der mittlerweile 25.000 Einwohner großen Stadt wieder relativ normal zu, aber immer noch ist die Feria de Artesanos, eine Art Markt der Kunsthandwerker, eine nicht zu versäumende Attraktion. Aber auch die Berglandschaft hat einiges zu bieten. Am gewaltigen Cerro Perito Moreno gibt es ein Skizentrum, und insgesamt ist die Gegend ein Wanderparadies: Wälder, Hütten und Gipfel warten auf den abenteuerlustigen Besucher. Eine Perle ist der hier vorgeschlagene Cerro Lindo, der »schöne Berg«, dessen Hochplateau mit rustikaler Berghütte seinem Namen alle Ehre macht.

Ausgangspunkt: Camping Río Azul, 250 m, ca. 4 km südwestlich von El Bolsón. Vom Ortszentrum entweder zu Fuß oder mit dem Auto nach Westen über eine Brücke, dann links zum Campingplatz (Schild), wo man parken kann.
Anforderungen: Konditionell fordernder Anstieg auf nicht immer deutlichen Pfaden. Für den oberen Abschnitt sind Gespür für die Wegfindung, Trittsicherheit und Schwindelfreiheit notwendig, fallweise kommen die Hände zum Einsatz.
Einkehr: Kiosk am Camping Río Azul; evtl. Refugio Cerro Lindo (zur Sicherheit sollte man sich vorher informieren). In El Bolsón: Jauja, San Martín 2867.
Unterkunft: Am Weg das Refugio Cerro Lindo. In El Bolsón: Hostería Steiner, Av. San Martín 670, Tel. +54 2944´492224.
Hinweis: Anmeldung siehe Tour 24.
Information: Siehe Tour 24.
Karten: Pixmap 1:50.000 El Bolsón.

Alpine Landschaft im Gipfelbereich des Cerro Lindo.

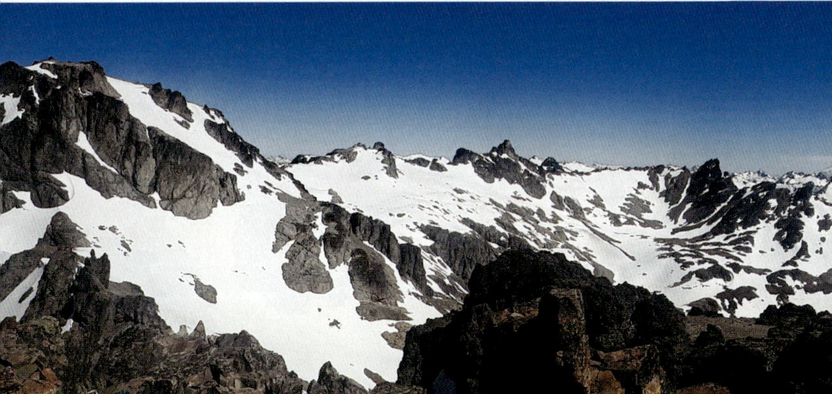

1. Tag: Camping Río Azul – Refugio Cerro Lindo

4.15 Std., 1400 Hm Aufstieg, 150 Hm Abstieg

Direkt am **Campingplatz ❶** überqueren wir den Río Azul mittels einer langen Hängebrücke. Geradeaus weiter wandern wir an einer Baumreihe entlang zwischen zwei Feldern und treten nach 15 Min. in den Wald ein. Der Pfad führt in einigen Schlenkern generell steigend zwischen Südbuchen und Zypressen nach Nordwesten. Nach 30 Min. wird es kurzzeitig ein wenig flacher, aber kurz darauf müssen wir wieder einen Grat erklimmen und dann weiter streng bergauf steigen. 1.00 Std. später kommen wir erstmals zu einem kleinen Abstieg, der uns an seinem Ende über einen Bach führt. Weiter geht es bergauf und nach noch 1.15 Std. erreichen wir so die **Laguna Los Juncos ❷** (»Binsen«, einen ausgezeichneten Rastplatz. Weiter geht es durch den Wald, aber nun ist der Pfad nicht mehr so steil. 30 Min. später erreichen wir eine Lichtung im Wald, wo der Arroyo Lali sich dreht und windet. Wir überqueren den Bach und folgen ihm sanft bergauf. 10 Min. später sind wir am rustikalen **Refugio Cerro Lindo ❸**. Die gleich daneben gelegene Laguna Jovita bietet sich nach Bedarf zum Badevergnügen.

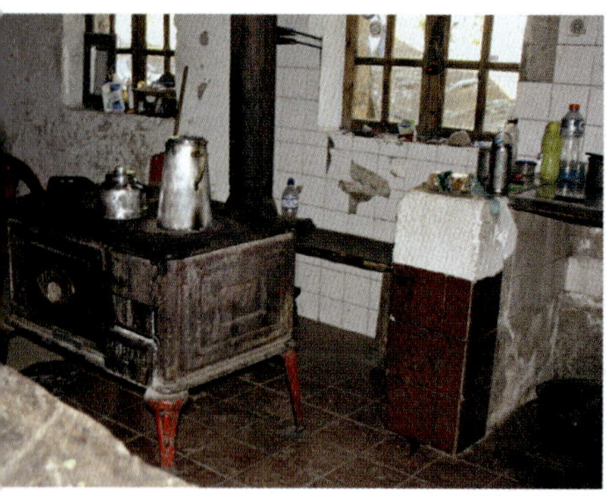

Die Holzküche des Refugio Cerro Lindo.

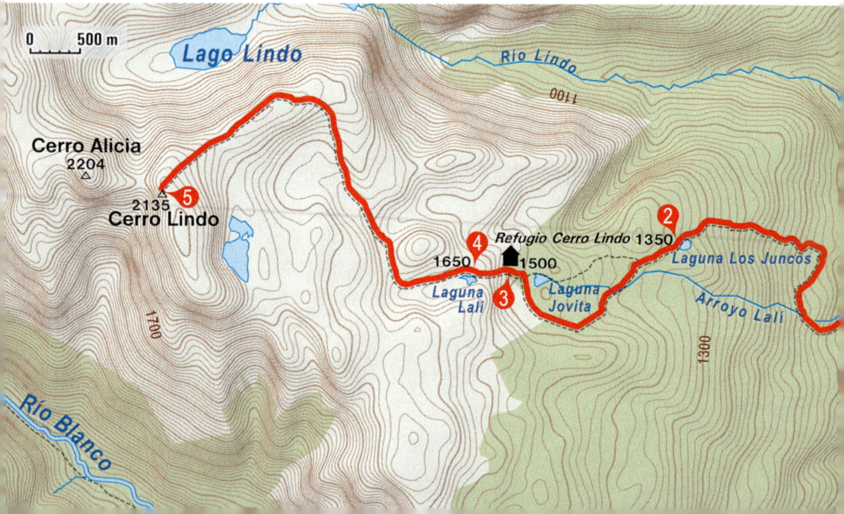

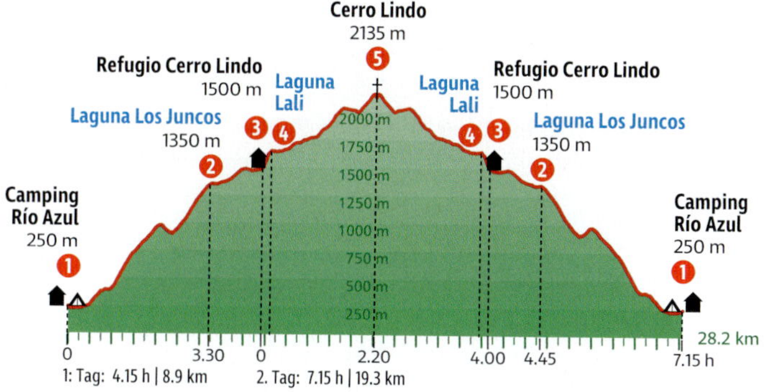

2. Tag: Refugio Cerro Lindo – Cerro Lindo – Camping Río Azul
7.15 Std., 900 Hm Aufstieg, 2150 Hm Abstieg

Vom **Refugio** ❸ aus führen mehrere Pfade zu durchaus lohnenden Aussichtspunkten, wir aber wollen auf den Gipfel! Also halten wir uns nach Westen am orografisch linken Ufer des Baches und steigen steil bergauf, zwischen zwei Felsen hindurch. Dahinter erwartet uns die **Laguna Lali** ❹. Der Wald ist jetzt definitiv zu Ende; Fels, Gras und Schnee werden Protagonisten auf dieser Tour. Wir passieren den Bergsee und folgen dem Tal erst nach Westen und dann nach Norden aufwärts.

40 Min. nach dem See ist das Tal zu Ende, aber wir steigen weiter sanft bergauf nach Norden bis zum Gipfelgrat. Diesem folgen wir links (Südwesten) bis zum eigentlichen Gipfel des **Cerro Lindo** ❺. Um das Gipfelkreuz zu erreichen, steht uns allerdings noch eine – leicht zu überwindende – Felsstufe im Weg. Von oben ist der Tiefblick auf Wälder und Seen grandios; im Norden dominiert der Tronador unter Hunderten von Berggipfeln.

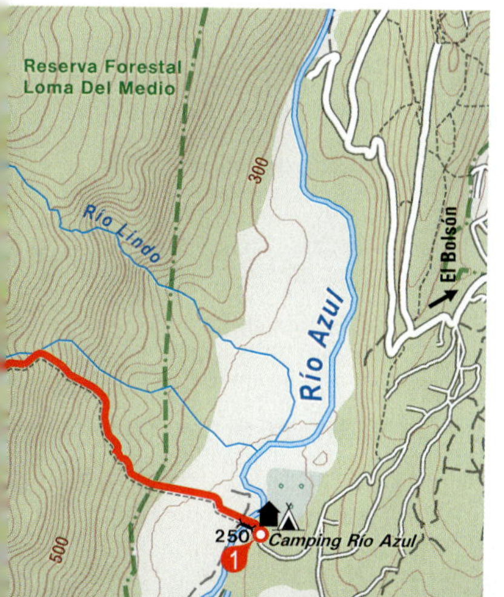

Der gesamte Abstieg verläuft auf dem Hinweg, obwohl man am oberen Teil manchmal durch Schneefelder rutschend abkürzen kann. Es besteht dann die Wahl, noch eine Nacht im **Refugio** ❸ zu bleiben und die Natur zu genießen, oder mühsam in einer langen Etappe zurück ins Tal hinabzusteigen.

↗ 1270 m | ↘ 1270 m | 11.5 km

26 Cerro Currumahuida, 1205 m

4.30 h

Auf den Aussichtsbalkon über dem Lago Puelo

Der nur 276 km² große Parque Nacional Lago Puelo besitzt einige Besonderheiten. Wir befinden uns hier in einer Übergangszone zwischen Südbuchenwald und Valdivianischem Regenwald. Solche Ökosysteme dienen der Natur als eine Art biologisches Labor: Pflanzen und Tiere müssen sich an grenzwertige Bedingungen anpassen, und es entstehen für Forscher fesselnde genetische Mutationen. In der Mitte des Parks liegt der gleichnamige See, der mit knapp 200 m Höhe einer der niedrigsten Punkte der Andenkette ist. Der Lago Puelo selbst besitzt dank der Gletscherwasser, die ihn speisen, eine auffällig türkisblaue Färbung. An warmen Sommertagen lädt er zum Badevergnügen. Die hier vorgeschlagene Wanderung steigt vom lustigerweise gleichnamigen Dorf auf den Cerro Currumahuida, eine Aussichtskanzel mit imposantem Blick auf den gesamten Park bis Chile im Westen, El Bolsón im Norden und zur Bergkette des Cerro Tres Picos im Süden. »Currumahuida« heißt auf Mapudungún »schwarzer Berg«; »Puelo« bedeutet »im Osten liegend« – die Erklärung dafür ist, dass die Kolonisierung der Gegend durch die Mapuche erst relativ spät in deren Geschichte von jenseits der Kordillere ausging.

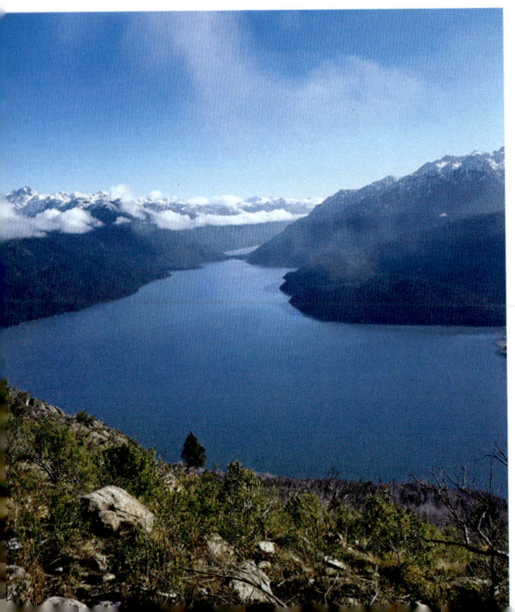

Ausgangspunkt: Parkplatz in Lago Puelo südlich von El Bolsón, 200 m. Ca. 1 km vor der Parkgrenze fährt man auf einer mit »Callejón de la Lydia« beschilderten Schotterpiste nach Osten. An deren Ende befindet sich der kleine Parkplatz mit einem Haus. Gute Busverbindung mit El Bolsón.
Anforderungen: Einige sehr steile Passagen, bei denen man Äste zuhilfe nehmen kann. Ansonsten etwas mühsamer, aber nicht allzu schwieriger Pfad; Trittsicherheit ist dennoch sinnvoll.
Einkehr: Unterwegs keine. In Lago Puelo am Parkeingang. In El Bolsón siehe Tour 25.
Unterkunft: Im Dorf Lago

Tiefblick auf den Lago Puelo.

Puelo einfache Unterkünfte, z.B. Cabañas los Robles (cabaniaslosrobles.com.ar). In El Bolsón siehe Tour 25.
Variante: Mirador de la Playita, 296 m: Kurz vor dem Strand (»Playita«) kann man links auf einem beschilderten Weg durch Wald zum Mirador aufsteigen und herrliche Blicke auf den See genießen.
Information: Informationszentrum am Parkeingang, Tel. +54 2944 499232. In El Bolsón siehe Tour 25.
Karten: Pixmap 1:50.000 Lago Puelo.

Vom **Parkplatz** ❶ folgen wir im Schutz des Waldes dem breiten Pfad erst nach links und dann in Serpentinen bergauf. Nach 30 Min. treffen wir auf eine Abzweigung und nehmen den Weg nach Süden. So geht es am Hang entlang 45 Min. weiter bis zu einer Lichtung am verlassenen **Puesto Maninga** ❷.

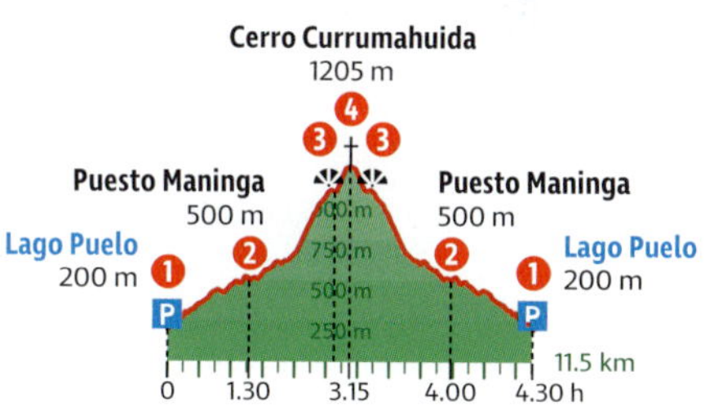

Danach wird der Wald noch einmal dichter, und wir wandern in einer Art pflanzlichem Tunnel, bis sich die Brandspuren von 2011 und 2015 zu zeigen beginnen. 30 Min. später wählen wir an einer Abzweigung den linken, rot-weiß markierten Weg. Gleich darauf wird es steil, und wir nehmen den Gipfelgrat in Serpentinen in Angriff, an manchen Stellen mithilfe der Hände. Nach spätestens 1.00 Std. ist es geschafft, wir stehen am Grat des Berges. Die Landschaft öffnet sich, und wir kommen zu einem **Mirador** ❸, der schon mal ziemlich fotogen ist. Wer von hier noch bis zum höchsten Punkt will, muss undeutlichen Spuren am Grat entlang nach Südwesten folgen. 15 Min. später erreichen wir so auf felsigem Untergrund den eigentlichen Gipfel des **Cerro Currumahuida** ❹. Der Abstieg verläuft auf dem Aufstiegsweg.

↗ 950 m | ↘ 1000 m | 18.5 km

27 Zum Lago Krüger

2 Tage

Im Parque Nacional Los Alerces

Der Nationalpark Los Alerces wartet weniger mit spektakulären Bergbildern als mit harmonischen Ansichten einer Wald- und Seenlandschaft auf. In dem Gebiet regnet es häufig, aber ohne Regen würde es hier auch keine Alerces (Fitzroya cupressoides) geben. Sie sind Artverwandte der Sequoias (Mammutbäume), werden auch »Patagonische Zypresse» genannt und wachsen in Argentinien nur an sehr wenigen, feuchten Stellen. Eine davon liegt im westlichen Teil des Nationalparks, wo jährlich bis zu 6000 mm Niederschlag fallen. Die Bäume kann man im Rahmen einer geführten Bootstour besichtigen, die den sogenannten Alerzal am Lago Cisne zum Ziel hat. Höhepunkt dieser Tour ist eine einstündige Wanderung durch den hier herrlich anzuschauenden Valdivianischen Regenwald. Der älteste Alerce wird »El Abuelo« (Großvater) genannt und ist rund 3500 Jahre alt. Auf der hier vorgeschlagenen Route am Lago Krüger ist es zu trocken für die Alerces. Stattdessen dominieren Südbuchen und üppig wuchernder Bambus die Vegetation. An den Flüssen oder an der malerischen Playa Blanca fällt jedoch noch eine weitere, für diese Region typische Baumart auf, der Arrayán (Luma apiculata), eine Pflanze aus der Familie der Myrtengewächse.

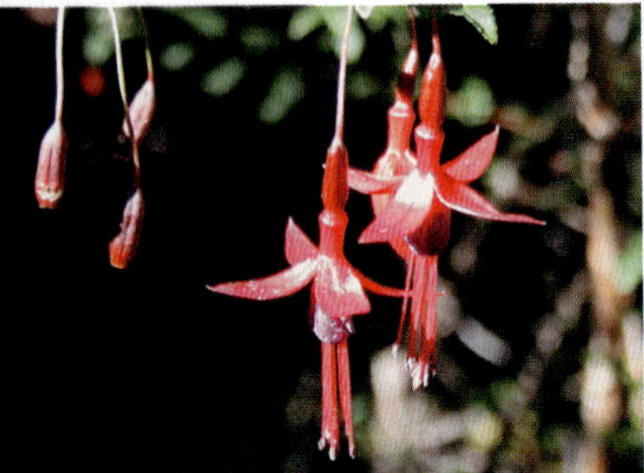

Die auffälligen Blüten der Fuchsie (Fuchsia magellanica).

Ausgangspunkt: Puerto Limonao, 600 m, nördlich von Villa Futalaufquen. In der Saison fährt sowohl von Esquel im Süden als auch von El Bolsón im Norden 1x täglich ein Bus in den Park bis Villa Futalaufquen.
Endpunkt: Refugio Lago Krüger, 550 m. Rückfahrt per Boot (ca. 2.00 Std.).
Anforderungen: Relativ leichte Tour.
Einkehr: Im Refugio Lago Krüger.

Unterkunft: Zelten ist an der Playa Blanca und am Refugio Lago Krüger erlaubt. Letzteres bietet auch überdachte Schlafplätze an. Die kurz nach dem Ausgangspunkt gelegene Hostería Futalaufquen (hosteriafutalaufquen.com) betreibt auch das Refugio – reservieren!
Variante: Spaziergang entlang des Río Frey (hin und zurück 3.00 Std., kaum Höhenunterschied): Vom Refugio Lago Krüger führt ein überwachsener Feldweg 5 km lang parallel zum Río Frey bis zu einigen Stromschnellen, den Palanganas. Aber schon nach 15 Min. erreicht man einen besonderen Ort am Fluss: Am Naufragio del Frey erlitt im 19. Jh. das Boot der »Comisión de Límites« Schiffbruch. Die Comisión hatte den Auftrag, das Grenzgebiet zwischen Chile und Argentinien zu erforschen. Emilio Frey zählte

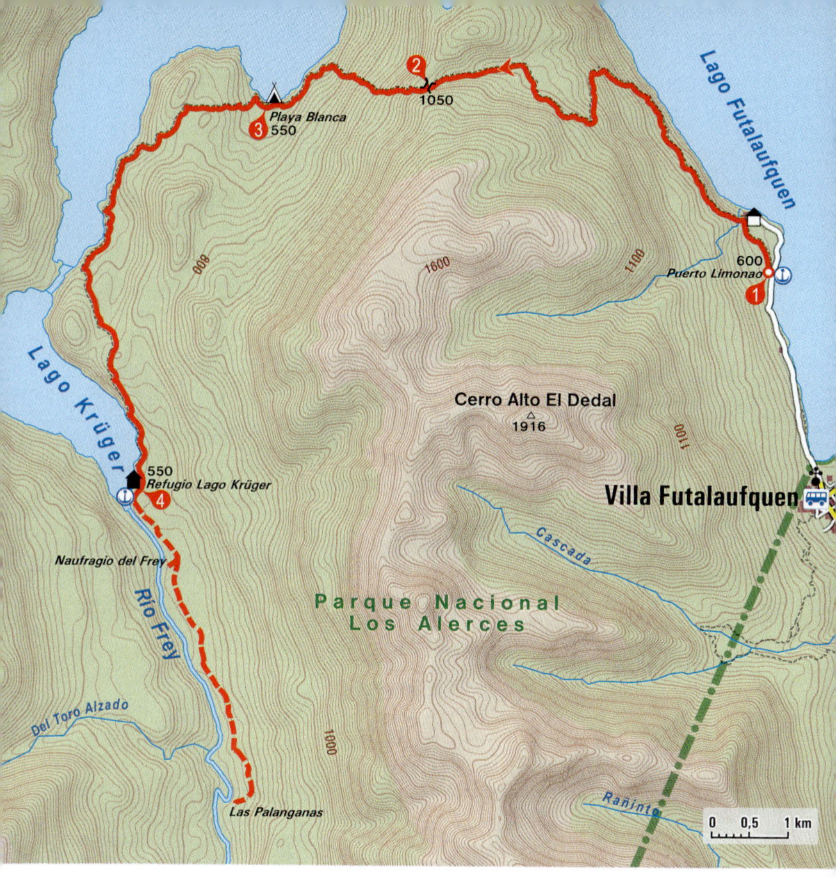

zu den Überlebenden; deshalb trägt der Fluss heute seinen Namen. Der Fluss und seine Stromschnellen sind ein recht beliebtes Ziel bei Fliegenfischern. Mit etwas Glück kann man auch die seltene Sturzbachente beobachten. – Zurück zum Refugio auf demselben Weg.

Hinweise: 1. Man muss den Parkeintritt unter ventaweb.apn.gob.ar im Voraus buchen (Parque Nacional Los Alerces auswählen).

2. Vom Refugio am Lago Krüger kann man sich per Boot abholen lassen, das jedoch bereits im Vorfeld in Puerto Limonao organisiert werden sollte.

Tipp: An der Straße durch den Nationalpark Los Alerces existieren zahlreiche wunderschöne Zeltplätze, die zum Baden und Relaxen einladen.

Information: Nationalparkverwaltung in Villa Futalaufquen, Tel. +54 2945 471015, infoalerces@apn.gov.ar.

Karten: Das an der Rangerstation in Villa Futalaufquen erhältliche Faltblatt reicht aus. Ansonsten Pixmap 1:125.000 Parque Nacional Los Alerces.

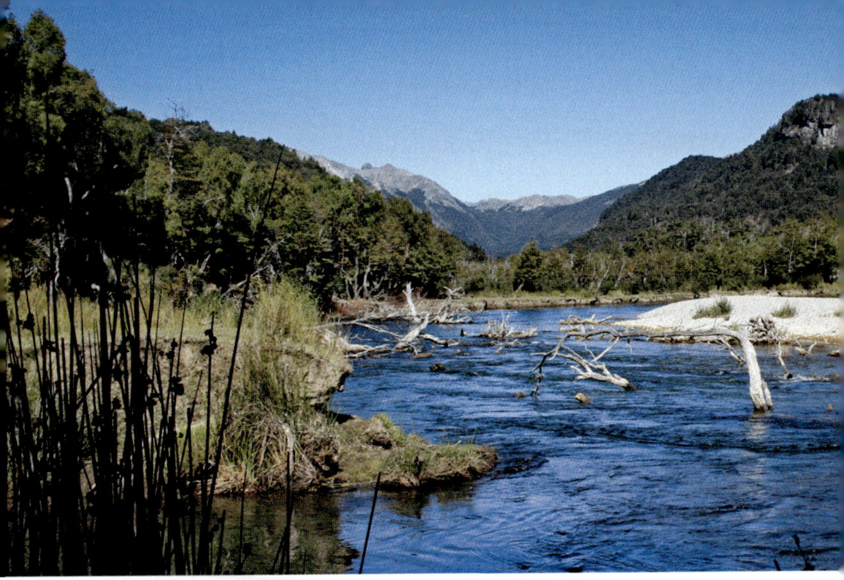

Die Besichtigung des Río Rivadavia zwischen Lago Rivadavia und Lago Verde ist ein lohnender zweistündiger Rundgang (25 km nördlich von Villa Futalaufquen).

1. Tag: Puerto Limonao – Playa Blanca

5.00 Std., 620 Hm Aufstieg, 670 Hm Abstieg

Startpunkt ist ein Parkplatz am **Arroyo de los Pumas** ❶ unweit des kleinen Hafens von **Puerto Limonao**. Nach einer Brücke über eben jenen Bach führt der breite Weg nördlich des Hotels Futalaufquen vorbei in den Wald hinein. Rund 1.00 Std. folgen wir dem Seeufer, dann wendet sich der nun schmaler werdende Pfad nach links und steigt durch Bambus-Dickichte in Serpentinen bergan. Bald öffnen sich schöne Blicke auf die umgebende Bergwelt und den tief unter einem liegenden blauen Lago Futalaufquen, den »großen See«. Nach insgesamt rund 3.30 Std. Wanderung ist ein namenloser **Pass** ❷ erreicht, von dem es anschließend wieder steil hinun-

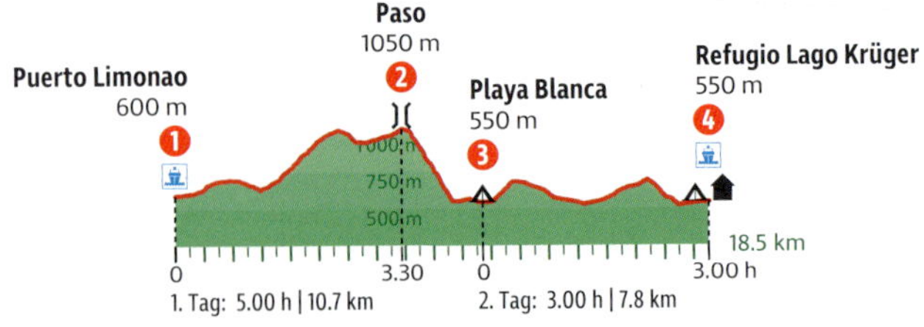

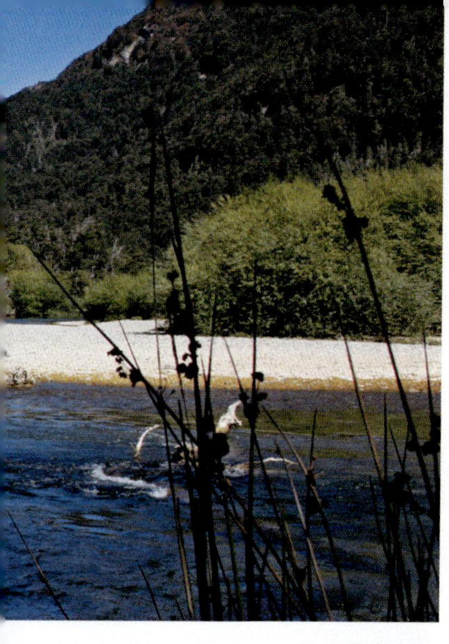

tergeht. Wir kommen wieder an das Seeufer und nach weiteren 15 Min. zum malerischen Sandstrand der **Playa Blanca** ❸, wo man zelten kann – bei gutem Wetter ein Traumplatz mit Arrayanes und Ausblick.

2. Tag: Playa Blanca – Refugio Lago Krüger
3.00 Std., 350 Hm Auf- und Abstieg
Ca. 3.00 Std. benötigen wir von der **Playa Blanca** ❸ zum **Refugio Lago Krüger** ❹, verlaufen ist unmöglich. Nach dem anstrengenden gestrigen Tag können einem die zu überquerenden Hügel aber höher vorkommen, als sie in Wirklichkeit sind.
Der Rückweg nach Puerto Limonao erfolgt mit dem Boot (ca. 2.00 Std. Fahrt) oder zu Fuß auf dem Hinweg.

Ein Arrayán (Luma apiculata) mag die Feuchtigkeit am Ufer des Lago Futalaufquen.

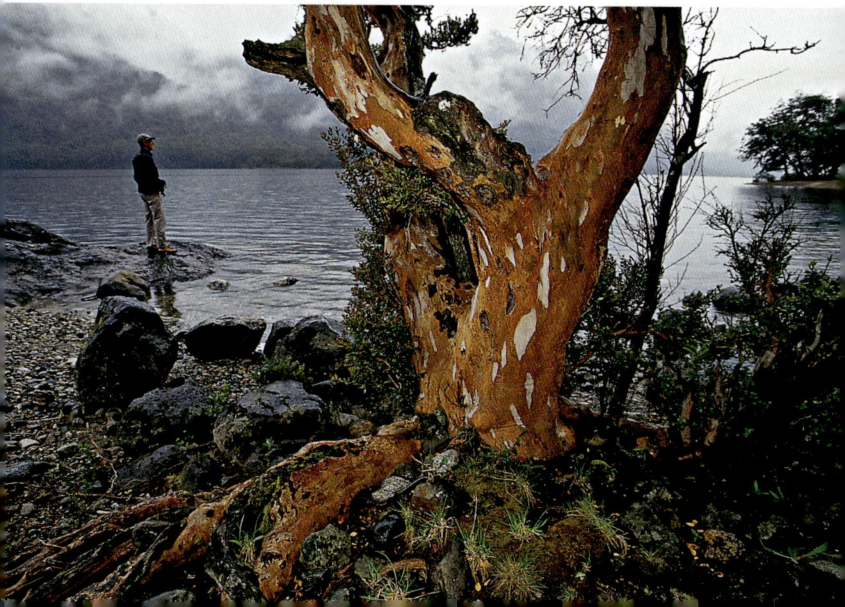

Südliche Patagonische Anden

Auf Höhe des Lago Buenos Aires/Lago General Carrera beginnen die südlichen Patagonischen Anden. Sie weisen mit den Patagonischen Eisfeldern eine einzigartige geografische Besonderheit auf. Mehr als 18.000 km² der Kordillere sind vom »ewigen« Eis bedeckt – zum Vergleich: In den Alpen sind es gerade einmal 1800 km². Das Eis ist zum Teil über 1600 m tief. Es handelt sich damit um die größte Eismasse außerhalb der Polarkappen, was in Argentinien dazu führte, dass die Eisfelder »Kontinentaleis« (»Hielo Continental«) genannt werden. Trotz dieser Bezeichnung darf man sich die Anden in diesem Bereich nicht als gleichförmige, flache Eisdecke vorstellen. Vielmehr wechseln sich weite Hochebenen mit kuppelförmigen Erhebungen und schmale Korridore mit teilweise erheblichen Höhenunterschieden ab. Nach Osten und Westen fließen dann, wie bei einer überlaufenden Badewanne, die großen Auslassgletscher ab.

Schaut man etwas genauer auf die Karte, wird man feststellen, dass es zwei Eisfelder gibt, das Nördliche und das Südliche Patagonische Eisfeld (»Campo de Hielo Norte« und »Campo de Hielo Sur«). Dazwischen hat der Río Baker, Patagoniens wasserreichster Fluss, eine tiefe Kerbe in die Anden gefräst, sodass die Eisfelder eine Unterbrechung erfahren. Zudem ragt hier das Massiv des Cerro San Lorenzo auf, das – weit nach Osten verschoben – mit einer Höhe von 3706 m so etwas wie den dritten Pol Patagoniens darstellt. Höchster Berg in diesem Bereich der südlichen Anden ist der Cerro San Valentín, 3910 m, der am Rand des Nördlichen Eisfelds steht. Die bekanntesten Gipfel im Bereich des Südlichen Eisfelds sind die jeweils östlich der Hauptkette vorgelagerten Granitmassive von Fitz Roy/Cerro Torre und Torres del Paine. Westlich der Eisfelder gehen die Anden in eine zerrissene Fjordlandschaft über, die von immergrünen Wäldern gekennzeichnet ist und mit mehr als 300 Regentagen im Jahr eines der unwirtlichsten Klimata überhaupt aufweist. Menschen halten es hier kaum aus, es gibt nur wenige Ansiedlungen in den Kanälen Westpatagoniens.

Aus touristischer Perspektive erwähnenswerte Dörfer sind in Chile Puerto Natales (Ausgangspunkt für die Torres del Paine), Punta Arenas (am südlichen Ende des amerikanischen Festlands) und in Argentinien El Chaltén am Fuße des Fitz Roy) und El Calafate (Ausgangspunkt für den Perito-Moreno-Gletscher). Die chilenische Carretera Austral schafft es noch, das nördliche Eisfeld zu umgehen, endet aber offiziell in Villa O'Higgins: Kein Landweg führt in Chile am Südlichen Eisfeld vorbei, das heißt, um mit einem Kraftfahrzeug nach Puerto Natales oder Punta Arenas zu gelangen, muss man gezwungenerweise über Argentinien fahren.

Der von ewigem Eis umrahmte Cerro Fitz Roy, am Rande des Südpatagonischen Eisfelds. Es ist kaum verwunderlich, dass dieser imposante Berg eine zentrale Rolle in der Tehuelche-Kosmologie spielte.

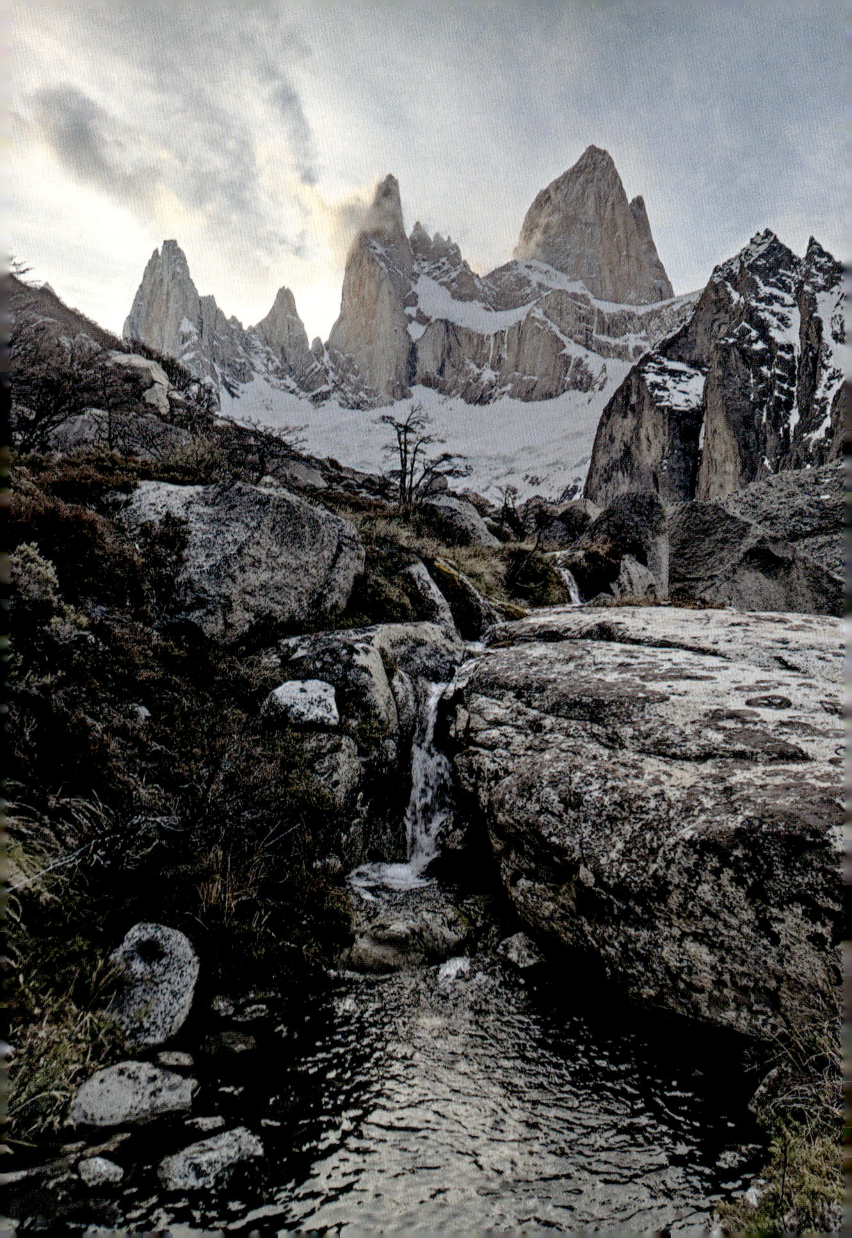

↗ 2320 m | ↘ 2320 m | 78.6 km

28 Nördliches Patagonisches Eisfeld: Cerro Mocho, 2394 m

5 Tage

Abenteuer im Niemandsland

Im Nördlichen Patagonischen Eisfeld sind extrem wenige Menschen unterwegs. Der einzige regelmäßig von Touristen besuchte Ort ist an seinem nordwestlichen Rand die Laguna San Rafael, wo der gleichnamige Gletscher bis auf Meereshöhe reicht. Das nördliche Ende des »Campo de Hielo Norte« bildet der Cerro San Valentín, ein Berg mit Himalaya-Dimensionen, dessen eindrucksvolle Flanken und Trabanten im Blickpunkt dieser Tour stehen. Von den wenigen naturgegebenen Zustiegen auf das Campo de Hielo Norte ist die hier beschriebene Route die einfachste und sicherste. Trotzdem muss darauf hingewiesen werden, dass, obwohl die Tour nur auf einen Berg am Rande des Eisfeldes führt und damit nicht mit einer Durchquerung des Eisfeldes oder gar einer Besteigung des Cerro San Valentín verglichen werden kann, sie nur von erfahrenen Hochtourengehern durchgeführt werden sollte! Der zu überschreitende Pass und der Cerro Mocho gehören zu den wind- und regenreichsten Ecken Patagoniens. Bei gutem Wetter öffnen sich jedoch Blicke in eine vergessene Welt voll von unglaublicher Schönheit.

Im Bereich der Eisfelder braucht man eine umfangreiche Ausrüstung.

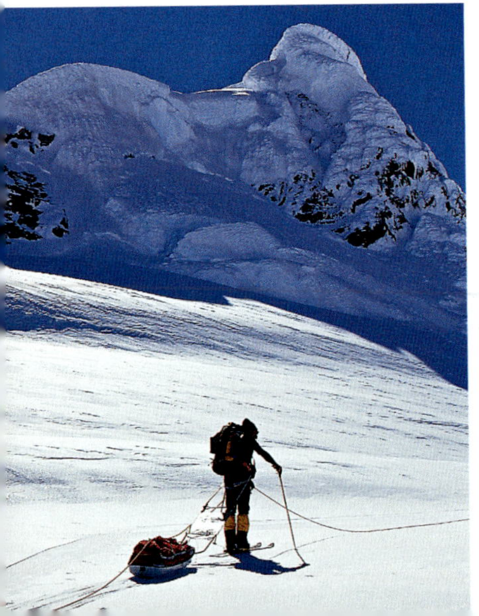

Ausgangspunkt: El León, 200 m, in der Nähe von Puerto Guadal. Auf der Carretera Austral verkehren regelmäßig Busse, die sowohl Puerto Guadal als auch die Brücke über den Río Leones passieren. Im Tal des Río Leones kann man sich mit dem Jeep an das Ende der Straße fahren lassen, das spart ca. 6.00 Std. Gehzeit.

Anforderungen: Eine der schwierigsten Touren in diesem Buch, nur für wirklich gute Alpinisten geeignet. Neben dem Umgang mit dem im Bereich der Eisfelder üblichen schlechten Wetter sind Erfahrung bei der Querung von Gletschern sowie die entsprechende Ausrüstung vonnöten.

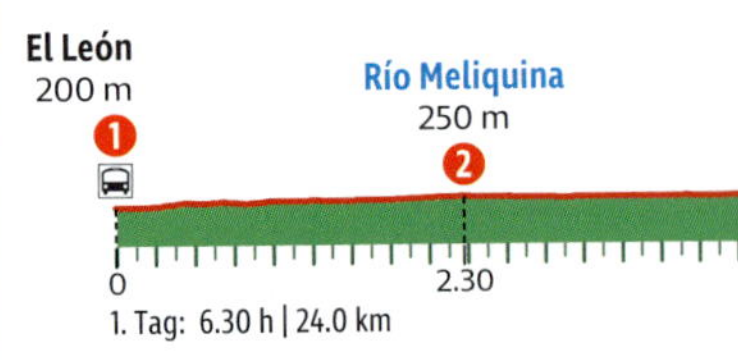

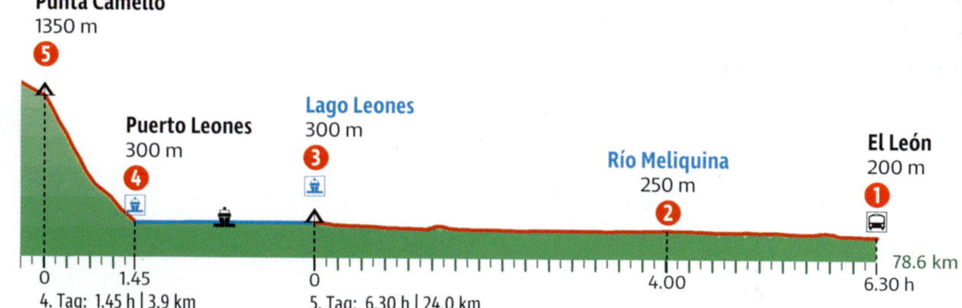

Der Grat weist steile Schneefelder und Schwierigkeiten im Fels bis zum II. Grad auf. Darüber hinaus muss die Überquerung des Lago Leones organisiert werden (siehe »Hinweis«).

Einkehr: Keine.

Unterkunft: Unterwegs keine. In Puerto Guadal einige Pensionen. Besonders empfehlenswert ist die Terra Luna Lodge etwa 1,5 km östlich von Puerto Guadal, da diese nicht nur traumhaft gelegen ist, sondern auch die für die Tour notwendige Infrastruktur zur Verfügung stellen kann, siehe Hinweis.

Variante: Auch die Besteigung der Punta Camello ist allein schon alle Mühe wert; hochalpine Vorkenntnisse sind dafür nicht nötig.

Hinweis: Zur Durchführung dieser Tour wendet man sich am besten im Vorfeld an Philippe Reuter, den Betreiber der Terra Luna Lodge. Dort kann man Material leihen (Funkgeräte, Seile etc.) und vor allem organisiert er den Transport bis Puerto Leones. Dieser ist direkt von der Lodge mit einem Jet-Boot bis an den Fuß der Gletscher möglich; damit erspart man sich auch den ersten und letzten Tag auf dem Fahrweg zum Lago Leones.

Information: Terra Luna Lodge, 1,5 km östlich von Puerto Guadal, Richtung Chile Chico, Tel. +56 93 4565217, terraluna.cl/lodge-patagonia.

Karten: Pixmap 1:50.000 Lago Leones; IGM 1:250.000 Chile Chico.

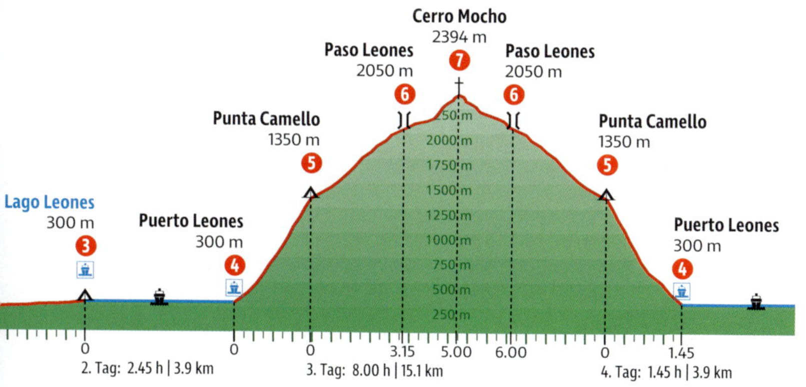

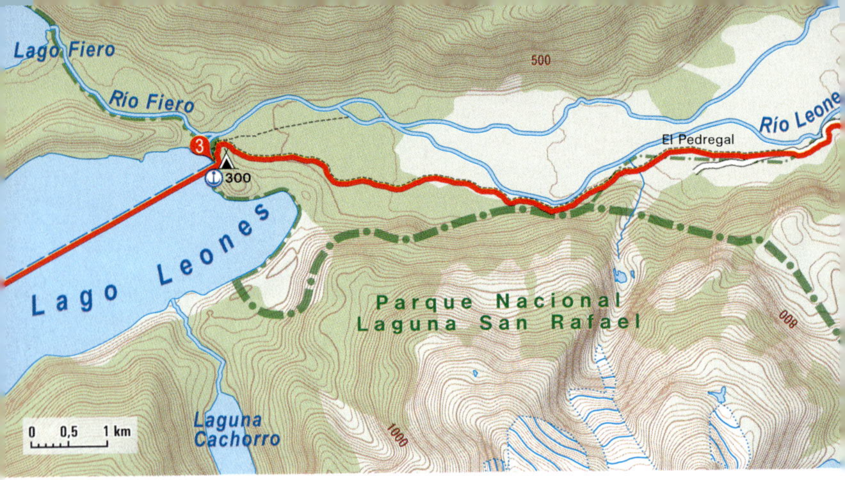

1. Tag: El León – Lago Leones

6.30 Std., 160 Hm Aufstieg, 60 Hm Abstieg

Startpunkt der Tour ist die Siedlung **El León** ❶ auf der Südseite der Brücke über den **Río Leones**. Hier wendet man sich nach Westen und wandert auf einer Fahrspur parallel zum Río Leones flussaufwärts. Nach einigen Kilometern gelangt man an eine Farm. Hier hält man sich kurz links und trifft dann, nach einem Zaungatter, wieder auf die Fahrspur. Durch eine von Sanddünen geprägte Landschaft geht es bis zur nächsten kleinen Ansiedlung. Diese lässt man rechts liegen. Kurz danach quert man auf einer Brücke den **Río Meliquina** ❷ und erreicht nach einer Weggabelung (es ist hier, wie auch generell auf dieser Tour, der rechte Abzweiger zu nehmen) eine weite Ebene. Das Sträßchen steht hier an einigen Stellen bis zu einem halben Meter unter Wasser, die entsprechenden Abschnitte sind zu durchwaten.

Nach insgesamt rund 4.15 Std. ist das Ende des befahrbaren Teils der Fahrspur erreicht. An einem Unterstand lässt sich trocken und windgeschützt eine Brotzeit einnehmen. Man folgt nun dem Fahrweg und gelangt nach

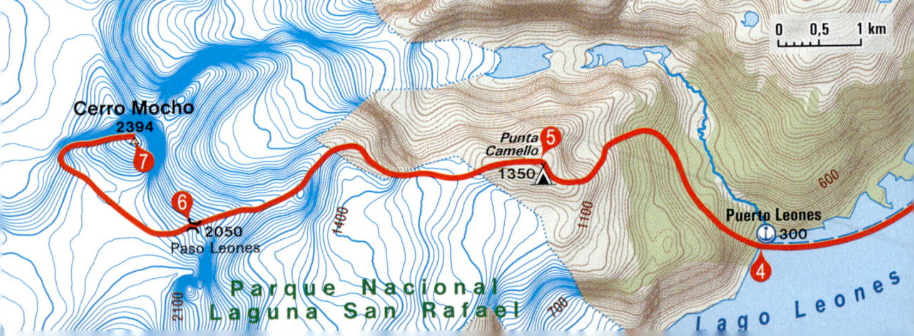

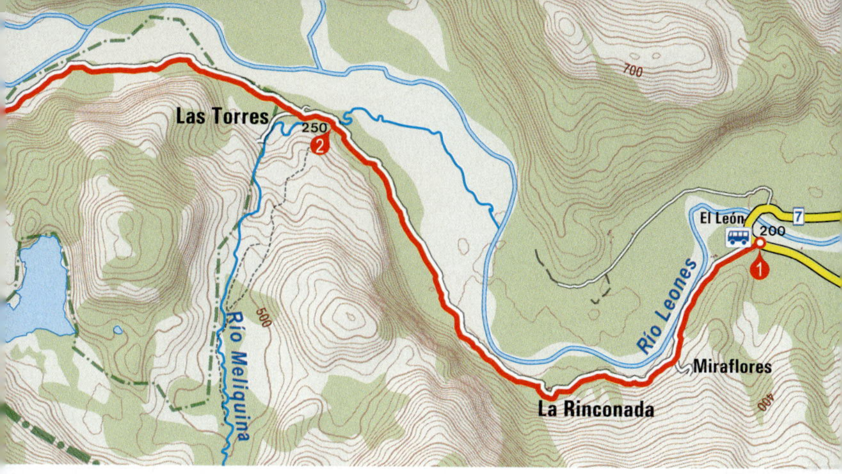

15 Min. in einen durch einen Bergrutsch verwüsteten Abschnitt des Tals. Hier sind am 25. Dezember 2002 durch den Bruch einer Endmoräne mehrere Tausend Kubikmeter Gestein ins Tal gerauscht. Vorbei an zum Teil haushohen Blöcken durchquert man die schottrige Ebene, Steinmänner erleichtern die Orientierung. Auf der anderen Seite trifft man hinter einem Bach erneut auf die Fahrspur.

Hinter der nächsten kleinen Farm zwingt der Río Leones einen dazu, links etwas aufzusteigen. Auf einem schmalen Pfad geht es 50 Hm über dem Fluss entlang, bis man auf der anderen Seite des Felsrückens wieder in eine Ebene absteigt. Jetzt hält man sich leicht rechts und gelangt hinter der Endmoräne des **Lago Leones** ❸ an dessen Ostufer. Hier bestehen Zeltmöglichkeiten bzw. man kann, unterhalb einiger riesiger Granitblöcke, auch biwakieren. Ganz am Ende des Sees sieht man den Leones-Gletscher in das türkisgrüne Wasser kalben.

2. Tag: Lago Leones – Puerto Leones – Punta Camello

2.45 Std. (plus ca. 2.00 Std. Bootsfahrt), 1050 Hm Aufstieg

Um vom Ostufer des Lago Leones zu dem an einem von Norden in den See mündenden Seitenbach gelegenen **Puerto Leones** ❹ zu gelangen, ist man auf ein Boot angewiesen. Dabei ist die Querung des Sees längst nicht bei jedem Wetter möglich, besonders nachmittags herrscht häufig zu viel Wind. Der Weg von Puerto Leones zur Punta Camello ist im Wald mit roten Plastikschleifen markiert und daher mit etwas Spürsinn gut zu finden.

Zu Beginn hält man sich parallel zum in den Lago Leones mündenden Seitenbach nach Norden und gelangt so, nach Querung eines schottrigen Hangs, in eine von niedrigen Bäumen bewachsene Ebene. Hier hält man sich links (Nordwesten) und steigt nach einer Bachquerung durch dichten

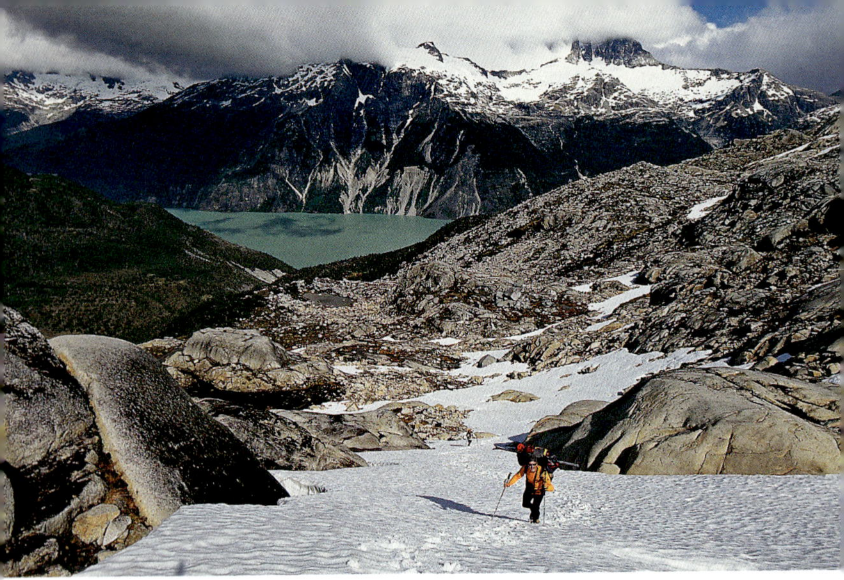

Aufstieg zur Punta Camello mit Lago Leones im Hintergrund.

Urwald bergan. Nach rund 2.00 Std. mit teils unangenehm steilen Passagen verlässt man die Vegetation, wieder parallel zu einem Bach (genau der, den man unten gequert hat). Man wendet sich nach rechts und steigt über Granitplatten und einige erste Schneefelder auf einen Felsrücken auf. Dessen höchster Punkt wird **Punta Camello** 5 genannt. Zwischen riesigen Felsen und einigen kleinen Seen findet man geschützte Zeltplätze mit einer traumhaften Aussicht. Man befindet sich inmitten eines gigantischen Gletscherzirkus, bei gutem Wetter sieht man sämtliche Berge am Nordostrand des Inlandeises inklusive Cerro San Valentín.

3. Tag: Besteigung des Cerro Mocho

8.00 Std., 1050 Hm Auf- und Abstieg

Während die Punta Camello noch von jedem Trekker ohne alpine Vorkenntnisse erreicht werden kann, ist der nun folgende Tagesausflug erfahrenen Alpinisten vorbehalten. Von der Punta Camello steigt man nach Westen zu einem Seitenarm des Leones-Gletschers ab. Hier seilt man sich an, da der relativ flache Gletscher reich an Spalten jeglicher Größenordnung ist. Ziel ist nun eine auf der gegenüberliegenden Seite beginnende Felsrippe, die sich, auf der linken Seite mit steilen Granitwänden abbrechend, bis zu einem von hier nicht erkennbaren Pass zum Inlandeis hochzieht.

An deren Basis angekommen kann man das Seil getrost wieder in den Rucksack stecken, auf den nächsten 800 Hm ist es eher hinderlich als unbedingt notwendig. Man klettert nun, sich zu Beginn etwas rechts haltend, über die Felsrippe bergauf. Dabei wechseln sich steile Schneefelder mit einigen Felspassagen im II. Grad ab. Nach rund 300 Hm macht der Grat eine Rechtsschleife, man folgt der Topografie. Von hier aus sieht man auch erstmals den Cerro Mocho in seiner ganzen Pracht, die von Rissen durchzogene Ostwand ist mehr als beeindruckend. Man steigt – sich weiterhin etwas auf der rechten Seite des Rückens haltend – bergan, bis man zu einem rotbraunen Felsturm gelangt, den man rechts umgeht. Oberhalb des Felsturms erreicht man eine Ebene (Schnee), die nach Süden von großen, grauen Granitblöcken begrenzt wird (ca. 2.00 Std. ab Punta Camello). Diese Ebene ist zum Zelten geeignet und wird **Depósito** genannt. Der Pass liegt jetzt vor einem. Ebenfalls zu erkennen ist, dass man sich aufgrund der Spaltengefahr wieder anseilen sollte.

Vom Depósito steigt man nun dem leichtesten Weg folgend hoch zum **Pass** 6 und hält sich, dort angekommen – der Paso Leones ist eher als eine breite Ebene zu beschreiben denn als ein schmaler Einschnitt –, in Richtung Nordnordwest. Der mit eisüberkrusteten Grattürmchen gekrönte breite Buckel rechts ist der Cerro Mocho. Über dessen mäßig geneigte Westflanke und um die Spalten herum steigt man auf den **Gipfel** 7. Bei gutem Wetter ist die Aussicht schlichtweg unbeschreiblich.

Der Rückweg vom **Cerro Mocho** 7 zur **Punta Camello** 5 erfolgt auf demselben Weg.

4. Tag: Punta Camello – Lago Leones

1.45 Std. (plus ca. 2.00 Std. Bootsfahrt), 1050 Hm Abstieg

Es geht auf dem bereits bekannten Weg zurück zum Lago Leones. Wichtig ist, dass man schon im Vorfeld Tag und Uhrzeit bezüglich der Bootsabholung in **Puerto Leones** 4 geklärt hat (bzw. ein Funkgerät dabeihat).

5. Tag: Lago Leones – El León

6.30 Std., 60 Hm Aufstieg, 160 Hm Abstieg

Die letzte Etappe zurück zur Brücke über den **Río Leones** 1 an der Carretera Austral ist dieselbe wie am ersten Tag.

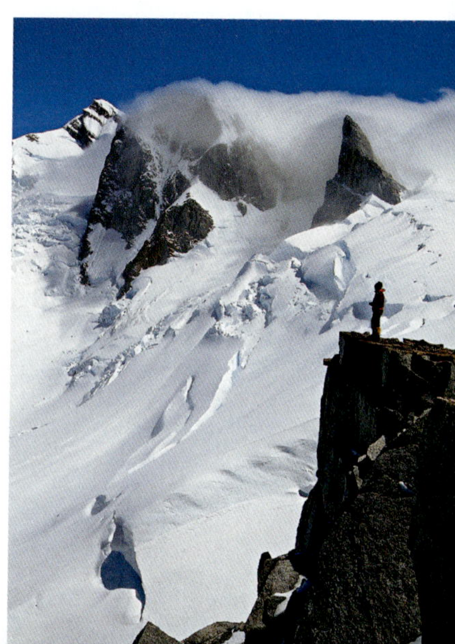

Granit und Eis unterhalb des Cerro Cristal.

TOP

29

↗ 950 m | ↘ 950 m | 20.7 km

Circuito Lagunas Altas im Valle de Chacabuco

8.00 h

Seenrundgang im Land der Huemules

Der Parque Nacional Patagonia wurde auf der chilenischen Seite erst Ende 2018 gegründet. Die ehemals von Douglas Tompkins geführte Naturschutzorganisation kaufte die Ländereien im Valle de Chacabuco, und mittels einer Stiftung konnte man die Reservate Jeinemeni und Tamango miteinander verbinden und diesen einzigartigen Park errichten. Attraktionen hier sind verschiedene Bergseen, die Spuren des Huemul (Südandenhirsch), dessen Population hier seit Jahren stabil ist (generell ist er aber akut vom Aussterben bedroht!), und eine hervorragende Infrastruktur für Wanderer. Die hier vorgeschlagene Tour bietet einen Rundgang in dieser besonderen Landschaft, die der Ökoton, also der Übergangsbereich zwischen Wald und Steppe bildet. Talaufwärts auf halber Höhe wandert man an verschiedenen Lagunas altas (auf Deutsch »hoch gelegene Bergseen«) entlang. Aus den höheren Lagen hingegen hat man einen hervorragenden Blick auf das Nordpatagonische Eisfeld: Dessen König, der Cerro San Valentín, ist an klaren Tagen von hier aus zu sehen.

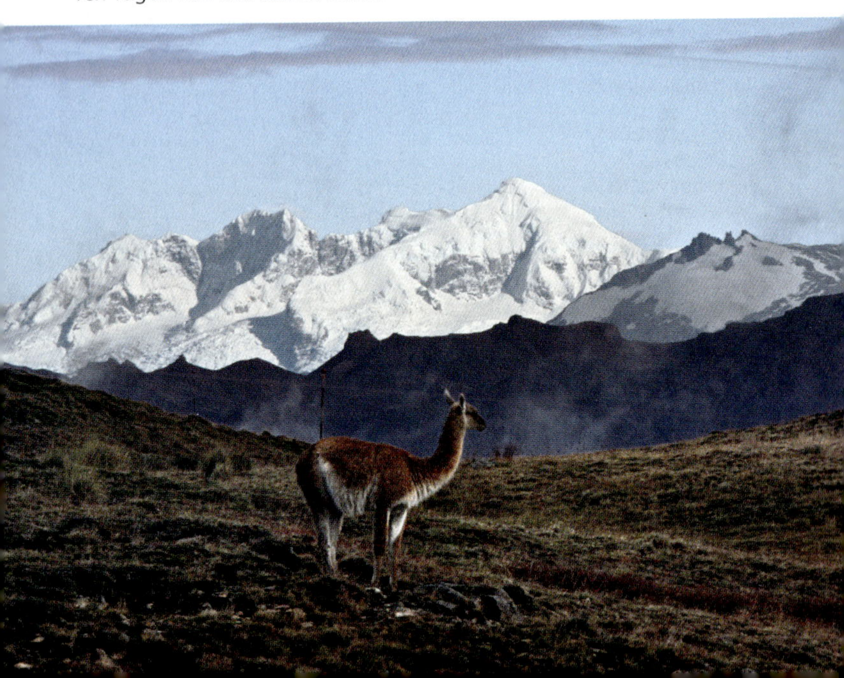

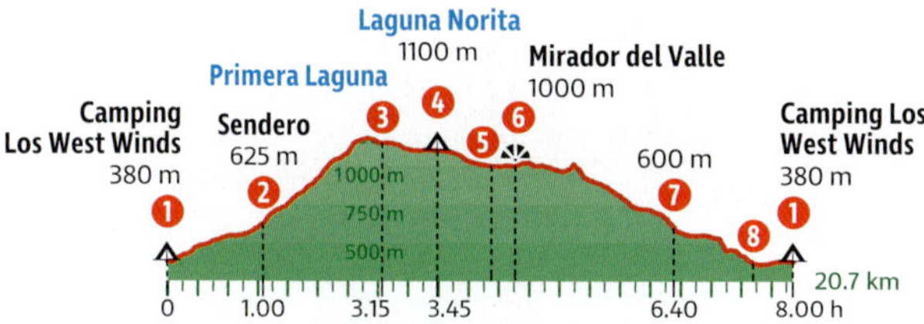

Ausgangspunkt: Camping Los West Winds innerhalb des Parkzentrums im Valle de Chacabuco, 330 m, 28 km von Cochrane entfernt. Vom Eingang des Parkzentrums führt eine 2 km lange Straße zum besagten Campingplatz, alternativ gibt es auch auf der anderen Seite des Tals einen ebenso langen Wanderpfad.
Anforderungen: Tagestour auf gut markiertem und beschildertem Pfad.
Einkehr: Keine unterwegs. Nobles Restaurant am Ausgangspunkt, Vorbuchung nötig.
Unterkunft: Zeltplatz und auch Lodge in der Parkzentrale. Die Lodge muss man bei reserve@explora.com buchen.
Varianten: 1. Besteigung des Cerro Tamanguito (2.30 Std., ca. 300 Hm Auf- und Abstieg; Schwierigkeit »rot«): Kurz vor Erreichen der ersten Laguna auf dem Hochplateau steigt man in Richtung Süden weglos hinauf, wobei man den Gipfel immer im Blick hat. Am Ende wird es felsiger, aber mit ein wenig Gespür kommt man problemlos bis zur Spitze. Der Rückweg gleicht dem Hinweg. Wer diese Variante einplant, sollte am besten an der Laguna Norita übernachten (als Tagestour wird der Circuito sonst nämlich eher zur »Tor-Tour«).
2. Zum Lago Cochrane (insgesamt 4 Tage): Westlich des Cerro Tamanguito führt ein von der Hauptroute abzweigender Pfad über einen Sattel in eine weitere Seenwelt. Mehrere Pfade kreuzen sich, sodass man von der Laguna El Cangrejo eine Runde zum Lago Cochrane unternehmen kann. Eine mögliche Strategie wäre, die erste Nacht an der Laguna El Cangrejo zu verbringen, dann in einer langen Tagestour Richtung Süden bis zum Lago Cochrane zu wandern und am dritten Tag über einen anderen Weg von Osten wieder zurück zur Laguna El Cangrejo, am vierten wieder zurück zur Hauptroute und den Circuito Lagunas Altas zu vollenden.
Hinweis: Man muss sein Ticket unter pasesparques.cl im Voraus buchen (»Parque Nacional Patagonia« auswählen).
Information: Besucherzentrum am Ausgangspunkt; rewildingchile.org/proyectos/parque-nacional-patagonia.
Karten: Pixmap 1:75.000 Lago Cochrane – Valle Chacabuco – Parque Patagonia; Pixmap 1:250.000 Cochrane.

Zu Fuß geht es vom **Camping »Los West Winds«** ❶ erst einmal leicht ansteigend nach Südwesten auf einer ehemaligen Fahrspur. Nach etwa 1.00 Std. wird die Spur zum **Pfad** ❷; jetzt es geht in weiten Kehren steiler aufsteigend nach Südosten weiter. Wasser ist in Form von kleinen Bächen vorhanden. Ein lange zurückliegender Waldbrand zeigt seine Spuren, die meisten Südbuchen um uns herum sind jung. Nach einer weiteren Stun-

An klaren Tagen reicht der Blick bis zu den Kolossen des Eisfelds.

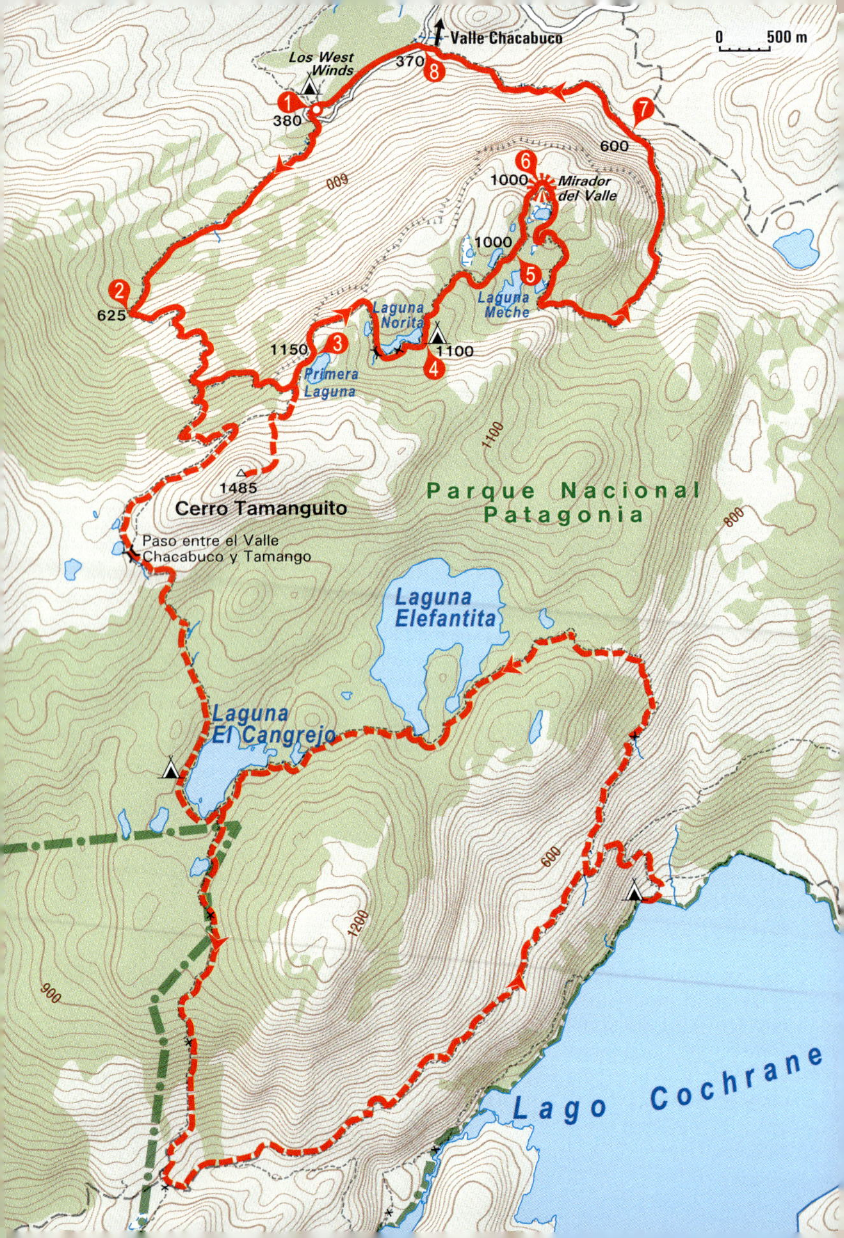

Valle Chacabuco
0
500 m
Los West Winds
1
380
370
8
7
600
6
1000
Mirador del Valle
009
1000
5
Laguna Meche
2
625
Laguna Norita
1100
4
1150
3
Primera Laguna
1100
1485
Cerro Tamanguito
Parque Nacional Patagonia
800
Paso entre el Valle Chacabuco y Tamango
Laguna Elefantita
Laguna El Cangrejo
600
1200
900
Lago Cochrane

de gelangen wir an die Abzweigung in Richtung Lago Cochrane, halten uns aber links. Kurz danach umgehen wir einen felsigen Hügel und erreichen das Hochplateau, auf dem sich unsere Lagunas befinden.

Wir steigen hinunter zur ersten **Laguna** 3, an der wir links vorbeiwandern. Auch eine zweite, kleinere, wird links passiert. Eine sumpfige Fläche führt uns dann an der **Laguna Norita** 4 diesmal rechts vorbei. Hier kann man gut zelten. Weiter geht es durch einen Märchenwald mit auffällig langen Flechten. Jetzt veläuft der Pfad zwischen zwei Seen: Der rechte heißt **Laguna Meche** 5. Kurz danach steigen wir über einen Hügel und erreichen den **Mirador del Valle** 6. Dieser Aussichtspunkt bietet einen spektakulären Tiefblick auf das gesamte Tal des Río Chacabuco.

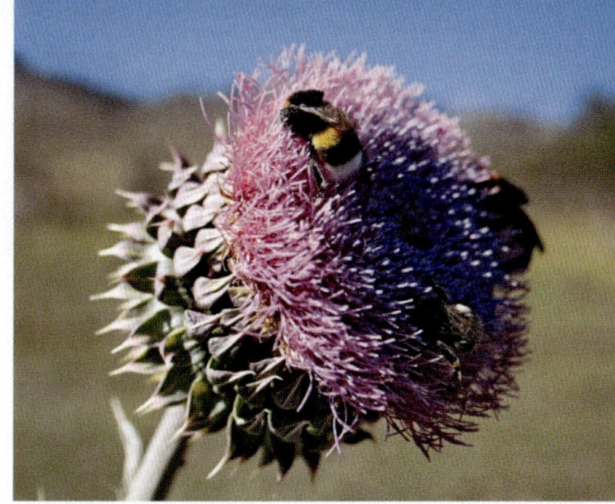

Hummel-Party an der Blüte einer Distel (Cirsium vulgare).

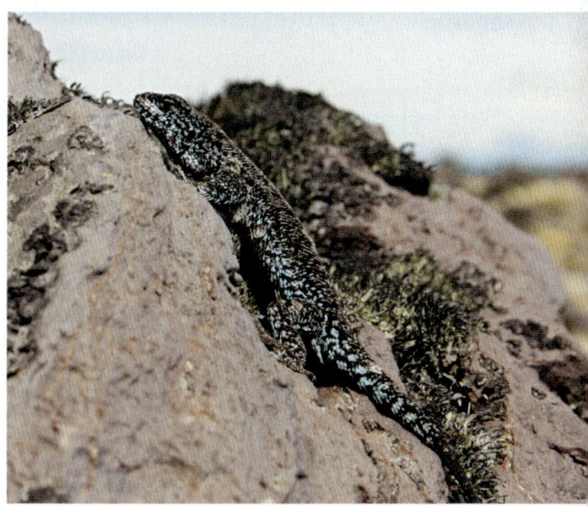

Eine gut getarnte Eidechse (Liolaemus sp.) nimmt ihr Sonnenbad.

Vom Mirador biegen wir nach rechts (Süden) ab und umrunden einen weiteren See, den wir schließlich rechts hinter uns lassen. Mit einigen Schlenkern führt uns dann ein nicht immer ganz klarer Pfad an die letzten zwei Bergseen, die auch rechts von uns liegen. Gleich danach wenden wir uns nach Osten und verlassen bergab das Hochplateau.

Erst durch Wald und dann durch Steppe erreichen wir in gut 2.00 Std. meist sanften Abstiegs wieder das Parkzentrum. Ein flaches halbes Stündchen auf dem bekannten **Fahrweg** 8 führt uns letztendlich wieder an den **Ausgangspunkt** 1.

↗ 650 m | ↘ 650 m | 35.1 km

30 Am Cerro San Lorenzo

3 Tage

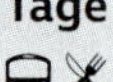

Der zweithöchste Berg Patagoniens

Der Cerro San Lorenzo ist mit seinen 3706 m Höhe eines der großartigsten Bergmassive, die das Land zu bieten hat. Wie eine gigantische Trutzburg ragt die weit nach Osten vorgeschobene kastenförmige Gestalt des Berges über der argentinischen Pampa auf. An seinem südlichen Rand befindet sich der (noch) weitgehend unbekannte Parque Nacional Perito Moreno. Die Nordseite, wo die Normalroute zur Besteigung des Berges startet, ist hingegen Privateigentum, dort lebt die mittlerweile auf Touristen eingestellte Familie Soto. Die hier beschriebene Tour führt durch das Hochtal des Arroyo San Lorenzo bis zum ehemaligen Basislager des Salesianerpaters Alberto De Agostini (heute Standort der Toni-Rohrer-Hütte). Von hier aus lässt sich – sofern man über die notwendige Ausrüstung, Vorkenntnisse und einen Pakt mit den Wettergöttern verfügt – der Cerro San Lorenzo besteigen. Diese Route ist trotz ihrer Länge und Ausgesetztheit gegenüber dem Wetter die technisch leichteste auf einen der großen Berge Patagoniens. Sie wird deshalb hier als Ergänzung für erfahrene Alpinisten beschrieben.

Ausgangspunkt: Abzweigung »Lunco« an der Straße zwischen Cochrane und Lago Brown. Von Cochrane geht es etwa 4 km südlich die Carretera Austral entlang, dann biegt man links ab (beschildert), nach ca. 32 km und Überquerung des Río Tranquilo mittels einer neuen Autobrücke nochmal links. Weitere 13 km später erreicht man nach insgesamt 1.30 Std. eine Abzweigung mit großem Schild »Desvío« und kleinem »Cerro San Lorenzo«. Diese Stelle wird von den Einheimischen »Lunco« genannt. Ab hier zu Fuß oder mit einem extrem geländegängigen Wagen weiter. Das Tourismusbüro in Cochrane kann ein Taxi bis Lunco organisieren. Das Büro steht per Funk mit der Familie Soto vom Fundo San Lorenzo in Verbindung. Montags und donnerstags Linienbus (Kontakt: Marcial Moya, Tel. +56 9 87464742) in Richtung Lago Brown (rechtzeitig aussteigen!).
Anforderungen: Bis zum Fundo San Lorenzo einfache Wanderung auf sehr schlechter Fahrspur, später auf einem von Pferden genutzten Pfad. Wer will, kann sich das Gepäck mit dem Pferd zum Ziel tragen lassen. Variante: Der

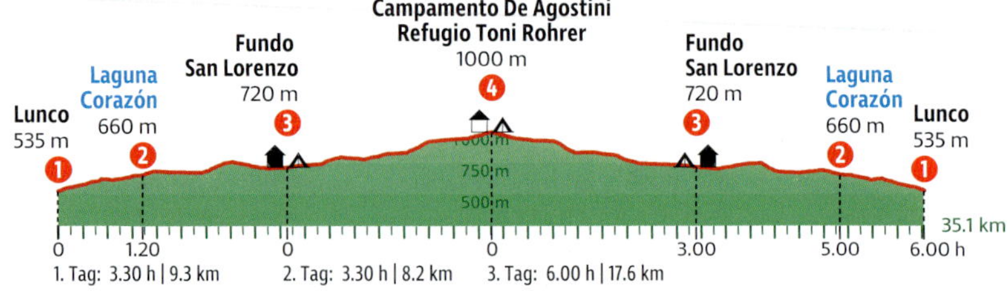

Weg bis zum Paso Comedor – der erste Abschnitt der Besteigung des Cerro San Lorenzo – kann auch ohne alpinistische Erfahrung begangen werden. Hier ist nur eine gewisse Praxis im Umgang mit Schotter Voraussetzung. Am Cerro San Lorenzo selbst warten Eispassagen bis 60° auf den potenziellen Vorsteiger; ein sehr, sehr gutes Orientierungsvermögen in heiklem Gletschergelände ist des Weiteren unabdingbare Voraussetzung.
Einkehr: Am Fundo San Lorenzo sind Lebensmittel (und manchmal auch mehr) erhältlich.
Unterkunft: Refugio Toni Rohrer im Basislager von Padre Agostini; unbewirtschaftet, Isomatte und Schlafsack mitnehmen. Ansonsten Zelt. In Cochrane verschiedene Pensionen und Hotels.
Variante: Besteigung des Cerro San Lorenzo, nur für sehr erfahrene Bergsteiger! Details auf den nächsten Seiten.
Hinweis: Im Fundo San Lorenzo anmelden! Ein Zeltplatz wird zugewiesen.
Tipp: Am Campamento De Agostini lohnt es sich, einen Tag zur Erkundung der näheren Umgebung einzuplanen, etwa für den Aufstieg zum Paso Comedor (siehe »Variante«), der auch für Trekker zu machen ist.
Information: Touristenbüro in Cochrane; Terra Luna Lodge in Puerto Guadal, Tel. +56 93 4565217 (vermittelt auch Bergführer); Fundo San Lorenzo.
Karten: Andes Profundo 1:36.000 Monte San Lorenzo; Pixmap 1:50.000 Monte San Lorenzo.

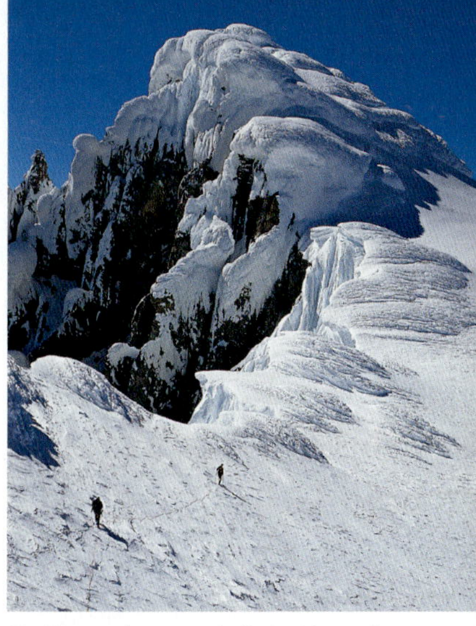

Zwei Bergsteiger unterhalb des Hauptgipfels des Cerro San Lorenzo.

1. Tag: Abzweigung »Lunco« – Fundo San Lorenzo

3.30 Std., 260 Hm Aufstieg, 70 Hm Abstieg

An der Abzweigung **»Lunco«** ❶ nehmen wir die rechte, weniger befahrene Spur in Richtung Süden. 30 Min. später erreichen wir einen kleinen Bach, den Arroyo las Mentas, und folgen dem Fahrweg nach Osten bis zur **Laguna Corazón** ❷, einem kleinen See in Form eines Herzens, in dem sich bei gutem Wetter der Cerro San Lorenzo spiegelt.

Nachdem wir die Laguna an ihrer Südwestflanke passiert haben, gelangen wir an eine weitere Abzweigung, wo wir den Schildern folgend rechts abbiegen. Nach etwa 1.30 Std. sind wir in der Nähe des Río Tranquilo und müssen auf ein Schild auf der rechten Seite achten, wo uns ein Pfad an eine Fußgängerbrücke über besagten Fluss führt. Nach der Brücke sind es nur noch ein paar Minuten zum **Fundo San Lorenzo** ❸. Die Familie Soto, die das Fundo bewirtschaftet, ist sehr gastfreundlich und hilfreich. Man sollte sich hier über den Zustand des weiteren Weges und der Hütte informieren.

2. Tag: Fundo San Lorenzo – Campamento De Agostini
3.30 Std., 300 Hm Aufstieg, 20 Hm Abstieg
Am **Fundo San Lorenzo** ❸ endet der Fahrweg. Wir folgen nun einem von Pferden ausgetretenen Pfad weiter nach Osten. Nach einer kleinen Anhöhe gelangen wir in ein breites, grasbewachsenes Hochtal, das wir bis zum Arroyo San Lorenzo hin durchqueren. Nach einem kurzen Stück entlang des Westufers des Flusses wendet sich der Pfad nach Süden, und wir steigen oberhalb einer Schlucht das Tal des Arroyo San Lorenzo hoch. Durch herrlichen Südbuchenwald erreichen wir nach rund 3.30 Std. das am Talende gelegene **Basislager** des **Padre Alberto M. De Agostini** mit dem **Refugio Toni Rohrer** ❹.
Padre Agostini war einer der großen Erschließer der Patagonischen Anden, sein Hauptwerk »Ande Patagoniche« (erschienen 1949 in Mailand) gilt heute noch als eines der besten Bücher über Patagonien. Die von ihm durchgeführte Erstbesteigung des Cerro San Lorenzo im Jahre 1943 kann man als die Krönung seines alpinistischen Lebenswerkes bezeichnen. Er war zum Zeitpunkt des Gipfelerfolges 60 Jahre alt.

3. Tag: Campamento Agostini – Abzweigung »Lunco«
6.00 Std., 90 Hm Aufstieg, 560 Hm Abstieg
Der Rückweg erfolgt auf bereits bekanntem Weg.

Variante: Besteigung des Cerro San Lorenzo
Mindestens 3 weitere Tage, ca. 3000 Hm Auf- und Abstieg ab Basislager
Die Besteigung des Cerro San Lorenzo gehört zu den reizvollsten Unternehmungen in Patagonien für Normalbergsteiger. Die technischen Schwierigkeiten mit Eispassagen bis maximal 60° sind auch von alpinistisch versierten Trekkern zu meistern. Allerdings ist die Route lang, normalerweise werden daher zwei Zwischenlager eingerichtet. Darüber hinaus gilt es natürlich zu beachten, dass Besteigungsabsichten, und mögen sie technisch noch so einfach sein, wie immer in Patagonien witterungsabhängig sind und daher häufig schlichtweg im wahrsten Sinne des Wortes vom Winde verblasen werden. Des Weiteren ist noch zu erwähnen, dass Besteigungsversuche besser im patagonischen Frühjahr geplant werden sollten. Bedingt durch den Klimawandel und die immer heißer werdenden Sommer sind zum Ende der Saison das Spaltenrisiko und die Gefahr von Felsstürzen viel höher.
Wer einen Bergführer anheuern möchte, wende sich an die Terra Luna Lodge (siehe »Information«).

1. Tag: Der Weg führt vom **Basislager** ❹ talaufwärts. Auf Pfadspuren – ab und zu erleichtert ein Steinmann die Orientierung – wandert man über Schotterfelder in Richtung eines felsigen Nebengipfels, der das Haupttal auf der Westseite begrenzt. Nach einigen Bachquerungen wird das Gelän-

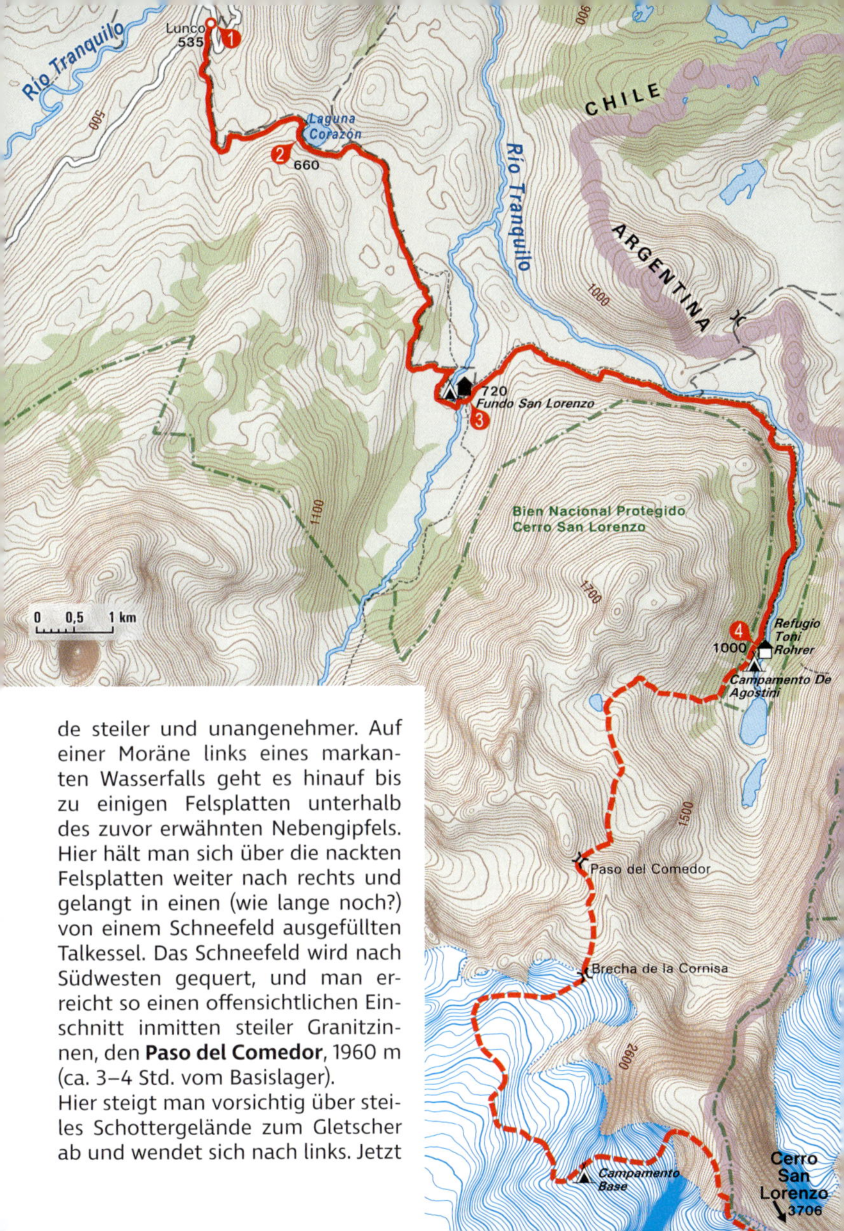

de steiler und unangenehmer. Auf einer Moräne links eines markanten Wasserfalls geht es hinauf bis zu einigen Felsplatten unterhalb des zuvor erwähnten Nebengipfels. Hier hält man sich über die nackten Felsplatten weiter nach rechts und gelangt in einen (wie lange noch?) von einem Schneefeld ausgefüllten Talkessel. Das Schneefeld wird nach Südwesten gequert, und man erreicht so einen offensichtlichen Einschnitt inmitten steiler Granitzinnen, den **Paso del Comedor**, 1960 m (ca. 3–4 Std. vom Basislager).
Hier steigt man vorsichtig über steiles Schottergelände zum Gletscher ab und wendet sich nach links. Jetzt

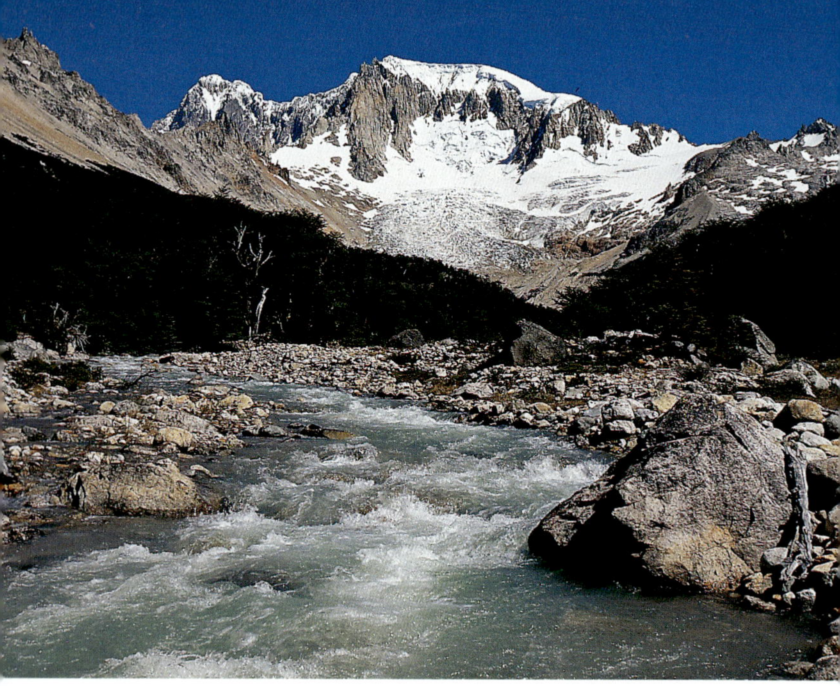

Im Tal des Arroyo San Lorenzo, vor uns die »Hombro Norte« (Nordschulter) des Berges. Der eigentliche Gipfel erscheint im Bild hinten links.

ist es Zeit, sich anzuseilen, da man ab hier praktisch nur noch über Schnee und Eis geht. Ziel ist nun der markante Einschnitt im Süden des von felsigen Gipfeln umrahmten Tals. Besonders auffällig sind dabei die am anderen Ende des Tals aufragenden drei schwarzen Türme, die Torri Feruglio, in deren Hintergrund man bei gutem Wetter den Cerro San Valentín und das Nördliche Eisfeld erkennen kann. Kurz vor Erreichen des nächsten Passes, der **Brecha de la Cornisa**, ca. 2250 m, bietet sich in geschützter Lage der Aufbau des ersten Zwischenlagers an (insgesamt ca. 4–5 Std. vom Campamento Agostini).

2. Tag: Von der Brecha de la Cornisa, an der es eine unangenehme Randspalte zu queren gilt, sind zunächst etwa 300 Hm abzusteigen, um einen Felssporn, der das Tal auf der linken (Süd-)Seite begrenzt, zu umgehen. Hinter den letzten Felsen wendet man sich nach links (Süden) und steigt nun, dem Weg des geringsten Widerstands folgend (also möglichst ohne gefährliche Spalten), hinüber zu einer breiten, flach nach Osten ansteigen-

den Eisrippe des Calluqueo-Gletschers. Dabei umgeht man einen zweiten, von der Hauptkette herabreichenden Felssporn. Bei der Eisrippe angekommen wendet man sich nach links und steigt in Richtung des eisbedeckten Teils des Hauptkamms des Cerro San Lorenzo auf. Markant ist dabei die rechts aufragende Westwand des Vorgipfels des Cerro San Lorenzo, ein kastenförmiger, wie von gotischen Stützpfeilern getragener, knapp 800 m hoher Steilabbruch.
Nach rund 3–4 Std. (je nach Spaltenlage) von der Brecha de la Cornisa erreicht man ein kleines Plateau inmitten des Gletschers, wo sich auf ca. 2500 m Höhe der Aufbau des eigentlichen **Basislagers** für die Besteigung des Berges empfiehlt. Die Aussicht von hier ist spektakulär, tief unten im Tal blinkt der Schmelzwassersee des Calluqueo-Gletschers, im Südwesten ragt der Turm des Monte Ortúzar auf, nur der Hauptgipfel des Berges ist hinter der bereits erwähnten Westwand des Vorgipfels versteckt.

3. Tag: Um den Gipfel zu besteigen, ist gutes Wetter Voraussetzung. Die Orientierung ist ohne Sicht nicht einfach, und die Gefahr, einfach weggeblasen zu werden, ziemlich groß. Auch ist ein früher Aufbruch ratsam, da der Wind zum Nachmittag hin meist stärker wird.
Man verlässt das Zwischenlager und steigt nun, sich nach Osten haltend, hinauf zu dem an dieser Stelle ausschließlich von Eis bedeckten Hauptkamm des Cerro San Lorenzo. Dabei geht es auf den ersten 500 Hm noch relativ flach dahin, später wird das Gelände dann steiler und man muss sich durch den ebenfalls knapp 500 m hohen Eisbruch den geeignetsten Weg suchen. Je nach Verhältnissen sind dabei Eispassagen bis ca. 60° zu bewältigen.
Am Grat angekommen, wendet man sich nach rechts und hält nun auf den Vorgipfel des Cerro San Lorenzo zu. Dieser wird unterhalb von einigen Eispilzen auf seiner Westseite umgangen, der Vorgipfel selbst wird damit links liegen gelassen. Südöstlich des Vorgipfels kommt bald der mit gigantischen Eispilzen geschmückte Hauptgipfel des Berges zum Vorschein. Man steigt hinunter zu einem zwischen den Gipfeln liegenden Sattel und klettert dann über die breite Westflanke des Cerro San Lorenzo auf dessen höchsten Punkt.
Häufig ist dabei der Gipfeleispilz allerdings so groß und heikel, dass man an dieser Stelle von einer Besteigung absehen sollte. Eispilze sind äußerst fragile Gebilde und können jederzeit und ohne jede Vorwarnung einstürzen. Es sei an Toni Rohrer erinnert, der (nicht als einziger) eben genau aus diesem Grund am Gipfel den Tod fand. Hinsichtlich der Zeit sind rund 5.00 Std. für den Aufstieg und 3.00 Std. für den Abstieg zu Lager 2 einzukalkulieren. Aber wie immer bei solchen Bergen ist eine Zeitangabe problematisch, da die Verhältnisse doch stark variieren.
Der Abstieg ist mit dem Aufstiegsweg identisch. Bei normalen Verhältnissen braucht man vom Lager 2 zum Campamento De Agostini rund 5.00 Std.

↗ 2140 m | ↘ 2250 m | 85.2 km

31 Rund um die Torres del Paine

6 Tage

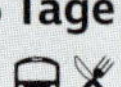

Der »Circuito«

Patagoniens berühmtester Nationalpark bietet von allem etwas: Senkrechte Felsnadeln, riesige Gletscherzungen, Regenwald, Halbwüste, Seen in allen Grün- und Blautönen und rauschende Wasserfälle – die landschaftliche Vielfalt auf engstem Raum ist im wahrsten Sinne des Worte atemberaubend. Allerdings hat diese Schönheit auch Schattenseiten. Der Park ist mit großem Abstand der teuerste am Südende der Welt und wahrscheinlich auch der beliebteste. Dies hat in den letzten Jahren während der Hochsaison zu einer Überbelegung bestimmter Zeltplätze geführt, der man jetzt durch eine entsprechende Anmeldung im Internet und ggf. Limitierung der Besucher Herr werden möchte. Das gilt insbesondere für die bekannteste Trekkingtour im Park, den »Circuito«. Er führt einmal gegen den Uhrzeigersinn um das gesamte Massiv der Torres del Paine herum. Dabei gilt: Je weiter man nach Westen kommt, desto feuchter wird es. Höhepunkt der Tour ist im Wortsinn der Paso John Garner, von dem man einen atemberaubenden Blick auf die Eismassen des Grey-Gletschers genießt. Am Refugio Paine Grande (oder »Paine Grande Mountain Lodge«) angekommen, das man normalerweise nach fünf Tagen erreicht, muss man sich entscheiden, ob man noch das »W« anhängt (siehe Tour 32) oder auf direktem Weg zur Parkverwaltung am Río Serrano hinauswandert.

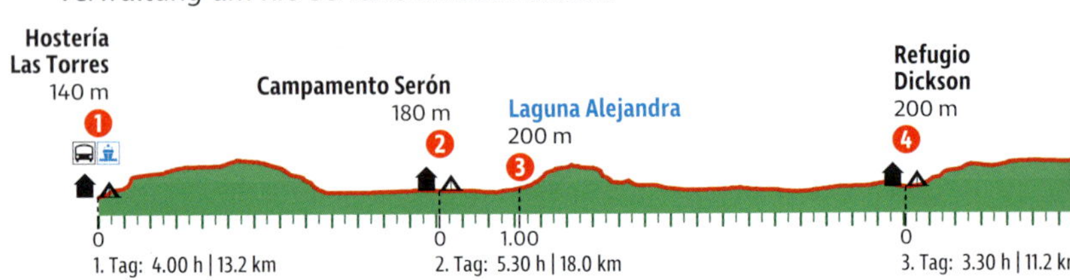

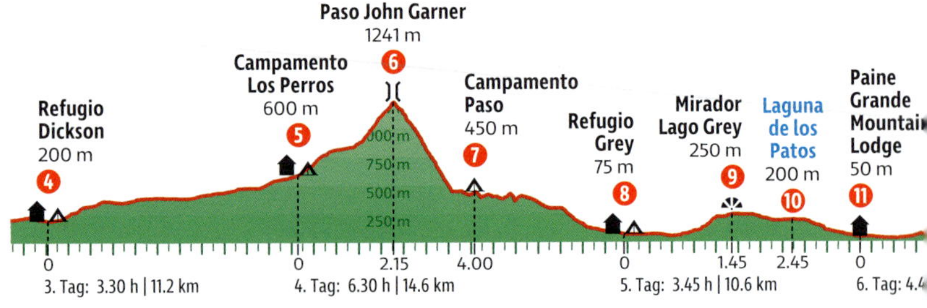

Ausgangspunkt: Hostería Las Torres, 140 m, oder Guardería Laguna Amarga, ca. 100 m. Alle wichtigen Punkte im Park entlang der vom Parkeingang bis zur Administration am Río Serrano führenden Straße werden täglich mit dem Bus von Puerto Natales aus angesteuert, so auch der Eingang hinter der Laguna Amarga. Kürzer, etwas teurer und ein wenig attraktiver ist der Start von der Hostería Las Torres. Dazu steigt man in einen der bereits an der Guardería wartenden Busse zur Hostería um und spart damit ungefähr 1.30 Std. Gehzeit.
Endpunkt: Posada Río Serrano, 25 m; von hier Busse nach Puerto Natales.
Anforderungen: Kondition und etwas Trittsicherheit erforderlich. Der unangenehmste Abschnitt ist der Abstieg vom Paso John Garner, der sehr steil – und bei Regen äußerst rutschig – von Baum zu Baum führt.
Einkehr: Auf den jeweiligen Hütten.
Unterkunft: In Puerto Natales zahlreiche Pensionen. Sehr beliebt ist u.a. das von einem chilenisch-schweizerischen Ehepaar geführte Patagonia Swisshouse, Tomás Rogers 60, Tel. +56 61 2 412698, patagoniaswisshouse.cl, wo man auch Ausrüstung ausleihen kann. Im Park bieten einige unglaublich teure Hotels Unterkunft und zumeist auch einen sehr schönen Blick (Hostería Las Torres, Explora Torres del Paine etc.). – Auf der Tour selbst sind die Plätze zum Übernachten vorgegeben, Wildzelten ist nicht erlaubt. Die Plätze bestehen zumeist aus einer Hütte und einem angegliederten Zeltplatz. Da die Plätze limitiert sind, muss man sich zuvor im Internet anmelden. Neben diesen von privaten Betreibern verwalteten Hütten bzw. Zeltplätzen gibt es noch einige freie, vom Nationalpark betriebene Zeltplätze. Die Internetadressen für alle Hütten- und Zeltplatzreservierungen sind lastorres.com, vertice.travel/alojamientos-torres-del-paine und parquetorresdelpaine.cl.
Variante: Die Paine Grande Mountain Lodge ist Startpunkt für das »W«. Es empfiehlt sich dringend, von hier noch die zwei schönsten Täler im Park, das Valle del Francés bzw. das Valle Ascencio, zu besuchen (Beschreibung und Karte siehe Tour 32).
Hinweise: 1. Man muss den Parkeintritt unter pasesparques.cl im Voraus buchen (56 US-Dollar für mehrere Tage). Check-in an der Guardería Laguna Amarga.
2. Alle Unterkünfte (auch Zeltplätze) müssen im Voraus reserviert werden, und man muss die Reservierungsbestätigungen vorweisen können.
3. Die Umrundung darf nur gegen den Uhrzeigersinn gemacht werden (wie hier beschrieben).
4. Vom Refugio Grey kann man mit dem Boot zum Hotel Lago Grey fahren. Von dort geht es allerdings nur mit dem Taxi oder zu Fuß weiter.
Information: Halb Puerto Natales ist ein Informationsbüro. Im Park selbst stehen die Guardaparques an nahezu jedem Zeltplatz für Fragen zu Verfügung. Unter torresdelpaine.com findet man alle notwendigen Informationen inklusive der aktuellen Telefonnummern und E-Mail-Adressen der Hütten und Camps.
Karten: Torres del Paine Trekking Map und Mapa Oficial Parque Nacional Torres del Paine, beide 1:100.000. Sie sind in Puerto Natales erhältlich und völlig ausreichend. Ansonsten Andes Profundo 1:50.000 Torres del Paine; Pixmap 1:75.000 Torres del Paine.

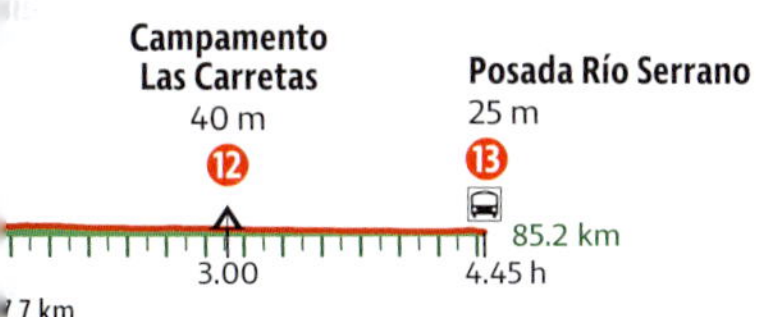

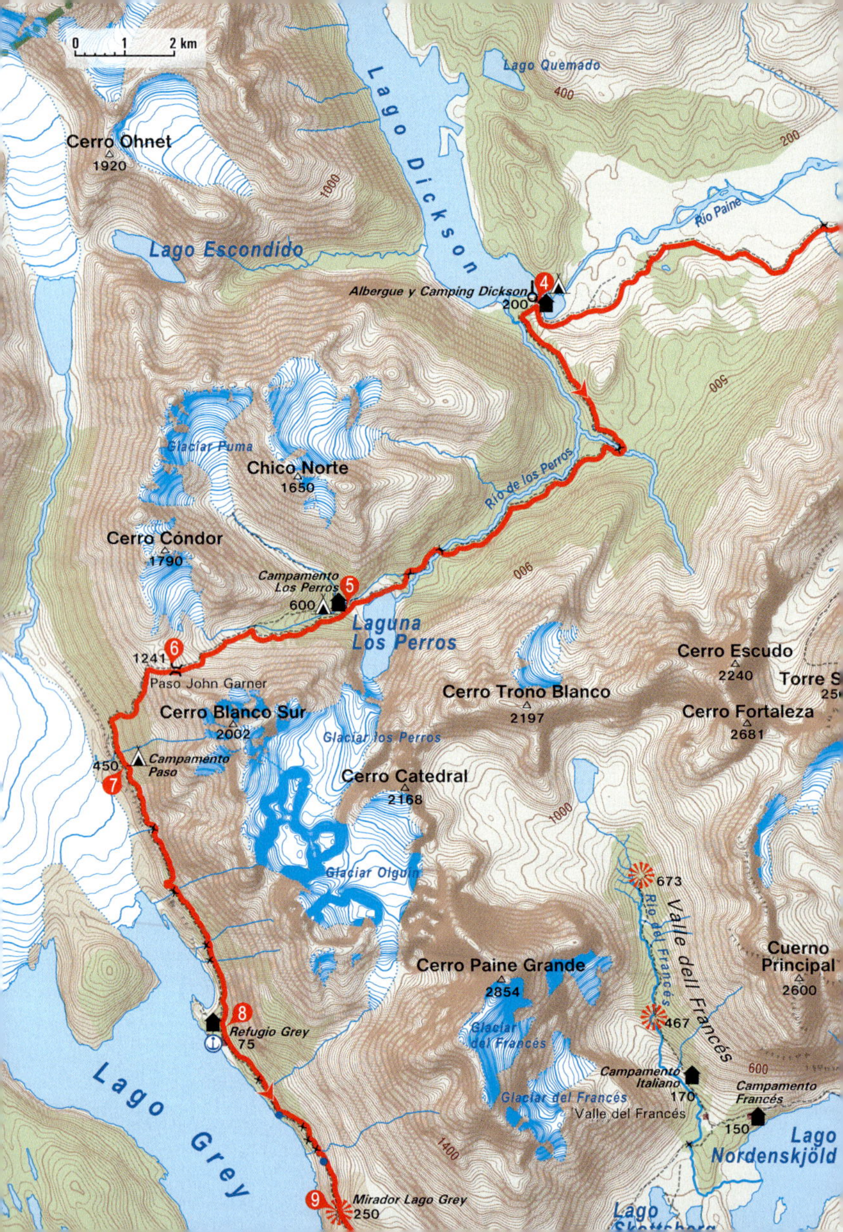

0 1 2 km
Lago Quemado
Lago Dickson
Cerro Ohnet
1920
Lago Escondido
Río Paine
Albergue y Camping Dickson
200
Glaciar Puma
Chico Norte
1650
Río de los Perros
Cerro Cóndor
1790
Campamento Los Perros
600
Laguna Los Perros
1241
Paso John Garner
Cerro Escudo
2240
Cerro Trono Blanco
2197
Cerro Fortaleza
2681
Cerro Blanco Sur
2002
Glaciar los Perros
450
Campamento Paso
Cerro Catedral
2168
Glaciar Olguín
673
Río del Francés
Valle dell Francés
Cerro Paine Grande
2854
Cuerno Principal
2600
Refugio Grey
75
Glaciar del Francés
467
Lago Grey
Campamento Italiano
170
Campamento Francés
150
Valle del Francés
Lago Nordenskjöld
Mirador Lago Grey
250

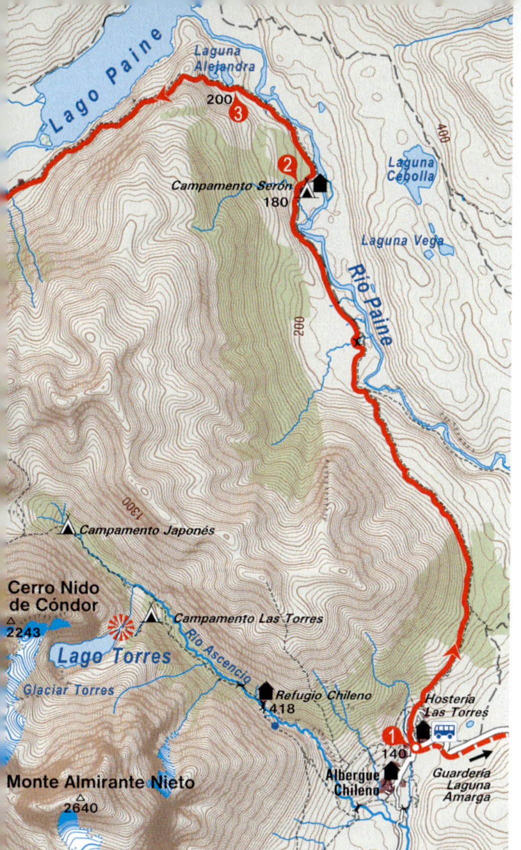

1. Tag: Hostería Las Torres – Campamento Serón

4.00 Std., 300 Hm Aufstieg, 260 Hm Abstieg

Startpunkt der Tour ist der Kiosk an der **Hostería Las Torres** ❶. Von dort aus folgt man dem Fahrweg bis zum rund 1 km entfernten gleichnamigen Refugio. Kurz dahinter beginnt der Pfad zum Campamento Serón und damit der Circuito. Über grasige Hänge und eine kleine Schlucht führt der Weg sanft in die Höhe.

Nach rund 1.20 Std. blickt man hinunter in das Tal des Río Paine, zu dem man über (im Sommer) blühende Margeritenwiesen absteigt. Parallel zum Fluss trifft man auf den von der Guardería Laguna Amarga kommenden Weg. Über weite Uferwiesen erreicht man schließlich das an einem kleinen Bach gelegene **Campamento Serón** ❷.

2. Tag: Campamento Serón – Refugio Dickson

5.30 Std., 310 Hm Aufstieg, 290 Hm Abstieg

Zunächst wandert man weiter das Tal des Río Paine flussaufwärts. Nach rund 45 Min. knickt der Pfad nach Nordwesten ab. Durch schütteren Südbuchenwald geht es hinauf zu einem kleinen See, der **Laguna Alejandra** ❸. Weiter ansteigend erreicht man bald eine kleine Anhöhe, von der man einen schönen Blick auf die Berge im Westen und den unterhalb liegenden Lago Paine hat. Im Anschluss verliert man die gewonnenen Höhenmeter wieder, und man kommt zum Südwestende des Lago Paine. Der Weiterweg ist zum Teil sehr feucht und führt vom Ende des Sees in rund 3.00 Std. zum traumhaft gelegenen **Refugio Dickson** ❹ am gleichnamigen See.

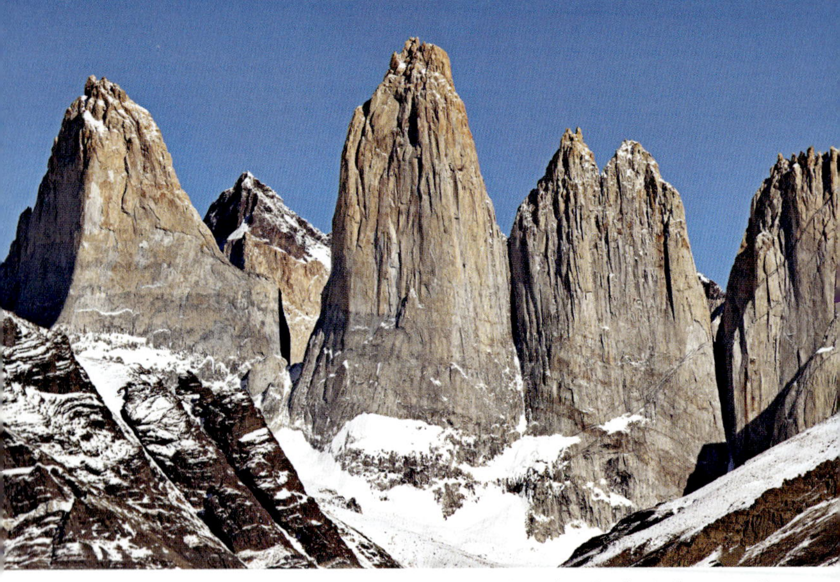

Die Wände der »Drei Zinnen Patagoniens« sind etwa doppelt so hoch wie ihre europäischen Ebenbilder.

3. Tag: Refugio Dickson – Campamento Los Perros

3.30 Std., 430 Hm Aufstieg, 30 Hm Abstieg

Heute lässt man die Pampa hinter sich und taucht bald in den Südbuchenwald ein. Parallel zum Río de los Perros steigt der Weg langsam an. Nach rund 1.30 Std. überquert man einen ersten Bach über eine Holzbrücke (den Río Cabeza del Indio), nochmal 1.30 Std. später einen zweiten. Kurz danach geht es hinauf auf die Endmoräne des Glaciar los Perros, dessen Eismassen sich mittlerweile in einen kleinen See ergießen. Hinter dem See liegt das **Campamento Los Perros** 5, das Ziel dieser Tagesetappe.

4. Tag: Campamento Los Perros – Refugio Grey

6.30 Std., 800 Hm Aufstieg, 1320 Hm Abstieg

Die »Königsetappe« ist wegen der Länge und Ausgesetztheit gegenüber den Elementen der Natur nur bei gutem Wetter zu empfehlen. Sollte es zu schlecht sein, wird der Übergang auch von den Parkrangern gesperrt. Das Camp verlassend geht es durch zunehmend sumpfiges Gelände, weiter dem Río de los Perros folgend, leicht bergauf. Oberhalb der Waldgrenze wird es dann auch noch steiler und zusätzlich macht der normalerweise heftig blasende Gegenwind den Aufstieg nicht unbedingt zu einem Vergnügen. Markiert mit orangefarbenen Holzpfählen und Steinpyramiden ist

aber zumindest die Orientierung kein Problem, sodass man nach insgesamt rund 3.00 Std. die etwas trostlosen Schotterfelder des 1241 m hohen **Paso John Garner** 6 erreicht. Bei gutem Wetter genießt man einen grandiosen Tiefblick auf die Eismassen des Grey-Gletschers. Wenn es nicht ganz so gut ist, muss man aufpassen, nicht umgeweht zu werden.
Der Abstieg vom Pass ist steil und schlüpfrig; sobald man wieder in den Wald eintaucht, muss so manche Südbuche als Rettungsanker für vorbei-

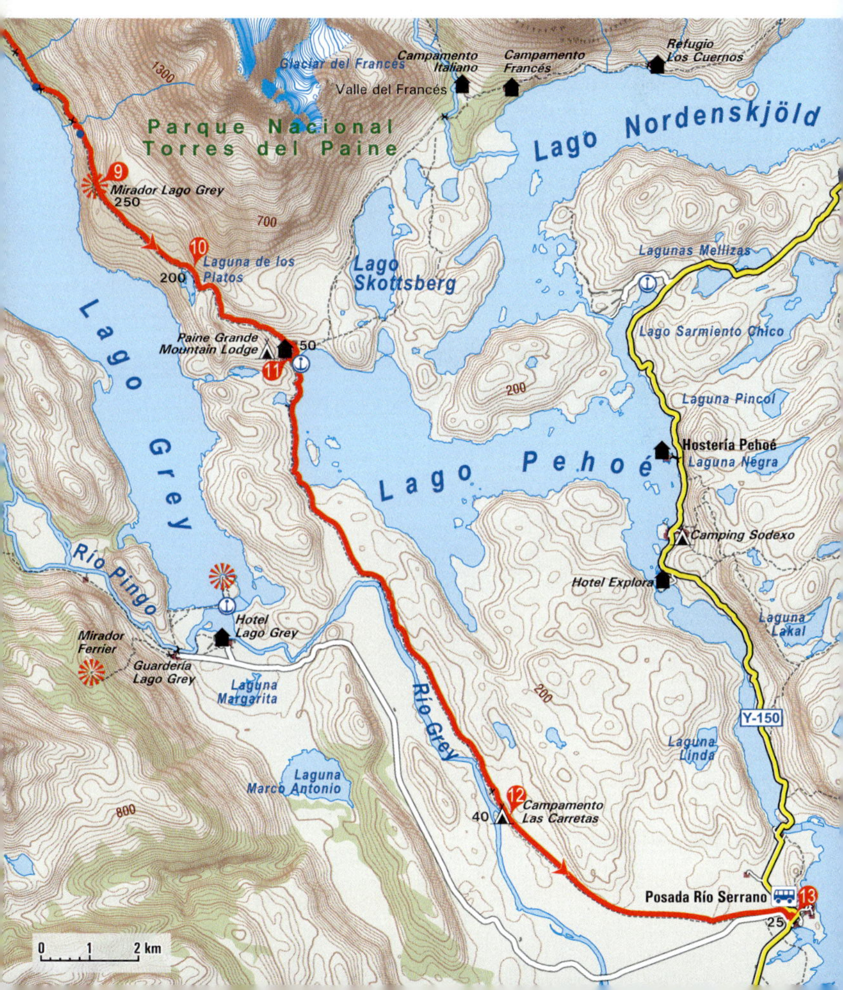

rutschende Trekker fungieren. Man erreicht das rund 800 m unterhalb des Passes gelegene **Campamento Paso** 7, welches leider häufig relativ voll und nass ist.
Wenn man noch genügend Kraft (und Zeit) hat, steigt man daher weiter nach Süden hinab. Dabei begleiten einen spektakuläre Tiefblicke auf den Glaciar Grey. Bald nach einer luftigen Hängebrücke erreicht man das **Refugio Grey** 8.

5. Tag: Refugio Grey – Paine Grande Mountain Lodge
3.45 Std., 210 Hm Aufstieg, 230 Hm Abstieg
Der Weiterweg vom Refugio Grey zur Paine Grande Mountain Lodge ist Teil des sogenannten »W« und daher deutlich populärer. Wer an dieser Stelle übrigens keine Lust mehr auf die Wanderei hat, kann sich auch mit dem Schiff über den Lago Grey zum gleichnamigen Hotel schippern lassen, von dort besteht Anschluss nach Puerto Natales. Den Circuito »by fair means« hätte man damit allerdings nicht bewältigt. Zu Fuß geht es jetzt nach Süden und damit leider auch in die von den verheerenden Waldbränden im Januar 2012 betroffenen Gebiete – ein Anblick, der uns auch Jahre danach ziemlich betroffen machen sollte.

Strandgut am Lago Grey.

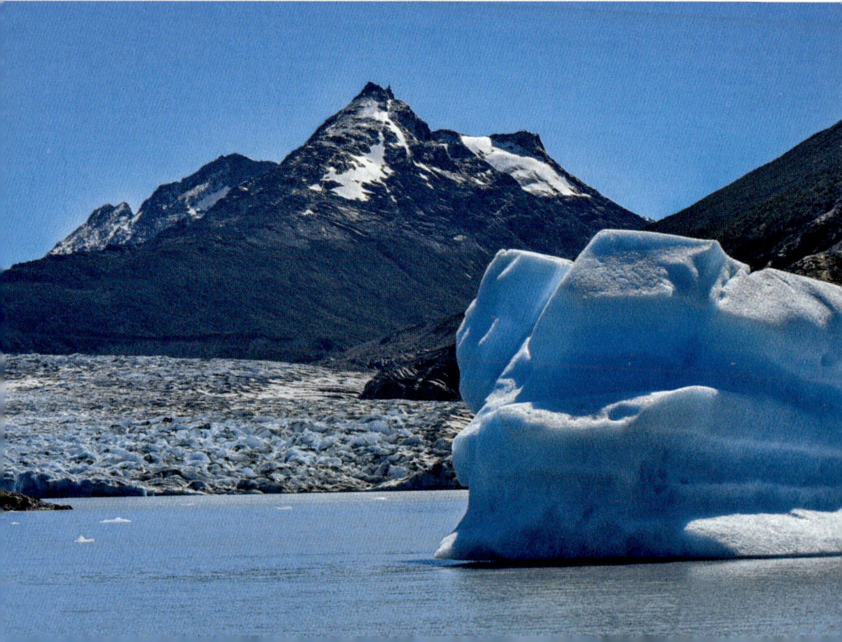

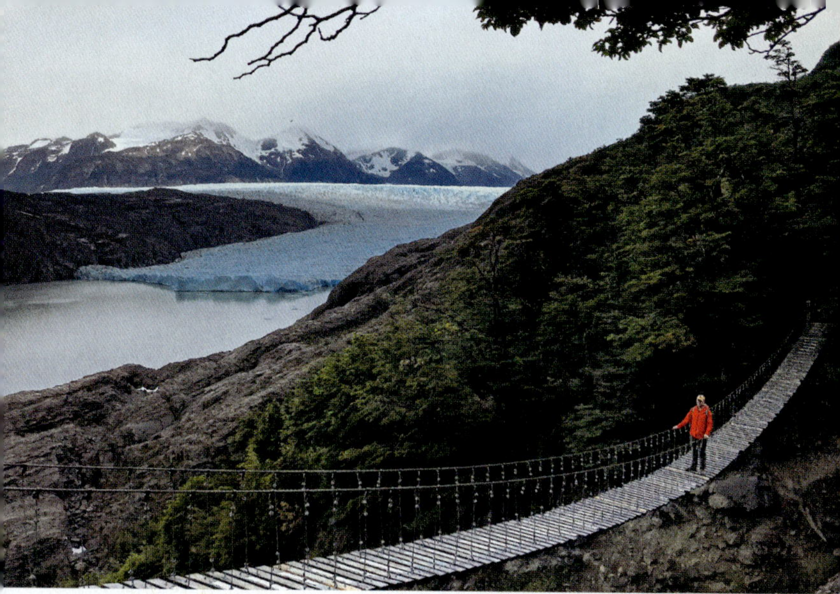

Luftige Hängebrücke oberhalb des Glaciar Grey.

Der Weg ist eindeutig und steigt zunächst unterhalb der mit Eis überkrusteten Spitzen des Paine Grande zu dem rund 250 m hoch gelegenen Aussichtspunkt **Mirador Lago Grey** ⑨ oberhalb des Lago Grey auf. Danach verlässt man den See und wandert durch eine mit Buschwerk bewachsene Hügellandschaft zu einem kleinen See, der **Laguna de los Patos** ⑩. Von dort geht es in rund 1.00 Std. hinunter zur **Paine Grande Mountain Lodge** ⑪.

6. Tag: Paine Grande Mountain Lodge – Posada Río Serrano
4.45 Std., 90 Hm Aufstieg, 120 Hm Abstieg
Wer nicht das »W« im Anschluss an den Circuito machen möchte (und auch nicht mit dem Boot zum Refugio Pudeto übersetzt), beendet die Rundtour, indem er zur Parkverwaltung am Río Serrano hinauswandert. Dazu verlässt man die Paine Grande Mountain Lodge nach Süden. Parallel zum Lago Pehoé bzw. später zum Río Grey läuft man durch relativ flaches (und dem Wind ausgesetztes) Gelände in Richtung der Straße zwischen dem Río Grey und dem Lago del Toro.
Parallel zu dieser – und vorbei am **Campamento Las Carretas** ⑫ – erreicht man bald den Gebäudekomplex der Parkverwaltung am **Río Serrano** ⑬. Hier befindet sich auch eine Bushaltestelle für die Busse nach Puerto Natales.

TOP

32 Auf dem W-Trek durch die Torres del Paine

↗ 3305 m | ↘ 3255 m | 77.8 km

5 Tage

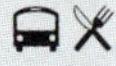

Das Unverzichtbare im Parque Nacional Torres del Paine

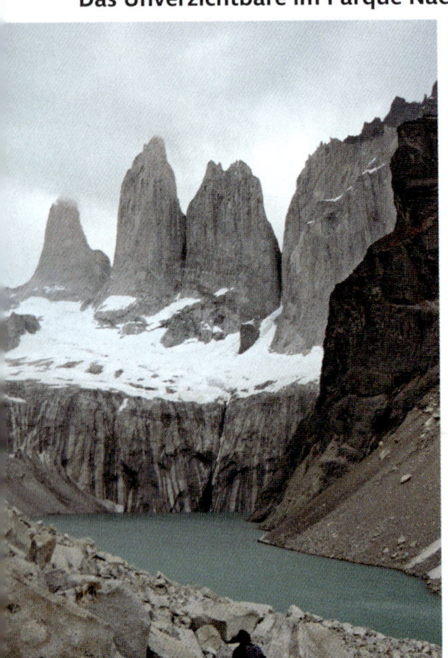

Der Klassiker schlechthin an den Torres del Paine: am Bergsee unterhalb der berühmten drei Türme.

Nicht umsonst handelt es sich hier um die wohl bekannteste Wanderung Chiles. Auf dem insgesamt gut 75 km langen »W-Trek« besucht man die Highlights des Nationalparks. Zu Fuß verbindet man die drei wichtigsten Wege um die ansehnlichsten Berge und Täler. Erst geht es am Lago Grey entlang zu einem Aussichtspunkt auf Gletscher und Seen, dann ins Valle del Francés mit 360°-Sicht auf das Paine-Massiv und letztendlich ins Valle Ascencio, das uns bis an den Fuß der Torres del Paine bringt. Auf der Karte hat diese Tour die Form eines »W«, daher der Name.

Ausgangspunkt: Paine Grande Mountain Lodge, 40 m. Anfahrt per Bus zum Refugio Pudeto in der Nähe des Salto Grande. Von hier auf dem Lago Pehoé per Boot zur Paine Grande Mountain Lodge. Alternativ in 5.00 Std. zu Fuß von der Parkverwaltung am Río Serrano (siehe letzte Etappe der Tour 31).
Endpunkt: Guardería Laguna Amarga, 90 m, oder schon bei der Hostería Las Torres, 125 m (dort Minibus oder Boot).

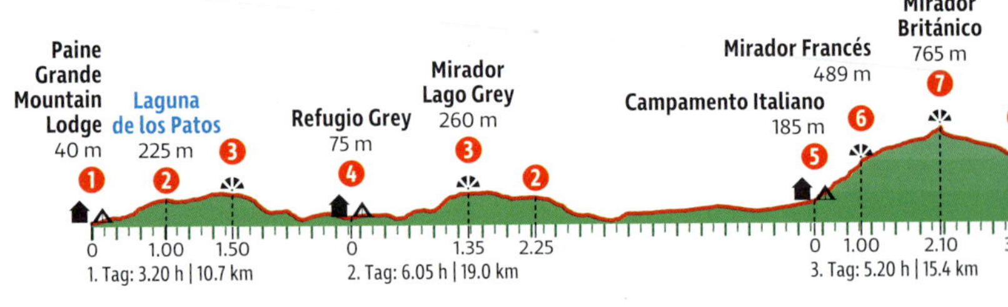

Anforderungen: Lange, gut markierte Wanderung auf unterschiedlich guten Wegen. Zum Teil geht es durch Geröll, und es kann auch mal schlammig werden. Trittsicherheit und Ausdauer sind unbedingte Voraussetzungen.
Einkehr: Die Hütten unterwegs bieten verschiedene Einkehrmöglichkeiten (am besten im Voraus nochmal nachfragen).
Unterkunft: In Puerto Natales zahlreiche Pensionen, siehe Tour 31. Unterwegs Hotels, Hütten und Zeltplätze, alle Details dazu siehe ebenfalls Tour 31.
Hinweise: 1. Man muss den Parkeintritt unter pasesparques.cl im Voraus buchen (56 US-Dollar für mehrere Tage). Check-in an der Guardería Lago Pehoé.
2. Alle Unterkünfte, auch Zeltplätze, müssen lange Zeit im Voraus reserviert werden, und man muss die Reservierungsbestätigungen vorweisen.
3. Das »W« kann man auch in die andere Richtung erwandern. Die erste Etappe kann man überspringen, indem man per Touristenboot vom Hotel Lago Grey zum Refugio Grey fährt (buchen unter lagogrey.com/navegacion).
4. Man kann das »W« mit dem Circuito um die Torres del Paine verbinden, muss aber bedenken, dass man Tour 31 nur gegen den Uhrzeigersinn begehen darf.
Tipp: Besuch des beeindruckenden Salto Grande (Wasserfall) zwischen Lago Nordenskjöld und Lago Pehoé.
Information: Siehe Tour 31.
Karten: Siehe Tour 31.

1. Tag: Paine Grande Mountain Lodge – Refugio Grey

3.20 Std., 390 Hm Aufstieg, 355 Hm Abstieg

Vom **Refugio Paine Grande** ❶ am Lago Pehoé (*pehoé* bedeutet »versteckt« auf Aónikenk, der Sprache der Tehuelche) folgen wir dem Pfad nach Nordwesten durch ein Tal hinauf zur **Laguna de los Patos** ❷ (1.00 Std.). Leider sind Teile des Waldes in dieser Gegend des Parks im Jahre 2012 abgebrannt; Ursache des Brandes waren unvorsichtige Touristen. Am Nordende der Laguna vorbei, gehen wir in gleich bleibender Richtung leicht bergauf bis zum **Mirador Lago Grey** ❸. Wenn die Wolken es zulassen und die Sicht offen ist, genießen wir den Tiefblick auf den Lago Grey und seinen Gletscher sowie die Berge auf der anderen Seite.
Nun geht es in 1.00 Std. (zum Teil steil) bergab bis ans Seeufer. Wir überqueren die Brücke des Río Olguin und erreichen, mehr oder weniger dem Ufer nach Nordwesten folgend, schließlich das **Refugio Grey** ❹. Bei entsprechendem Wetter empfiehlt es sich, den Nachmittag am Strand 500 m nördlich der Hütte ausklingen zu lassen.

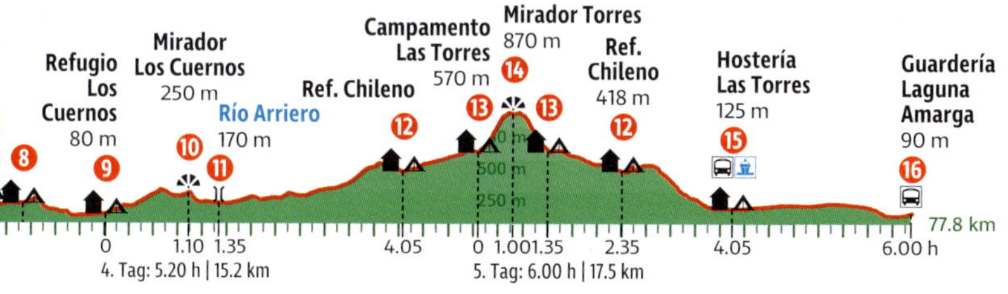

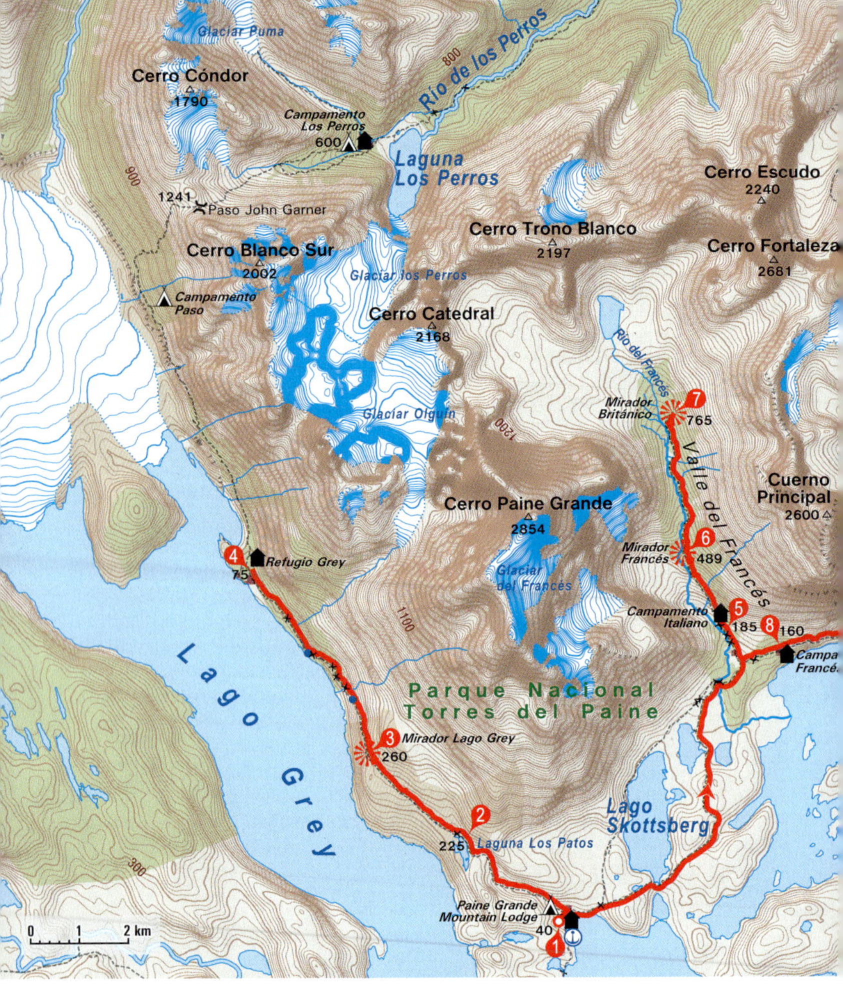

2. Tag: Refugio Grey – Campamento Italiano

6.05 Std., 695 Hm Aufstieg, 585 Hm Abstieg

Die erste Hälfte der Etappe kennen wir schon, und zwar den gesamten Weg vom Vortag (3.20 Std.) zurück bis kurz vor die **Paine Grande Mountain Lodge** ❶. Nach Osten beginnt am Ufer des Lago Pehoé ein mit »Campamento Italiano/Refugio Los Cuernos« ausgeschilderter Weg. Ihm folgen

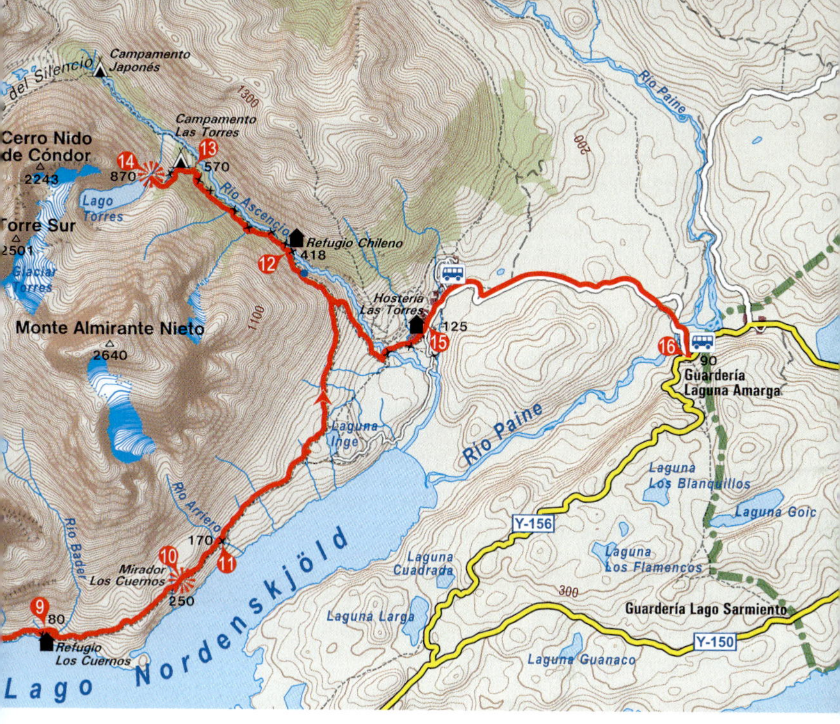

wir, wobei wir nach einer kurzen Steigung an eine Gabelung kommen. Hier wurde vor wenigen Jahren vom Torres del Paine Legacy Fund (Nichtregierungsorganisation) ein neuer, besserer Pfad zum Campamento Italiano angelegt. Besagten Pfad nehmen wir also, indem wir an der Gabelung rechts (nach Osten) gehen. Die Cuernos del Diablo erscheinen am Horizont und gleich darauf kommen wir schon zum Lago Skottsberg. Der See ist für die Wasserhosen bekannt, die der böige Wind gerne in die Höhe schießen lässt. Wir erreichen das Südufer und folgen ihm kurz nach Osten bis zu einer Hängebrücke am Abfluss des Sees (45 Min. ab Paine Grande Mountain Lodge). Weiter geht es auf dem gut gewarteten Pfad erst nach Nordosten und dann nach Norden an verschiedenen kleinen Seen entlang. Nach 1.15 Std. betreten wir wieder den Wald und erreichen in weiteren 15 Min. die Hängebrücke über den Río del Francés. In weiteren 30 Min. sind wir am **Campamento Italiano** 5, wobei wir an der letzen Gabelung links (nach Norden) abzweigen. Alternativ könnten wir sonst auch rechts zum Campamento Francés wandern, würden diese letzte Strecke dann aber insgesamt dreimal begehen müssen.

3. Tag: Campamento Italiano – Mirador Británico – Refugio Los Cuernos
5.20 Std., 735 Hm Aufstieg, 840 Hm Abstieg
Die heutige Etappe führt nach Norden ins Valle del Francés hinein und bildet das Mittelbein unseres »W«. Wir beginnen unseren Weg in das Tal auf der Ostseite des Río del Francés, erst durch den Wald und dann auf felsigem Untergrund. Bergauf gehend folgen wir den rot markierten Steinen. Auf der anderen Seite des Tals ergießt sich der riesige Glaciar del Francés. Wir überqueren einen Bach, der sich tief in die Erde gefressen hat, und kommen wieder in den Wald. Direkt hinter der Endmoräne erreichen wir in 1.00 Std. den **Mirador Francés** ❻. Nach Nordosten sehen wir die Cerros Hoja (»Blatt«), Espada (»Schwert«) und Fortaleza (»Festung«), nach Süden die Seen Nordenskjöld, Pehoé und Toro.
Nun wird es wieder flacher, und wir wandern im Wald weiter flussaufwärts. Der nächste Berg kommt zum Vorschein, die Aleta de Tiburón, die »Haiflosse«. 1.10 Std. nach dem ersten Mirador erreichen wir so den **Mirador Británico** ❼, wo der Weg endet (der Weiterweg ist gesperrt). Von hier kann man alle Granitberge bestaunen, die das Tal umrahmen.
Auf demselben Weg kehren wir in 1.40 Std. zurück zum **Campamento Italiano** ❺. Hier nehmen wir jetzt aber den Weg direkt nach Süden (also nicht über die Hängebrücke!). Es geht bergab, und auf einer Lichtung biegt der Pfad nach links (Osten) ab. So erreichen wir in 30 Min. das im Wald oberhalb des Lago Nordenskjöld gelegene **Campamento Francés** ❽. Zum Ufer hinabsteigend und dann an ihm entlang nach Osten gelangen wir in 1.00 Std. zum **Refugio Los Cuernos** ❾ (»Hörner«).

4. Tag: Refugio Los Cuernos – Refugio Chileno – Campamento Torres
5.10 Std., 910 Hm Aufstieg, 420 Hm Abstieg
Vom **Refugio Los Cuernos** ❾ starten wir Richtung Osten und gelangen steigend in 1.10 Std. zum **Mirador Los Cuernos** ❿. Auf der anderen Seite geht es gleich wieder hinunter. Im steten Auf und Ab überqueren wir mehrere Bäche, einen von ihnen, den **Río Arriero**, mittels einer **Brücke** ⓫. Nach knapp 1.30 Std. ab dem Mirador haben wir die Laguna Inge erreicht. An den Abzweigungen vor und nach der Laguna müssen wir uns immer links in Richtung Valle de Ascensio halten (rechts ginge es zur Hostería Las Torres). Nach der Laguna biegt unser Pfad nach Norden und steigt erst sanft, dann immer steiler an. Nach 1.00 Std. treffen wir auf einen Weg, der von der Hostería las Torres kommt (dies ist unser Weiterweg für die nächste Etappe). Kurz danach geht es wieder ein wenig hinunter, und so erreichen wir in weiteren 30 Min. die Brücke über den Río Ascensio und gleich dahinter das **Refugio Chileno** ⓬, wo es Übernachtungsmöglichkeiten gibt. Wir aber wollen noch weiter und folgen daher dem Pfad nach Nordwesten. Auf einer

Die Granitwände des Valle del Francés: die Cerros Hoja, Máscara und Cuernos (von links nach rechts).

zweiten Brücke überqueren wir wieder den Río Ascensio. Auf der orografisch rechten Seite des Flusses steigen wir durch den Wald und kommen nach mehreren Bachquerungen in knapp 1.00 Std. zu einer Abzweigung. Wir nehmen den rechten Weg und stehen 5 Min. später vor dem mitten im Wald gelegenen **Campamento Torres** ⑬.

5. Tag: Campamento Torres – Guardería Laguna Amarga

6.00 Std., 575 Hm Aufstieg, 1055 Hm Abstieg

Jetzt sind wir dem Fuße der Torres schon sehr nahe. Dafür ist der Weg von Anfang an steil. Erst wandern wir noch zwischen einigen Bäumen, aber bald sind wir definitiv im Geröll unterwegs. Den Markierungen folgend, erreichen wir so in knapp 1.00 Std. den **Mirador Torres** ⑭. Von hier aus können wir die mehr als 1000 m hohen Wände der drei Torres del Paine bestaunen.

Nun wandern wir auf bekanntem Weg bergab, am **Campamento Torres** ⑬ und dann am **Refugio Chileno** ⑫ vorbei. An der darauffolgenden Abzweigung wählen wir den schon erwähnten Weg nach links und bleiben somit dem Río Ascensio nahe. Es geht hinunter ins Tal, und über eine dritte Brücke ein letztes Mal über den Río Ascensio nach Nordosten.

Gleich hinter der Bücke liegt die **Hostería Las Torres** ⑮ und somit die Zivilisation: Man kann den Rest der der Tour entweder zu Fuß oder mit dem Minibus bewältigen, besonders interessant ist der Fahrweg zum Wandern nicht. Zu Fuß sind es von der Brücke bis zur **Guardería Laguna Amarga** ⑯ noch ca. 2.00 Std., von dort fahren Busse nach Puerto Natales zurück.

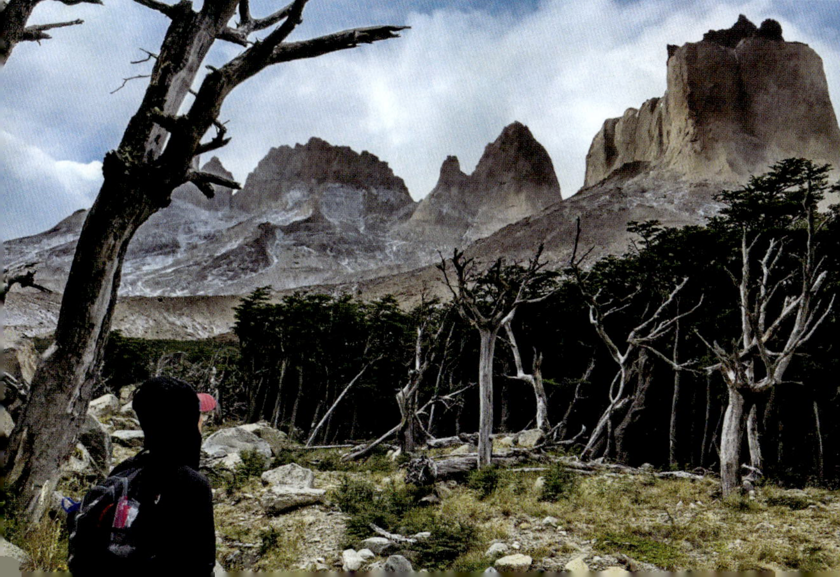

↗ 620 m | ↘ 620 m | 6.3 km

3.30 h

33 Zum Mirador Ferrier

Der etwas andere Aussichtspunkt

Ganz im Westen des Nationalparks Torres del Paine befindet sich einer der besten (und gleichzeitig unbekanntesten) Aussichtspunkte auf das gesamte Massiv: der Mirador Ferrier. Der Blick von dort ermöglicht im wahrsten Sinne des Wortes einen Überblick: Von den im Westen vom Inlandeis herabfließenden Gletschern bis hin zur sich am Horizont verlierenden Steppe übersieht man den gesamten Nationalpark. Dazwischen liegen zahlreiche Seen, deren Farbspektrum von Grau über Türkis bis Ultramarin reicht.

Ausgangspunkt: Guardería Lago Grey, 50 m, am Endpunkt der Straße zum Lago Grey. Der reguläre Bus ab Puerto Natales endet in der rund 20 km entfernten Administration des Nationalparks am Río Serrano. In der Saison fahren aber zahlreiche Charterbusse bis zum Lago Grey. Es lohnt sich also, auf eine Mitfahrgelegenheit zu warten.

Mirador Ferrier
635 m
2

Guardería Lago Grey
50 m
1

Guardería Lago Grey
50 m
1

500 m
250 m
6.3 km
0 2.00 3.30 h

Anforderungen: Kurze, aber steile Wanderung, die stellenweise Trittsicherheit erfordert. Je nach Witterung können einige Abschnitte etwas sumpfig sein.
Einkehr: Hotel Lago Grey nahe am Ausgangspunkt; unterwegs keine.
Unterkunft: Hotel Lago Grey am Ausgangspunkt.
Variante: Bevor man zum Mirador Ferrier aufbricht, sollte man auf jeden Fall einen kurzen Abstecher an das Südufer des Lago Grey unternehmen. Dazu überquert man die Hängebrücke über den Río Pingo und folgt dem ausgetretenen Pfad zum Strand. Je nach Wind benötigt man 10–15 Min. bis zum Wasser hinunter, in dem normalerweise zahlreiche vom Glaciar Grey abgebrochene Eisberge dümpeln. Bei gutem Wetter kommt man noch 30 Min. weiter nach Osten auf eine Halbinsel mit Aussichtspunkt (Mirador de los Hielos).
Hinweis: Man muss den Parkeintritt unter pasesparques.cl im Voraus buchen (56 US-Dollar für mehrere Tage). Check-in an der Guardería Grey.
Tipp: Nachmittags und abends herrscht das beste Licht.
Information: Halb Puerto Natales ist ein Informationsbüro, im Park selbst stehen die Guardaparques an nahezu jedem Zeltplatz für weitere Fragen zur Verfügung. Außerdem torresdelpaine.com.
Karten: Siehe Tour 31.

Eisberge im Lago Grey.

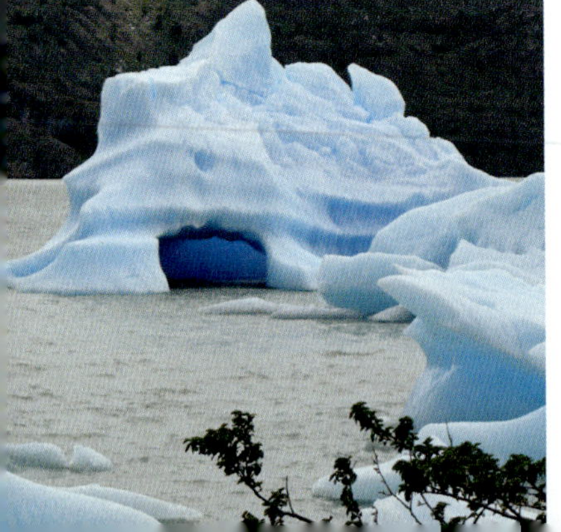

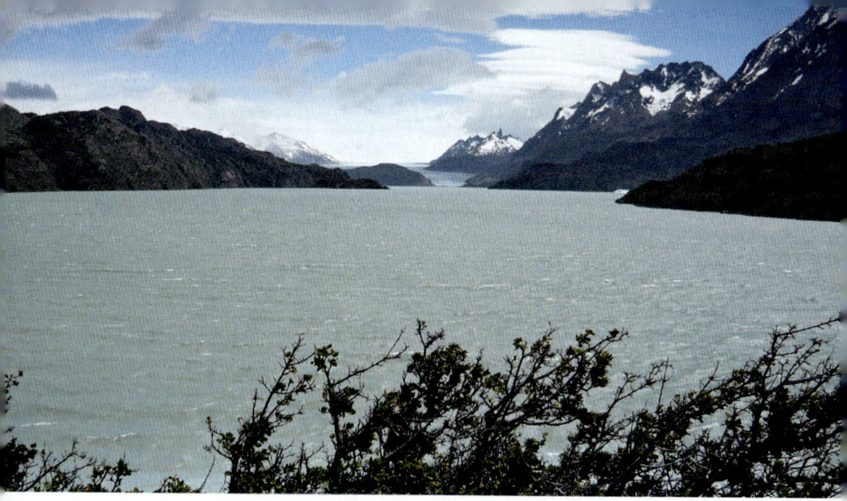

Glaciar und Lago Grey.

Der Pfad zum Mirador Ferrier beginnt hinter dem Häuschen des **Guardaparque** ❶. Anders als in den Karten eingetragen führt dieser zunächst flach durch eine mit Strauchwerk bewachsene Ebene rund 1 km nach Nordwesten. In einer weiten Linkskurve gelangt man nun zum Berg und steigt anschließend den zum Teil stark erodierten Pfad, der mit roten Schleifen markiert ist, zum Mirador Ferrier hinauf. Eine Kehre nach der anderen geht es höher, das Panorama weitet sich dabei immer mehr. Je nach Anzahl der Fotostopps benötigt man 2–3 Std. zum **Mirador Ferrier** ❷ auf einem schottrigen (und extrem den Winden ausgesetzten) Plateau.
Rückweg gleich Hinweg.

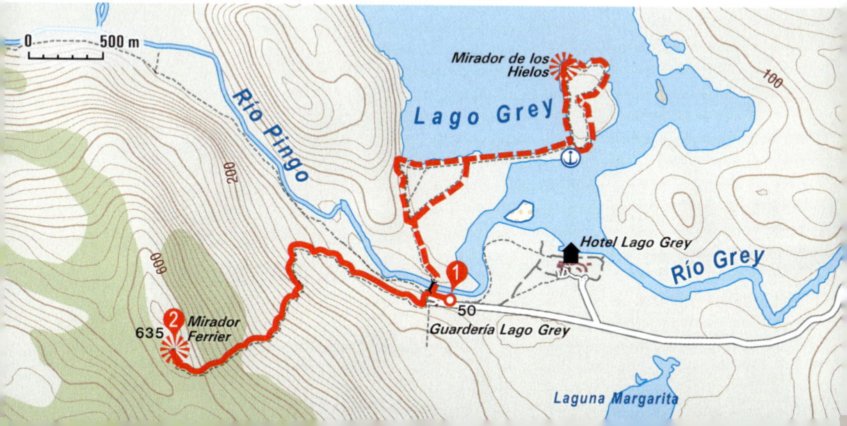

TOP

34

↗ 100 m | ↘ 100 m | 8.2 km

2.30 h

Im Parque Nacional Pali Aike

Durch eine unberührte Vulkanlandschaft

In einem der trockensten Gebiete der südpatagonischen Steppe, weit entfernt von den Bergen und auch von jeglichem Dorf, liegt der nur 50 km² »große« Nationalpark Pali Aike. Keine 3000 Touristen verschlägt es jährlich hierher. Der Grund dafür ist wohl – neben mangelnder Reklame – die Abgelegenheit des Ortes. Zu bieten hat der Park hingegen viel: Es handelt sich um eine relativ junge Vulkanlandschaft mit Basaltformationen: Maare, Krater- und Lavafelder sind hier zu bestaunen. Außerdem ist das Gebiet von großer archäologischer Bedeutung, seit der amerikanische Forscher Junius Bird hier einige der ältesten von Menschen bewohnten Höhlen Südamerikas studierte. Diese »Paleoindianer« lebten vor 11.000 Jahren und jagten große Säugetiere wie den Mylodon (eine Art Faultier), die längst ausgestorben sind. Wenig ist über sie bekannt, und die späteren Kulturen (wie z.B. die Tehuelche oder die Kanuvölker am Beagle-Kanal) scheinen nicht mit ihnen verwandt zu sein. Heute leben hier vor allem Guanakos und Strauße, und auf der Laguna Ana kann man normalerweise auch Wasservögel beobachten. »Pali Aike« bedeutet in der mittlerweile ausgestorbenen Tehuelche-Sprache so viel wie »trostloser Ort, wo der Teufel haust«.

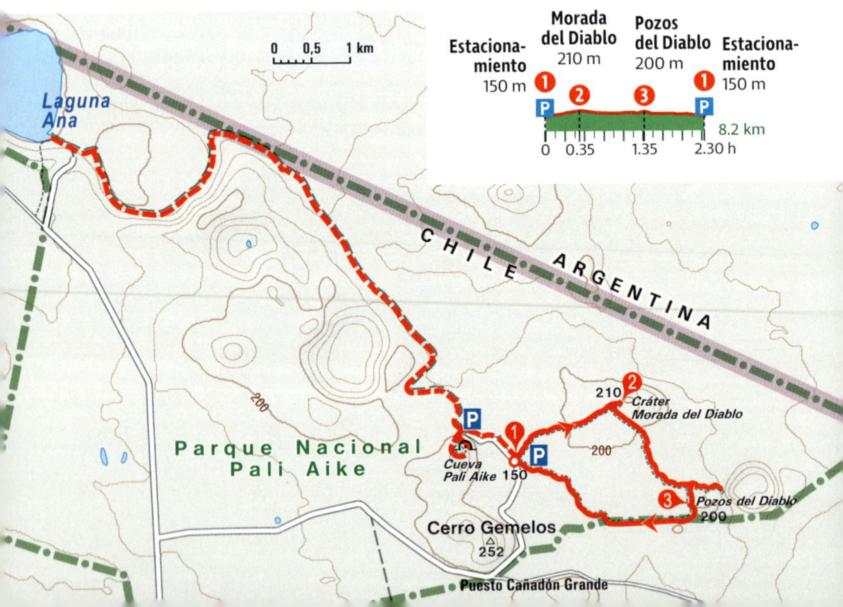

Ausgangspunkt: Parkplatz im Parque Nacional Pali Aike, 150 m. Anfahrt von Punta Arenas auf der Ruta 9 nach Norden, bis man nach 53 km die Laguna Cabeza de Mar erreicht. Hier rechts auf die Ruta 255 Richtung Paso Monte Aymond und Río Gallegos. Nach 110 km führt dann links der beschilderte Weg zum Park, noch 28 km zum Nationalparkeingang und gleich dahinter noch weitere 6 km an einer Abzweigung nach Osten zum besagten Parkplatz; Fahrzeit ca. 3.00 Std. Keine öffentlicher Bus.
Anforderungen: Einfache, flache Pfade, aber teils durch scharfes Lavagestein, sodass etwas Trittsicherheit erforderlich ist.
Einkehr: Keine.
Unterkunft: In Punta Arenas: Isla Rey Jorge, Av. 21 de Mayo 1243, Tel. +56 224 8220, Tel. +56 9329 6168, islareyjorge.com.
Varianten: Cueva Pali Aike (10 Min.) und Laguna Ana, (5.00 Std., 240 Hm Auf- und Abstieg): Vom Parkplatz am Ausgangspunkt geht man noch 800 m nach Norden zu einem zweiten Parkplatz. Hier besichtigt man kurz die Höhle *(cueva)* Pali-Aike und folgt dann dem gut markierten und beschilderten Pfad nach Norden durch die Steppe bis zur salzhaltigen Laguna (2.30 Std.), wo oft Flamingos und auch andere Wasservögel baden. Der Rückweg ist derselbe, außer man lässt sich dort mit dem Auto abholen.

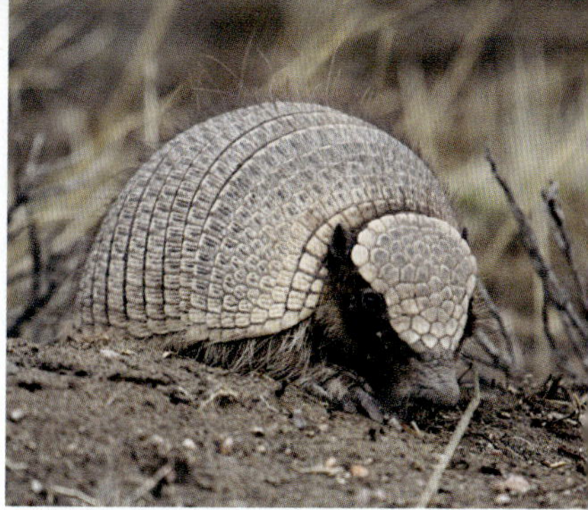

Das Piche, auf Deutsch Zwerggürteltier (Zaedyus pichiy), ist ein Allesfresser und hat ein sehr feines Riechorgan.

Hinweise: Einige Agenturen in Punta Arenas organisieren Tagesausflüge nach Pali Aike.
Tipp: Der Bus, der Punta Arenas mit Río Gallegos verbindet, kann uns bis zur Abzweigung zum Park fahren. Die restlichen 28 km kann man evtl. trampen, es sind viele Ölarbeiter unterwegs.
Information: In Punta Arenas: CONAF, Av. Bulnes 309, 4° Piso, parque.paliaike@gmail.com. Informationszentrum am Parkeingang.
Karten: Eine Karte des Parks gibt es mit dem Eintritt; IGM 1:50.000 Pali Aike.

Vom **Parkplatz** ❶ hinter dem **Cerro Gemelos** (*gemelos* heißt auf Deutsch »Zwillinge«) folgen wir dem gut markierten Hauptpfad nach Osten direkt auf den dunklen Krater **Morada del Diablo** zu. Wir wandern leicht bergauf und müssen dabei einige kleine Felsspalten (!) übersteigen. Nach 20 Min. erreichen wir ein von dunklen Felsen umrahmtes Tal. Durch dieses geht es in weiteren 10 Min. an den Rand des **Kraters** ❷. Von hier können wir sein Inneres und die Felsen an seinem Rande bestaunen, bevor wir dann wieder zurück zum Taleingang gehen.
Dort führt ein zweiter Pfad nach Südosten in 45 Min. zum älteren Krater **Pozos del Diablo** ❸. Nachdem wir seine verschiedenen Miradores erforscht haben, folgen wir dem Weg 200 m weiter nach Süden und biegen an der Abzweigung vor dem Zaun nach rechts (Westen).
Dieser Weg führt uns gemächlich in 1.00 Std. am Rande des Lavafelds wieder zurück zum **Ausgangspunkt** ❶.

↗ 1425 m | ↘ 1425 m | 72.8 km

35 Zum Cabo Froward

5 Tage

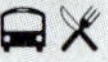

Zur Südspitze des amerikanischen Kontinents

Im Gegensatz zu den Trekking-Mekkas des Nationalparks Torres del Paine und dem Gebiet um das Fitz-Roy-Massiv, in denen sich in den patagonischen Sommermonaten Tausende Outdoor-Enthusiasten tummeln, gehört die Region um das Cabo Froward zu den Gegenden, die in Patagonien gerade erst entdeckt werden. Das Kap selbst beschreibt den südlichsten Punkt auf dem kontinentalen südamerikanischen Festland, denn die Magellanstraße trennt Feuerland vom Rest Patagoniens. Dorthin kommt man nur per Schiff oder, wie hier vorgeschlagen, mit einer mehrtägigen Wanderung. Immer wieder der Strandlinie folgend, bietet diese Tour Einblicke in die historische und auch prähistorische menschliche Besiedlung im Süden des Kontinents. Einst das Land des Kawesqar-Kanuvolks, wurde hier im 20. Jahrhundert Holzwirtschaft und Walfängerei betrieben. Mit Ausnahme der Hostería Faro San Isidro ist die Infrastruktur auf dem Weg zum Cabo Froward minimalistisch, und man ist auf sich selbst gestellt. Gezeitenabhängige Bachquerungen, Wind und Wetter machen aus dieser Tour zweifellos ein unvergessliches Abenteuer.

Ausgangspunkt: Fin del Camino, 1 m, ca. 70 km südlich von Punta Arenas. Anfahrt auf der Ruta 9 am Rande des Pazifiks entlang, die letzten 15 km (ab der Abzweigung zum Fuerte Bulnes) auf Schotterpiste. Insgesamt ca. 1.30 Std mit dem eigenen Auto. Ein öffentlicher Bus fährt jeden zweiten Tag bis San Juan am Río Santa Maria, 8 km vor dem Ausgangspunkt. Die Fahrzeiten variieren, sodass man sie letztlich vor jeder Tour neu ausfindig machen muss.
Anforderungen: Die Tour führt zum größten Teil in flachem Gelände direkt am Strand entlang. An einigen Stellen erschweren glitschige Passagen auf nassen Felsen und das Klettern über dicke Baumstämme das Vorwärtskommen.
Einkehr: Hostería Faro San Isidro.
Unterkunft: Einzige Option für ein festes Dach über dem Kopf ist die am Leuchtturm San Isidro gelegene gleichnamige Hostería. Man darf an nahezu jedem beliebigen Ort zelten (auch am Ausgangspunkt). Die nachstehend beschriebenen Zeltmöglichkeiten haben sich daher lediglich als günstig erwiesen (Etappenlänge, Trinkwasser, Schutz vor dem patagonischen Wind). In Punta Arenas: für jeden Geschmack etwas da-

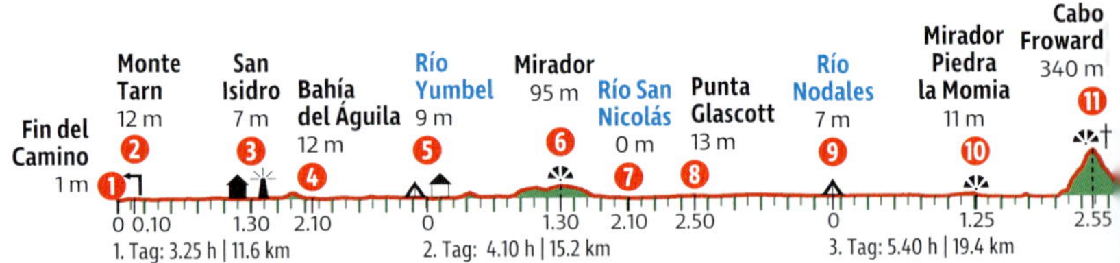

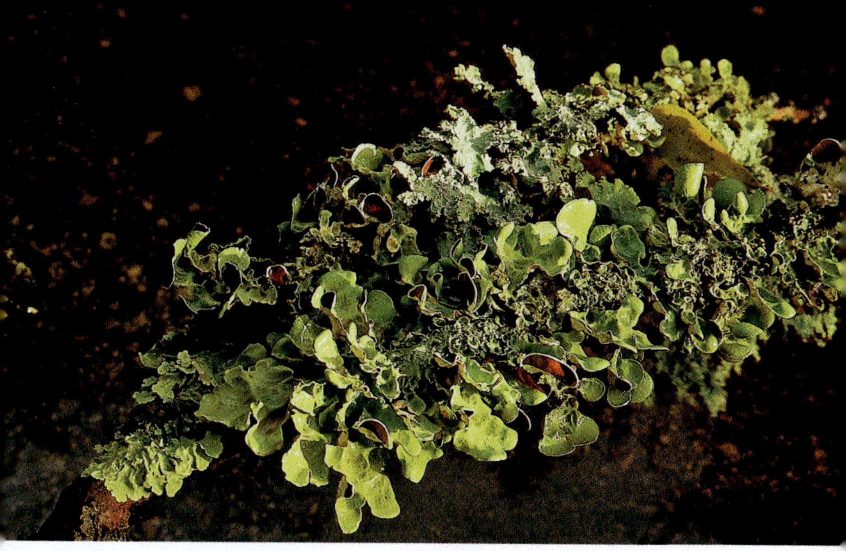

Schönheit im Detail: Flechtenbewuchs in den westpatagonischen Wäldern.

bei. Empfehlenswert ist die Hospedaje Magallanes, Magallanes 570, hospedaje-magallanes.com, Tel. +56 9 61829570, reservas@hospedaje-magallanes.com.
Variante: Abstecher zum Monte Tarn, 825 m (6.00 Std., 800 Hm Auf- und Abstieg): Der Monte Tarn wurde bereits 1834 vom englischen Naturforscher Charles Darwin bestiegen. 10 Min. nach Touranfang findet man die Abzweigung, an der man die Küste nach Westen verlässt. Auf Hügeln geht es stetig bergauf. Oberhalb der Waldgrenze wendet man sich nach links und steigt über den Nordgrat des Berges bis zu dessen höchstem Punkt. Rückweg wie Hinweg (die restlichen einst existierenden Wege hat die Natur zurückerobert).
Hinweis: Es ist nötig, sich die Gezeitentafel unter shoa.cl/php/mareas.php auszudrucken. Die Flüsse Yumbel, San Nicolás und Nodales müssen bei Ebbe durchquert werden! Zudem sind leichte Turnschuhe für die Flussdurchquerungen keine schlechte Idee.
Information: Beim Hospedaje Magallanes (siehe »Unterkunft«). Dort gibt es auch Kartenmaterial.
Karten: San Juan – Cabo Froward/Cruz de los Mares, SIG Patagon/Bruce Willett, 1:100.000; Trekkingchile 1:100.000 Cabo Froward.

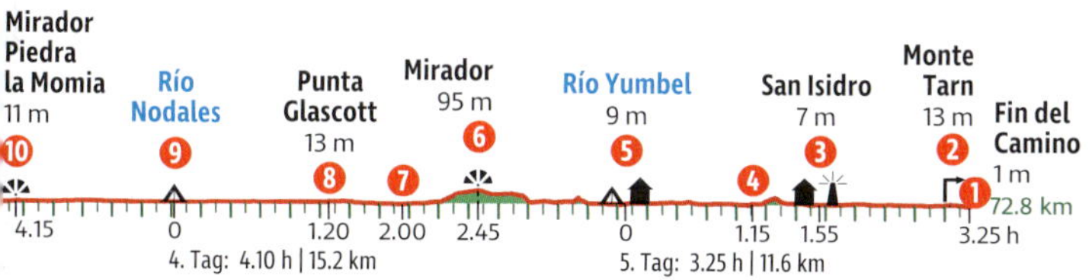

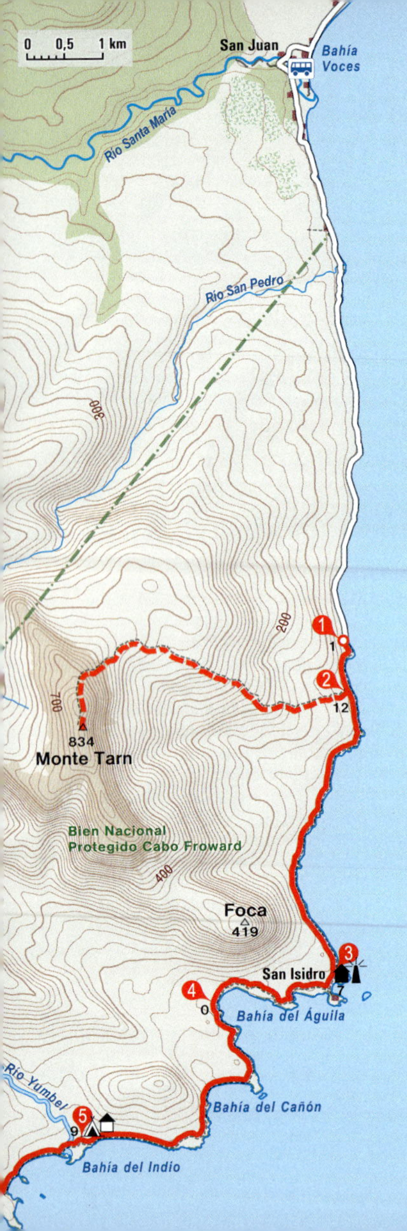

1. Tag: Fin Del Camino – Río Yumbel
3.25 Std., insgesamt ca. 260 Hm Aufstieg, 270 Hm Abstieg

Ausgangspunkt ist das ca. 8 km südlich von San Juan gelegene **Fin del Camino** ❶, also das Ende der Autostraße. Von dort bis zum Leuchtturm San Isidro kommt man zügig voran: Die ersten ca. 5,5 km geht es immer direkt an der Küste entlang, wobei wir schon nach 10 Min. die die **Abzweigung** ❷ zum Monte Tarn (Variante) passieren. Wer Glück hat, wird stellenweise von einer Schule Delfine begleitet oder von einem Seelöwen »abgelenkt«, der neugierig seinen Kopf aus dem Wasser steckt. Am Strand, unweit der **Hostería Faro San Isidro** ❸, gibt es diverse Ausstellungsstücke, die einen Einblick in das Leben der Kawesqar bieten, des Kanuvolks, das einst in dieser Gegend lebte.

Ab hier geht es auf einem gut angelegten Weg erstmals in den dichten, stellenweise fast schon dschungelartigen Urwald hinein. Der Pfad führt zur **Bahía del Águila** ❹, in der man die Überreste einer Walfängerstation findet. Direkt an der Küste, vorbei an blau-schwarzen Muschelbänken (Vorsicht, nicht essen! Vergiftungsgefahr durch Algenblüte!) und hölzernen Kreuzen für verschollene Seefahrer, gelangt man schließlich zum **Río Yumbel** ❺.

Noch bis 1993 lebte hier der südlichste Siedler auf dem amerikanischen Festland und bewirtschaftete das umliegende Land. Nun steht seine einfache Hütte leer und dient uns Abenteurern als Unterschlupf. (Es sei an dieser Stelle ausdrücklich dazu aufgerufen, die Hütte in

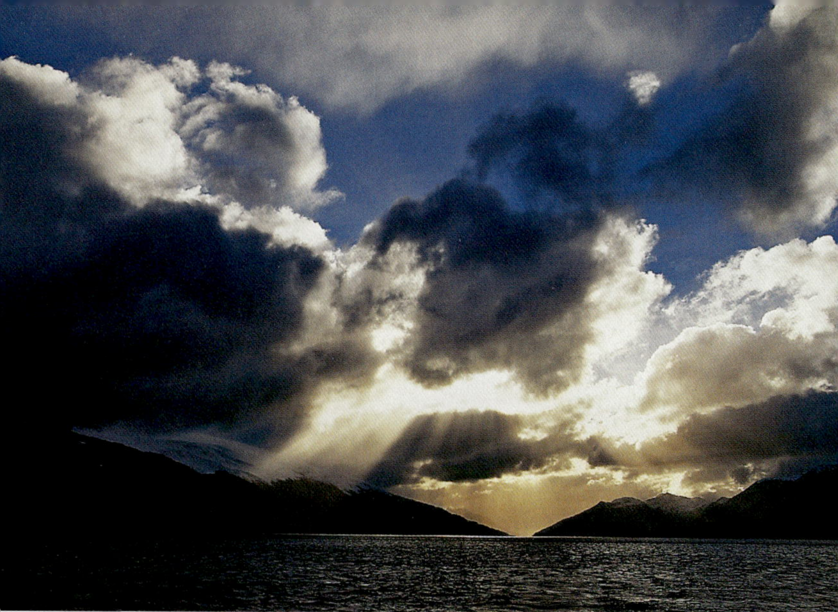

Berge und Meer südlich der Magellanstraße.

ordentlichem Zustand zu hinterlassen, denn der nächste Trekker kommt bestimmt!) Wer möchte, kann direkt in der Hütte Quartier beziehen. Dabei sollte klar sein, dass die Hütte eher luftig-feucht ist, als dass man sie mit dem Komfort eines 5-Sterne-Hotels vergleichen könnte. Sonst gibt es reichlich Platz zum Zelten.

2. Tag: Río Yumbel – Río Nodales

4.10 Std., insg. ca. 200 Hm Auf- und Abstieg

Der heutige Tag beginnt mit der ersten Flussdurchquerung. Der Río Yumbel ist eigentlich kein größeres Hindernis – eigentlich ... Im Normalfall heißt es hier kurzum: Schuhe aus und durch den knöchel- bis wadentiefen Bach gewatet, Schuhe wieder an und weiter ... Nach mehreren Regentagen sieht das hingegen anders aus! Dann kann das Wasser auch schon mal hüfttief sein. Nichtsdestotrotz ist hier nicht die Fließgeschwindigkeit des Bachs, sondern der Wasserstand und typisch patagonisch die Wassertemperatur (!) das, was dem Ganzen die Würze gibt.

Entlang der Magellanstraße geht es weiter. Eine wunderschöne Bucht reiht sich an die nächste, umarmt von dichtem, immergrünem gemäßigten Regenwald. An einigen Stellen versperren unpassierbare Felsklippen den direkten Weg am Ufer, sodass man diese landeinwärts umgeht. Auf der

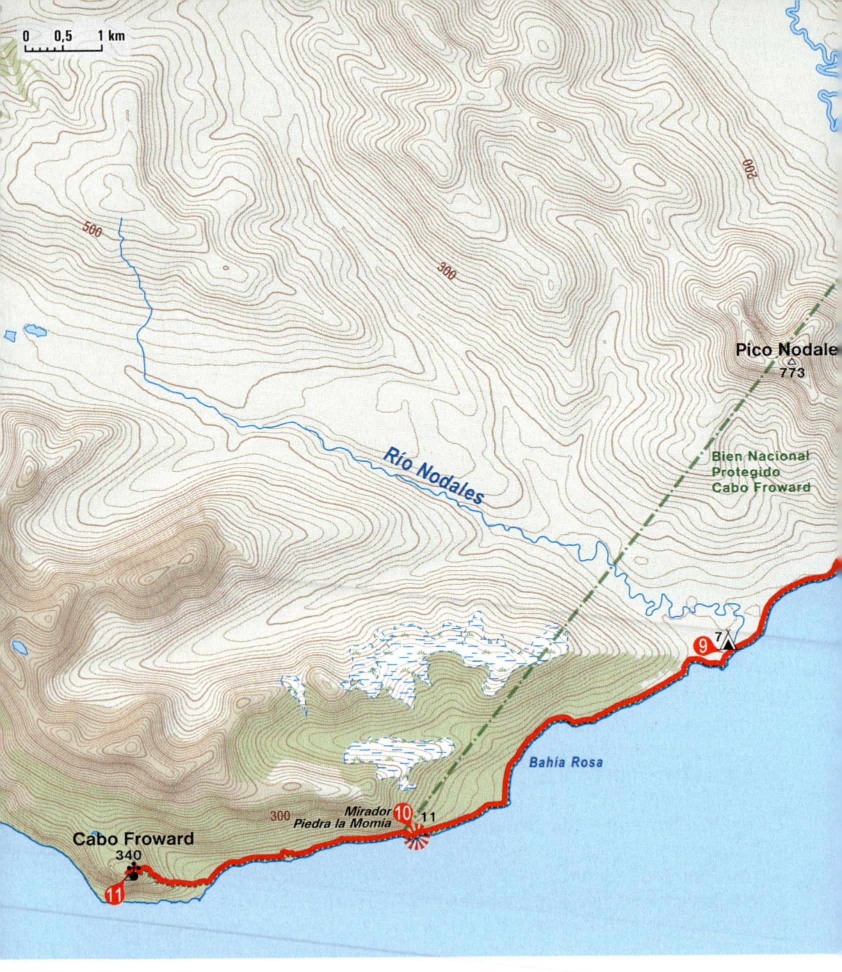

Südseite der **Bahía Bouchage** sollte man nach einem Wegweiser Ausschau halten, der in den dichten Wald zeigt und auf dem schlicht »Hacía el Turbal«, »Zum Torfmoor«, steht. Wegweiser bedeutet hier nicht mehr als ein an einen Baum gebundenes Brett. Es geht durch einen hochstämmigen Wald leicht bergan und kurze Zeit später ist man inmitten eines **Hochmoors** 6. Die feuchte Durchquerung wird mit einem großartigen Fernblick über die Magellanstraße belohnt. Wer sich gut orientieren kann, sollte einen Abste-

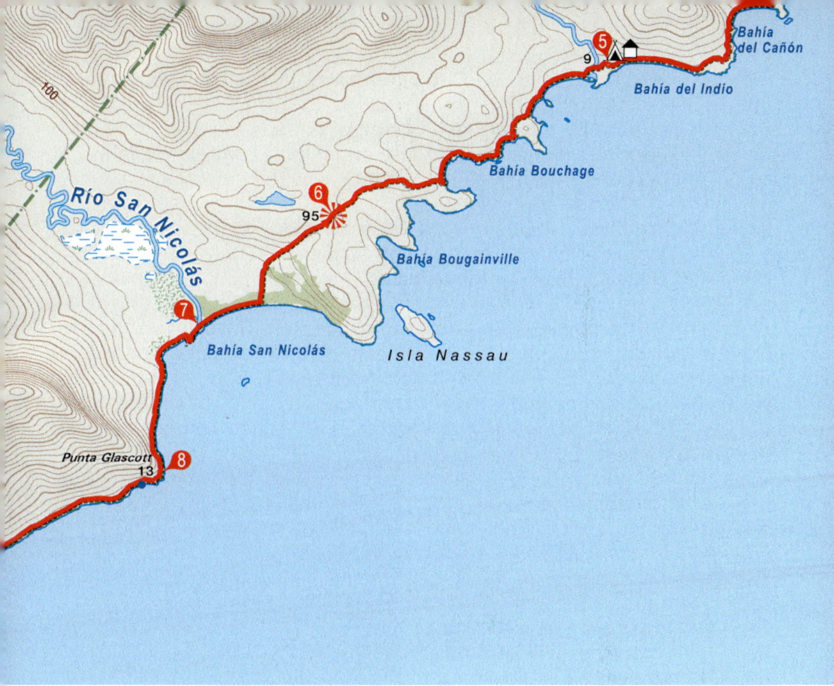

cher zur Laguna San Nicolás einlegen, einem kleinen unweit vom Weg gen Westen gelegenen See.

In der Bahía San Nicolás kommt man wieder direkt an den Kiesstrand, und kurze Zeit später erreicht man den **Río San Nicolás** 7, der auf einigen Karten auch als Río De Gennes eingezeichnet ist. Die zweite Flussdurchquerung steht auf dem Programm! Im Gegensatz zum Río Yumbal wirken sich die Gezeiten hier ganz besonders stark auf den Wasserstand des Flusses aus (bei Flut staut sich der Fluss an, da er ja nicht so gut abfließen kann). Hier sollte man also Ebbe abwarten und dann direkt an der Mündung queren. Dort ist der Fluss zwar am breitesten (ca. 25 m), aber durch eine Sandbank auch am flachsten. Da jedoch auch die Gezeiten in ihrer Höhe variieren, kann man nie genau sagen, ob man nun knietief oder aber bis zur Brust durchs eiskalte Wasser stiefeln wird – Letzteres ist natürlich besonders spannend, da man ja nun seinen Rucksack über dem Kopf trägt.

Am Ende der Bahía San Nicolás kann man die **Punta Glascott** 8 bei Ebbe direkt am Ufer passieren. Die Felsen sind allerdings besonders bei Regen unwahrscheinlich rutschig, und an sonnigen Tagen ist es auch schon vorgekommen, dass man unerwartet fast auf einen Seelöwen tritt, der sich ge-

rade ein Sonnenbad gönnt. Bei Flut geht man einfach wieder landeinwärts um die Steilküste herum.
Das restliche Teilstück der heutigen Etappe ist einfach – am Fuß des 773 m hohen Pico Nodales immer an der Küste entlang bis zum **Río Nodales** 9, an dessen Nordufer man in einem Waldstück sein Zelt aufschlägt.

3. Tag: Río Nodales – Cabo Froward – Río Nodales
5.40 Std., insgesamt ca. 495 Hm Auf- und Abstieg
Neuer Tag, neuer ... Fluss! Der **Río Nodales** 9 wartet schon. Auch in diesem Fall ist Durchwaten die einzige Option, denn eine Brücke gibt es nicht. Je nach dem Ablauf der Gezeiten kann es günstiger sein, noch am Vortag den Fluss zu durchqueren und einfach auf der anderen Seite, nahe einem ehemaligen Sägewerk, das Zelt aufzustellen. Am Strand entlang geht es vorbei an der Bahía Rosa, der letzten von Fischern genutzten Bucht vor dem Kap, um dem tobenden patagonischen Wind zu entkommen und auf besseres Wetter zu warten.
Weiter am Strand entlang gelangt man zum **Mirador Piedra la Momia** 10, von wo erstmals das Cabo Froward zu sehen ist. Etwas später zwingt uns ein Stückchen Steilküste, den Strand zu verlassen und steil in den Wald aufzusteigen. Nur kurz, denn gleich geht es wieder hinunter. Kurz vor dem eigentlichen Kap führt der Weg durch den Wald hinauf auf eine 220 m über dem Meer emporragende Felskuppe. Das hier aufgestellte stählerne Kreuz erinnert an den Besuch Papst Johannes Paul II. 1987 in der Region. Es wird auch **»Cruz de los Mares«** 11, »Kreuz der Meere« genannt – klar, denn hier vereinen sich Atlantik und Pazifik. An dieser Stelle macht die Magellanstraße einen Knick nach Nordwest, gen Pazifik.
Weiter südlich geht es auf dem südamerikanischem Festland nicht! Vor einem ein einzigartiges Panorama! Die Aussicht gehört zu den beeindruckendsten Rundumblicken Patagoniens, unter uns die Magellanstraße, gen Osten die Bergwelt der

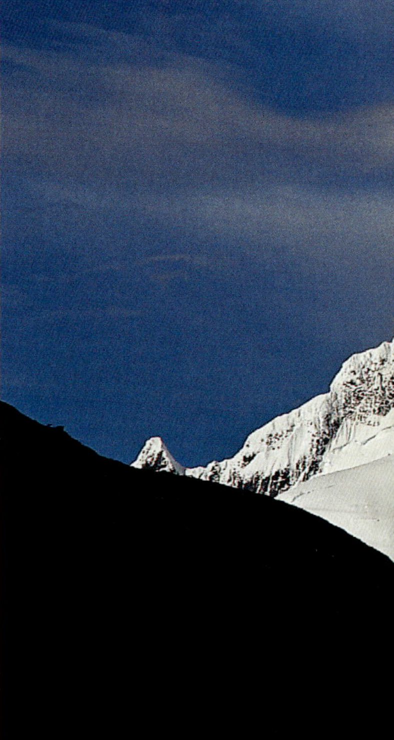

Isla Dawson, Feuerland und bei Wetterglück südwestlich die Cordillera Darwin mit den direkt aus dem Meer aufsteigenden, schneebedeckten Doppelspitzen des Monte Sarmiento, eines der spektakulärsten Berge Feuerlands. Der Rückweg zum **Río Nodales** ⑨ erfolgt auf demselben Weg.

4. Tag: Vom Río Nodales zum Río Yumbel
4.10 Std., insgesamt ca. 200 Hm Auf- und Abstieg
Die Route ist dieselbe wie am zweiten Tag.

5. Tag: Vom Río Yumbel zum Fin del Camino
3.25 Std., insgesamt ca. 270 Hm Aufstieg, 260 Hm Abstieg
Siehe die Beschreibung des ersten Tages.

Bei besonders gutem Wetter sieht man in der Ferne den Monte Sarmiento, den höchsten Berg der Darwin-Kordillere – hier stark gezoomt.

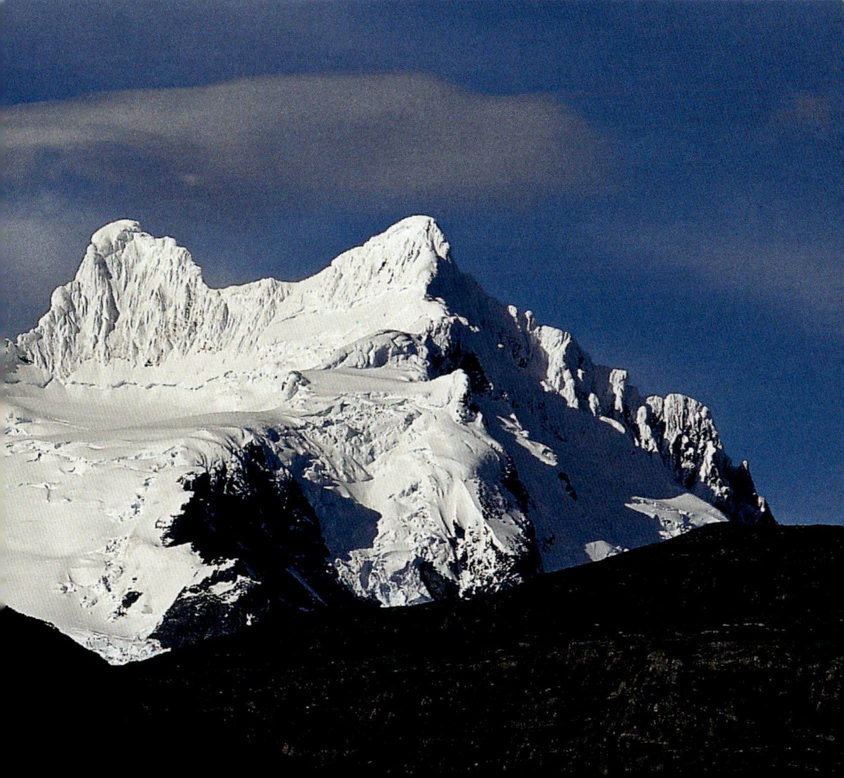

TOP

36

↗ 770 m | ↘ 770 m | 47.5 km

Parque Nacional Perito Moreno: Am Cerro San Lorenzo

3 Tage

Versteckte Seen und riesige Berge

Ohne Zweifel handelt sich hier um eines der versteckten Juwelen Patagoniens. Wer diesen Park besuchen will, darf sich auf ein Abenteuer gefasst machen. Das nächste Dorf Gobernador Gregores liegt in einer Entfernung von 220 Kilometern, 90 davon sind Schotterpiste. Die Landschaft ist naturbelassen und von Wind und Gletschern geprägt. Höhepunkte sind von Gletschern gefärbte Seen, der Übergang von der Steppe in den Südbuchenwald, bedrohte Wildtiere und vor allem das imposante Massiv des Cerro San Lorenzo, der sich mit seinen 3700 Höhenmetern und seinen von Gletschern überzogenen Wänden aus der Ferne allgegenwärtig zeigt. Die von hier zu sehende gewaltige Ostwand des Berges ist ca. 1500 Meter hoch und wurde noch nie bestiegen! Der Charakter des Parks hat sich in den letzten Jahren stark gewandelt. Das zuvor Douglas Tompkins gehörende Gebiet nördlich der ehemaligen Estancia El Rincón wurde 2013 dem Nationalpark Perito Moreno angegliedert. Mit den Geldern des Butler Conservation Fund (mal wieder eine Privatinitiative) wurden in drei Jahren 90 Kilometer Pfade und zehn Selbstversorgerhütten angelegt. Noch ist die Gegend nicht gerade weltberühmt unter Wanderern, aber dies dürfte sich bald ändern. Der Cerro San Lorenzo ist sicherlich eines der großartigsten Massive Patagoniens. Die Tour durch das Tal des Río Lácteo zu einer mit Eisbergen gefüllten Laguna zu seinen Füßen führt uns auch zum schönsten Aussichtspunkt auf die Ostseite des Berges.

Ausgangspunkt: El Rincón (Guardaparque), 925 m. Der Nationalpark Perito Moreno ist öffentlich nicht zu erreichen; nächster Ort mit öffentlicher Busverbindung ist Perito Moreno. Ohne eigenes Fahrzeug wendet man sich am besten an den Verwalter der Estancia Menelik (cielospatagonicos.com) und organisiert über ihn einen Transport (entweder von Calafate oder von Gobernador Gregores aus). Auch die Leute von der Estancia La Oriental sind diesbezüglich ansprechbar. Mit eigenem Fahrzeug ist ein 20-Liter-Benzinkanister als Reserve unabdingbar!
Anforderungen: Technisch relativ einfache Wanderung, die Orientierungsvermögen und Trittsicherheit insbesondere im zweiten Teil erfordert. Dazu kommen einige Bachquerungen, bei denen leichte Turnschuhe hilfreich sind.
Einkehr: Am Weg keine Möglichkeit.
Unterkunft: Die Estancias La Oriental

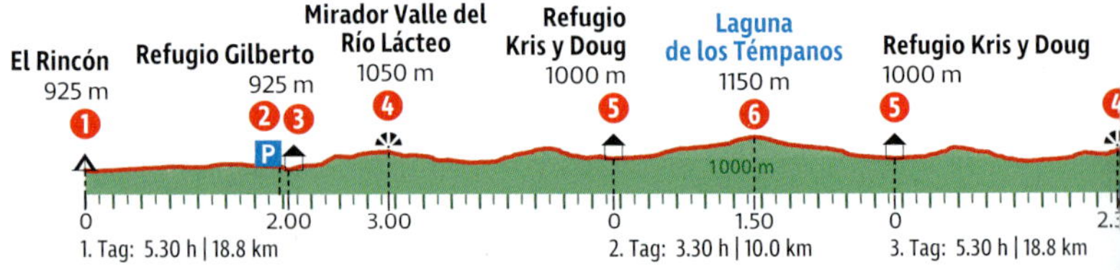

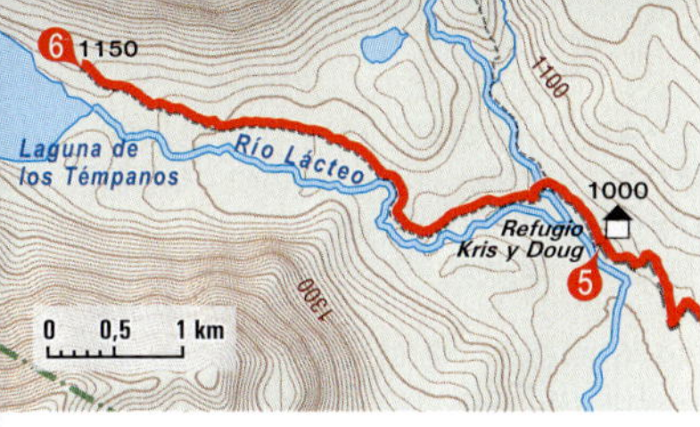

(innerhalb des Parks) und Menelik (am Parkeingang) bieten Kost und Logis an. Am Puesto San Lorenzo wurde eine kleine Selbstversorgerhütte – das Refugio Kris y Doug – mit Platz für maximal 10 Personen eingerichtet.

Hinweis: Für alle Touren im Nationalpark muss man sich vor Ort im Centro Operativo Onelli anmelden. Dieses liegt an der Schotterpiste 10 km nach dem Parkeingang. Schlafplätze (sowohl Zeltplätze als auch in den Hütten) sollte man im Vorfeld online unter lagosescondidos.com buchen – dann ist die Nächtigung kostenlos!

Information: In Gobernador Gregores: Intendencia del Parque Nacional Perito Moreno, Paseo 9 de Julio N° 610, Tel. +54 2962 409358, peritomoreno@apn.gob.ar; sonst vor Ort und lagosescondidos.com.

Karten: Pixmap 1:100.000 PN Perito Moreno.

1. Tag: El Rincón – Refugio Kris y Doug Tompkins

5.30 Std., 350 Hm Aufstieg, 270 Hm Abstieg

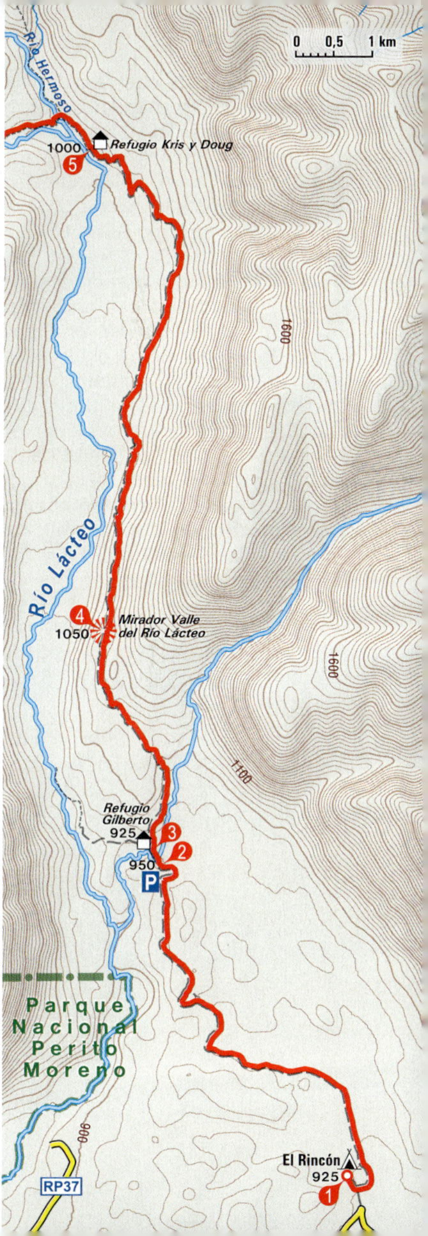

Ausgehend von dem wunderschönen Zeltplatz beim Guardaparque auf der ehemaligen **Estancia El Rincón** ❶ wandern wir zunächst auf

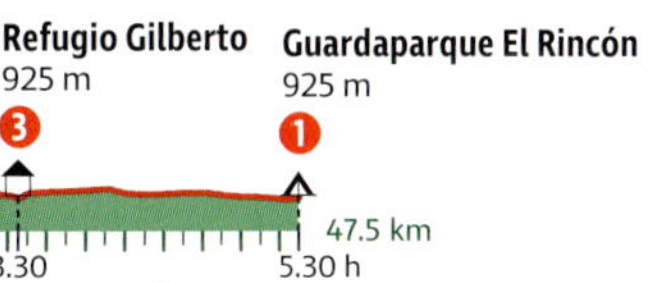

einer Schotterpiste nach Norden. Nach rund 7 km durch eine von Guanakos bevölkerte Steppenlandschaft treffen wir auf ein von Osten in den Río Lácteo fließendes Flüsschen und einen **Parkplatz** ❷. Hier sollte man, wenn man mit dem eigenen Fahrzeug unterwegs ist, dieses abstellen. Man quert den Bach und folgt der Straße noch für wenige Meter die Uferböschung hinauf. An der Stelle, wo die Straße nach Westen abknickt, liegt innerhalb der Kurve das **Refugio Gilberto** ❸. Hier beginnt Richtung Norden der neue Weg zum Puesto San Lorenzo. Der Weg ist noch nicht ausgetreten; die vielen Wegzeichen helfen aber enorm. Von der Fahrspur führt der Weg ein kurzes Stück nach Osten und knickt dann nach Norden um. Wir queren insgesamt ansteigend die von Steppengras und schütterem Wald bewachsenen Hänge der Berge östlich des Río Lácteo, ohne den Fluss selbst zu sehen. Nach 1.00 Std. gelangen wir an den **Mirador Valle del Río Lácteo** ❹. Später führt der Pfad hinunter auf die breiten Schwemmebenen gegenüber dem Cerro Penitentes, der jedoch auch bald wieder hinter Vorbergen verschwindet. Der Pfad bleibt relativ hoch über dem Fluss und führt zum Schluss in einem großen Linksbogen hinunter zum Puesto San Lorenzo. Neben dem alten Unterstand befindet sich das neue **Refugio Kris y Doug Tompkins** ❺. Zelten ist ebenfalls möglich, Wasser holt man unten aus dem Fluss. Der Blick von dort auf den Cerro San Lorenzo gehört zu den schönsten Motiven Patagoniens, insbesondere bei Sonnenaufgang.

Unsere Wanderung beginnt mit einer Flussquerung.

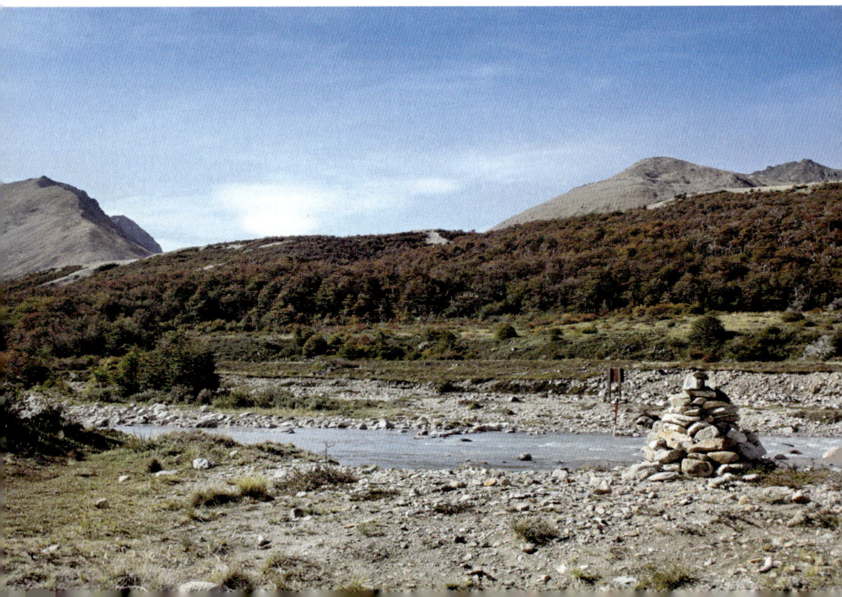

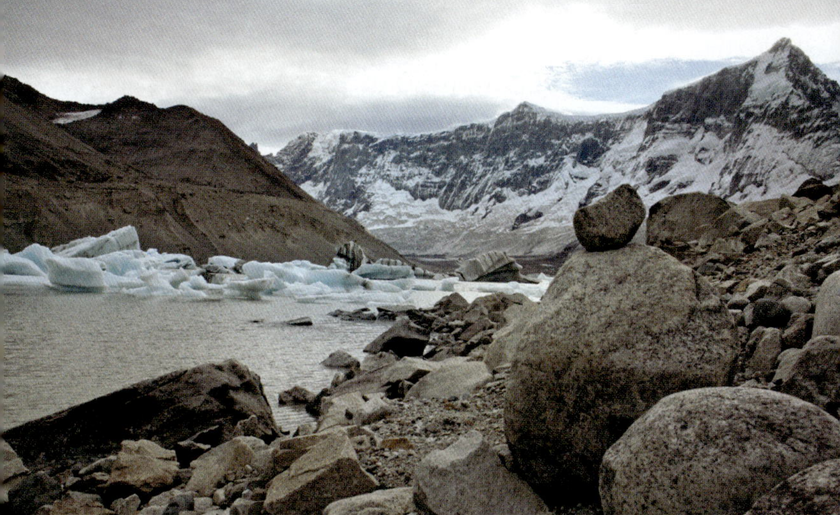

Die Laguna de los Témpanos (= Eisschollen) am Fuße des San Lorenzo macht ihrem Namen alle Ehre.

2. Tag: Refugio Kris y Doug – Laguna de los Témpanos – Refugio Kris y Doug

3.30 Std., 150 Hm Auf- und Abstieg

Vom **Refugio 5** folgen wir zunächst für ca. 200 m einem Pfad Richtung Nordwesten. Hier durchwaten wir den Río Hermoso, und zwar oberhalb der Stelle, wo er in den Río Lácteo fließt. Nachdem die Schuhe wieder an den Füßen sind, geht es nach Westen zum Río Lácteo. Parallel zum Fluss treffen wir auf Wegspuren, die einen an dieser Stelle durch den manchmal dichten Wald leiten. Hinter dem Wald gelangen wir auf eine Wiese, an deren Nordwestende eine unbewirtschaftete Hütte von Kletterern steht.

Dort beginnt ein mit Steinmännern markierter Pfad, der ansteigend durch die Geröllmassen einer ehemaligen Moräne leitet. Auf der anderen Seite der Moräne geht es über einen riesigen Schwemmfächer nach Westen und auf die nächsten Moränenhügel zu. Den Markierungen so gut wie möglich folgend erreichen wir nach weiteren rund 30 Min. das Ostufer der **Laguna de los Témpanos 6**.

Der Rückweg ist mit dem Hinweg identisch.

3. Tag: Refugio Kris y Doug – El Rincón

5.30 Std., 270 Hm Aufstieg, 350 Hm Abstieg

Auf bereits bekanntem Weg geht es vom **Refugio Kris y Doug 5** zurück zum **Guardaparque El Rincón 1**.

↗ 600 m | ↘ 600 m | 9.4 km

37 Auf den Cerro León, 1470 m

3.30 h

Beste Aussichten im Nationalpark Perito Moreno

Der Nationalpark Perito Moreno ist ein Schatzkästlein innerhalb des Nationalparksystems in Argentinien. Im Mittelpunkt steht der Lago Belgrano, der sich wie ein riesiger Ring um die gleichnamige, nur durch eine sehr schmale Landbrücke mit dem Festland verbundene Halbinsel windet. Die Farbe des Sees variiert dabei, abhängig von den unterschiedlichen in den See mündenden Flüssen, von Blau zu einem unglaublichen intensiven Türkis. Die Farbe des Sees mutet angesichts der Steppenvegetation der umliegenden Berge surreal an! Den besten Panoramablick auf die ganze Gegend hat man vom Cerro León – dem »Berg des Berglöwen« (Puma).

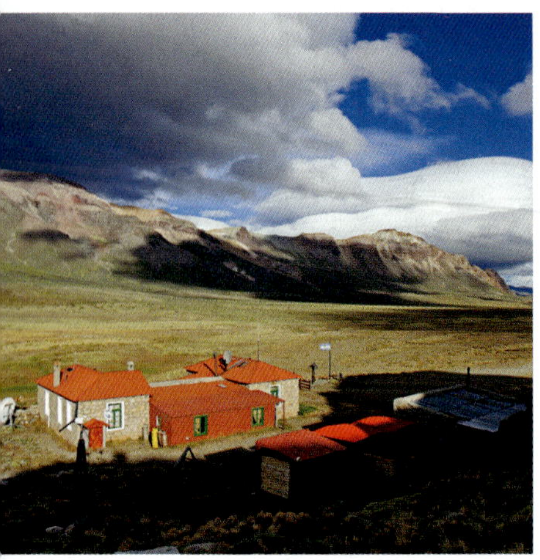

Die Estancia El Rincón (auf Deutsch »das Eck«).

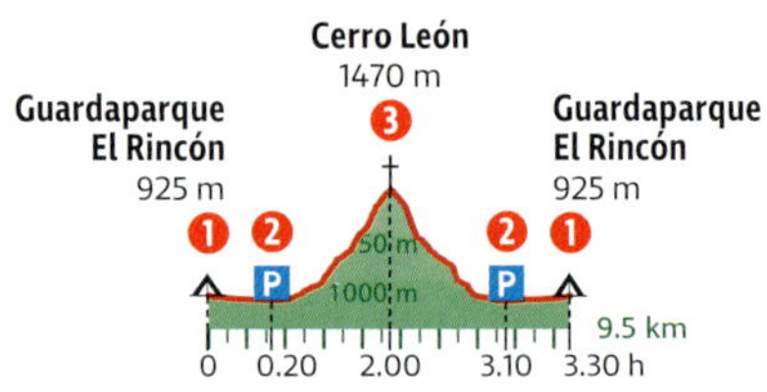

Ausgangspunkt: El Rincón, 925 m. Der Nationalpark Perito Moreno ist öffentlich nicht zu erreichen. Wer über kein Fahrzeug verfügt, wendet sich am besten an den Verwalter der Estancia Menelik (cielospatagonicos.com) und organisiert über ihn den Transport (entweder ab Calafate oder ab Gobernador Gregores). Auch die Leute von der Estancia La Oriental sind diesbezüglich ansprechbar.
Anforderungen: Markierte Wanderung auf einem nicht zu verfehlenden Pfad. Die letzten Meter sind sehr dem Wind ausgesetzt.
Einkehr: Keine.
Unterkunft: Die Estancias La Oriental (innerhalb des Parks) und Menelik (am Parkeingang) bieten Kost für Übernachtungsgäste und Logie an. Im Zelt bei El Rincón (Guardaparque).
Variante: Ein anderer Pfad führt auf den Cerro León von Estancia La Oriental aus und bietet zusätzlich die Sicht auf eine Condorera, also eine Felswand, wo Kondore nisten.
Hinweis: Anmeldung siehe Tour 36.
Information: Siehe Tour 36.
Karten: Siehe Tour 36.

Die auf Tourismus eingestellte Estancia La Oriental am Ostufer des Lago Belgrano.

Wer hier mit dem eigenen Fahrzeug unterwegs ist, ist klar im Vorteil, denn er kann sich die erste halbe Stunde vom **Guardaparque El Rincón** ❶ durch langweilige Steppenlandschaft sparen. Dazu fährt man von El Rincón Richtung Parkausgang und biegt an der ersten Möglichkeit (Schilder) rechts und dann gleich wieder links ab. Am Ende der Jeepspur ist ein **Parkplatz** ❷ und der eigentliche Beginn des Pfades.

Vom Parkplatz geht es auf einem gut markierten Pfad nach Süden und nach 30 Min. steil zum Sattel östlich des **Cerro León** hinauf. Im Sattel angekommen biegt man rechts Richtung Westen und steigt dann in weiten Kehren zum **Gipfel** ❸ hinauf. Das letzte Stück ist dabei sehr dem Wind ausgesetzt und kann daher sehr schwierig werden. Am Gipfel selbst schützt eine ringförmige Mauer die Besucher.

Der Rückweg verläuft auf dem Hinweg.

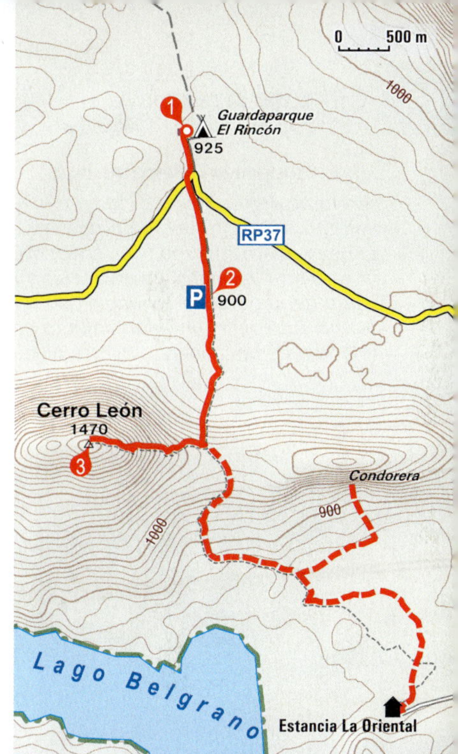

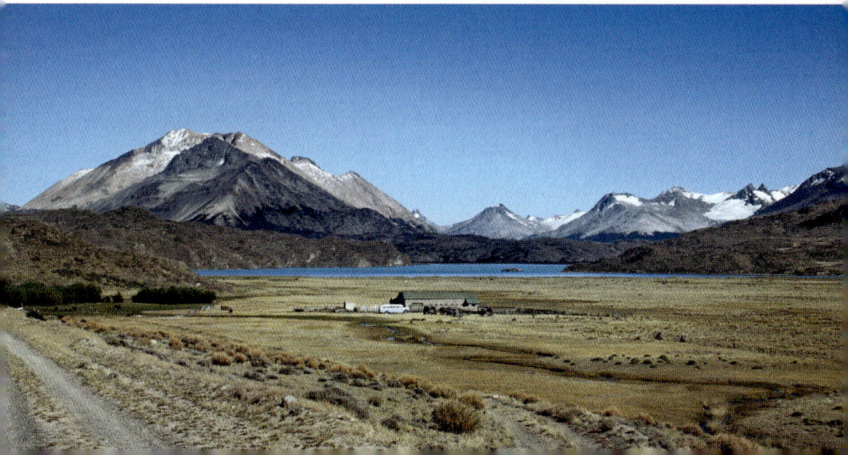

↗ 1300 m | ↘ 1300 m | 56.2 km

38 Circuito Azara

5 Tage

Luxuswandern im Niemandsland

Der Name »Perito Moreno« taucht im argentinischen Teil Patagoniens ständig auf und sorgt auch bei Eingeweihten für Verwirrung. Es gibt einen Ort namens Perito Moreno, der etwa 300 km westlich von Comodoro Rivadavia liegt. Der nach Perito Moreno benannte Gletscher ist allein schon Grund genug, nach Patagonien zu reisen. Der gleichnamige See befindet sich bei Bariloche. Und dann gibt es natürlich noch den Nationalpark Perito Moreno – um den geht es hier. All diese Orte ehren einen Menschen, dem Argentinien viel zu verdanken hat: Francisco »Perito« Moreno (1852–1919) beschrieb als Erster die großen Seen der südlichen Anden, wie den Lago Argentino, den Lago Viedma und den Lago San Martín. Er begriff auch als Erster den Wert dieser Gebiete für die Zukunft und war der entscheidende Initiator für die Einrichtung von Nationalparks. Die hier vorgeschlagene Tour beinhaltet neben nagelneuen Pfaden und Selbstversorgerhütten einen Rundgang durch ein Eckchen Patagoniens, in dem die Wildnis erhalten geblieben ist. Fünf kurze Etappen lassen sich je nach Wanderrhythmus nach Bedarf kombinieren.

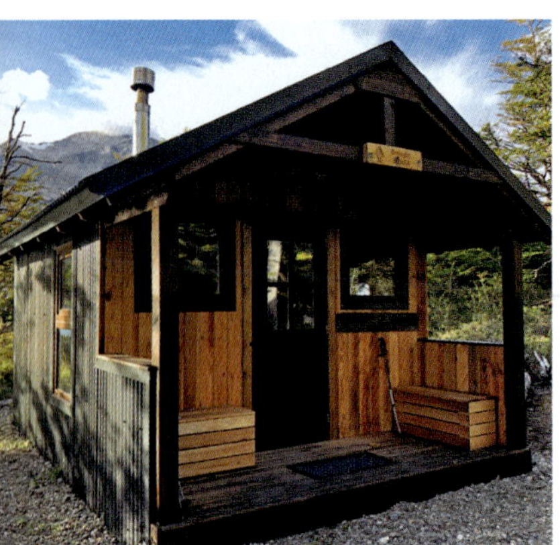

Das gemütliche Refugio Azara.

Ausgangspunkt: Estacionamiento Azara, 900 m. Vom Centro Operativo Onelli (10 km nach dem Parkeingang) geht es 500 m auf der Hauptstraße zurück und dann an der Abzweigung rechts (südlich) Richtung Lagunas del Mié. Nach 6 km und hinter der ersten großen Laguna nochmal rechts, dann 4 km geradeaus (eine Abzweigung nach links und eine zweite nach rechts zum Mirador Belgrano ignorieren) nach Westen zum Parkplatz am Ende der Straße. Anfahrt zum Park Perito Moreno siehe Tour 36.
Anforderungen: Einfache Tour auf den bestgewarteten Pfaden Patagoniens.

Einkehr: Keine.
Unterkunft: Selbstversorgerhütten mit Zeltplätzen.
Hinweis: Anmeldung siehe Tour 36.
Information: Siehe Tour 36.
Karten: Siehe Tour 36.

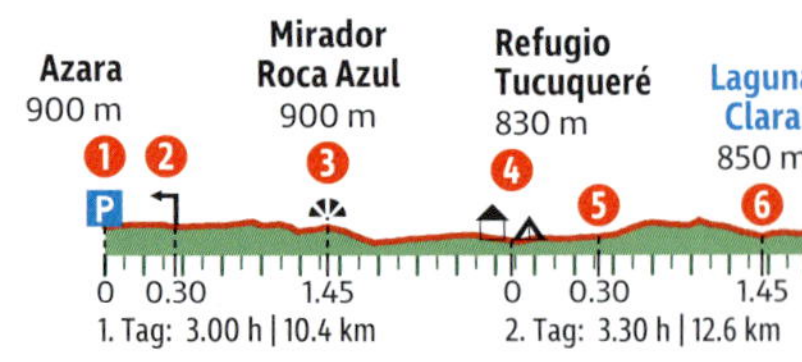

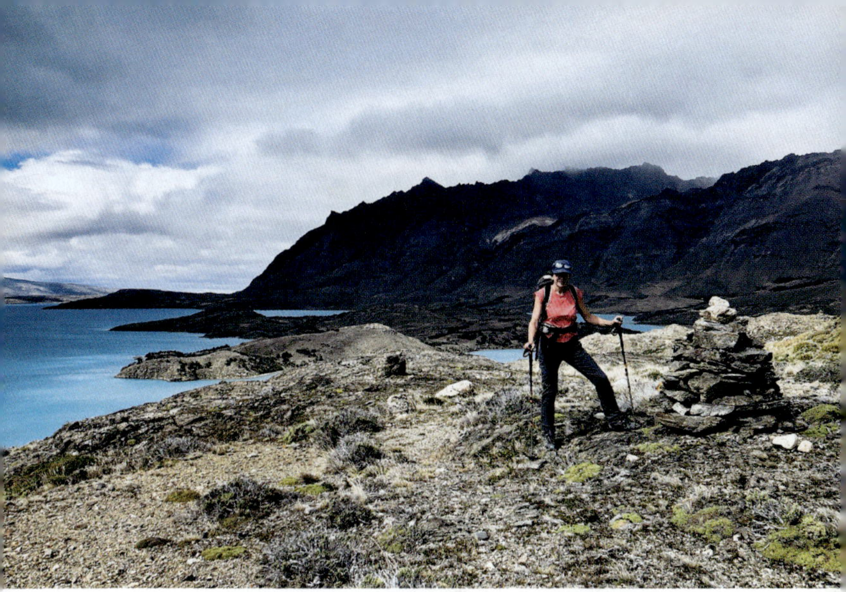

Riesige Steinmänner, in aller Sorgfalt gebaut, helfen bei der Orientierung auf dem wenig ausgetretenen Pfad.

1. Tag: Estacionamiento Azara – Refugio Tucuqueré

3.00 Std., ca. 100 Hm Aufstieg, 200 Hm Abstieg

Jeder Abschnitt der Tour hat seinen eigenen Namen. Heute wandern wir am Sendero Roca Azul, dem »Pfad des blauen Felsens«. Vom Startpunkt am **Parkplatz** ❶ folgen wir dem linken Arm des Circuito Mirador Belgrano für 30 Min. Es geht über sandigen Boden und vorbei an einigen von Wind und Wetter geprägten Südbuchen. Wir umrunden eine Laguna auf ihrer rechten Seite und gelangen an eine **Abzweigung** ❷.

Hier nehmen wir den linken Weg (über den Bach) und wandern in einem Hochtal zwischen kleinen Seeaugen nach Nordwesten. Es gilt, unseren Weg zwischen den nördlichen Ausläufern des Massivs des Cerro Mié und dem Lago Belgrano zu finden. Dafür nähert sich der Pfad allmählich dem See,

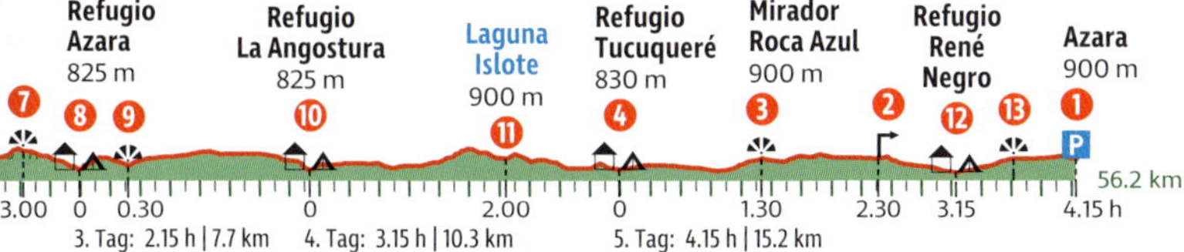

dessen Ufer wir aber erst 1.30 Std. später hinter dem **Mirador Roca Azul** ❸ erreichen. Weiter geht es parallel zum Ufer erst nach Westen und dann in einer Rechtskurve nach Norden. Zwischen zwei geschützten kleinen Buchten treffen wir nach 1.00 Std. im Wald auf das **Refugio Tucuqueré** ❹. Der Campamento El Arroyo befindet sich 800 m weiter vorne an einem Bach.

2. Tag: Refugio Tucuqueré – Refugio Azara

3.30 Std., ca. 350 Hm Auf- und Abstieg

Unser heutiger Pfad heißt Sendero Laguna Clara. Vom **Refugio Tucuqueré** ❹ gehen wir erst 10 Min. weiter bis zum Zeltplatz am Bach. Nach der Überquerung des Baches halten wir uns an der Abzweigung links und wandern so 15 Min. bachaufwärts. Am **Puesto del 9** ❺ vorbei gehen wir Richtung Südwesten zwischen Waldflecken in der Pampa und versuchen, so gut wie möglich den Markierungen zu folgen. Am Fuß der Berge macht unser Weg eine Rechtskurve und durchquert einen Bach. Wir folgen dem Weg durch

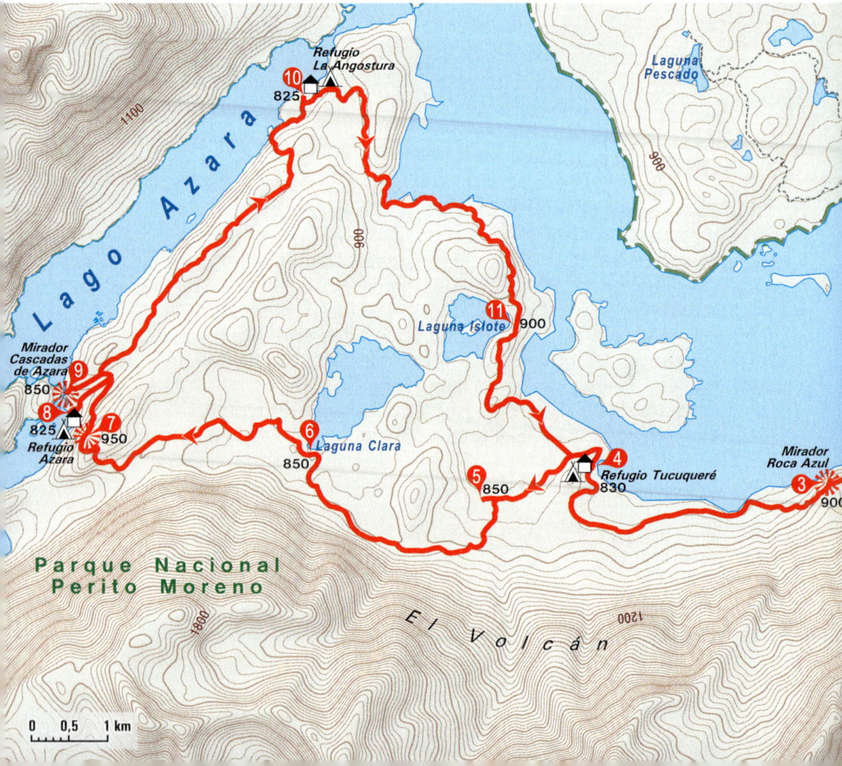

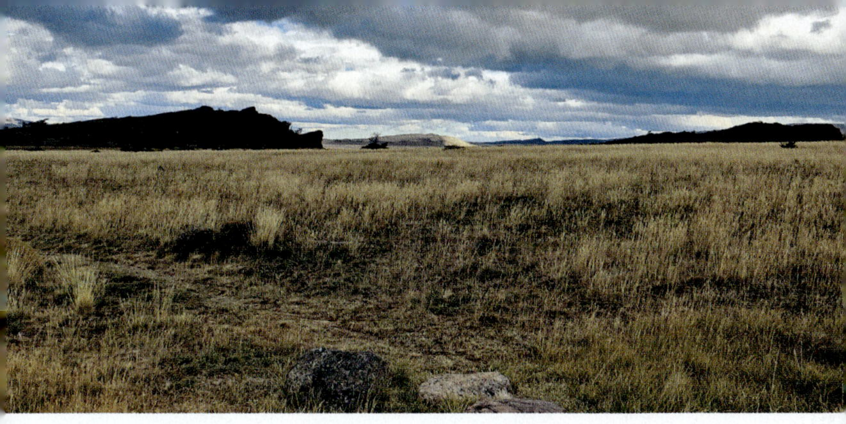

Der Coirón (Festuca sp.) – ein Süßgras – ist das Grundnahrungsmittel der Guanakos.

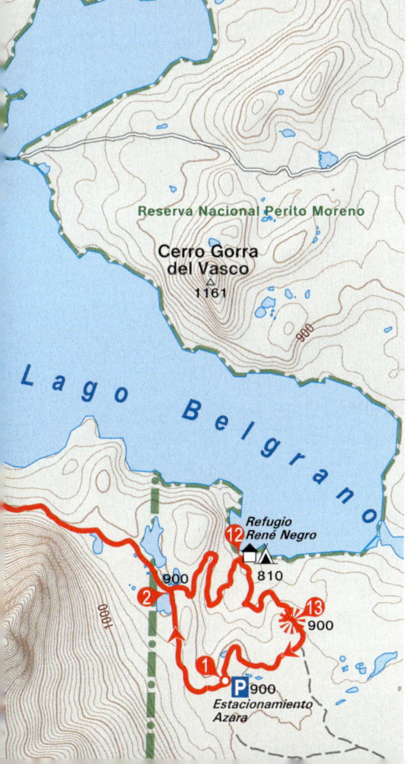

ein Wäldchen und erreichen nach insgesamt 2.30 Std. das Südufer der **Laguna Clara** 6.

Ab nun verläuft der Weg tendenziell nach Westen. Über Hügel und vorbei an mehreren kleineren Lagunas, weiterhin durch die bereits gewohnte Übergangslandschaft, in der sich Steppe und Wald die Hand reichen, steigen wir in 2.00 Std. kaum merklich bergauf bis zum felsigen **Mirador Lago Azara** 7. Für den Abstieg wenden wir uns nach Norden und erreichen in 30 Min. die nächste Abzweigung. Wir nehmen den linken Weg und wandern in weiteren 15 Min. hinab zum **Refugio Azara** 8 am gleichnamigen See.

3. Tag: Refugio Azara – Refugio La Angostura

2.15 Std., 200 Hm Auf- und Abstieg

Jetzt wandern wir auf dem Sendero Brazo Belgrano. Vom **Refugio** 8 geht es erst einmal 15 Min. zurück auf den Hauptweg. An der Abzweigung wählen wir den linken Weg und wenden uns somit nach Nor-

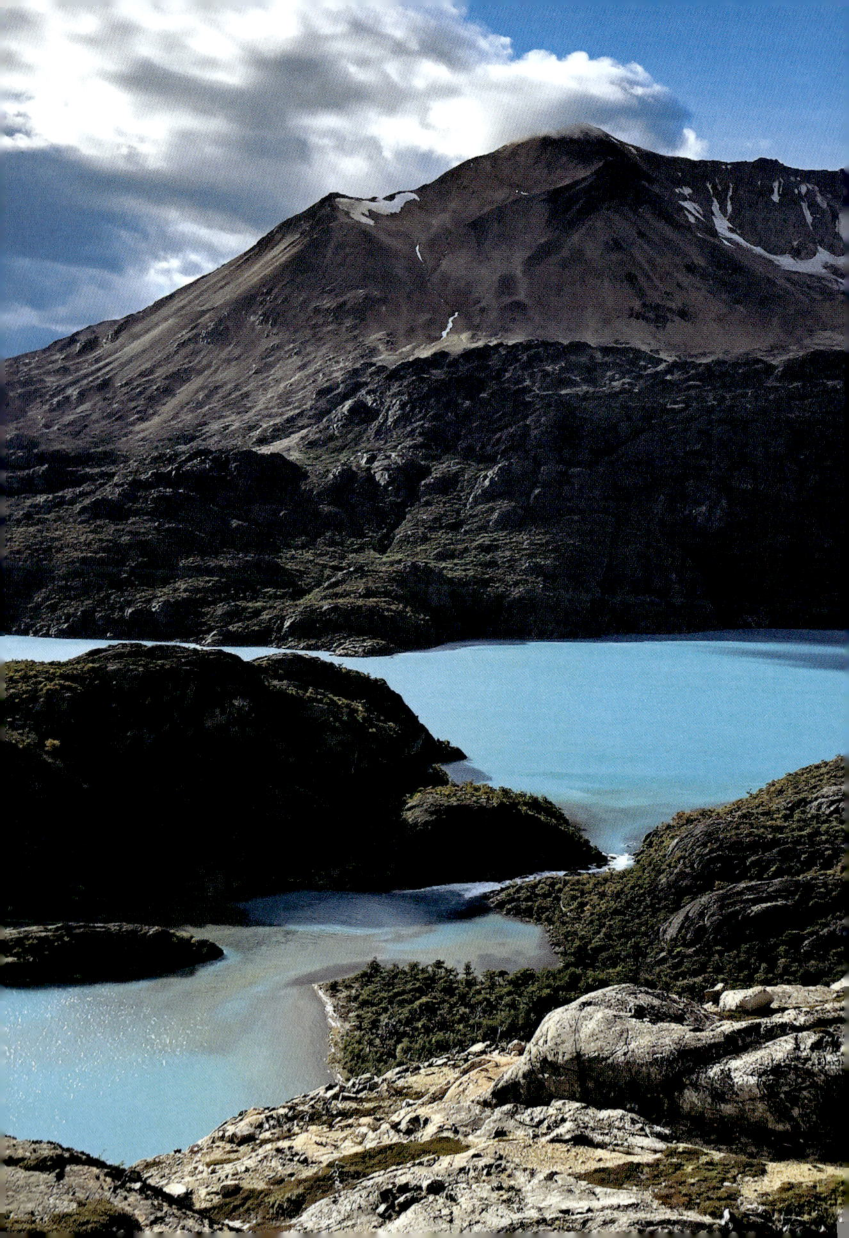

den. Aber schon nach ein paar Schritten verlockt uns der nächste Mirador zu einem lohnenden Abstecher: Am **Mirador Cascadas de Azara** ⑨ haben wir gute Sicht auf die Stromschnellen des in den Lago Belgrano hineinfließenden Lago Azara.

Eine halbe Stunde später sind wir wieder am Hauptpfad und wenden uns sanft steigend nach Nordosten. Parallel zum Seitenarm des Lago Belgrano verlaufen so 1.45 Std., wobei es am Ende wieder sanft bergab geht. Der Pfad führt uns praktisch bis ans Seeufer und kurz darauf zu dem in einer geschützten Bucht gelegenen **Refugio La Angostura** ⑩ (auch als Refugio La Bombilla bezeichnet).

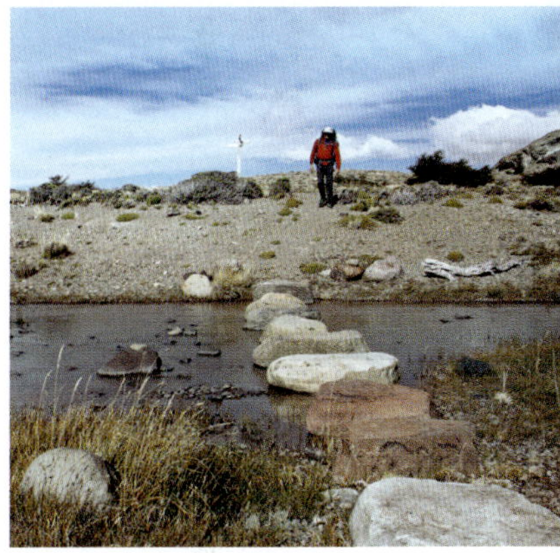

Ausgesucht flache Steine helfen uns über einen Bach.

4. Tag: Refugio La Angostura – Refugio Tucuqueré

3.15 Std., ca. 250 Hm Auf- und Abstieg

Diese Etappe wird Sendero Laguna Islote genannt. Vom **Refugio** ⑩ wenden wir uns erst nach Osten und dann nach Süden. An mehreren Lagunas vorbei erreichen wir nach 45 Min. eine Bucht am Lago Belgrano. Parallel und in Sichtweite des Ufers bleibend folgen wir dem Pfad für 1.00 Std. bis an die **Laguna Islote** ⑪, einem etwas größeren See mit einer Insel in ihrer Mitte. Große Steinmänner dienen hier zur Orientierung, und es geht weiterhin mehr oder weniger am Ufer entlang. So erreichen wir nach 45 Min. eine bereits bekannte Abzweigung und kurz darauf wieder das **Refugio Tucuqueré** ④.

5. Tag: Refugio Tucuqueré – Estacionamiento Azara

4.15 Std., ca. 400 Hm Aufstieg, 300 Hm Abstieg

Die ersten 2.30 Std. des Rückweges verlaufen auf dem bereits bekannten Sendero Roca Azul. An der **Abzweigung** ② hinter dem Bach wenden wir uns dann nach links. Der etwas längere Rückweg über den Circuito Mirador Lago Belgrano beinhaltet noch ein letztes Refugio: Das **Refugio René Negro** ⑫ liegt am Seeufer und wird in weiteren 45 Min. erreicht. Noch 1.15 Std. und ein **Mirador**, der **Punto Panorámico** ⑬, trennen uns jetzt noch vom **Ausgangspunkt** ①. An einem ersten Parkplatz müssen wir noch vorbeilaufen, bevor wir am zweiten unseren Rundgang beenden.

Die Cascadas de Azara am Lago Belgrano.

↗ 400 m | ↘ 400 m | 19.9 km

39 Circuito Grande Península Belgrano

6.00 h

Familienfreundliches Campen

Die relativ große Península Belgrano teilt den gleichnamigen See in zwei unterschiedliche Arme. Eine Besonderheit dieses Sees ist seine Färbung: Auf der Nordseite der Península ist der von Gletschern gespeiste See milchig trüb, auf der Südseite aber türkisblau. Die hier vorgestellten Wege sind in Abschnitten für die ganze Familie geeignet. Hütten und Zeltplätze sind wenige Kilometer voneinander entfernt, und die hügelige Landschaft ist wanderfreundlich und aussichtsreich. Auf der Península Belgrano gibt es vier Hütten, von denen drei auch Zeltplätze besitzen. Um sie zu besuchen, stehen zwei verschiedene Rundgänge (ein längerer und ein kürzerer) zur Auswahl, die beide hier beschrieben werden.

Ausgangspunkt: Parkplatz am Isthmus, 815 m. Vom Centro Operativo Onelli (10 km nach dem Parkeingang auf der Hauptstraße) mit dem Auto 1 km nach Norden weiter, dann links zu den Gebäuden der Estancia Belgrano. Hinter den Häusern nochmal links (also auf dem Hauptweg bleiben) und noch 7 km ziemlich gerade nach Westen.
Anforderungen: Einfache Wanderung, die man in kleinere Abschnitte aufteilen kann, dann auch für Kinder geeignet.
Einkehr: Keine unterwegs.
Unterkunft: Vier Selbstversorgerhütten, drei Campingplätze.
Variante: Die Abkürzung (»Circuito Chico«) an der Laguna Pescado lässt sich in 1.00 Std. begehen, damit ist der Rundweg insgesamt 2.00 Std. kürzer.
Hinweis: Anmeldung siehe Tour 36.
Information: Siehe Tour 36.
Karten: Siehe Tour 36.

Das Refugio Archipiélago auf der Südseite der Halbinsel.

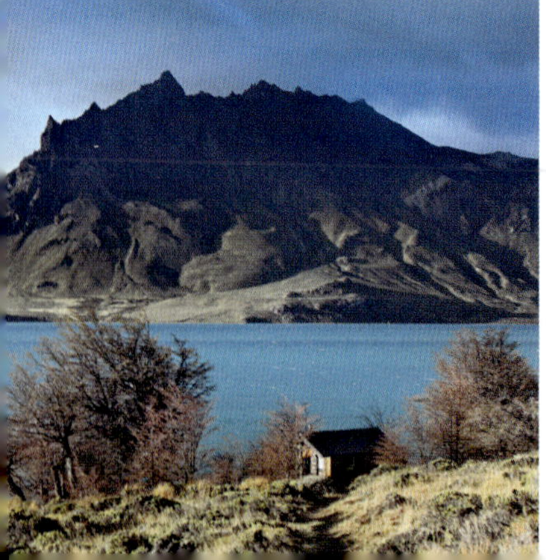

Unmittelbar nach dem **Parkplatz** ❶ geht es über die Brücke auf die Halbinsel. Dort haben wir die Wahl zwischen zwei Wegen und entscheiden uns für den rechten nach Norden. Er führt uns langsam ansteigend zwischen Wäldchen an einer grünlichen Laguna vorbei und dann in ein Hochtal. Nach 1.00 Std. folgen wir dem Weg in einer Linkskurve nach Westen und erreichen die **Laguna de los Flamencos** ❷.
30 Min. später haben wir bereits die **Laguna Pescado** ❸, und somit die Abzweigung zur Abkürzung des Rundgangs, erreicht. Wir nehmen aber den rechten Weg, der noch ein

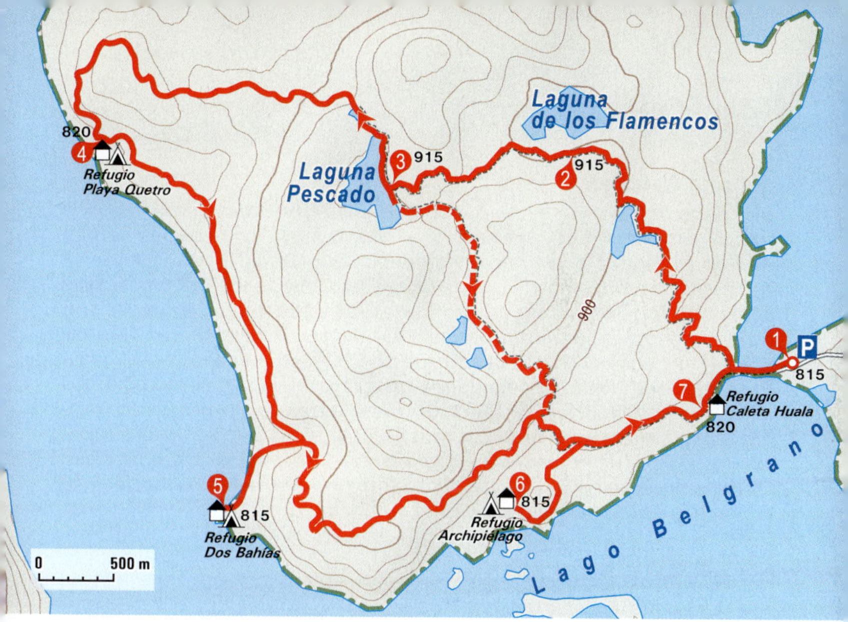

wenig nach Norden führt, bevor er dann nach Westen abzweigt. Langsam geht es bergab, und der Weg biegt nach Süden. Am Strand des Lago Belgrano erwartet uns nach 1.15 Std. das **Refugio Playa Quetro** ❹. Der Weg führt weiter nach Südosten, parallel zum Seeufer, und schon 1.00 Std. später gelangen wir an das etwas abseits gelegene **Refugio Dos Bahías** ❺. Eine der beiden Buchten lädt garantiert zum windstillen Verweilen ein.
Nach dem Abstecher zum Refugio erreichen wir bald das Südende der Halbinsel und wenden uns nach Osten. Eine weitere gute Stunde bringt uns an den Punkt, wo der Circuito Chico (Variante) einmündet. Kurz darauf haben wir nochmal die Möglichkeit, eine Hütte zu besuchen, diesmal das **Refugio Archipiélago** ❻. Dafür müssen wir dem Seitenpfad zum See hinunter für 15 Min. folgen. Wir können aber auch einfach geradeaus weitergehen und so 30 Min. später das **Refugio Caleta Huala** ❼ erreichen, das direkt am Weg liegt. Von hier sind es noch 10 Min. zum **Ausgangspunkt** ❶.

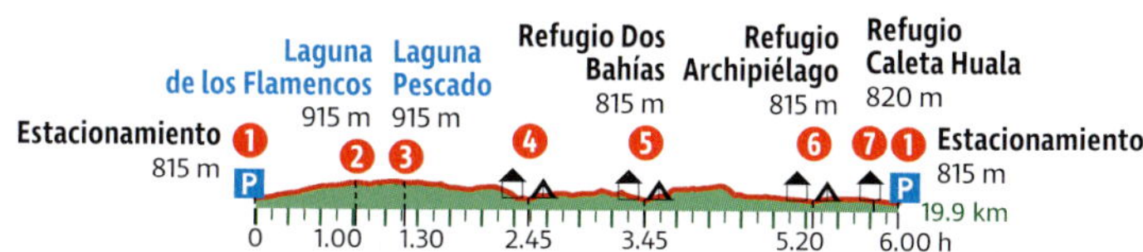

↗ 600 m | ↘ 550 m | 18.2 km

40 Zum Cerro Torre

7.00 h

Auf zum Traumberg

Die Landschaft am Rande des Südpatagonischen Eisfeldes wurde von Gletschern geformt und ist auch heute noch im Wandel. Auf dieser Tour laufen wir von El Chaltén direkt nach Westen Richtung Eisfeld – »nur« der Cerro Torre steht uns dann noch im Weg. Dieser Berg, mit seinen Trabanten Torre Egger und Torre Standhart, ist nicht umsonst weltberühmt. Tausende von Metern ragen diese Granittürme direkt aus dem Eis in den Himmel. Gekrönt werden sie dann noch von Eispilzen, an denen schon manche der fähigsten Bergsteiger der Welt sich die Zähne ausgebissen haben. Fotografen aus aller Welt versuchen hier ihr Glück, um diese Türme im Morgenrot und (wenigstens zum Teil) wolkenfrei zu erwischen. Oft planen sie dafür einen ganzen Monat ein, denn meistens sind die Berge hinter einem Wolkenschleier verborgen. Geschichten über den Cerro Torre wurden mehrmals verfilmt, zu empfehlen ist Werner Herzogs »Schrei aus Stein«.

An der Laguna Torre.

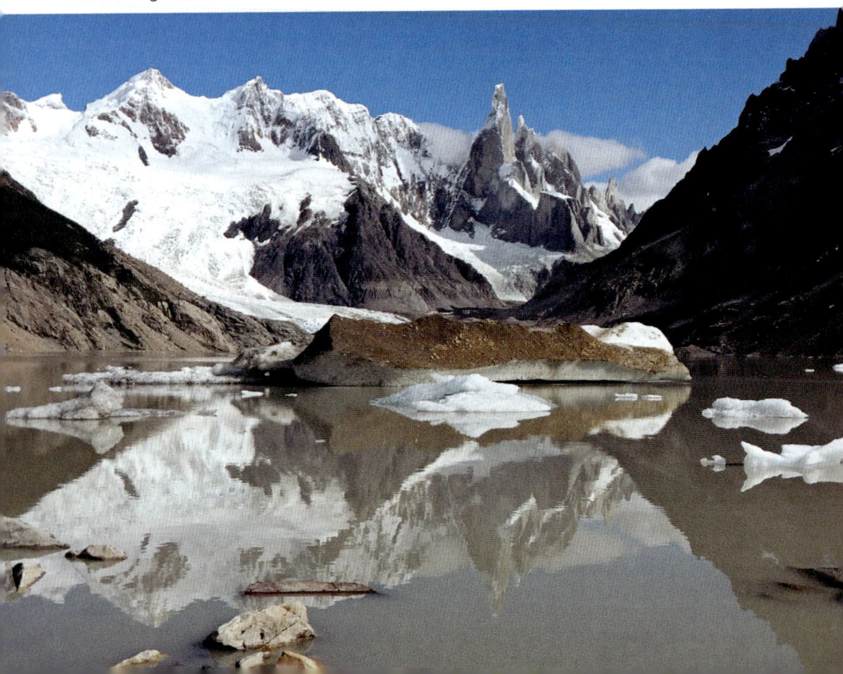

Mirador Cascada Margarita 450 m · **Laguna Torre** 630 m · **Campamento De Agostini** 619 m · **Mirador Cerro Torre** 600 m · **El Chaltén** 400 m · **El Chaltén** 450 m · 500 m · 0 · 1.25 · 2.20 · 3.30 · 4.45 · 5.40 · 7.00 h · 18.2 km

Ausgangspunkt: Das obere Wohnviertel von El Chaltén, 400 m.
Endpunkt: Nordende von El Chaltén, 450 m.
Anforderungen: Tagestour auf gut ausgetretenen Pfaden. Hin und wieder sind eine Wurzel oder ein paar Felsblöcke im Weg. An einer ziemlich erodierten und etwas ausgesetzten Passage kann man sich an einer Kette festhalten.
Einkehr: Unterwegs keine. In El Chaltén z.B. La Cervecería, Av. San Martín 320.
Unterkunft: In El Chaltén Hostería Senderos, Perito Moreno 35, Tel. +54 9 2966 706656, senderoshosteria.com.ar, unterwegs gratis zelten im Campamento De Agostini.
Varianten: 1. Zum Mirador Maestri: Von der Laguna Torre aus nach Nordwesten auf dem Grat der Moräne entlang geht es ansteigend zu diesem guten Aussichtspunkt auf das Cerro-Torre-Tal. Der Ausblick wird immer besser und der Weg immer unbequemer. Spätestens nach ca. 1.00 Std. ist zwischen ein paar Südbuchen vor einer großen Schuttlawine Ende. Rückweg wie Hinweg.
2. Von der Laguna Torre über den Paso de las Agachonas zur Laguna Toro (Verbindung mit Tour 46, Huemul-Trek). Detaillierte Beschreibung auf den Seiten 247/248. Für diesen entlegenen Teil des Nationalparks ist eine Anmeldung nötig (siehe ebenfalls Tour 46).
Hinweise: 1. Man muss den Parkeintritt unter ventaweb.apn.gob.ar im Voraus buchen (Parque Nacional Los Glaciares – Portal Base Fitz Roy auswählen). Die Rangerstation am Dorfeingang hat ein Besucherzentrum (im Sommer täglich von 9.00 bis 17.00 Uhr geöffnet), das man kennenlernen sollte. Die Ranger dort sind sehr hilfsbereit.
2. Am Mirador Cerro Torre (Km 3) und bei Km 7 kann man klares Trinkwasser schöpfen. Das Wasser von Río Fitz Roy und Laguna Torre ist trüb vom Gletscher, der Genuss ist nicht zu empfehlen.
Karten: Pixmap 1:50.000 Fitz Roy & Cerro Torre.

Unsere Wanderung beginnt auf der Westseite des Dorfes, und zwar in dem etwas höher gelegenen Wohnviertel. Von der in Nord-Süd-Richtung verlaufenden Hauptstraße in **El Chaltén** biegen wir ab und steigen zum Hotel Los Cerros auf. Am Eingang vorbei folgen wir der Straße nach Westen bis zu einem großen Schild am Beginn der Hügelketten, welches den Wanderweg zur Laguna Torre indiziert. Ein gut ausgetretener Pfad führt etwas steil und rutschig hoch zu dem **Schild** ❶. Von hier aus kann man die architektonische Vielfalt von El Chaltén in all ihrer Pracht genießen: Es gibt zwar einen Bauplan für das Dorf, aber kaum einer hält sich daran.
5 Min. auf dem Pfad nach Westen führen uns an den offiziellen Beginn der Tour, wo ein **Informationsschild** ❷ steht, und manchmal auch ein Ranger. Es geht leicht bergauf flussaufwärts, parallel zum Río Fitz Roy. Nach 10 Min. kommen wir an einige stark erodierte Stufen, wo uns gegebenenfalls eine

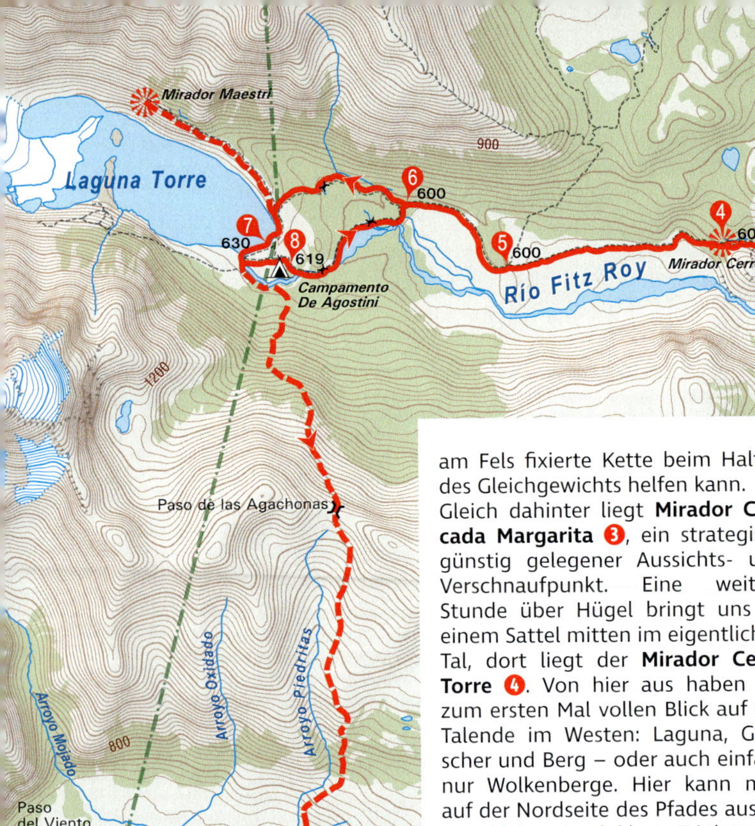

am Fels fixierte Kette beim Halten des Gleichgewichts helfen kann.

Gleich dahinter liegt **Mirador Cascada Margarita** ❸, ein strategisch günstig gelegener Aussichts- und Verschnaufpunkt. Eine weitere Stunde über Hügel bringt uns zu einem Sattel mitten im eigentlichen Tal, dort liegt der **Mirador Cerro Torre** ❹. Von hier aus haben wir zum ersten Mal vollen Blick auf das Talende im Westen: Laguna, Gletscher und Berg – oder auch einfach nur Wolkenberge. Hier kann man auf der Nordseite des Pfades aus einem kleinen Bach klares Trinkwasser schöpfen.

Nun wird der Weg flacher: Es geht leicht absteigend ins Tal und über ein paar kleine Hügel (ehemalige Endmoränen des Glaciar Grande) immer nach Westen. Der Weg ist hier je nach Wetter etwas matschig. Nach 45 Min. kommen wir an eine **Abzweigung** ❺. Hier könnte man die heutige Tour rechts über die Laguna Madre und die Laguna Hija mit der Tour zum Fitz Roy (Tour 41) verbinden.

Wir halten uns aber geradeaus Richtung Westen. Nach weiteren 30 Min. kommt die nächste **Abzweigung** ❻: Diesmal führen beide Wege zur Laguna. Wir halten uns wieder rechts, Richtung »Prestadores de Servicios«. Es geht im Wald auf und ab, bis nur noch Steine die Landschaft dominieren, dann ist die »jüngste« Endmoräne des **Glaciar Grande** zu bewältigen.

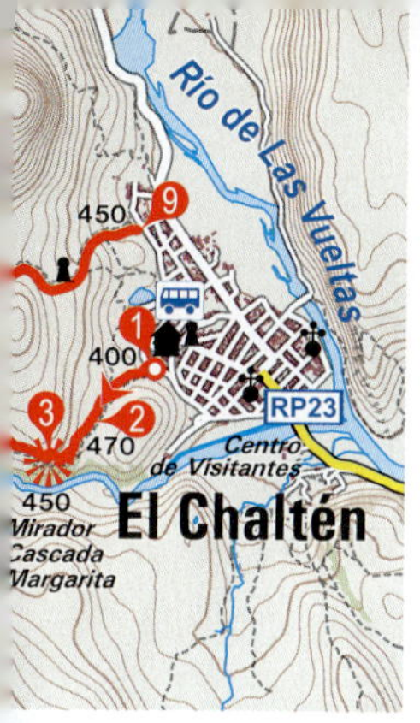

Von deren Kamm geht es rechts Richtung Mirador Maestri (siehe Variante 1); wir halten uns links auf dem Kamm und nehmen nach 200 m einen kleinen Pfad, der durch Geröll hinunter zur **Laguna Torre** ⑦ führt. Nach einer entsprechenden Mittagspause machen wir uns wieder auf die Beine. Der Hauptweg führt von der Laguna direkt nach Osten, aber wir folgen dem Ufer noch 5 Min. nach Südwesten bis zu ihrem Abfluss. Hier ist eine Seilbahn (»Tirolesa«) angebracht, die man für einige Touren (wie z.B. Verbindung mit Tour 46, siehe Variante 2) benötigt.

Wir aber durchqueren eine kleine Ebene in Richtung Osten und stoßen plötzlich wieder auf den Hauptweg. Ihm folgen wir nach Osten und kommen kurz darauf an der Abzweigung zum **Campamento De Agostini** ⑧ vorbei. Hier kann man campen, wenn man den Sonnenaufgang an der Laguna Torre erleben will.

Weiter flussabwärts erreichen wir nach 30 Min. wieder die **Abzweigung** ⑥ zum Camp Prestadores. Ab hier gehen wir den schon bekannten Weg zurück. Kurz nach dem **Mirador Cerro Torre** ④ können wir den Rückweg variieren, indem wir links abbiegen (dort, wo uns ein Schild rechts nach **El Chaltén** führen will). Diese Alternative bringt etwas Abwechslung auf den Rückweg und ist weniger begangen. Sie führt uns dann, neben einem Hochmoor absteigend, rechts an einem weißen Wassertank vorbei, ans **Nordende** ⑨ des Dorfes.

Variante: Paso de las Agachonas

Man kann diese Tour mit dem Huemul-Trek (Tour 46) verbinden, indem man den Pass zwischen dem Loma del Pliegue Tumbado und dem Cerro

Magischer Moment.

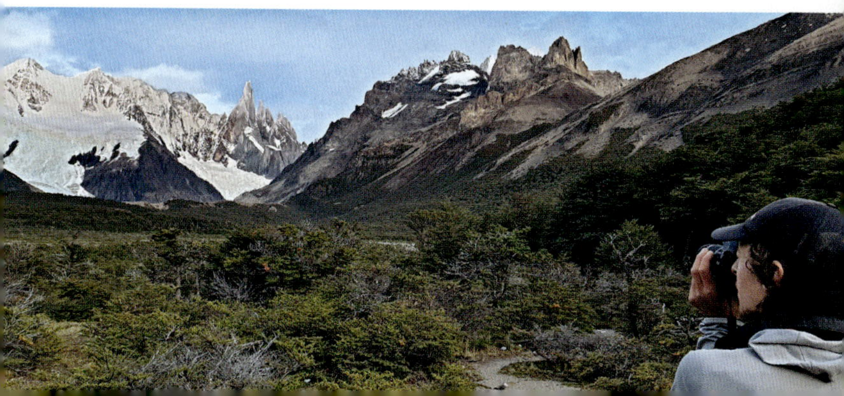

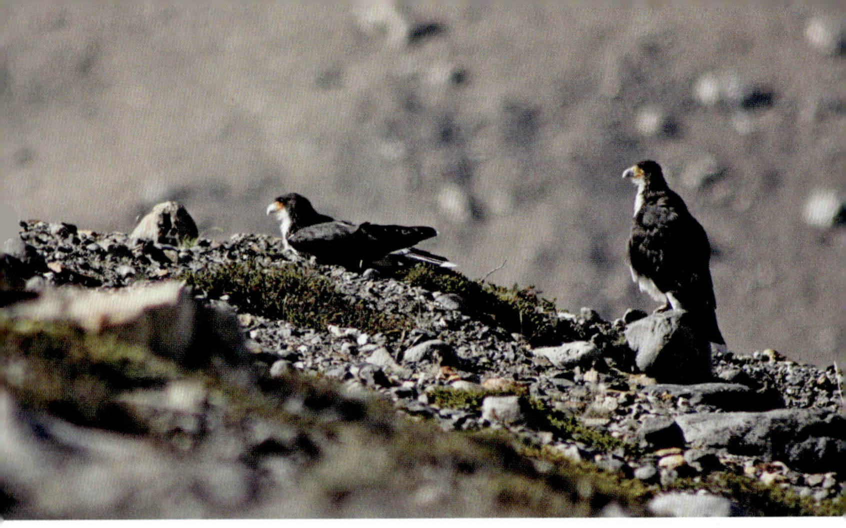

Caracaras an der Laguna Torre.

Solo überquert. Normalerweise übernachtet man dabei am ersten Tag im **Campamento De Agostini** an der **Laguna Torre** 8 und überquert den Pass am nächsten Morgen. Dafür braucht man erst einmal Klettergurt, Bandschlinge und 2 bis 3 Schraubkarabiner, es geht nämlich über die Tirolesa an der Laguna Torre. Auch muss man sich für diese Tour-Variante kostenlos online anmelden (siehe Tour 46).

Nach der Tirolesa wandern wir flussabwärts etwa 100 m den Grat einer Moräne hoch und dann Richtung Süden in den Wald. Es gilt, einen großen Bach zu durchwaten und den Weg auf der anderen Seite wieder zu finden, der grob gesehen Richtung Süden langsam an Höhe gewinnt. Es wird immer steiler, und zu unserer Rechten erscheint ein Wasserfall (bis hier etwa 1.30 Std.). Bald darauf verlassen wir die Waldgrenze und biegen wir nach links (Osten) ab. Nur noch leicht ansteigend halten wir uns am Hang und folgen den Steinmännern zu einem eher unscheinbaren Sattel, dem **Paso de las Agachonas** (weitere 45 Min.).

Der Weg hinter dem Sattel verliert sich zunächst einmal in der Schutthalde. Der Abstieg verläuft etwas links (östlich) einer kleinen Schlucht, die direkt unter dem Sattel zu sehen ist. Unserer Ziel ist dabei ein großer Findling auf der Schulter des Berges unten links, den wir in ca. 50 Min. erreichen. Von hier aus sehen wir schon den Einstiegspfad in den Wald unterhalb. Es geht ziemlich steil hinunter in den Wald, und nach weiteren 45 Min. und einer Flussüberquerung erreichen wir den Talboden und somit den Weg zur Laguna Toro. Bis zum **Laguna Toro Camp** (Wegpunkt 4 von Tour 46) ist es aber noch eine weitere gute Stunde.

↗ 1040 m | ↘ 1100 m | 21.8 km

7.45 h

TOP

Der Fitz-Roy-Trek **41**

Zur Laguna de los Tres

Diese Tour ist dem Cerro Fitz Roy gewidmet, nach dem Cerro Torre unser zweiter Star in El Chaltén. Das Fitz-Roy-Massiv verläuft wie jenes des Cerro Torre von Norden nach Süden, liegt aber ein paar Kilometer weiter östlich und nicht direkt am Eisfeld. Dieser Unterschied reicht aus, um das Wetter in dieser Bergkette erheblich besser zu gestalten. Hier sind die Granittürme nicht mit Eis gekrönt, und die Chancen, den Koloss zu Gesicht zu bekommen, sind ein wenig höher als beim benachbarten Torre. In einem langen und abwechslungsreichen Tag läuft man an der Ostflanke des gesamten Massivs vorbei. Höhepunkt dieser Tour ist der Panoramablick an der Laguna de los Tres, etwa auf halbem Weg der Tour – ein idealer Platz zum Mittagessen, wenn das Wetter es zulässt.

Die Brücke am Río Eléctrico ist seit 2022 auch der neue Ausgangspunkt des Fitz-Roy-Treks. Im Hintergrund der Cerro Eléctrico (links) und die Marconi-Kette (rechts).

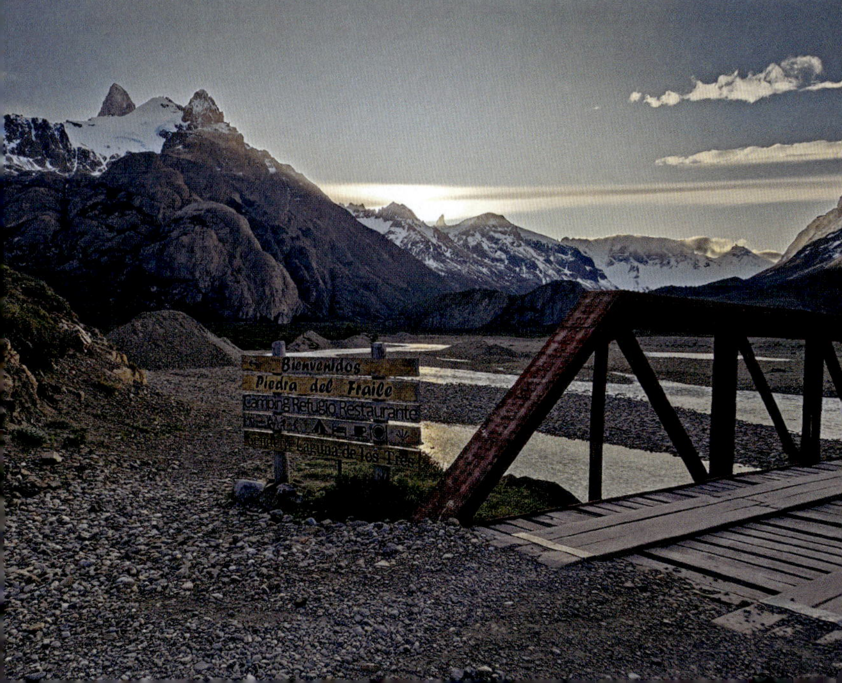

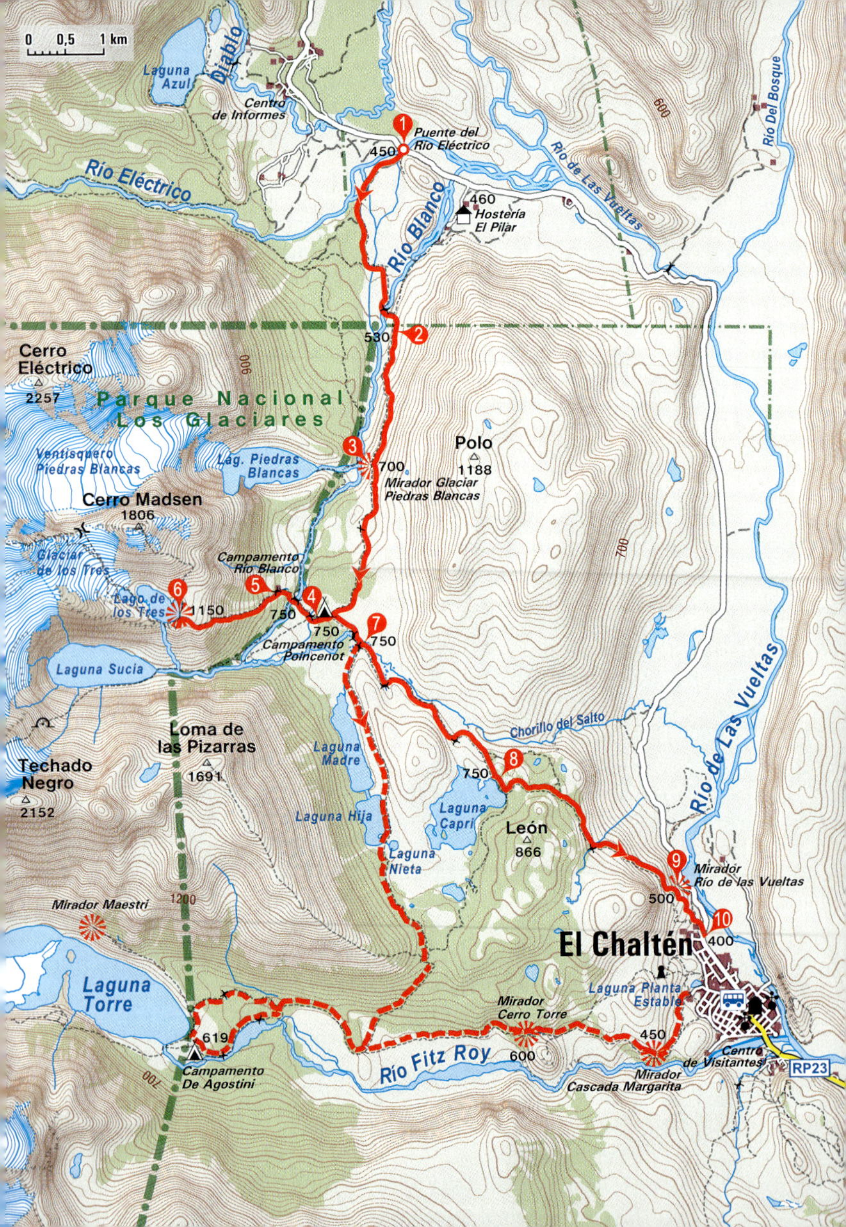

0 0,5 1 km
Laguna Azul
Diablo
Centro de Informes
Puente del Río Eléctrico
450
Río Eléctrico
460
Hostería El Pilar
Río Blanco
Río de Las Vueltas
Río Del Bosque
600
530
Cerro Eléctrico
2257
900
Parque Nacional Los Glaciares
Ventisquero Piedras Blancas
Lag. Piedras Blancas
700
Mirador Glaciar Piedras Blancas
Polo
1188
Cerro Madsen
1806
Glaciar de los Tres
Campamento Río Blanco
Lago de los Tres
1150
750
750
Campamento Poincenot
750
700
Laguna Sucia
Chorillo del Salto
Río de Las Vueltas
Techado Negro
2152
Loma de las Pizarras
1691
Laguna Madre
Laguna Hija
Laguna Nieta
750
Laguna Capri
León
866
Mirador Río de las Vueltas
500
400
El Chaltén
Mirador Maestri
1200
Laguna Torre
619
Campamento De Agostini
Mirador Cerro Torre
600
Río Fitz Roy
450
Laguna Planta Estable
Mirador Cascada Margarita
Centro de Visitantes
RP23
700
1
2
3
4
5
6
7
8
9
10

Ausgangspunkt: Puente del Río Eléctrico, 460 m. Von El Chaltén nach Norden sind es 17 km Erdpiste. Am besten mit Taxi (Organisation auch über die jeweiligen Unterkunftshäuser).
Endpunkt: El Chaltén, 400 m.
Anforderungen: Wanderung auf gut ausgebauten und markierten Wegen. Der Abstecher vom Poincenot Camp zur Laguna de los Tres ist bei Regen rutschig und lohnt sich nur bei gutem Wetter.
Einkehr: Unterwegs keine. In El Chaltén z.B. Restaurant La Tapera, José Antonio Rojo 50.
Unterkunft: In El Chaltén z.B. Patagonicus B&B, Miguel Martín de Güemes 140, patagonicusbyb.com.ar. In der Nähe des Ausgangspunkts Hostería El Pilar, hosteriaelpilar.com.ar – sehr schön, aber auch teuer. Unterwegs freies Zelten im Campamento Poincenot.
Variante: Verbindung mit Tour 40 über Laguna Madre und Laguna Hija (»Mutter und Tochter«), insgesamt dann 2–3 Tage: Vom Camp Poincenot zunächst Richtung El Chaltén, dann an der Abzweigung zum Sendero Madre-Hija rechts. Es geht Richtung Süden an den Lagunas Madre und Hija vobei und hinunter ins Cerro-Torre-Tal. Man läuft insgesamt ca. 2.00 Std. und erreicht den Pfad zur Laguna Torre nach etwas mehr als der Hälfte des Weges. Von da aus noch 1.00 Std. zum Campamento De Agostini.
Hinweise: 1. Man muss den Parkeintritt unter ventaweb.apn.gob.ar im Voraus buchen (Parque Nacional Los Glaciares – Portal Río Eléctrico auswählen). Die Rangerstation am Dorfeingang hat ein Besucherzentrum (im Sommer täglich von 9.00 bis 17.00 Uhr geöffnet), das man kennenlernen sollte. Die Ranger dort sind sehr hilfsbereit.
2. Der Ausgangspunkt für diese Route wurde im Sommer 2021/2022 verlegt. Es geht nicht mehr von der Hostería El Pilar los, sondern ca. 500 m weiter bei der Brücke über den Río Eléctrico. Hier beginnt ein neu angelegter Pfad, der das Privatgelände der Hostería umgeht. Dadurch verlängert sich die Tour um 3 km.
3. Der neue Pfad ist im Sommer manchmal aufgrund der Schneeschmelze überschwemmt. Wenn dies der Fall ist, kann man den alten Zugang über die Hostería benutzen (viel trockener).
Tipp: Dies ist die populärste Tour in El Chaltén. Um den Menschenmengen in der Hochsaison etwas aus dem Weg zu gehen, kann man entweder sehr früh starten (gegen 7.00 Uhr Abfahrt ist ratsam) oder im Campamento Poincenot übernachten und dann die Laguna de los Tres um die Mittagszeit meiden.
Karten: Pixmap 1:50.000 Fitz Roy & Cerro Torre.

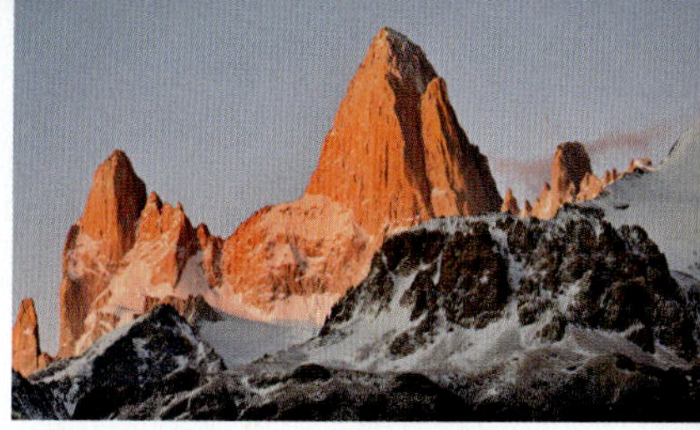
Sonnenaufgang am Fitz Roy.

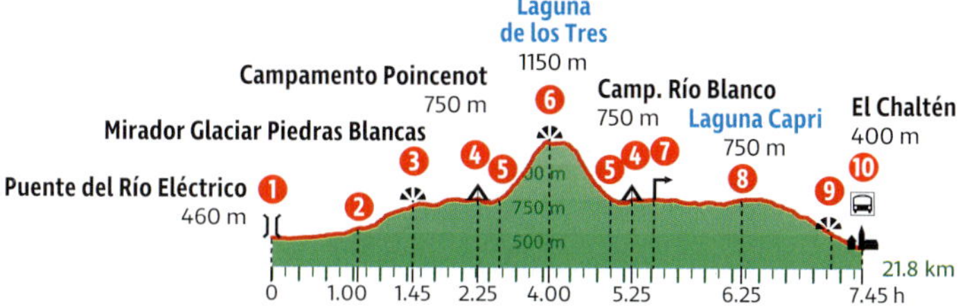

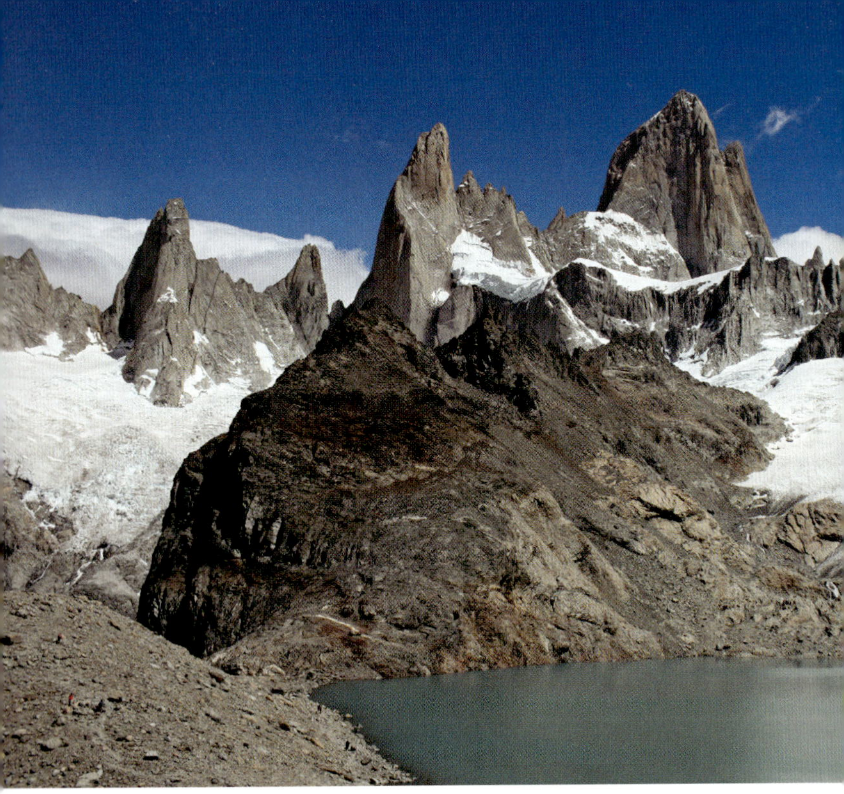

Die Seven Summits Patagoniens: Panoramablick von der Laguna de los Tres.

Der Weg beginnt an der **Puente del Río Eléctrico** ❶ und führt flussaufwärts das Tal des Río Blanco hinauf. Wir wandern 10 Min. auf einem breiten Weg Richtung Piedra del Fraile und biegen an der beschilderten Abzweigung links ab. Zwischen Südbuchen und Granitblöcken und nach dem Überqueren mehrerer Bäche gelangen wir nach 30 Min. zur nagelneuen Hängebrücke über den Río Blanco. Kurz danach folgt eine kleine Steigung hinein in den Wald (an der Abzweigung rechts – beschildert) und der eigentliche Beginn des **Nationalparks Los Glaciares** ❷. Ab hier geht es bergauf in 45 Min. bis zum **Mirador Glaciar Piedras Blancas** ❸.
40 »patagonisch flache« Minuten führen uns an eine Gabelung. Links geht es nach El Chaltén (unser späterer Weiterweg); wir halten uns hier rechts und erreichen nach 5 Min. das **Campamento Poincenot** ❹. Am Camp vorbei kommen wir zu einer Brücke über den Río Blanco, wo wir unsere Was-

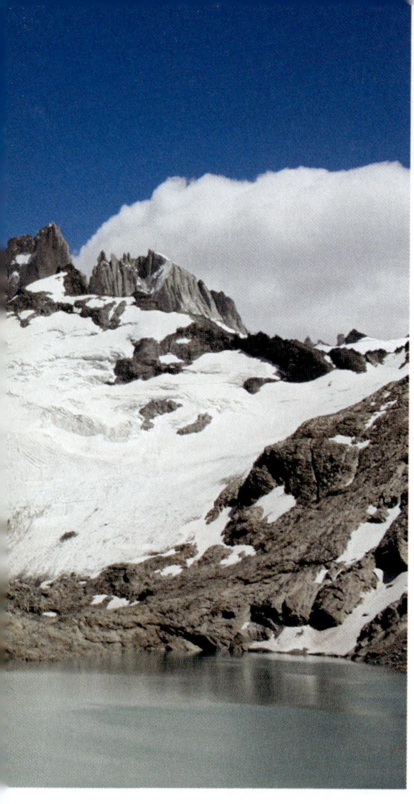

serflaschen nachfüllen können. Hinter der Brücke steigen wir wieder in den Wald und gewinnen allmählich an Höhe. Bald erreichen wir das aufgelassene **Campamento Río Blanco** 5, einen guten Rastplatz vor dem bevorstehenden steilen Aufstieg.

Links an einem Warnschild vorbei geht es weiter hinauf. Es wird langsam steil, und nach 15 Min. verlassen wir den Wald. Ein Schild mahnt uns, auf dem Hauptweg zu bleiben, der aber dank der heftigen Erosion teils nicht mehr leicht auszumachen ist. Langsam kämpfen wir uns in Kehren hinauf. Nach 45 Min. ist der steile Teil vorbei, und wir machen eine kleine Traverse nach Süden. Hinter einem Felsen erscheint plötzlich der Fitz Roy in aller Pracht. Ein letzter Anstieg über eine Endmoräne bringt uns in 15 Min. ans Ufer der **Laguna de los Tres** 6. Nun heißt es fotografieren, ausruhen, essen – und bei gutem Wetter ist ein kleiner Hügel mit besonders guter Sicht 200 m südlich von der Laguna noch einen Besuch wert.

Unser Weiterweg führt erst einmal auf bekanntem Weg zurück zum **Campamento Poincenot** 4 und der Weggabelung hinter dem Wäldchen. Nun nehmen wir den rechten Weg nach Süden. Wir queren eine kleine Brücke und wandern dann auf flachen Laufplanken über einen Sumpf. Gleich dahinter folgt neuerlich eine Abzweigung. Rechts ginge es zum **Sendero Madre-Hija** 7 (siehe Variante), aber wir wählen den linken Weg Richtung Dorf. Wir durchqueren das Bergseenplateau, das wir bereits von oben sahen, in Richtung Südosten und erreichen nach ca. 50 Min. die **Laguna Capri** 8. Hinter der Lagune ist noch das Camp Laguna Capri zu durchkreuzen, dann geht es hinunter Richtung Dorf.

Am **Mirador del Río de las Vueltas** 9 (dem »Fluss der Windungen«) haben wir noch einen schönen Blick in das Tal und auch auf die Felswand des Cerro Rosado, wo manchmal Kondore nisten. Ein letzter, neu angelegter Abstieg führt uns in mehreren Schlaufen in weiteren 20 Min. zurück nach **El Chaltén** 10.

↗ 1200 m | ↘ 1200 m | 18.8 km

42 Loma del Pliegue Tumbado, 1520 m

7.00 h

Der beste Panoramablick auf Cerro Torre und Fitz Roy

Nachdem wir am Fuße der beiden Riesen waren, wollen wir uns noch einen Blick aus einer neuen Perspektive gönnen. Dafür steigen wir auf diesen »Hügel«, genannt Loma del Pliegue Tumbado. Da er etwas abseits von den Granitketten liegt, bietet er eine hervorragende Sicht sowohl auf das Fitz-Roy-Massiv als auf jenes des Cerro Torre. Wer seinen Blick von diesen Giganten lösen kann, entdeckt im Süden den vergletscherten Cerro Huemul, den Lago Viedma und die unendliche patagonische Steppe.

Ausgangspunkt: El Chaltén, 400 m, Besucherzentrum und Nationalparkverwaltung am Dorfeingang. Tägliche Busverbindung von Calafate.
Anforderungen: Am Anfang gut ausgetretener Pfad, manchmal etwas sumpfig. Im letzten Teil wegloses Gelände, etwas Trittsicherheit und Schwindelfreiheit nötig. Ganzjährig kann im Gipfelbereich Schnee liegen.
Einkehr: Unterwegs keine. In El Chaltén zum Beispiel die Pizzeria Patagonicus, Miguel Martín de Güemes 54, oder das Café La Chocolatería, Lago del Desierto 105.
Unterkunft: Unterwegs keine. In El Chaltén z.B. Pudú Lodge, Albert Konrad 90, pudulodge.com.
Hinweise: 1. Man muss den Parkeintritt unter ventaweb.apn.gob.ar im Voraus buchen (Parque Nacional Los Glaciares – Portal Río Eléctrico auswählen).
2. Halbwilde Kühe, die zur Estancia Río Túnel gehören, grasen in der Gegend. Sie sind nicht aggressiv, aber man geht ihnen besser aus dem Weg.
Information: Die Rangerstation hat ein Besucherzentrum (im Sommer täglich von 9.00 bis 17.00 Uhr geöffnet), das man kennenlernen sollte. Die Ranger dort sind sehr hilfsbereit.
Karten: Pixmap 1:50.000 Lago Viedma.

Ihre kompakte Form schützt die Pflanzen in den Hohen Anden vor dem harten Wetter.

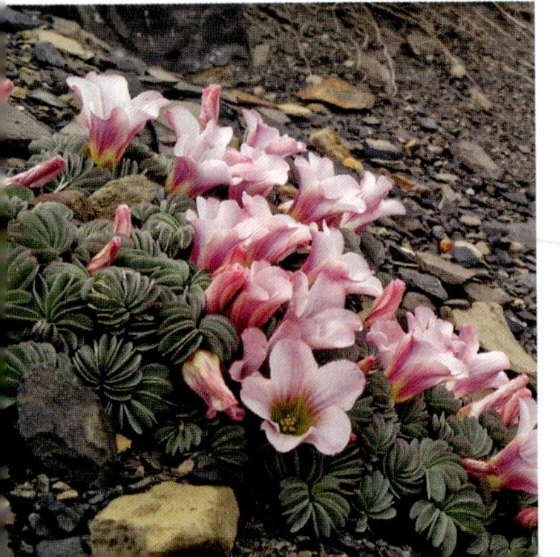

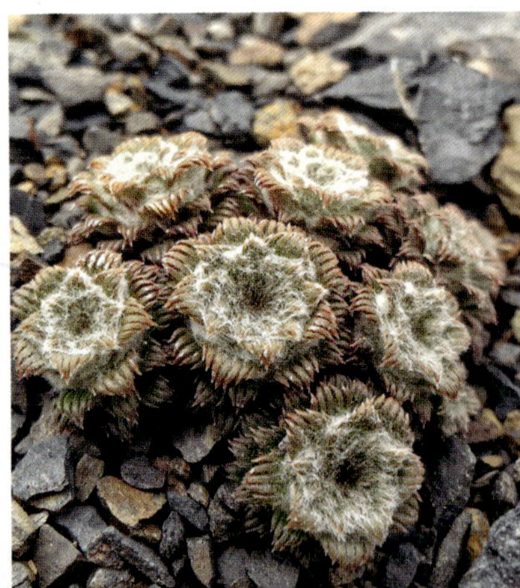

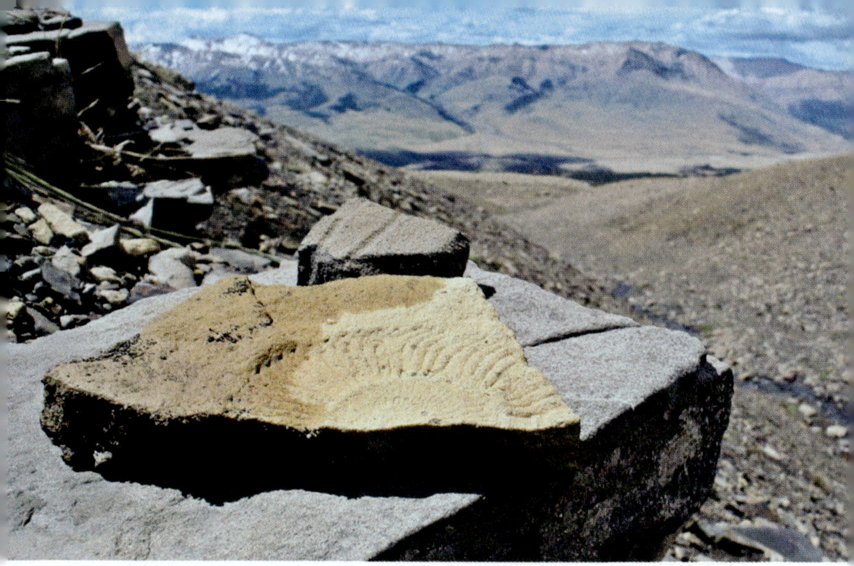

Der Fels des Pliegue Tumbado ist ca. 200 Millionen Jahre alt, viel älter als die Andenkordillere. Deshalb kann man hier Ichnosfossilien (Abdrücke von Meerestieren) finden.

Unsere Wanderung beginnt am **Besucherzentrum** ❶ der Rangerstation etwas außerhalb des Dorfes, das von der Betonbrücke am Dorfeingang in 5 Min. zu erreichen ist. Der Pfad führt nach Westen, vorbei an mehreren Gebäuden der Nationalparkverwaltung (u.a. eine Wetterstation). Wir kommen an einen Zaun und dahinter an eine Abzweigung. Hier folgen wir dem Weg nach rechts, links ginge es zu den Miradores (Tour 43). Eine große Hinweistafel bezeugt, dass wir auf dem richtigen Weg sind. Einen Bach überqueren wir mittels einer kleinen Brücke, gleich danach biegen wir scharf nach links, also Süden, ab. Wir steigen parallel zur Schlucht, in der das Bächlein fließt, hinauf. Nicht dem Irrweg hinter der Brücke nach rechts (Norden) folgen!

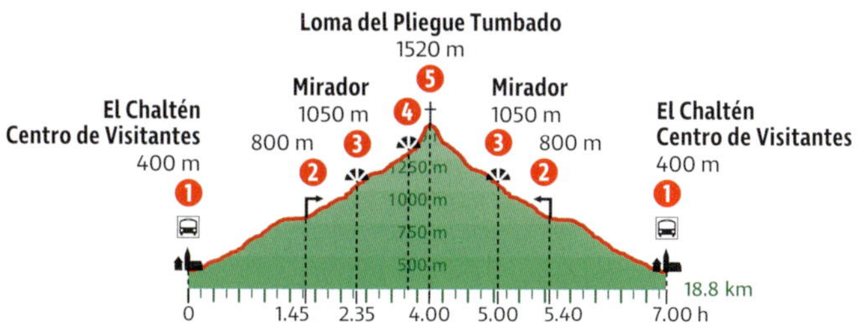

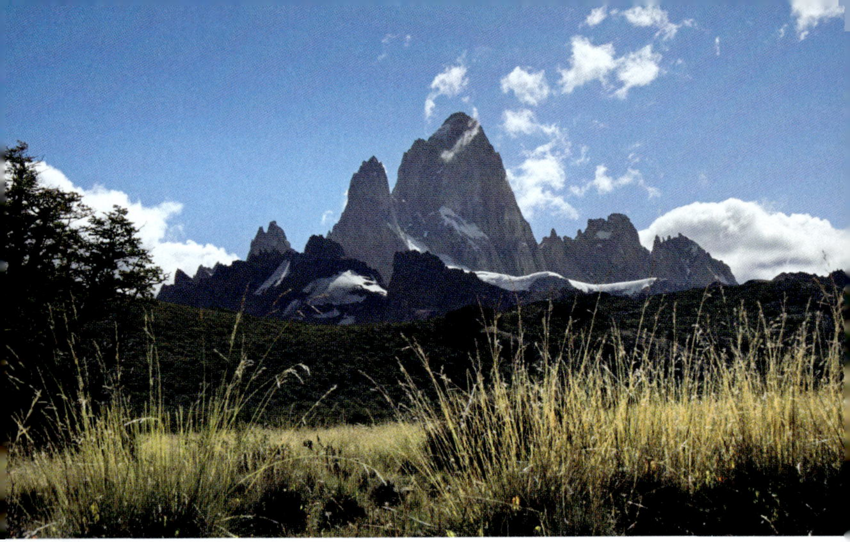

Blick auf die Ostwände der Fitz-Roy-Kette beim Aufstieg zur Loma del Pliegue Tumbado.

Wir wandern nun in der Übergangszone zwischen Wald und Steppe, die Vegetation ist entsprechend abwechslungsreich. Nach 1.00 Std. ist die erste Steigung geschafft, und wir erreichen eine begraste Ebene *(pampa)* mit bereits hervorragender Sicht auf den Fitz Roy. Wir durchqueren die etwas sumpfige Pampa also nach Südwesten, den wilden Kühen vorsichtig aus den Weg gehend. So erreichen wir eine weitere beschilderte **Weggabelung** ❷.
Auf unserer heutigen Tour halten wir uns rechts in Richtung Loma del Pliegue. Wir tauchen wieder in den Wald ein, und der Weg wird wieder steiler. Nach ca. 1.00 Std. erreichen wir plötzlich die **Waldgrenze** ❸. Der Horizont öffnet sich, und die Granittürme sind wieder in aller Pracht zu bewundern. Auch sehen wir deutlich den Weiterweg und das Ziel vor uns.

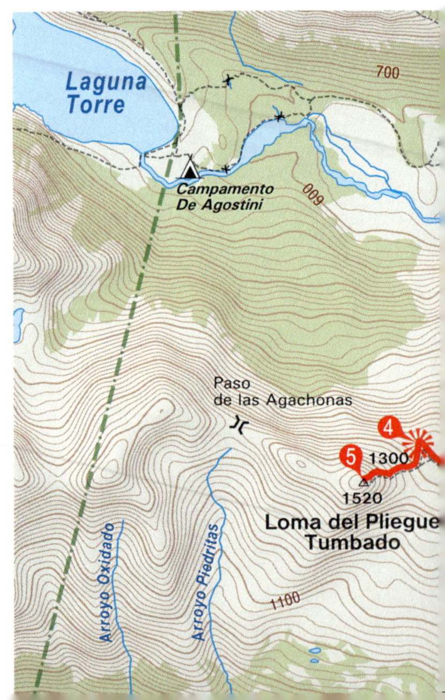

Nun sind wir dem Wetter ausgesetzt, aber der Weg ist nicht mehr so steil. An einer letzten Waldinsel links vorbei durchqueren wir einen kleinen, aber sauberen Bach (das einzige sicher genießbare Wasser auf dieser Tour). Wir bewegen uns auf Schotter, aber hie und da finden wir an geschützten Stellen Bergpflanzen, die im Sommer erstaunlich farbenfroh blühen. Ihnen zuliebe bleiben wir auf dem Pfad. Dieser führt uns weiter nach Nordwesten in 45 Min. bis unter den Gipfelkopf des Berges. Von hier aus gehen wir erst mal kurz bergab nach Norden zu einem beschilderten **Aussichtspunkt** 4 mit fantastischem Blick auf Cerro Torre, Fitz Roy und die Laguna Torre. Oft herrscht auch ein unglaublich starker Wind, weshalb einige kleine Steinwände gebaut wurden, die uns ein wenig schützen sollen.
Bei gutem Wetter kann man noch auf den eigentlichen Gipfel des Berges steigen. Dafür gehen wir die 5 Min. bis an den Fuß des Gipfelaufbaus zurück und folgen dann dem steilen, unklaren Weg auf Geröll im Zickzack hinauf. Achtung: Im Frühsommer kann hier noch Schnee liegen. Nach 45 Min. müssen wir eine kleine Felsstufe überwinden, gleich danach stehen wir auf dem weitläufigen Gipfel des **Loma del Pliegue Tumbado** 5. Der Rundblick auf die Gletscher und Berge inklusive Cerro Solo im Vordergrund ist herrlich. Sobald wir uns sattgesehen haben, machen wir uns auf den Rückweg. Dieser verläuft mangelns Alternativen auf dem Aufstiegsweg.

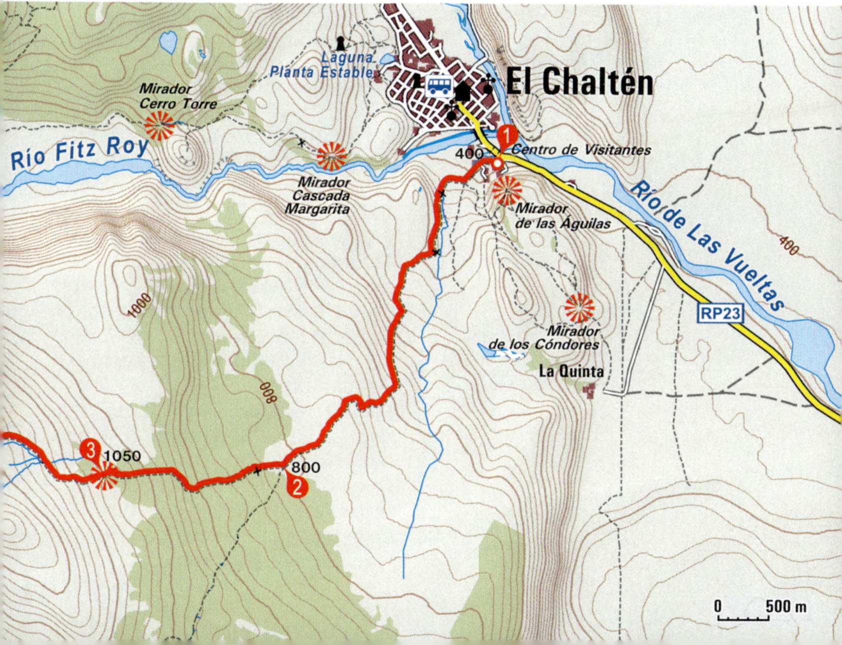

↗ 240 m | ↘ 240 m | 7.4 km

43 Mirador de los Cóndores und Mirador de las Águilas

2.15 h

Kürzere Touren um El Chaltén

Nicht alle schönen Wege sind unbedingt Ganztagsprogramme für geübte Wanderer in der argentinischen Hauptstadt des Trekkings. Zum Beispiel sind kurze Versionen der Touren zu Fitz Roy und Cerro Torre machbar, denn nach 3 bis 4 Kilometern sind in beiden Fällen gute Aussichtspunkte erreicht. Noch kürzer ist der hier vorgeschlagene Pfad, der direkt hinter der Rangerstation auf einen Hügel mit gutem Blick auf die Berge steigt.

Ausgangspunkt: El Chaltén, 400 m. Regelmäßige Busverbindung mit Calafate.
Anforderungen: Unschwierige Wege, dennoch ist stellenweise etwas Trittsicherheit hilfreich.
Einkehr: Unterwegs keine. In Chaltén viele Möglichkeiten, z.B. Restaurant Fuegia, San Martín 342. 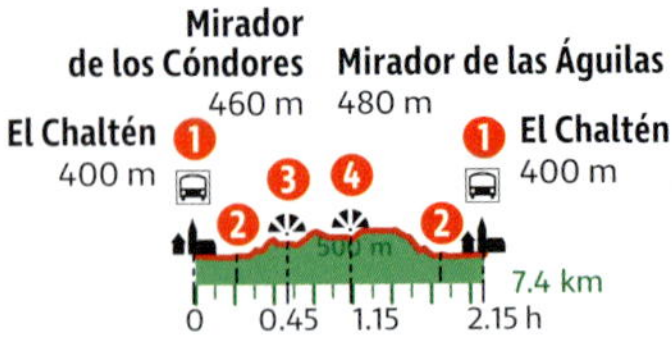
Unterkunft: In Chaltén zahlreiche Optionen, siehe Touren 40–42.
Hinweis: Man muss den Parkeintritt unter ventaweb.apn.gob.ar im Voraus buchen (Parque Nacional Los Glaciares – Portal Los Cóndores auswählen).
Tipp: Das Besucherzentrum ist kostenlos und einen Abstecher wert. Außer Kenntnissen über Biologie, Geologie und Bergsteigen kann man sich dort aktuelle Auskunft über den Zustand der Wanderwege und das Wetter holen.
Information und Karten: Siehe Tour 40.

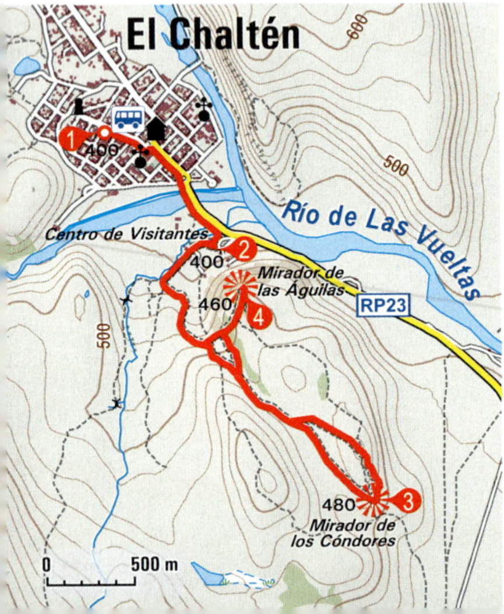

Mirador de los Cóndores 460 m
Mirador de las Águilas 480 m
El Chaltén 400 m
El Chaltén 400 m
500 m
7.4 km
0 0.45 1.15 2.15 h

El Chaltén
600
500
400
Centro de Visitantes
Río de Las Vueltas
400
Mirador de las Águilas
460
RP23
500
480
Mirador de los Cóndores
0 500 m

Wir starten unsere kleine Wanderung in **El Chaltén** ❶ und verlassen den Ort über die große Betonbrücke am Eingang. 5 Min. hinter der Brücke nehmen wir die asphaltierte Abzweigung rechts zum Besucherzentrum, bekannt unter **»Centro de Visitantes Ceferino Fonzo«** ❷. Vor dem Eingang der Rangerstation beginnt der Pfad, der uns kurz nach Westen führt.
Es geht zwischen einigen Gebäuden und an einer Wetterstation vorbei. Nach 5 Min. erreichen wir einen Zaun, hinter dem sich der Pfad teilt; unser Weg ist der linke (Süden). Auf dem klar markierten Pfad steigen wir nun bergauf. Hin und wieder

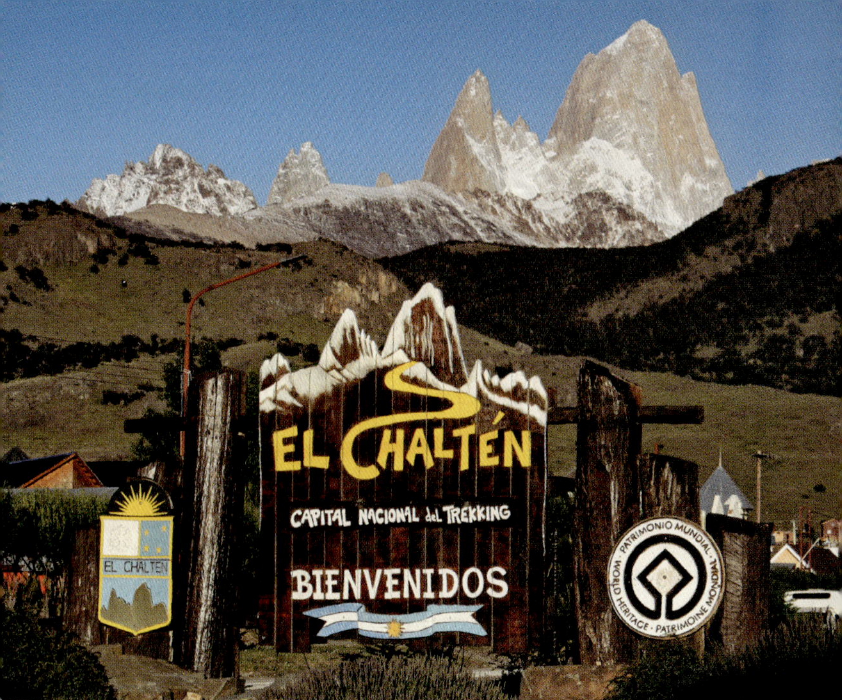

El Chaltén am Fuß des Fitz Roy ist die »Hauptstadt des Trekkings«.

gibt es Informationstafeln, die zur Lektüre einladen. Nach 10 Min. erreichen wir eine Abzweigung und nehmen erst einmal den linken Weg, der uns in weiteren 10 Min. zum **Mirador de los Cóndores** 3 führt. Hier sieht man nicht so oft Kondore, wie der Name es vermuten lässt, aber die Sicht auf El Chaltén und die umliegenden Berge ist den Abstecher auf jeden Fall wert.

Nun geht es zurück zur Abzweigung. Der andere, noch nicht begangene Weg führt uns in 30 Min. durch eine kleine Waldinsel hinauf zum **Mirador de las Águilas** 4. Von hier aus können wir auch noch den Lago Viedma bestaunen, der sich ganze 75 km nach Osten an den Horizont schmiegt. Oft sieht man auf seiner Oberfläche riesige Eisschollen, die aus dem gleichnamigen Gletscher im Südpatagonischen Eisfeld stammen.

Weiter geht es scharf nach links zurück in Richtung Dorf. Dabei steigen wir zunächst vorsichtig auf einen kleinen felsigen Gipfel und auf dessen anderer Seite wieder bergab. Zwischen Grasbüscheln erreichen wir wieder den Hauptpfad des Hinwegs, dem wir für den Rest des Abstiegs folgen.

↗ 200 m | ↘ 200 m | 5.6 km

44 Los Huemules: Lagunas Verde und Azul

1.30 h

Privater Naturschutz

So unglaublich das klingen mag, Naturschutz basiert in Patagonien häufig auf Privatinitiative. Das gilt auch für die Gegend nördlich des Río Eléctrico (dazu gehört auch der Paso Marconi!), die ursprünglich von einer Immobilienfirma namens »Cielos Patagonicos« gekauft wurde. Das Geschäftsmodell lässt sich folgendermaßen zusammenfassen: Ungefähr 10 % der Fläche (in diesem Fall von insgesamt rund 5500 ha) werden an private Investoren verkauft. Das dadurch eingenommene Geld wird in eine rudimentäre Infrastruktur (Wege und Hütten) auf den restlichen 90 % der Fläche investiert, die gleichzeitig unter Naturschutz gestellt werden. Der beitragspflichtige Besuch der Gegend finanziert wiederum die Instandhaltung von Wegen und Hütten. Auch die Löhne für die Parkranger werden von diesem Geld bezahlt. Dieser Philosophie entsprechend wurden hier in den letzten Jahren einige lohnenswerte Wege und Hütten gebaut. Als kurze Wanderung mit sensationellem Blick auf den Fitz Roy empfiehlt sich der Weg zur Laguna Azul. Bei gutem und windstillem Wetter sollte man auf den Loma del Diablo steigen, einen fantastischen Aussichtsberg. Eine dritte Alternative ist das Refugio Cagliero unterhalb der Gorra Blanca, auf dem man auch stilvoll und gemütlich übernachten kann.

Tiefblick auf die Laguna Cóndor, auf halber Höhe am schier ewig langen Grat des Loma del Diablo (Variante).

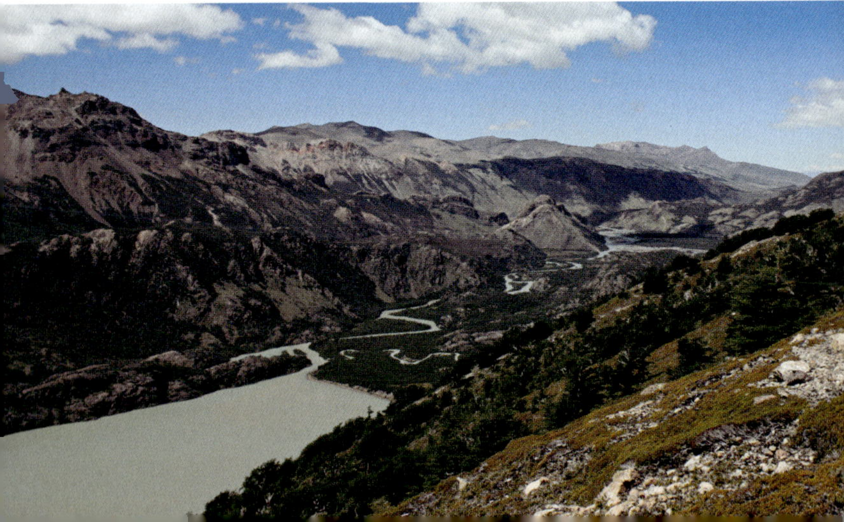

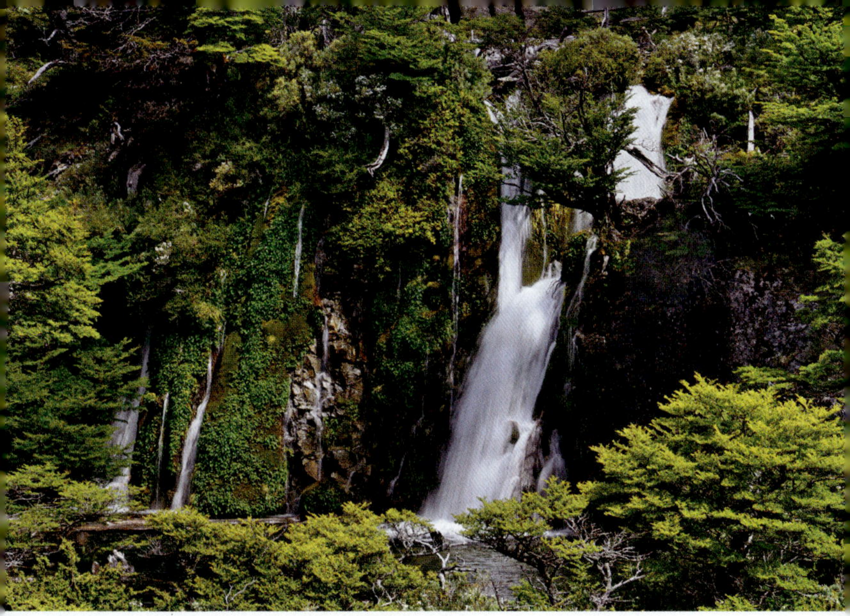

Versteckte Wasserfälle auf dem Weg zur Laguna Azul.

Ausgangspunkt: Reserva Los Huemules (Centro de Informes/Administración), 450 m, 18 km nördlich von El Chaltén auf der Westseite der Straße zur Laguna del Desierto gelegen. Sowohl das Besucherzentrum Los Huemules als auch die Estancia El Ricanor werden per Taxi von Chaltén aus angefahren.

Anforderungen: Die Tour zur Laguna Azul und Laguna Verde verläuft auf gut angelegten Wegen durch den Wald. Auch die Variante zum Refugio Cagliero ist als »blau« einzustufen. Die Tour auf den Loma del Diablo führt zunächst steil durch Wald und dann weglos über einen breiten Bergkamm zu einem stark dem Wind ausgesetzten Gipfel (»rot«).

Einkehr: An der Hauptroute keine; Variante: Refugio Cagliero.

Unterkunft: In El Chaltén siehe Touren 40–42. In der Nähe der Reserva Los Huemules das sehr schöne Refugio Laguna Cóndor (lagunacondor.com). An der Variante das Refugio Cagliero.

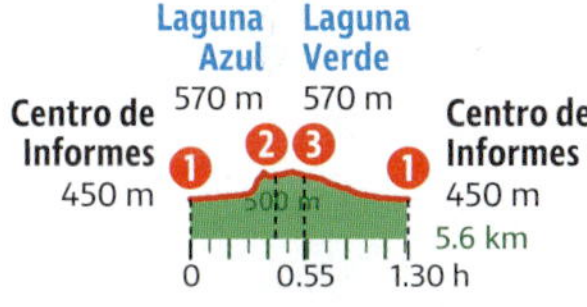

Varianten: 1. Besteigung des Loma del Diablo sowie 2. Wanderung zum Refugio Cagliero; Beschreibung siehe unten.

Hinweis: Man muss sich für sämtliche Touren im Reserva Los Huemules im Informationszentrum anmelden! Es gibt ein tägliches Besucherlimit, also sollte man im Voraus ein Ticket buchen unter loshuemules.com.ar.

Information: Informationszentrum am Ausgangspunkt.

Karten: Pixmap 1:50.000 Fitz Roy & Cerro Torre – Glaciar Viedma – Paso del Viento – Paso Huemul.

Vom **Informationszentrum** ❶ folgen wir zunächst stets links haltend den rauen Schotterpisten, bis wir nach ca. 1 km die Abzweigung zur Laguna Azul erreichen. Hier geht es links zu den Lagunas oder rechts zum Refugio Cagliero; wir halten uns links. Eine Brücke führt über den Río Diablo, dahinter steht ein Informationsschild. In Kehren leitet der Weg in 30 Min. zur **Laguna Azul** ❷ hinauf. Auf dem Weg dorthin sehen wir einige Wasserfälle, ein besonders schöner ist mittels einem beschilderten Abstecher (5 Min.) zu erreichen. An der Laguna kann man links einen Strand (»Playa de los Pescadores«) besuchen, aber wir halten uns rechts und steigen in weiteren 10 Min. hinunter zur **Laguna Verde** ❸. In dieser Gegend wurden in der letzten Zeit oft Huemules (Südandenhirsche) – die Namensgeber des Reservats – gesichtet!

Von der Laguna Verde gelangen wir in weiteren 15 Min. hinunter zur Hängebrücke über den Río Diablo und ein paar Minuten später an die Abzweigung zum Refugio Cagliero. Wir gehen rechts und erreichen in 15 Min. wieder das **Informationszentrum** ❶.

Laguna Azul und in der Ferne die Nordwand (Sonnenseite) des Fitz Roy.

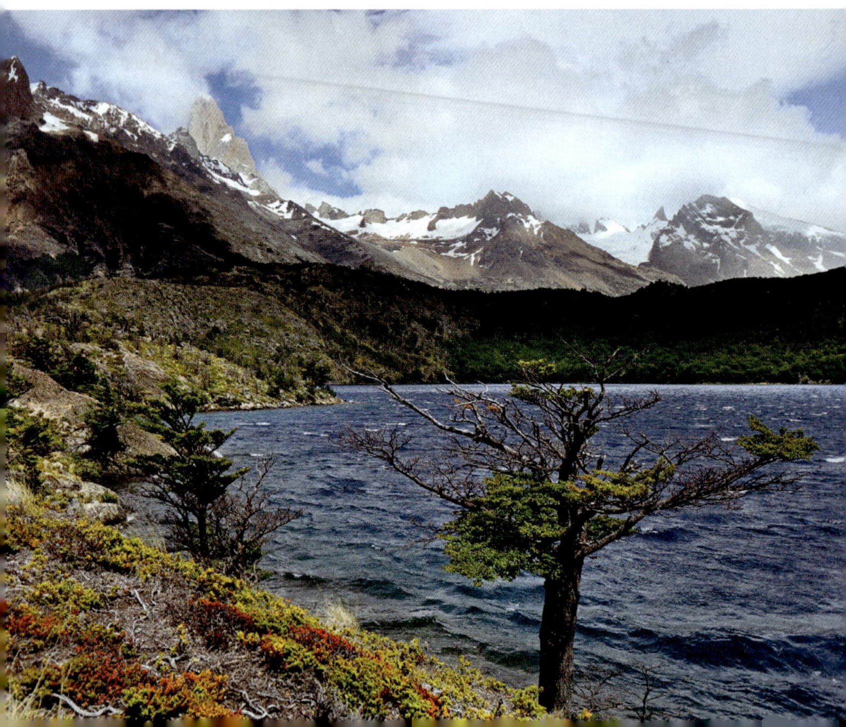

Variante 1: Loma del Diablo
7.30 Std., 1330 Hm Auf- und Abstieg

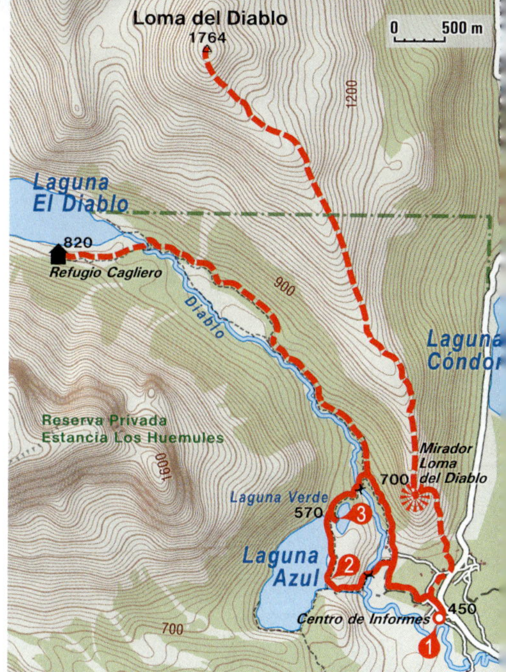

Der Beginn der Tour an der nördlich des **Informationszentrums** ❶ verlaufenden Ringstraße ist beschildert. Zunächst führt der Weg steil in den Wald hinein. In zahlreichen Kehren und manchmal über Stock und Stein geht es steil bergauf, bis wir nach rund 1.00 Std. den **Mirador Loma del Diablo** am Kamm erreichen. Von dort öffnet sich ein erster Blick auf die Nordwand des Fitz Roy und die tiefblaue Laguna Azul; in der Ferne kann man sogar den Cerro Torre erkennen.
Wir wenden uns nach rechts und folgen nun den seltenen Markierungen (kleine Steinmänner) den Kamm hinauf. Diese werden immer spärlicher und verschwinden schließlich ganz. Der Verlauf ist allerdings eindeutig, wir orientieren uns einfach am steinigen Kamm, der nach oben hin zunehmend schutthaltiger wird. Je nach Wind wird man den höchsten Punkt des **Loma del Diablo** erreichen oder vorher umdrehen.
Der Rückweg ist mit dem Hinweg identisch. Dabei müssen wir darauf achten, die Abzweigung in den Wald hinein nicht zu verpassen!

Variante 2: Refugio Cagliero
4.15 Std., 500 Hm Auf- und Abstieg
Der Beginn ist mit der Hauptroute identisch. Statt links zur Laguna Azul abzubiegen, halten wir uns aber geradeaus. Nach 15 Min. kommen wir an die Abzweigung zur Laguna Verde, hier ebenfalls geradeaus. Nach insgesamt rund 2.00 Std. entlang des Río Diablo erreichen wir die letzte Weggabelung. Hier links haltend über eine Brücke und weiter zum wunderschön an der Laguna del Diablo liegenden **Refugio Cagliero**. Bei gutem Wetter hat man einen herrlichen Blick auf den Glaciar Cagliero Sur und den dahinter liegenden Eisgipfel der Gorra Blanca.
Auf demselben Weg geht es zurück zum **Informationszentrum** ❶.

45 Ins Südpatagonische Eisfeld

6 Tage

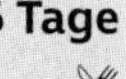

Eismeer und die »Vuelta« um den schönsten Berg der Welt

Das patagonische Inlandeis bildet die größte zusammenhängende Eisfläche außerhalb der Polarkappen bzw. Grönlands. Über 18.000 km² sind hier von ewigem Eis bedeckt, in den Alpen sind es ungefähr 1800 km². Man unterteilt in das Nördliche Eisfeld am Cerro San Valentín mit ca. 100 km Länge und einer durchschnittlichen Breite von 40–50 km (siehe auch Seite 186) und das Südliche, welches ca. 400 km lang und bis 80 km breit ist. Dazwischen liegt das Tal des Río Baker. Das patagonische Inlandeis ist aber keine gleichförmige, flache Eisdecke. Vielmehr wechseln sich weite Hochebenen mit kuppelförmigen Erhebungen und schmale Korridore mit zum Teil erheblichen Höhenunterschieden ab. Dabei ist das Eis an einigen Stellen bis 1600 Meter tief! Von den ausgedehnten Hochplateaus fließen die großen Auslassgletscher ins Tal, deren bekanntester der Perito-Moreno-Gletscher ist. Auf unserer Tour, die die beiden leichtesten Zustiege zum Südlichen Eisfeld nutzt, bekommt man einen sehr guten Einblick in diese Landschaft, die mit herkömmlichen Maßstäben nicht mehr zu fassen ist: Auf der einen Seite die unglaubliche Weite der Gletscher, auf der anderen der mit Eissahne überkrustete Riesenobelisk des Cerro Torre. Dazwischen man selbst, der mit etwas Wetterglück einen Blick auf dieses verzauberte Märchenreich werfen darf. Man sollte sich beeilen, wenn man die Eisfelder in ihrer jetzigen Form noch sehen möchte – der Klimawandel lässt die Gletscher mit erschreckender Geschwindigkeit schmelzen.

Ausgangspunkt: Brücke über den Río Eléctrico, 460 m, 17 km nördlich von El Chaltén. Am besten erreichbar mit Taxi von El Chaltén, Organisation über die jeweiligen Unterkünfte.

Endpunkt: Besucherzentrum bzw. Rangerstation vor den Toren von El Chaltén, 400 m.

Anforderungen: Anspruchsvolles Trekking mit Expeditionscharakter. Man wandert durch eine der wildesten, abwechslungsreichsten und famosesten Gebirgslandschaften der Erde – weitab jeglicher Zivilisation und in einer der berüchtigtsten Schlechtwetterküchen unseres Planeten. Für Extreme ist also gesorgt. Einzustellen hat man sich fast immer auf einige Wartetage im Zelt, entsprechende Lebensmittelreserven sollten vorhanden sein. Konditionell sollte man in der Lage sein, einen schweren Rucksack (mindestens 20 kg) über unebenes Gelände (Schotter), Eis und bei starkem Wind tragen zu können. Der routinierte Umgang mit GPS und das Finden eines geeigneten Weges vorbei an Gleschersspalten und ggf. im Nebel sind ebenfalls Voraussetzung für das Gelingen der Umrundung. Wer dies nicht zu 100 % erfüllt, muss sich einen Führer nehmen. Neben der üblichen Trekkingausrüstung sind hier noch Gurt, Steigeisen und ein Seil für die Begehung der Gletscher (wenn verschneit) erforderlich. Ein Pickel ist oft nicht nötig, da das Eis ziemlich flach ist und Stöcke zum Wandern daher vorzuziehen sind. Ein wichtiges Utensil ist dagegen eine Schneeschaufel, da die Zelte auf dem Eis-

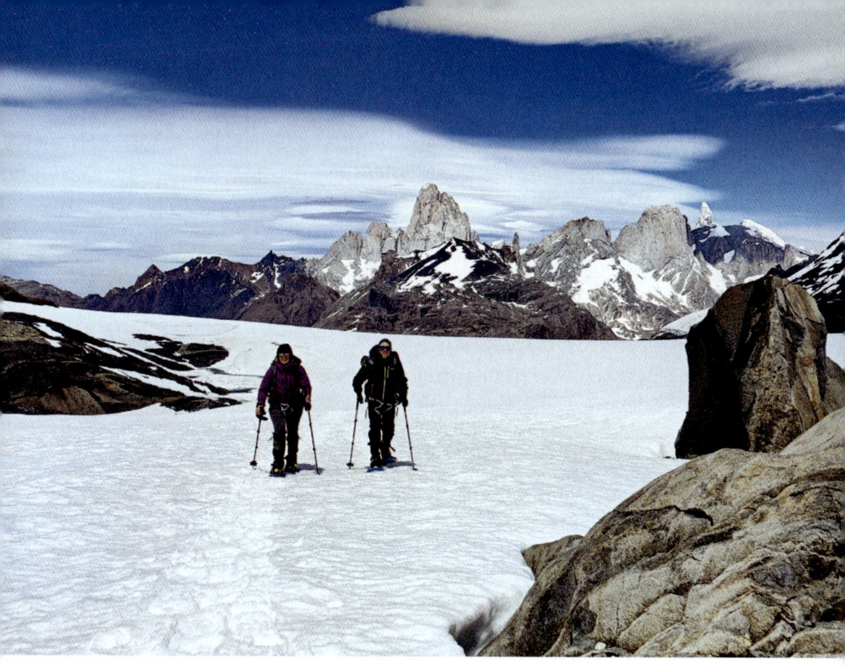

Ende der zweiten Etappe mitten im Eisfeld. Die Kulisse bilden von rechts nach links Cerro Torre, Cerro Piergiorgio, Cerro Pollone und Fitz Roy.

feld unbedingt in den Schnee eingegraben werden sollten. Unverzichtbar sind außerdem ein gutes Sonnenschutzmittel und eine Sturmbrille.
Einkehr: Hostería El Pilar unweit des Ausgangspunktes; unterwegs nur das Refugio Los Troncos.
Unterkunft: Unterwegs in sturmfesten, am besten geodätischen Zelten. Ca. 4 km nördlich des Paso Marconi bietet das Refugio Gorra Blanca (oder García Soto) ein festes Dach über dem Kopf. 2.00 Std. südlich des Paso del Viento befindet sich ebenfalls eine unbewirtschaftete Hütte, in der man sich zwischen Mäusen und Dreck aufhalten kann.
Variante: Vom Refugio García Soto kann man – gutes Wetter vorausgesetzt! – den Cerro Gorra Blanca, 2907 m, besteigen. Hangneigung durchschnittlich 35°, eine 8 m hohe vertikale Eisstufe vor dem Gipfel.
Hinweise: 1. Man muss den Parkeintritt unter ventaweb.apn.gob.ar im Voraus buchen (Parque Nacional Los Glaciares – Portal Río Eléctrico auswählen).
2. Diese Tour kann (oder sollte) man mithilfe eines vor Ort ansässigen IFMGA-Bergführers durchführen. Zu empfehlen ist der Autor dieses Buches Matias Korten, matias.korten@gmail.com, Tel. +54 9 2944 646186.
Information: Rangerstation in El Chaltén (siehe z.B. Tour 40).
Karten: Chalten Outdoor Maps 1:60.000 Chaltén – Fitz Roy – Torre; Pixmap 1:125.000 Chaltén y Campos de Hielo Sur.

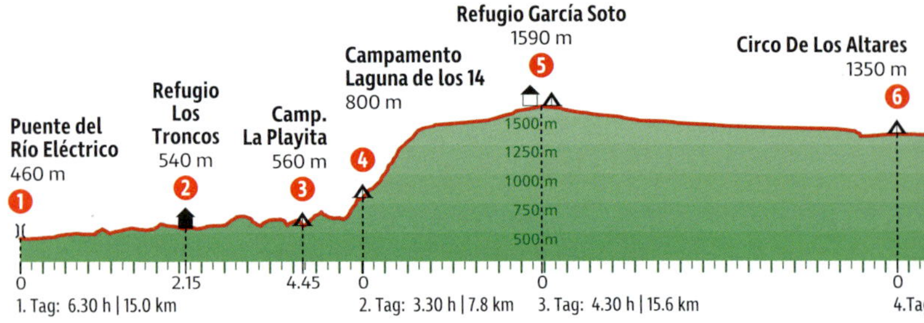

1. Tag: Río Eléctrico – Campamento Laguna de los 14

6.30 Std. (inkl. Flussquerung mit Tirolesa), 720 Hm Aufstieg, 380 Hm Abstieg

Von der **Brücke** ❶ über den Río Eléctrico wandert man den Schildern folgend durch wunderschönen Südbuchenwald in 2.00 Std. zur Piedra del Fraile, wo man im **Refugio Los Troncos** ❷ einen letzten Kaffee mit Kuchen oder andere Köstlichkeiten genießen kann. Auch ist dort eine Art Taxe für das Überschreiten des Grundstücks zu bezahlen. Wer erst spät in El Chaltén gestartet ist, kann hier übernachten. Hinter der Piedra del Fraile endet der Wald (und auch die Zivilisation), und man betritt den (schottrigen) Vorhof des Eisfeldes. Der Pfad schlängelt sich zunächst zwischen der Piedra del Fraile und dem Río Eléctrico hindurch, und man erreicht eine schottrige Ebene, auf der man sich nach Westen hält. Einigen Steinmännern folgend steigt man rund 50 Hm einen Felsrücken hinauf (an dieser Stelle entfernt man sich etwas vom Ufer des Río Eléctrico!).

In stetem Auf und Ab überquert man diesen und läuft anschließend hinunter zum **Río Pollone**. Nachdem man den Fluss durchwatet hat (evtl. Schuhe ausziehen), geht es über grobes Blockwerk zum Südwestende des Lago Eléctrico. Dort hält man sich nach Norden, steigt eine Steinstufe hinauf und auf der anderen Seite wieder hinunter. Wenige Hundert Meter weiter nordwestlich gelangt man zu einigen mit Steinmauern umgebenen Zeltplätzen im Windschatten einer ca. 10 m hohen Wand, **Campamento La Playita** ❸

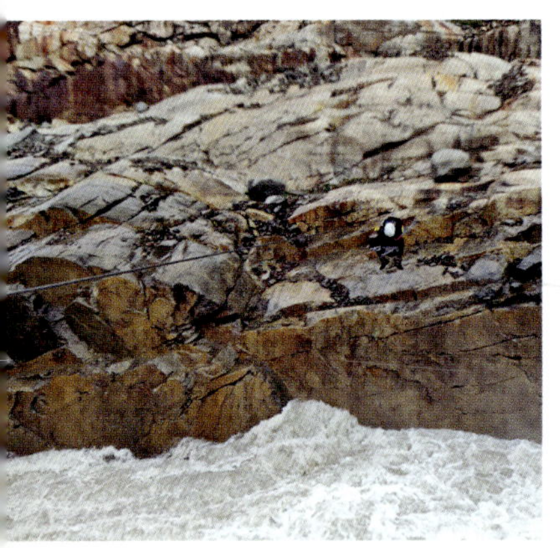

Links: Seilrutsche über den Río Eléctrico. Rechts: Dem Abfluss der Laguna de los 14 folgend gelangen wir ans Ende der ersten Etappe.

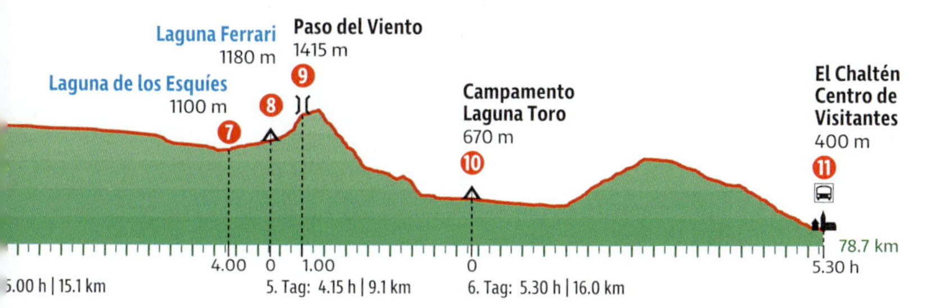

Laguna Ferrari
1180 m
Paso del Viento
1415 m
Laguna de los Esquíes
1100 m
Campamento
Laguna Toro
670 m
El Chaltén
Centro de
Visitantes
400 m
78.7 km
4.00
0
1.00
0
5.30 h
5.00 h | 15.1 km
5. Tag: 4.15 h | 9.1 km
6. Tag: 5.30 h | 16.0 km

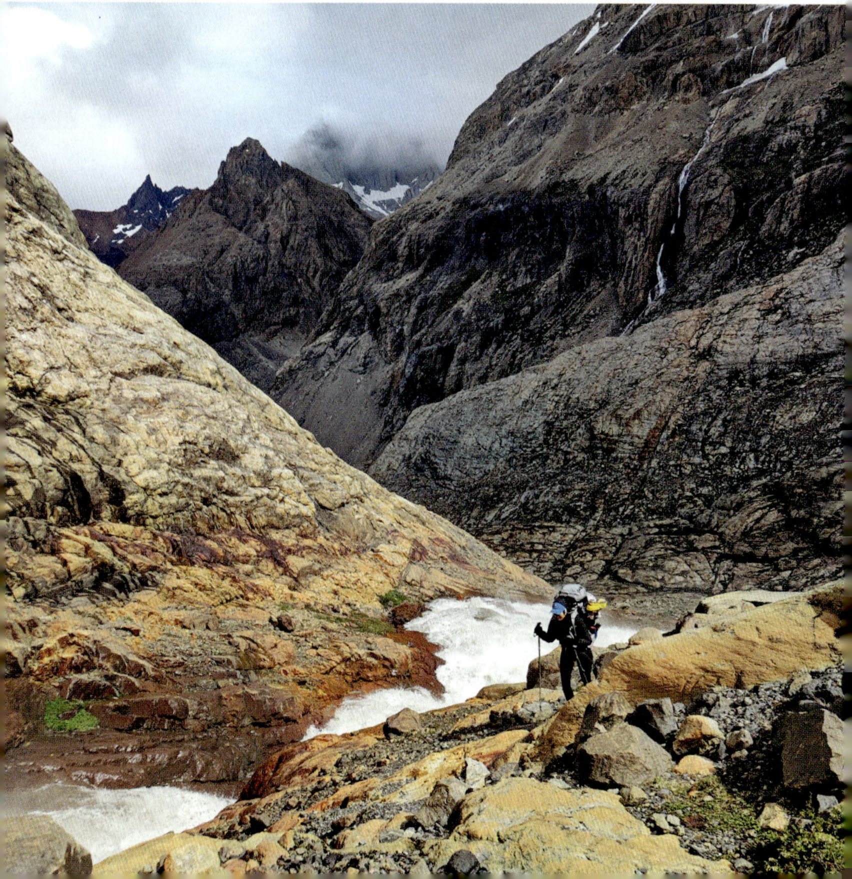

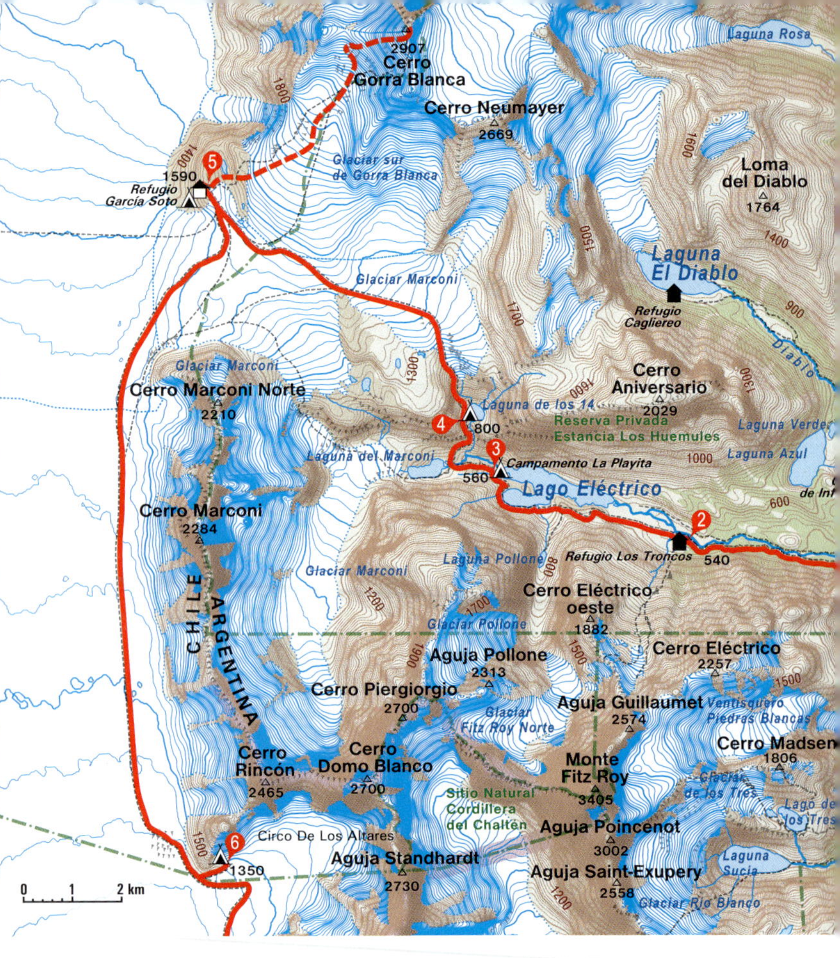

genannt. Weiter geht es nach Westen flussaufwärts bis zur Tirolesa (Seilrutsche), die man nach 30 Min. erreicht. Mit ihrer Hilfe gilt es den Fluss zu überqueren. Dann steigt man über viel Schutt nach Nordosten in den Talkessel der Laguna de los 14 auf. Zu achten ist dabei auf Steinmänner; der Weg ist kaum zu erkennen. An einer Schlucht wandert man nahe am Abfluss des Tals vorbei, wo ein mächtiger Wasserfall donnert. Kurz darauf öffnet sich das Tal und man erreicht die grasbewachsene Ebene des **Campamento Laguna de los 14** 4.

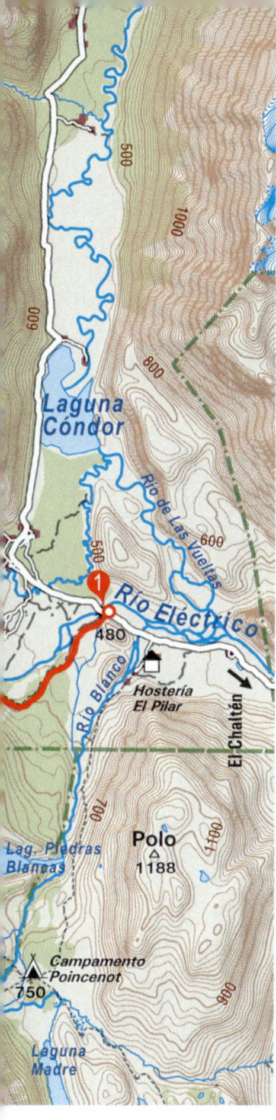

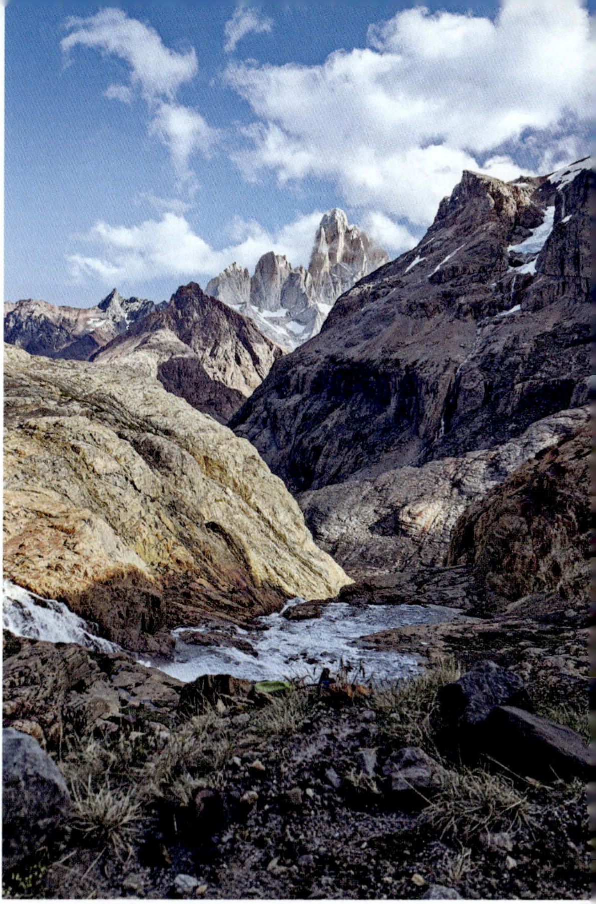

Die Nordwand des Fitz Roy, gesehen von der Laguna de los 14.

2. Tag: Campamento Laguna de los 14 – Refugio García Soto
3.30 Std., 790 Hm Aufstieg, kaum Abstieg
Vom Zeltplatz wandert man zunächst 5 Min. hinauf zur Laguna und steigt dann über Steinstufen nach Nordwesten auf. Die letzte Stufe ist so steil, dass sie mithilfe des Seils überwunden wird (20 m im III. Grad). Kurz danach betritt man auf ca. 1150 m Höhe das Eis. Weiter aufsteigend hält man sich nach Norden, bis das Eis flacher wird und man die Felsflächen des Cerro El Morro links liegen gelassen hat. Nun wendet man sich für rund 3 km

nach Nordwesten und damit zumeist gegen den hier besonders bösartigen Wind.
Nachdem der Cerro El Morro passiert wurde (braune Felsen südlich), muss man sich entscheiden: Entweder man geht noch etwas weiter nach Westen und gräbt sich dort einen Zeltplatz, oder man hält sich nach Nordwesten und wandert in Richtung eines Felssporns oberhalb des Chico-Gletschers. Dort befindet sich das chilenische **Refugio García Soto** 5, das vor wenigen Jahren saniert wurde und eine geschützte Unterkunft in einer wilden

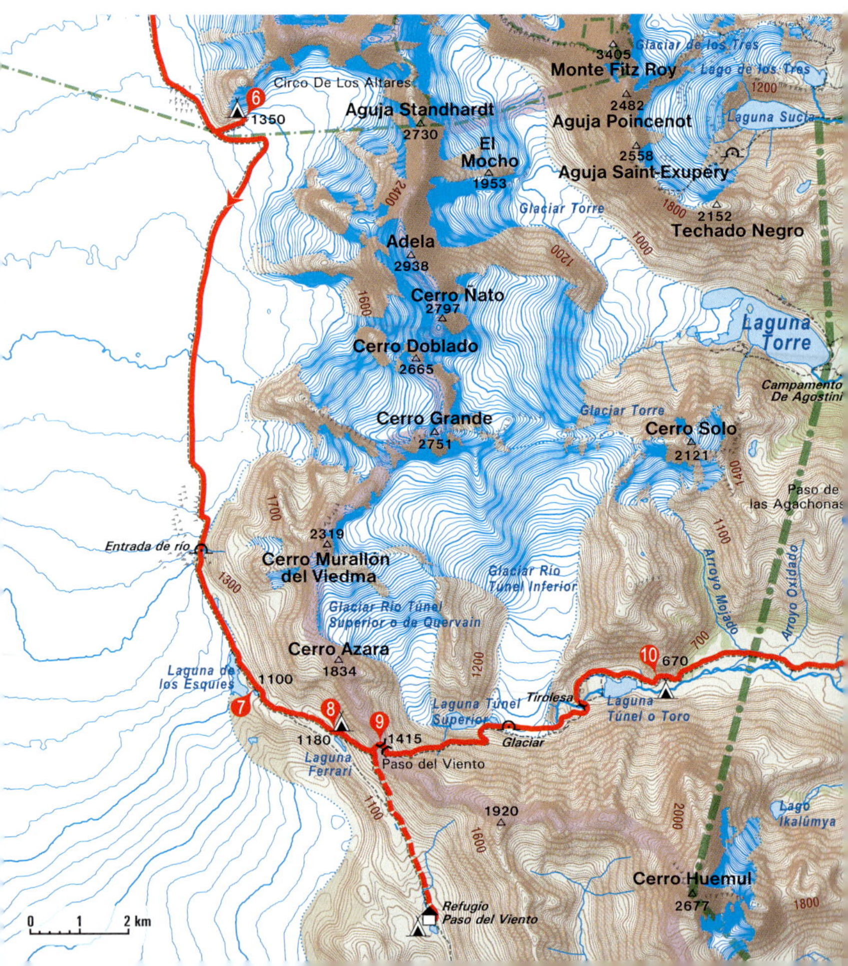

Umgebung bietet. Wer zufällig einen Tag mit gutem Wetter erwischt, kann von hier zum Beispiel auf den Cerro Gorra Blanca, 2907 m, steigen (siehe Variante).

3. Tag: Refugio García Soto – Circo de los Altares
4.30 Std., 20 Hm Aufstieg, 260 Hm Abstieg
Den heutigen Tag verbringt man komplett auf dem Eisfeld. Vom **Refugio Soto** ❺ hält man sich zunächst nach Süden in Richtung Paso Marconi. Je nach Verhältnissen bzw. Spalten navigiert man dann nach Westen, um den felsigen Ausläufern der Marconi-Kette auszuweichen. Danach geht es parallel zu den eisüberkrusteten Marconi-Gipfeln nach Süden, bis nach rund 15 km der Cerro Rincón querab auftaucht. Kurz dahinter öffnet sich nach Osten das vielleicht schönste natürliche Felstheater der Welt, der **Circo de los Altares** ❻. Zum Übernachten wandert man am besten ein Stück in den Gletscherkessel hinein. Hinter einigen großen Granitblöcken finden sich dort einige zumindest etwas geschützte Zeltplätze. Glücklich ist, wer hier einen Sonnenuntergang erleben darf!

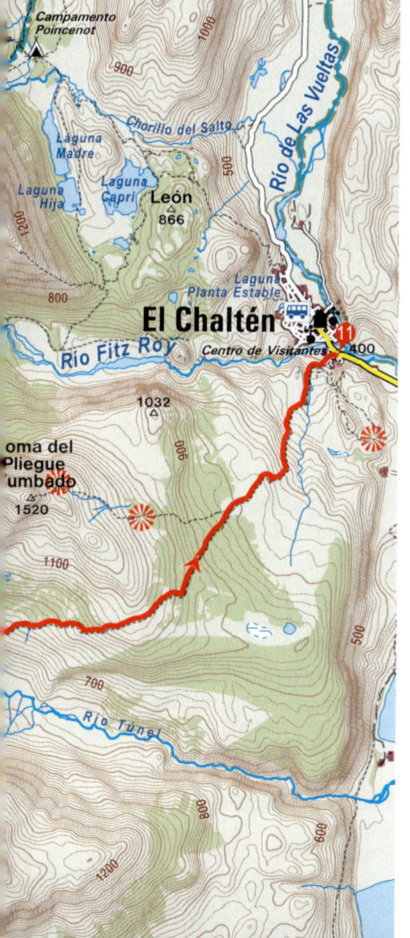

4. Tag: Circo de los Altares – Laguna Ferrari
5.00 Std., 90 Hm Aufstieg, 260 Hm Abstieg
Vom **Circo de los Altares** ❻ wendet man sich tendenziell nach Süden und wandert parallel zu den Bergen der Adela-Kette den Viedma-Gletscher hinunter. Dabei hält man sich relativ nah an den Bergen; die bald auftauchende und immer mächtiger aus dem Eis aufragende Mittelmoräne aus dem Circo de los Altares wird rechts (westlich) liegen gelassen. Zahlreiche Spalten müssen springend überwunden bzw. umgangen werden. Nach ca. 8 km, auf Höhe

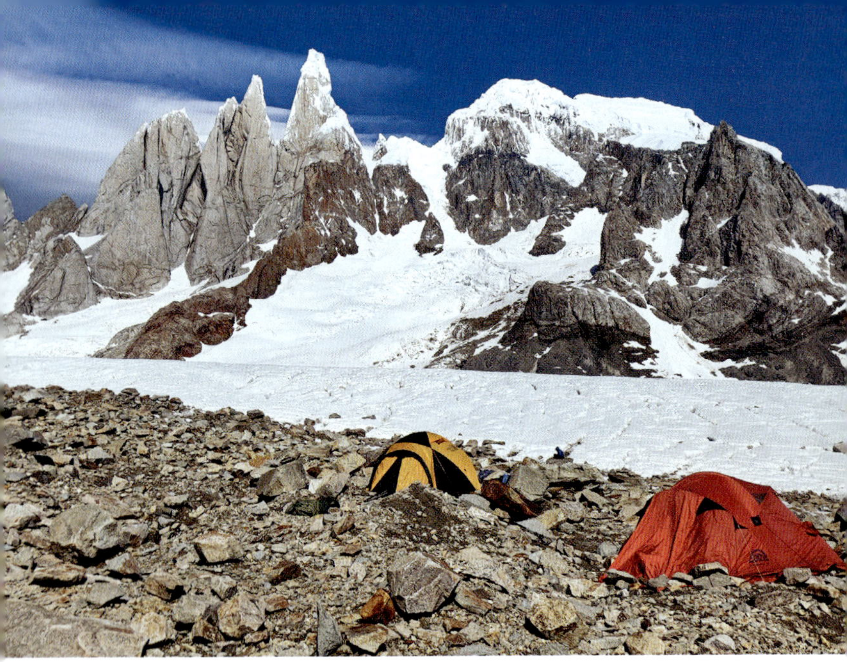

Die dritte Etappe endet am Circo de los Altares, an der Westflanke des Cerro Torre.

des Murallon del Viedma, geht es dem Eis folgend ein wenig bergab und man gelangt zu einem rötlich gefärbten Felsriegel.
Diesen steigt man hinauf (ca. 50 Hm über losen Schutt) und folgt auf der anderen Seite einigen Steinmännern wieder hinunter aufs Eis. Über Toteis geht es nun bergab zur bereits gut erkennbaren **Laguna de los Esquies** 7. Dabei hält man sich links. Auf der Ostseite der nördlichsten Laguna (trübes braunes Gletscherwasser) trifft man auf Pfadspuren und Steinmänner. Diesen folgt man nach Süden. Ansteigend erreicht man nach ca. 30 Min. einen türkisgrünen See mit einigen fantastischen Zeltplätzen oberhalb, gut geschützt durch einen riesigen Granitblock. Dem nun deutlich ausgeprägten Pfad folgend geht es immer weiter die verschiedenen Seitenmoränen des Viedma-Gletschers hinauf. Nach weiteren 45 Min. erreicht man die **Laguna Ferrari** 8, an deren Nordufer ebenfalls einige geschützte Zeltplätze zu finden sind.
Bei ganz gruseligem Wetter ist es ggf. eine Option, noch 2.00 Std. nach Süden zu gehen und in dem südlich des Passes gelegenen **Refugio Paso del Viento** zu übernachten. Dessen Mäusepopulation ist allerdings berühmt-berüchtigt für ihren insbesondere im Herbst unersättlichen Heißhunger.

5. Tag: Laguna Ferrari – Paso del Viento – Campamento Laguna Toro
4.15 Std. (inklusive Tirolesa-Querung), 310 Hm Aufstieg, 820 Hm Abstieg
Östlich der **Laguna Ferrari** 8 steigt man auf deutlich ausgeprägten Pfadspuren schräg den Hang in Richtung Paso del Viento auf. Unterhalb des Passes trifft man auf den von der Hütte heraufführenden Hauptweg und erreicht über diesen den höchsten Punkt, den **Paso del Viento** 9. Man hält sich nun rechts (Südosten) und gelangt zu einem deutlich im Schutthang zu erkennenden Weg. Diesem folgend verliert man langsam an Höhe, bis man oberhalb des Glaciar Río Túnel steht. Hier hält man sich links und steigt steil hinunter zum Südwestende des Gletschers. Man betritt das teils mit Schutt bedeckte Eis und folgt dem Rand der Zunge. Am Südostende des Gletschers verlässt man den Eisstrom (Steinmänner!) und steuert nun ansteigend (rund 50 Hm) über losen Schutt auf einen felsigen Kamm zu.
Der Weg wird deutlicher und führt auf der anderen Seite des Felskamms steil hinunter zur Schlucht des **Río Túnel**. Dort findet sich eine **Tirolesa**, mit deren Hilfe man auf die andere Seite des Flusses quert. Man trifft auf einen gut ausgetretenen Pfad, der in einer weiten Rechtskurve zur Laguna Toro leitet. Man umgeht den See auf seiner Nordseite und erreicht kurz danach das bereits im Wald gelegene **Campamento Laguna Toro** 10. Endlich wieder Grün!

6. Tag: Campamento Laguna Toro – El Chaltén
5.30 Std., 430 Hm Aufstieg, 700 Hm Abstieg
Ein viel genutzter und zum großen Teil markierter Weg führt im Tal des Río Túnel hinunter, wobei einige Bäche zu durchwaten bzw. überqueren sind. Achtung: Bei sehr hohen Wasserständen ist der Weg manchmal überschwemmt, dann müssen auch Seitenarme des Río Túnel durchwatet werden. Nach Überquerung des Arroyo Piedritas hält man sich links (Nordosten). Der Weg steigt nun durch Wiesen und Wald bis auf rund 1050 m Höhe auf.
Rund 1.00 Std. nach dem höchsten Punkt erreicht man eine Weggabelung. Links ginge es zum Loma del Pliegue Tumbado (Tour 42), wir wandern weiter geradeaus. Über sumpfige Wiesen, durch Wald und zuletzt durch dornige Steppenvegetation steigen wir hinunter nach El Chaltén. Der Pfad endet am **Besucherzentrum des Nationalparks** 11, wo man sich auch zurückmelden sollte.

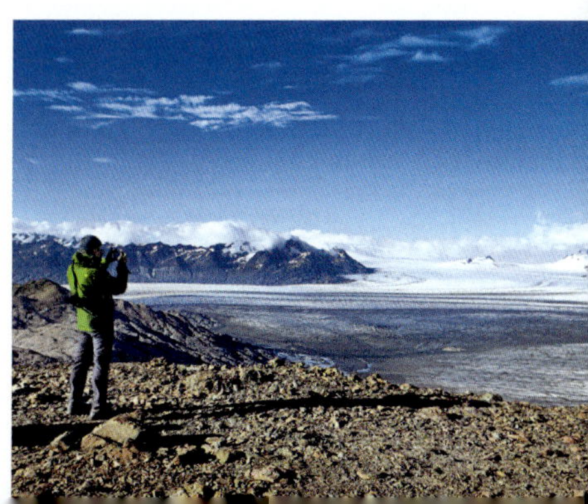

Ein letzter Blick zurück ins Eis am Paso del Viento.

↗ 2350 m | ↘ 2500 m | 58.7 km

46 Der Huemul-Trek

4 Tage

Am Rande des Eisfelds

Südwestlich von El Chaltén erhebt sich der Cerro Huemul mit einer Höhe von 2677 m. Ein – da nicht aus Granit aufgebaut – im Vergleich zu seiner Konkurrenz weiter nördlich relativ unscheinbares Massiv, das man erst auf den zweiten Blick wahrnimmt. Das Ansehen des Berges hat sich allerdings in den letzten Jahren stark gewandelt, denn er ist zum Mittelpunkt einer der wichtigsten Trekkingtouren im Umfeld von El Chaltén geworden. In vier langen und anspruchsvollen Etappen läuft man gegen den Uhrzeigersinn einmal um den Berg herum. Spektakulär sind dabei vor allem auch die Blicke weg vom Cerro Huemul. Im ersten Teil stehen Fitz Roy und Cerro Torre im Mittelpunkt der Aufmerksamkeit, danach rückt das patagonische Eisfeld mit den riesigen Eisflächen des Glaciar Viedma in den Vordergrund. Benannt ist der Berg nach einer hier vorkommenden Hirschart, ins Deutsche etwas sperrig übersetzt als »Südandenhirsch«. Diese Tiere leben hier auch tatsächlich, allerdings machen sie sich sehr rar und sind selten zu sehen.

Ausgangspunkt: Besucherzentrum bzw. Rangerstation von El Chaltén, 400 m.
Endpunkt: Bahía Túnel, 250 m. Der kleine Hafen dort ist der Endpunkt einer kleinen, ziemlich wenig befahrenen Straße. Entweder man versucht sein Glück beim Trampen oder man organisiert sich per Satellit ein Taxi (oder bucht es im Voraus). Zur Not sind es 5 km zu Fuß entlang der Straße bis zur asphaltierten Ruta Provincial 23, wo tagsüber dann doch mehr Betrieb ist. Von hier aus sind es noch 8 km bis El Chaltén.

Anforderungen: Anspruchsvolle Mehrtagestour. Die Abgeschiedenheit der Tour, schlechte Wegmarkierungen und die plötzlichen Wetterumschwünge erfordern neben entsprechender Erfahrung eine sehr gute Kondition, Trittsicherheit und Orientierungsvermögen in zum Teil wildem Gelände. Mehrfach müssen Bäche überquert werden (Sandalen mitnehmen!). Die Tirolesas (Seilrutschen) erfordern den gekonnten Einsatz eines Klettergurtes und auch etwas Armkraft. Am zweiten Tag läuft man ein

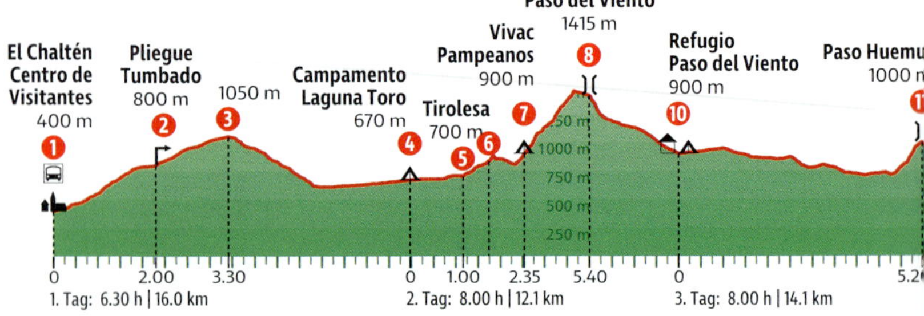

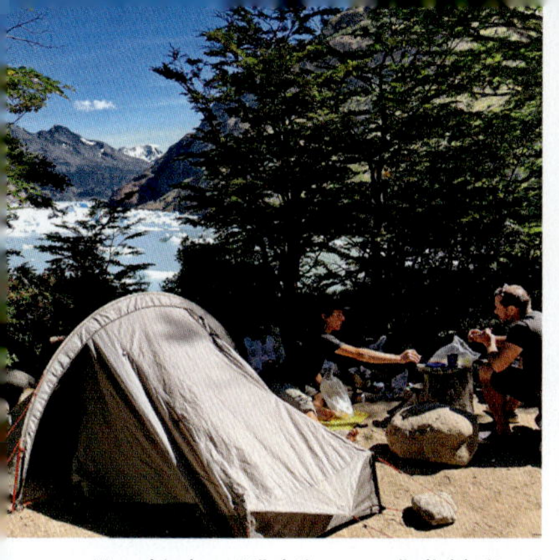

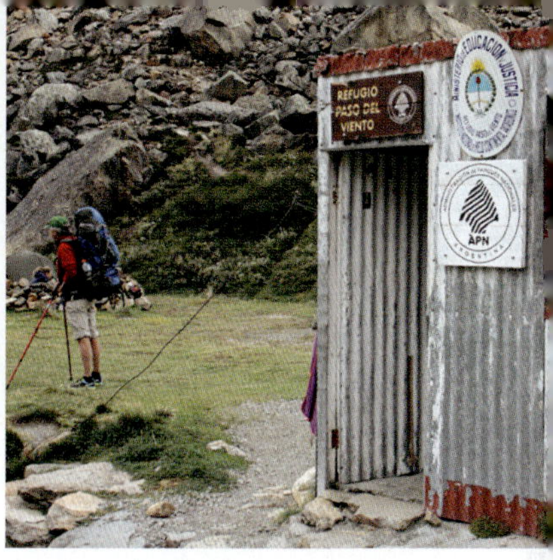

Verschiedene Nächtigungsmöglichkeiten im Lauf der Tour: Am zweiten Tag bietet das Refugio Paso del Viento (Foto rechts) zur Not ein Dach über dem Kopf, am dritten kann man vom Wald geschützt an der wundervollen Bahía de los Témpanos zelten (links).

Stück auf dem kalbenden Glaciar Túnel, was man mit normalen Bergschuhen und ohne Steigeisen problemlos bewältigen kann. Neben der üblichen Trekkingausrüstung für mehrere Tage in der Wildnis sind hier noch ein Gurt, eine Bandschlinge, 3 Schraubkarabiner und 35 m einer widerstandsfähigen Schnur nötig (für die Tirolesas, siehe Hinweis).
Unterkunft: Unterwegs in sturmfesten Zelten. Am Laguna Toro Camp und am Paso del Viento Camp befinden sich unbewirtschaftete Hütten, allerdings werden sie von Mäusen bewohnt und sind nur im absoluten Notfall zu empfehlen.

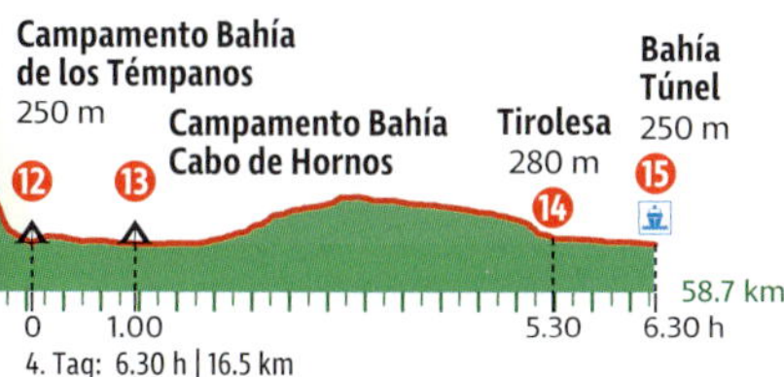

Einkehr: Keine Möglichkeit unterwegs.
Variante: Am Ende des vierten Tages in ca. 2.00 Std. zurück bis El Chaltén über die Estancia La Quinta (siehe Seite 279).
Hinweise: 1. Man muss den Parkeintritt unter ventaweb.apn.gob.ar im Voraus buchen (Parque Nacional Los Glaciares – Portal Los Cóndores auswählen).
2. Das nötige Material für die Seilrutschen kann man in El Chaltén mieten, z.B. bei Serac Expediciones, Av. San Martín 175. Lokale Bergführerin Soledad Benegas, Tel. +54 9 3513 843025, b.ilianasoledad@gmail.com
3. Auf den Etappen 1 und 4 kann man halbwilde Kühe antreffen, die zur Estancia Río Túnel gehören; am besten geht man ihnen langsam aus dem Weg und ärgert sie nicht.
4. Manchmal vermischt sich der Wanderweg auch noch mit den Rinderpfaden – oft endet man dann in einem Sumpf (Kühe lieben Sümpfe) und muss wieder ein Stück zurück zur letzten Gabelung. Dies gilt insbesondere für Etappe 4.
Information: Die Rangerstation hat ein Besucherzentrum (im Sommer täglich 9.00–17.00 Uhr), das einen Besuch lohnt.
Karten: Pixmap 1:50.000 Lago Viedma.

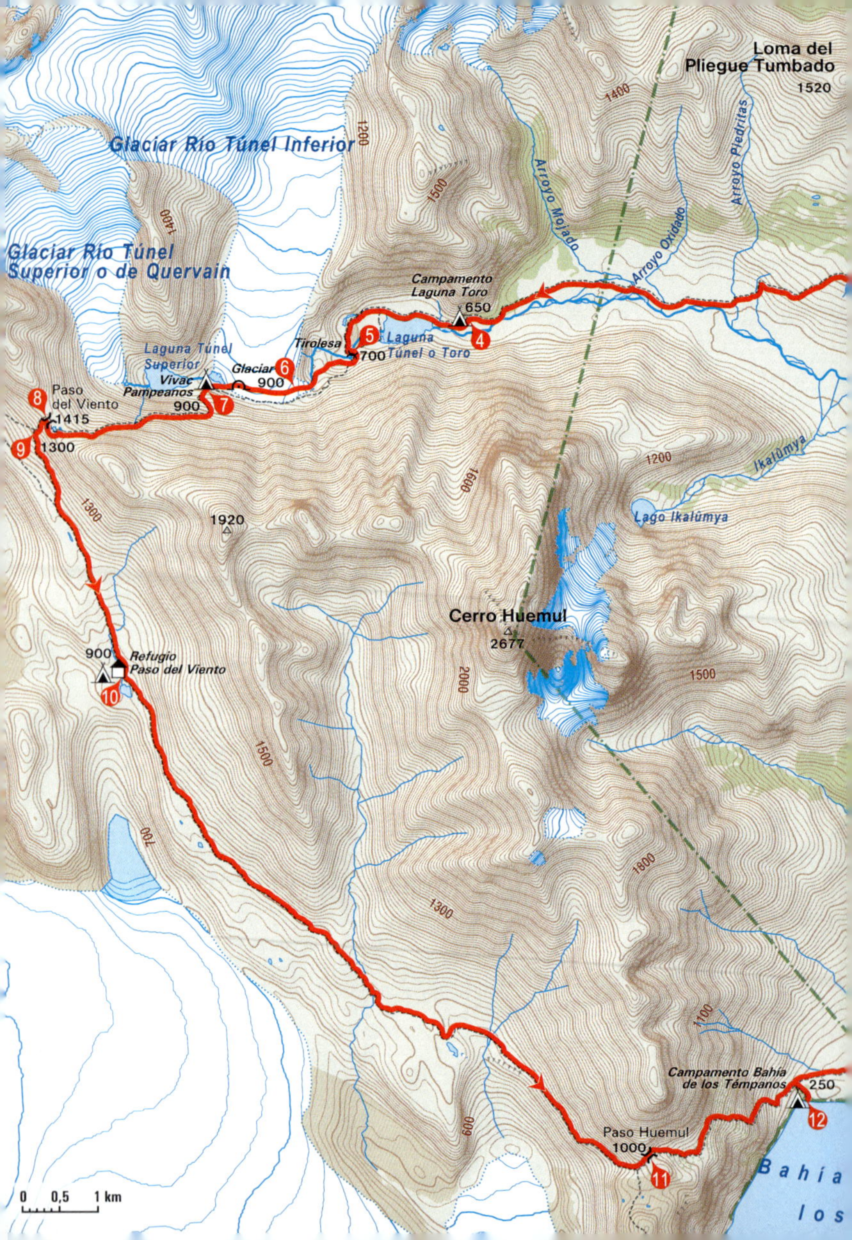
Loma del Pliegue Tumbado
1520
Glaciar Río Túnel Inferior
Glaciar Río Túnel Superior o de Quervain
Arroyo Mojado
Arroyo Oxidado
Arroyo Piedritas
Campamento Laguna Toro
650
Laguna Túnel o Toro
Tirolesa
700
Laguna Túnel Superior
Vivac Pampeanos
900
Glaciar
900
Paso del Viento
1415
1300
1920
Ikalúmya
Lago Ikalúmya
Cerro Huemul
2677
Refugio Paso del Viento
900
Campamento Bahía de los Témpanos
250
Paso Huemul
1000
Bahía los
0 0,5 1 km

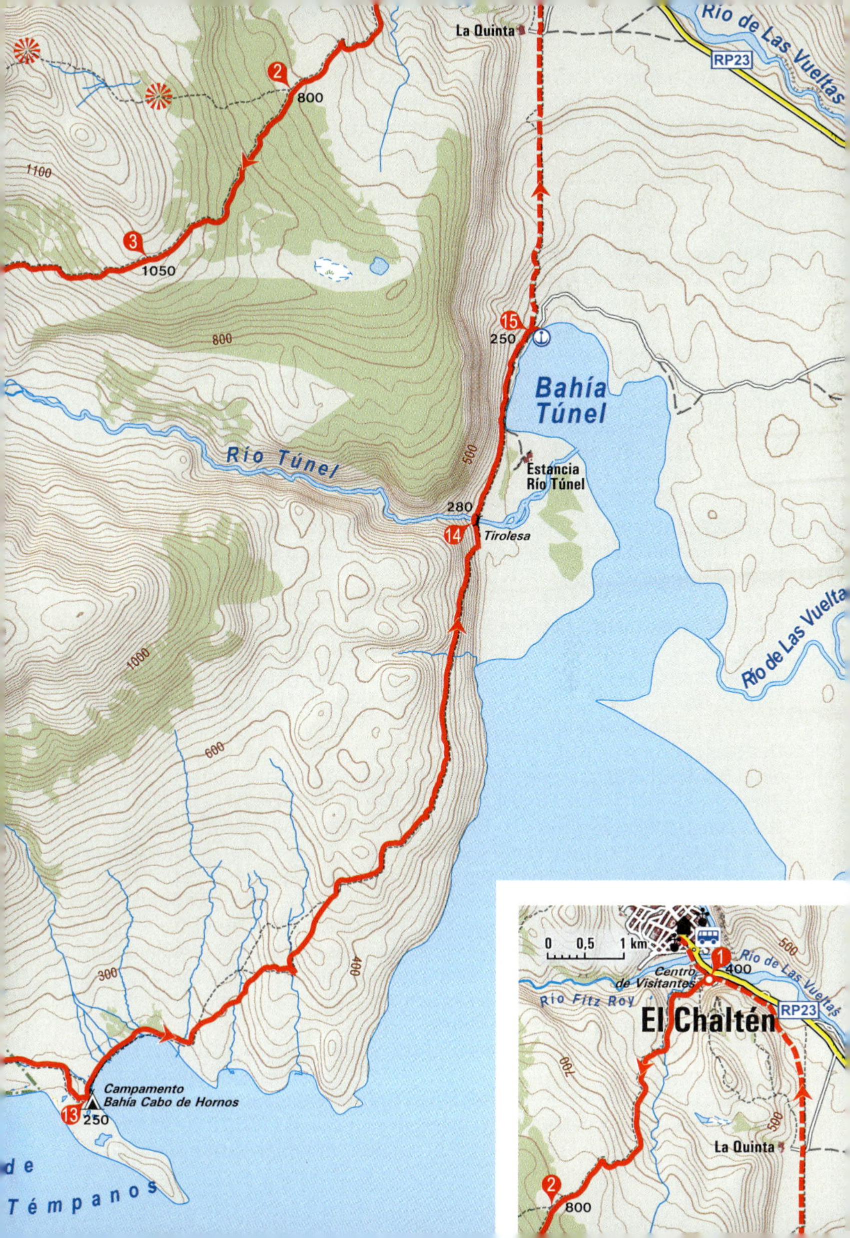

La Quinta
Río de Las Vueltas
RP23
2
800
1100
3
1050
800
15
250
Bahía Túnel
Río Túnel
500
Estancia Río Túnel
280
14
Tirolesa
Río de Las Vueltas
1000
600
300
400
Campamento Bahía Cabo de Hornos
13
250
de Témpanos
0 0,5 1 km
1
400
500
Centro de Visitantes
Río de Las Vueltas
Río Fitz Roy
El Chaltén
RP23
700
500
La Quinta
2
800

1. Tag: El Chaltén – Campamento Laguna Toro

6.30 Std., 720 Hm Aufstieg, 450 Hm Abstieg

Der Weg beginnt direkt an der **Rangerstation** ❶ südlich des Ortseingangs von El Chaltén und ist zunächst gut beschildert (»Loma del Pliegue Tumbado« bzw. »Laguna Toro«). Nach einem Zaungatter – links geht es zu den Miradores Cóndores und Águilas – wandern wir geradeaus und kommen zu einer kleinen Brücke. Hier links und ansteigend auf gutem Weg in Richtung Loma del Pliegue Tumbado. Die **Abzweigung** ❷ zum Pliegue Tumbado (siehe Tour 42) erreichen wir nach knapp 2.00 Std. Wir halten uns dort links in Richtung Laguna Toro. Über feuchte Wiesen und durch den Wald steigen wir weiter bis auf eine Höhe von ca. 1050 m. Danach beginnt der **Abstieg** ❸ in das **Tal des Río Túnel**, das wir nach etwas mehr als 1.00 Std. erreichen. Hier wenden wir uns nach rechts (Westen). Parallel zum Río Túnel wandern wir hinauf zum **Campamento Laguna Toro** ❹, das etwa 5 Min. vom See entfernt gut geschützt vor dem häufig starken Wind im Wald liegt.

Achtung: Bei sehr viel Schmelzwasser oder nach starkem Regen können Teile des an sich unübersehbaren Weges im Tal des Río Túnel unter Wasser stehen. Es kann dann nötig werden, Seitenarme des Río Túnel bzw. von Norden kommende Bäche zu durchwaten. Insbesondere kurz vor dem Laguna Toro Camp kriegt man normalerweise nasse Füße. Ein Versuch, diesen Bach zu umgehen, lohnt sich nicht.

2. Tag: Campamento Laguna Toro – Refugio Paso del Viento

8.00 Std., 12 km, 900 Hm Aufstieg, 670 Hm Abstieg

Wir verlassen das im Wald gelegene **Camp** ❹ und gelangen nach wenigen Metern um die schützenden Felswände herum auf die dem Wind voll ausgesetzten Ebenen an der Laguna Toro.

Der See selbst wird auf seiner Nordseite umgangen, und wir kommen zu einer Felsinsel. Steinmänner führen auf die Felsen hinauf und anschließend über ein kleines Hochtal und ein paar Meter flussabwärts zur etwas versteckten **Tirolesa** ❺ über den Río Túnel. Gurt an und mühsam auf die andere Seite! Ab hier gibt es zwei Wege, die sich auf dem Glaciar Túnel wieder treffen. Der erste folgt weiter den Steinmännern und steigt zunächst steil an. Wir erreichen einen felsigen Kamm und queren anschließend durch Moränenschotter leicht absteigend auf den **Glaciar Río Túnel** ❻.

Option 2, die empfohlene, geht folgendermaßen: Nach dem Überqueren mittels Tirolesa suchen wir den Weg hinunter an den Strand. Von hier aus flussaufwärts und dann links gelangen wir in eine schmale Schlucht, die direkt zur Front des Gletschers führt.

Wir müssen uns dann links (Süden) halten und durch Schutt etwas an Höhe gewinnen. Der Weg ist unklar und wegen des Gletscherrückgangs noch im Wandel. Wer genau schaut, findet einen sicheren Weg hinauf, ohne klettern zu müssen! So betreten wir von oben her den **Glaciar Río Túnel** ❻. Parallel zum Eisrand traversieren wir erst aufsteigend und dann absteigend das Eis

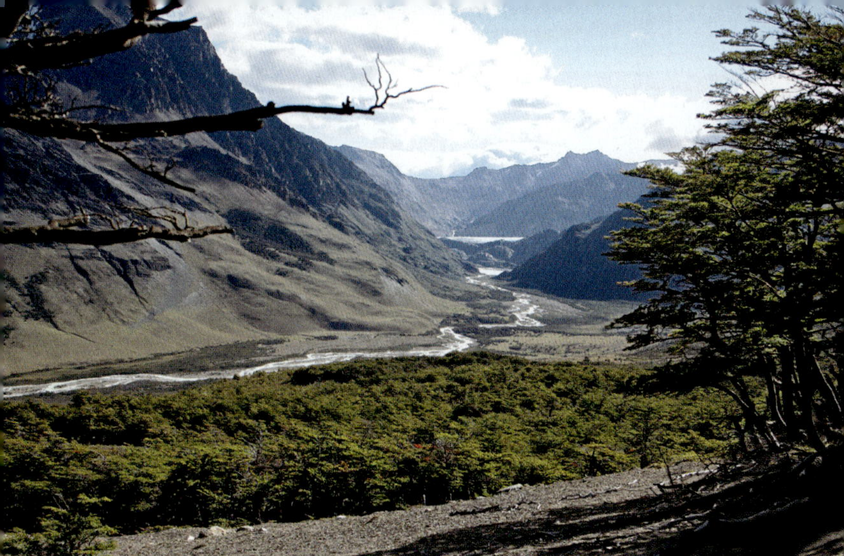

Der Blick ins Tal des Río Túnel. Der breite Pass in der Ferne ist der Paso del Viento.

zur Südwestecke des Gletschers (Steigeisen sind hier normalerweise nicht nötig). Hier verlassen wir den Gletscher und gelangen durch Schutt zu einigen durch Steinmauern geschützten Zeltplätzen, genannt **Vivac Pampeanos** 7. Den Steinmännern folgend wird der Pfad wieder deutlicher, und es geht steil bergauf, in einer großen Linksschlaufe nach Westen. Bald treffen wir auf eine Abzweigung, wo man den weniger steilen Weg bevorzugen sollte. Nun queren wir nur noch leicht ansteigend zum **Paso del Viento** 8. Der Blick hier ist zumeist im wahrsten Sinne des Wortes atemberaubend, Inlandeis und Wind geben sich die Hand.

Absteigend erreichen wir bald eine **Weggabelung** 9. Hier links halten! Weiterhin bergab gelangen wir in rund 2.00 Std. zu einem kleinen See, der Laguna del Refugio. Hier finden sich das winzige **Refugio Paso del Viento** 10 sowie direkt daneben einige mehr oder weniger geschützte Zeltplätze. (Achtung: Der Hunger der hier siedelnden Mäusepopulation ist legendär. Lebensmittel möglichst hängend in der Hütte lagern!)

3. Tag: Refugio Paso del Viento – Bahía de los Témpanos

8.00 Std., 14 km, 430 Hm Aufstieg, 1080 Hm Abstieg

Wir gehen um den See und wandern leicht an Höhe verlierend hoch über dem Glaciar Viedma nach Südosten. Nach etwa 3.00 Std. im gemütlichen Auf und Ab an den Hängen des Cerro Huemul geht es plötzlich steil hinauf zum **Paso Huemul** 11. Den Blick von oben sollten wir genießen, denn

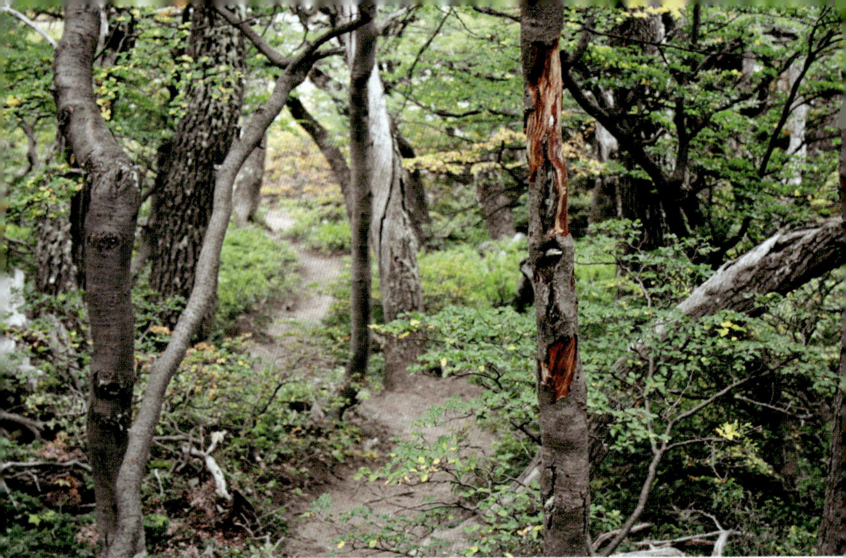

Märchenhaftes Wandern.

danach geht es noch steiler und teils unangenehm rutschig hinunter zur Bahía de los Témpanos am Lago Viedma. Dies ist der insgesamt schwierigste Abschnitt des gesamten Weges, zum Teil muss man sich von Baum zu Baum runterhangeln. An einer Stelle ist sogar manchmal ein Seil fixiert, auf das aber nicht unbedingt Verlass ist (die Verankerung vor dem Benutzen kontrollieren!).

Kaum sind wir unten im Tal, müssen wir auf die Abzweigung zum **Camp Bahía de los Témpanos** ⓬ achten. Hier geht es ohne Hinweis nach rechts in 5 Min. hinunter in die Bucht. Direkt am Strand kann man in einem Wäldchen geschützt campen. Häufig lohnt es sich, früh aufzustehen, da die aufgehende Sonne die in der Bucht gestrandeten Eisbrocken (nomen est omen, »témpanos« heißt »Eisberge«) unwirklich rosa beleuchtet. Dieses Camp wird auch »Vivac Las Lauchas« genannt, was »Mäusebiwak« heißt. Also gleiche Empfehlung wie am Paso del Viento: Vorsicht mit den Lebensmitteln!

4. Tag: Bahía Témpanos – Bahía Túnel

6.30 Std., 17 km, 300 Hm Aufstieg, 300 Hm Abstieg

Von der **Bahía de los Témpanos** ⓬ geht es zurück zur Abzweigung und dann parallel zum Seeufer nach Osten. Nach knapp 1.00 Std. gelangen wir in die nächste Bucht des Lago Viedma, die **Bahía Cabo de Hornos** ⓭. Auch hier kann man gut zelten. Wir kreuzen die Bucht und wenden uns nach

Norden ins Landesinnere. Rot markierte Pfosten und Trittspuren kennzeichnen den Pfad, allerdings verlieren sich diese nach und nach. Es gibt hier mehrere Pfade, die sich kreuzen und wieder verlieren; am besten immer rechts halten. Nach rund 2.00 Std. (ausgehend von der Bahía Cabo de Hornos) gelangen wir auf 600 m Höhe in ein sumpfiges Hochtal. Von hier geht es sanft absteigend parallel zum Lago Viedma in Richtung Norden bis zum Río Túnel Inferior. Entweder man benutzt die **Tirolesa** ⓮ oder man durchwatet den Fluss etwas weiter flussabwärts, um auf die andere Seite zu gelangen. Mit der Flussquerung sind wir praktisch wieder in der Zivilisation. Eine knappe Stunde nördlich des Flusses befindet sich der kleine Hafen an der **Bahía Túnel** ⓯.

Von dort verkehren Ausflugsbusse nach El Chaltén. Der Preis fürs Mitnehmen ist Verhandlungssache.

Variante: Bahía Túnel – El Chaltén über die Estancia La Quinta

2.00 Std., 300 Hm Aufstieg, 150 Hm Abstieg

Wer nicht trampen mag oder keine Busse findet, das Geld lieber für die Bar sparen oder einfach noch die Runde um den Huemul fertig laufen will: Es führt ein Weg direkt Richtung Norden von Bahía Túnel zurück nach El Chaltén. Man läuft dabei durch ein privates Grundstück, also sollte man sich zurückhaltend benehmen. Es geht ziemlich gerade über Hügel sanft steigend durch die Pampa. Nach gut 1.00 Std. kreuzen wir den Fahrweg, der zu den Wohnungen der Estancia La Quinta führt, halten uns aber auf dem Pfad unbeirrt weiter nach Norden. Noch zwei kleine Hügel sind zu bewältigen, bis wir an die Ruta Provincial 23 gelangen, der wir für die letzten 500 m bis **El Chaltén** ❶ folgen müssen.

Das Ende der dritten Etappe an der Bahía de los Témpanos. Mutig ist, wer sich hier traut zu baden!

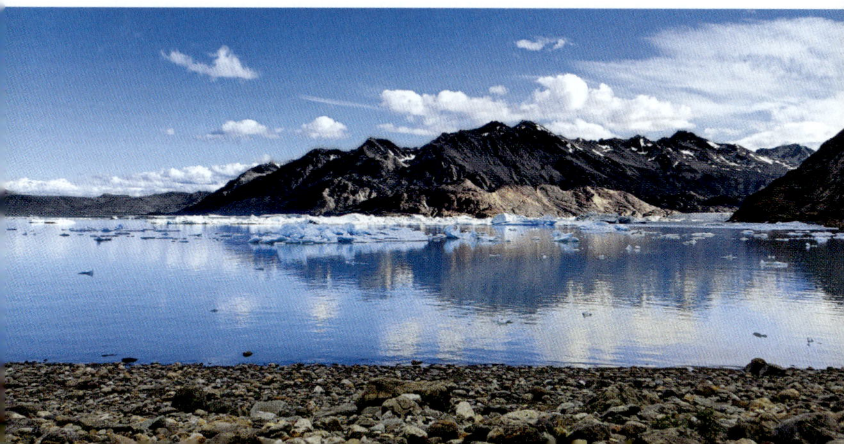

47 Zum Lago Frías

2 Tage

Das unbekannte Ende des Parque Nacional Los Glaciares

Das südliche Ende des Nationalparks Los Glaciares ist der vielleicht unbekannteste Teil dieses zum UNESCO-Weltnaturerbe erklärten Schutzgebietes. Das liegt zum einen an der schlechten Verkehrsanbindung und zum anderen natürlich daran, dass es hier nicht ganz so Spektakuläres wie am Fitz Roy oder beim Perito-Moreno-Gletscher zu schauen gibt. Trotzdem lohnt ein Besuch, vielleicht auch gerade, weil es hier etwas ruhiger zugeht. Letzteres betrifft allerdings nicht den Wind, der bläst wie überall am Fuß der Eisfelder kräftig. Generell sollte man sich überlegen, ob man nicht zumindest den Hinweg auf zwei Tagesetappen verteilt. Schöne Zeltplätze befinden sich z.B. am Südende des Lago Argentino unweit der zerstörten Brücke über den Río Frías Inferior. Auf jeden Fall einplanen sollte man einen Tag Aufenthalt am Ziel der Tour, dem Refugio Frías. Von dort lohnt u.a. ein Ausflug zu dem in einen Gletschersee fließenden Glaciar Grande.

Ausgangspunkt: Estancia Nibepo Aike, 200 m, 56 km südwestlich von Calafate. Wer über kein eigenes Fahrzeug verfügt, fährt ab Calafate mit dem Taxi.
Anforderungen: Nicht schwierig, aber zum Teil unangenehm zu gehen. Das betrifft insbesondere die Geröllfelder am Ostufer des Lago Frías.
Einkehr: Die wunderschöne Estancia Nibepo Aike mit insgesamt 23 Betten. Leider nichts für den kleinen Geldbeutel!
Unterkunft: Unterwegs im Zelt bzw. Refugio am Lago Frías (bis zu 10 Personen).
Variante: Vom Refugio Frías zu zwei Gletscherseen mit Eisschollen, insg. 3.30 Std.
Hinweis: Für die Tour ist eine Genehmigung vom Guardaparque am Lago Roca einzuholen. Wer weiter als bis zur Laguna Tres de Abril möchte, muss zudem mindestens zu dritt unterwegs sein!
Tipps: 1. Von der Estancia Nibepo Aike lohnt der Aufstieg auf den 1200 m hohen Cerro de los Cristales östlich der Estancia. Bei gutem Wetter bieten sich grandiose Blicke bis zu den Torres del Paine.
2. Die Tour wird von Calafate (oder direkt von der Estancia) aus auch als Tagestour angeboten, bei der der Lago Argentino und der Lago Frías mit Booten überquert werden (Info unter glaciarsur.com).
Information: Guardaparque am Eingang zum Nationalpark am Lago Roca bzw. Administration des Parks in Calafate. Ansonsten die Leute auf der Estancia Nibepo Aike, Tel. Of. Buenos Aires +54 11 52720341, Tel. Of. El Calafate +54 2902 492797, nibepoaike.com.ar.
Karten: Pixmap 1:250.000 Glaciar Perito Moreno; Pixmap 1:75.000 Brazo Rico.

1. Tag: Estancia Nibepo Aike – Refugio Frías

8.00 Std., 400 Hm Aufstieg, 350 Hm Abstieg

Wenn man wirklich an einem Tag bis zum Refugio Frías wandern möchte, sollte man früh starten. Von der **Estancia Nibepo Aike** ❶ wandert man dazu auf einem Fahrweg zunächst nach Westen und dann dem Linksbogen folgend immer mehr nach Süden. Nach ca. 3.00 Std. endet die Jeeppiste,

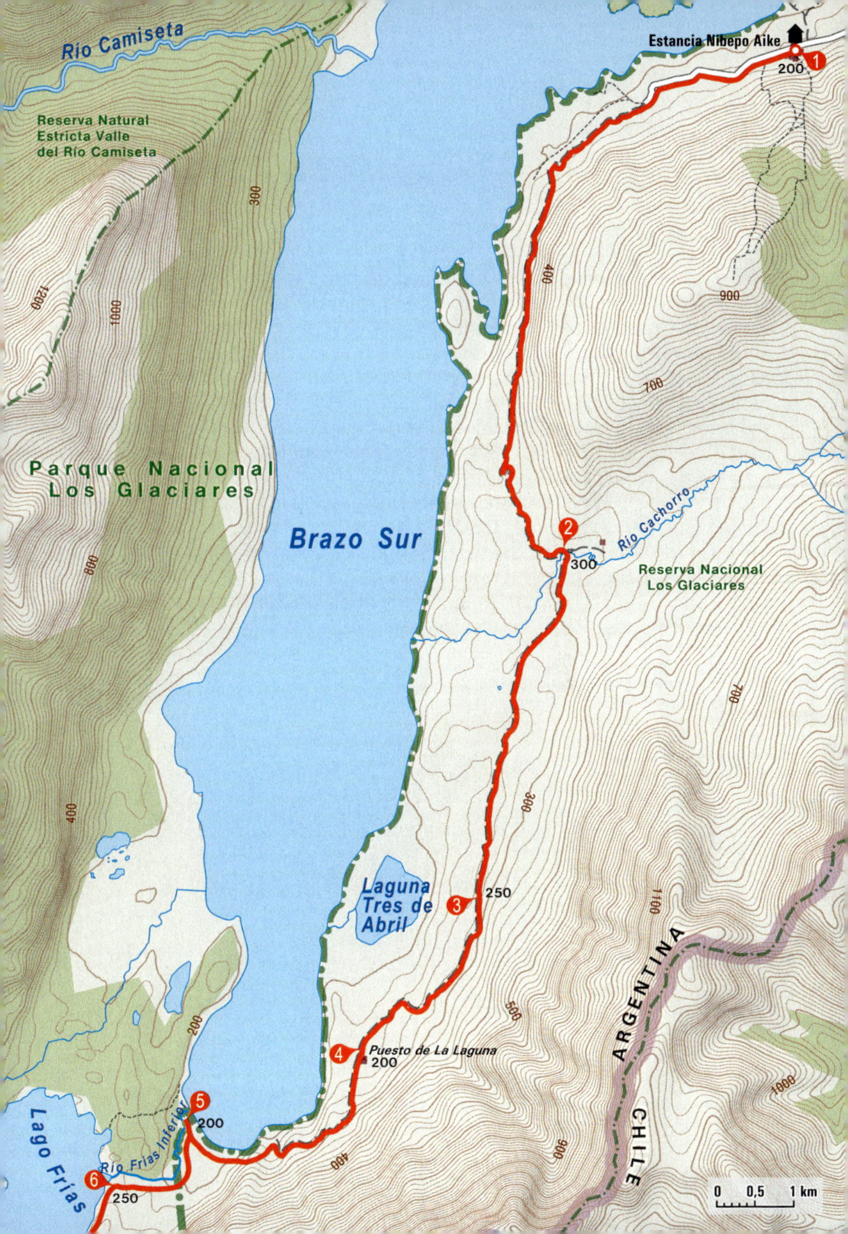

Río Camiseta
Reserva Natural
Estricta Valle
del Río Camiseta
Estancia Nibepo Aike
1
200
300
1200
1000
900
400
700
Parque Nacional
Los Glaciares
Brazo Sur
2
Río Cachorro
300
Reserva Nacional
Los Glaciares
800
700
300
Laguna
Tres de
Abril
3
250
1100
ARGENTINA
500
4
Puesto de La Laguna
200
1000
5
200
Lago Frías
Río Frías Inferior
6
250
400
900
CHILE
0 0,5 1 km

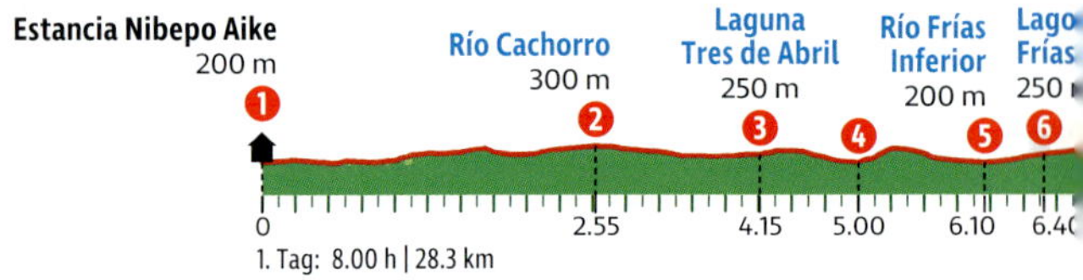

und man überquert den **Río Cachorro** ❷. Die Fahrspur setzt sich auf der anderen Seite des Baches fort und man folgt ihr leicht ansteigend durch eine von Brandrodung gekennzeichnete Wiesenlandschaft nach Süden. Bald kommt die **Laguna Tres de Abril** ❸ in Sicht, die man in einem Bogen parallel zum Ostufer umgeht. Weiter der Fahrspur folgend trifft man auf einen alten **Puesto** ❹, also einen ehemaligen Vorposten der Estancia. Unter seinem knarrenden Wellblechdach kann man prima Mittagspause machen. Nächstes Ziel ist nun das Südufer des Lago Argentino, wo der **Río Frías Inferior** ❺ in den See einmündet. Dort befindet sich eine zerstörte Hängebrücke, die früher für den Viehtrieb zu den Wiesen auf der Westseite des Flusses genutzt wurde. Der Weg endet hier. Parallel zum Ostufer des Río Frías Inferior erreicht man weglos bald den von spektakulären Bergen umgebenen **Lago Frías** ❻. Über viel Geröll geht es am Ufer entlang weiter nach Süden. Bald erkennt man einen winzigen weißen Punkt auf der anderen Seite des Sees – das Ziel des heutigen Tages, das Refugio Frías.

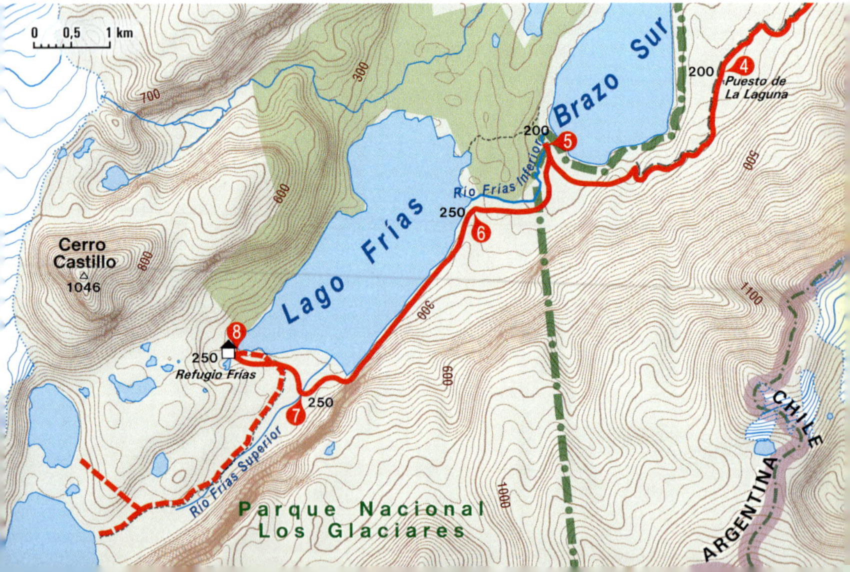

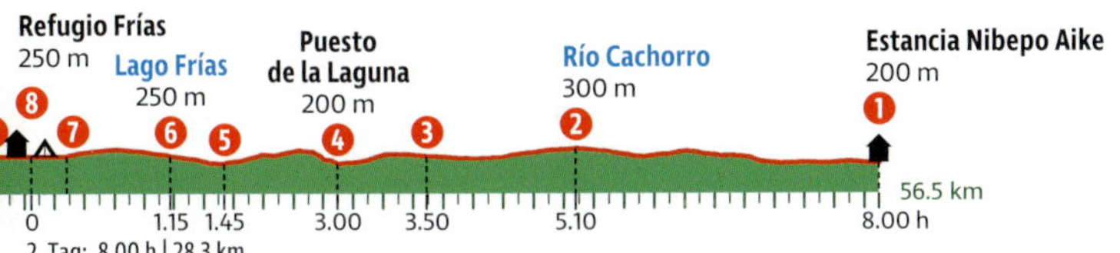

Noch aber stolpert man weiter und zumeist gegen den Wind das Ostufer des Lago Frías entlang, bis man zum **Río Frías Superior** ❼ gelangt. Auch hier existiert wieder eine nur mehr rudimentär erhaltene Hängebrücke, bloß dieses Mal muss man sie auch benutzen. Über die noch vorhandenen Stahlseile traversiert man auf die andere Seite des Flusses und wandert im Anschluss weiter zum **Refugio Frías** ❽. Dort gibt es einige schöne Zeltgelegenheiten.

Pflichtausflug vom Refugio Frías sind zwei sich südwestlich befindende Gletscherseen, in denen sich Eisberge der sich auf dem Rückzug befindenden Eisströme am Ufer stapeln. Einen Tag extra sollte man dafür einplanen.

2. Tag: Refugio Frías – Estancia Nibepo Aike
8.00 Std., 350 Hm Aufstieg, 400 Hm Abstieg
Der Rückweg ist mit dem Hinweg identisch.

Die auf Tourismus eingestellte Estancia Nibepo Aike am Ausgangspunkt.

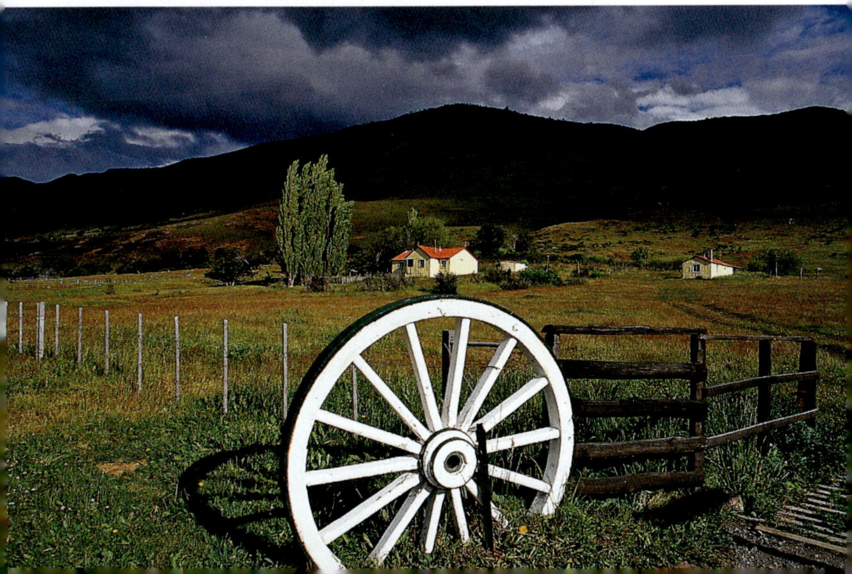

Feuerland – das Ende der Welt

Das patagonische Festland, und somit auch der amerikanische Kontinent, wird im Süden von der Magellanstraße begrenzt. Diese diente der Expedition von Fernando de Magallanes im Jahr 1520, um vom Atlantik zum Pazifik zu gelangen und so die erste Umrundung des Globus zu vollbringen. Während seiner Durchquerung des Kanals fielen Magallanes die vielen kleinen Feuer auf, die die Einheimischen zum Schutz gegen die Kälte unterhielten, und so gab er der Region den Namen »Feuerland«. Heutzutage bezieht sich dieser Begriff auf die unzähligen Inseln, die sich jenseits der Magellanstraße für noch 400 km als letzte Erhebungen der Kontinentalplatte erstrecken.

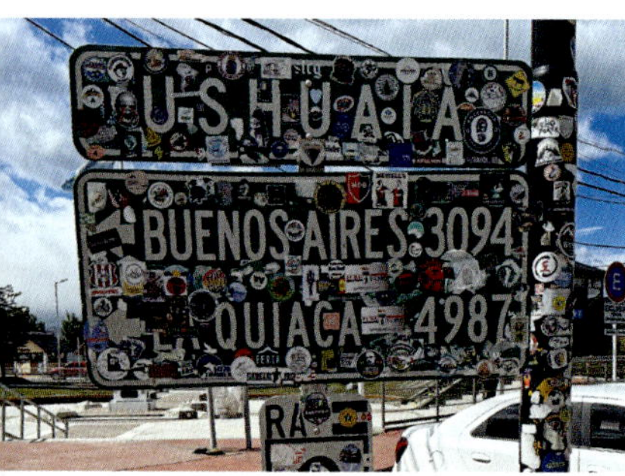

Die bei Weitem bedeutendste Insel Feuerlands heißt Isla Grande de Tierra del Fuego und ist mit ihren 48.000 km² ein wenig größer als die Schweiz. Ihre Topografie ist ähnlich wie die Patagoniens, nur ist hier die Kordillere in West-Ost-Richtung orientiert. Somit haben wir im Norden Steppe und ewigen Wind und im Süden Wälder und Berge. Politisch gesehen gehört der kleinere Teil Feuerlands zu Argentinien: die östliche Hälfte der Isla Grande und die Isla de los Estados im Südosten. Das chilenische Feuerland erfasst den gesamten Westen (mitsamt der legendären Darwin-Kordillere) und die Inseln südlich der Isla Grande, deren letzte Kap Hoorn ist.

Auf der Isla Grande leben ca. 200.000 Menschen, vor allem Argentinier, hauptsächlich in den drei Städten Río Grande (97.000 Einwohner), Tolhuin (10.000 Einwohner) und Ushuaia (82.000 Einwohner). Davon ist aus touristischer Sicht vor allem Ushuaia als »südlichste Stadt der Welt« interessant. Ihre Lage am Beagle-Kanal, ihre Geschichte und auch ihre Berglandschaft sind einen Besuch wert. Alle hier vorgeschlagenen Touren starten entweder in Ushuaia oder benutzen die Stadt als Stützpunkt.

Die bedeutendsten Siedlungen Chiles in Feuerland sind Porvenir (10.000 Einwohner) auf der Isla Grande direkt gegenüber von Punta Arenas und Puerto Williams (2000 Einwohner) auf der Isla Navarino am südlichen Ufer des Beagle-Kanals. Obwohl der chilenische Teil Feuerlands etwa dreimal so groß wie der argentinische ist, ist er kaum besiedelt: Das Klima ist dort einfach zu hart.

Der Faro del Fin del Mundo (»Leuchtturm am Ende der Welt«) hilft seit 1920 den Schiffen am Beagle-Kanal in die Bucht von Ushuaia.

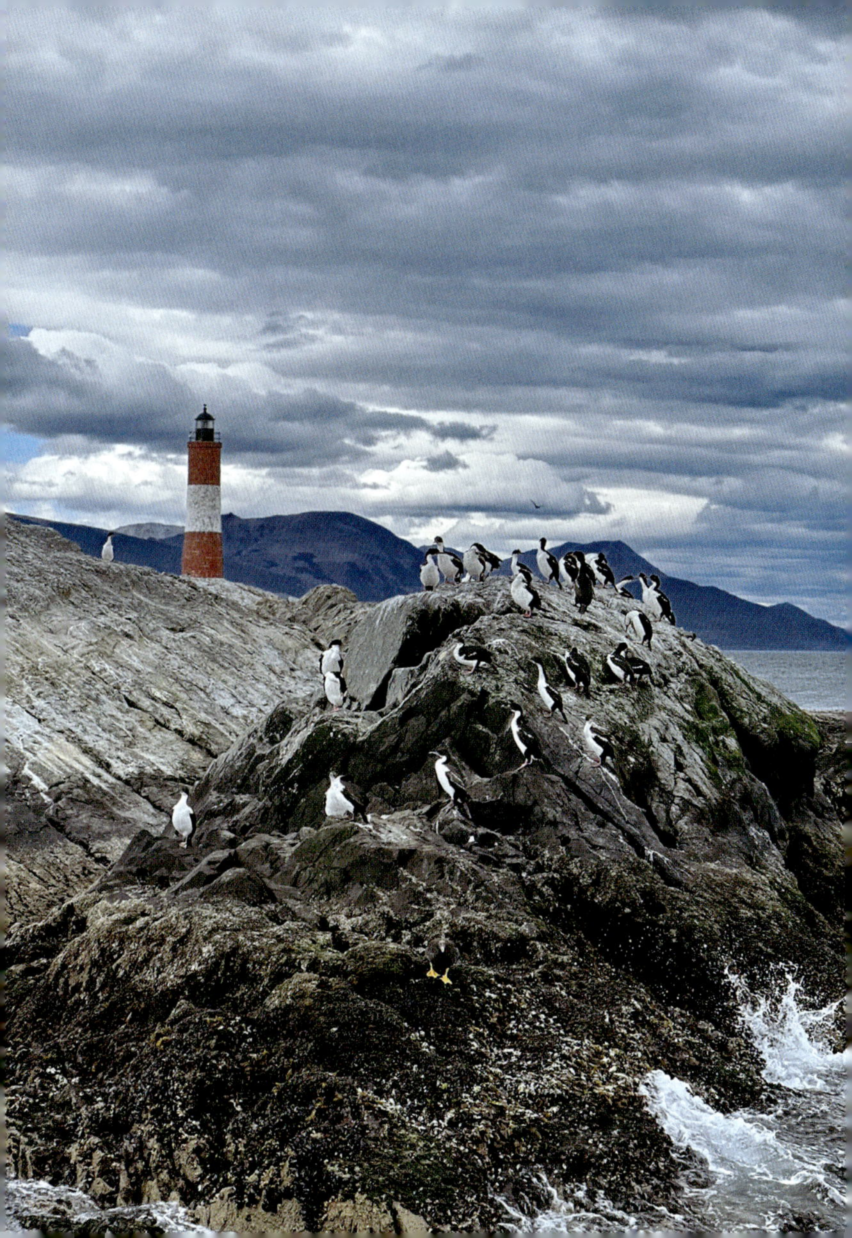

TOP

↗ 1900 m | ↘ 1900 m | 45.4 km

48 Circuito de los Dientes de Navarino

5 Tage

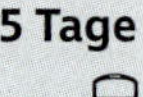

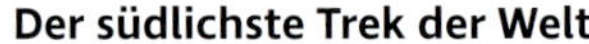

Der südlichste Trek der Welt

Auf der Südseite des Beagle-Kanals, gegenüber von Ushuaia, befindet sich die immerhin 2500 km² große Isla Navarino. Sie wurde Tausende Jahre lang von den Yámanas bewohnt, ist aber heute großteils verlassen. Die gesamte Insel gehört politisch zu Chile und wurde 2005 von der UNESCO zum Biosphärenreservat ernannt. Dieser Titel spiegelt den Versuch wider, »nachhaltige Entwicklung in ökologischer, ökonomischer und sozialer Hinsicht« in diesem weitgehend naturbelassenen Fleck am Ende der Welt zu garantieren. Auf der Westseite der Insel befindet sich die historisch und archäologisch bedeutende Caleta Wulaia, der windgeschützteste Hafen des Beagle-Kanals. Hier wurden mehrere Kapitel der Geschichte der frühen Begegnungen zwischen Europäern und Ureinwohnern geschrieben. Am nördlichen Ufer – und damit direkt am Beagle-Kanal – befindet sich das einzige heute bewohnte Fischerdorf, Puerto Williams. Südlich der Insel beginnt die Wollaston-Inselgruppe, zu der auch das noch 100 km entfernte Kap Hoorn gehört. Die Landschaft der Isla Navarino wird von den spitzen Türmen des Dientes-Massivs dominiert (»dientes« heißt »Zähne«); der Circuito bietet eine von wilder Natur geprägte Rundtour um dessen höchste Gipfel.

Ausgangspunkt: Puerto Williams, 25 m, erreichbar entweder von Ushuaia oder Punta Arenas mit Flug oder Fähre; Infos unter exploraislanavarino.com. In allen Fällen ist die Anreise wetterabhängig, Flexibilität ist also angesagt.
Anforderungen: Fordernde Tour auf nicht immer gut markierten und nicht sehr begangenen Wegen durch Wald, Schlamm und Geröll. Das wechselhafte Wetter und die Abgeschiedenheit der Route verlangen eine entsprechend komplette Ausrüstung. Trittsicherheit, Gespür für die Wegfindung und Erfahrung im selbstständigen Wandern sind Voraussetzungen.
Einkehr: In Puerto Williams gibt es mehrere Restaurants, unterwegs keine.
Unterkunft: In Puerto Williams: z.B. Hostal Akainij, Calle Austral 22; unterwegs im Zelt.
Variante: Lago Windhond: Der Titel »Südlichste Trekkingtour der Welt« für den Circuito de los Dientes de Navari-

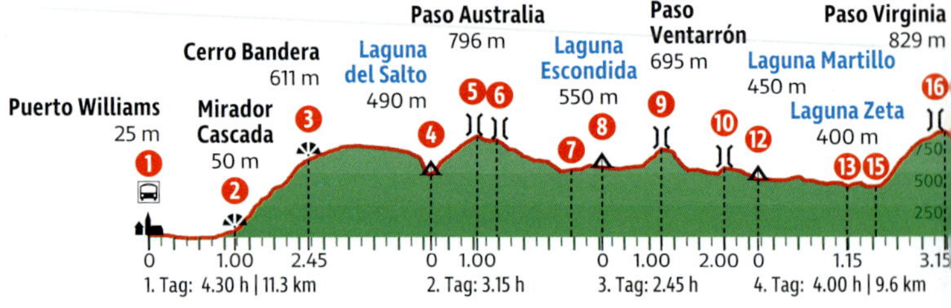

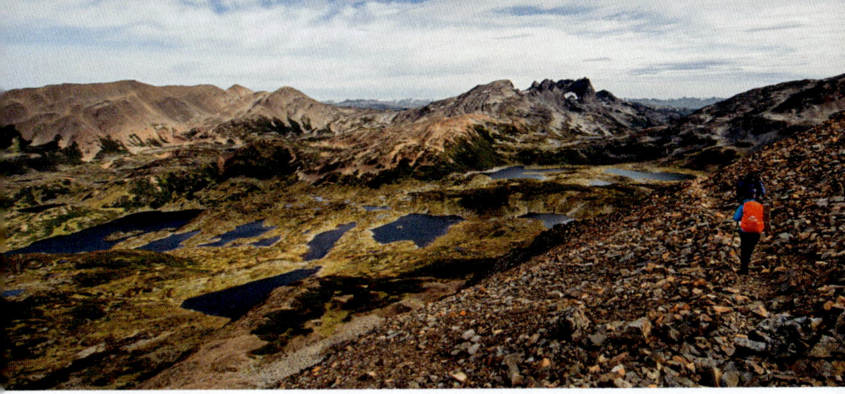

Am Paso Ventarrón (»Windböe«). Der Cerro Clem im Hintergrund ist nach Clem Lindenmayer, dem »Erfinder« dieser Tour, benannt.

no ist eigentlich nicht ganz angebracht, denn der weniger bekannte Trek zum Lago Windhond kommt dem Südpol noch 10 km näher. Er beginnt am zweiten Tag des Circuito, an der Südseite der Dientes. Hier nimmt man den deutlich weniger markierten Pfad geradeaus nach Süden in ein Wäldchen hinein, wo man nächtigt. Am nächsten Morgen geht es auf den Monte Bettinelli, auf der anderen Seite beginnt der lange Abstieg durch Wälder, Flüsse und Torffelder bis zum Refugio Charles (ein absoluter Luxus!). Der Lago Windhond befindet sich 1 km südlich des Refugio. Es gäbe auch noch einen Pfad am Ostufer des Sees weiter nach Süden bis zur Bahía Windhond (ein langer Tag hin und zurück ab Refugio). – Der Rückweg von der Hütte nach Puerto Williams erfolgt direkt nach Norden durch das Windhond-Tal und den Paso Alinghi in weiteren 2 Tagesmärschen. Insgesamt 5–6 (oft sehr feuchte) Tage.

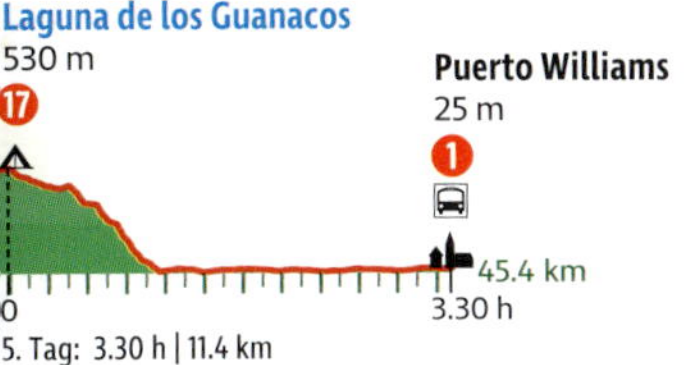

Hinweise: 1. Man muss sich bei der Polizeistation in Puerto Williams für den Trek anmelden und auch am Ende rückmelden; keine Eintrittsgebühr.
2. Die Pass- und Gepäckkontrolle an der chilenischen Grenzstation bei der Ankunft auf der Insel kann langwierig sein.
3. Die Mitnahme frischer Lebensmittel ist verboten! In Puerto Williams gibt es mehrere kleine Geschäfte, in denen man sich mit Lebensmitteln und anderen nützlichen Dingen versorgen kann.
Information: Tourist-Info im Einkaufszentrum in Puerto Williams, wo es auch einen kleinen Prospekt und eine Karte gibt. – Eine präzise Beschreibung des Treks liefert die Broschüre »Circuito Dientes de Navarino« (mit 1:120.000-Karte), die man nur in Punta Arenas erhält (im Büro von Bienes Nacionales). Man kann sie aber auch unter rutas.bienes.cl/ruta_patrimonial/dientes-de-navarino-cabo-de-hornos/ kostenlos herunterladen.
Karten: Pixmap 1:50.000 Dientes de Navarino.

1. Tag: Puerto Williams – Laguna del Salto

4.30 Std., 730 Hm Aufstieg, 260 Hm Abstieg

Von der zentralen Plaza O'Higgins in **Puerto Williams** ❶ wenden wir uns nach Westen und folgen den Straßen Maragaño, Teniente Muñoz und Cabo de Hornos bis zur Plaza de la Virgen, wo wir bei der Marienstatue links abbiegen. Die Straße führt uns weiter nach Westen und nachdem wir an einer Abzweigung rechts gegangen sind, erreichen wir den **Mirador Cascada** ❷, mit Parkplatz, Picknickstelle und Wasserfall am Río Róbalo. Bis hierher ist es ca. 1.00 Std., die man sich per Auto (mit dem Hotel absprechbar, Taxis gibt es nicht) sparen könnte. Hier finden wir den »HITO 1«, den ersten von 38 Wegweisern, die uns in den folgenden Tagen bei der Orientierung helfen werden.

Wir laufen in den Wald hinein und erreichen 10 Min. später den nächsten Wegweiser, wo wir scharf nach Osten abbiegen, um den Cerro Bandera im Zickzack zu besteigen. Mühsam geht es gut 1.00 Std. den Berg hinauf; an der Waldgenze erwartet uns eine Markierung, kurz darauf erreichen wir den Gipfelgrat des **Cerro Bandera** ❸. Von hier aus hat man eine tolle Sicht auf den Beagle-Kanal bis Ushuaia und auch auf Zacken der »Dientes« direkt vor uns.

Nun wandern wir gut 1.00 Std. parallel zur Waldgrenze am westlichen Hang des windausgesetzten Grates entlang nach Südwesten. Steinmänner und Markierungen unterstützen uns bei der Orientierung. Oberhalb eines Bergsees ist der Punkt markiert, wo wir scharf nach rechts abbiegen und steil absteigend und im Geröll rutschend die **Laguna del Salto** ❹ erreichen, auf deren Ostseite der Zeltplatz liegt.

2. Tag: Laguna del Salto – Laguna Escondida

3.15 Std., 360 Hm Aufstieg, 300 Hm Abstieg

Wir laufen in Richtung Wasserfall *(salto)* zum Südufer der Laguna und umrunden den Felshügel links. Es geht erst duch ein kleines Tal und dann durch offenes Gelände auf felsigem Untergrund Richtung Süden. Ein Hügel führt uns zum ersten Pass, dem Paso Primero, und etwas später erreichen wir den 20 m höheren **Paso Australia** ❺.

Weiter geht es nach Südosten am Hang, ohne zur Laguna del Paso hinabzusteigen. So erreichen wir den

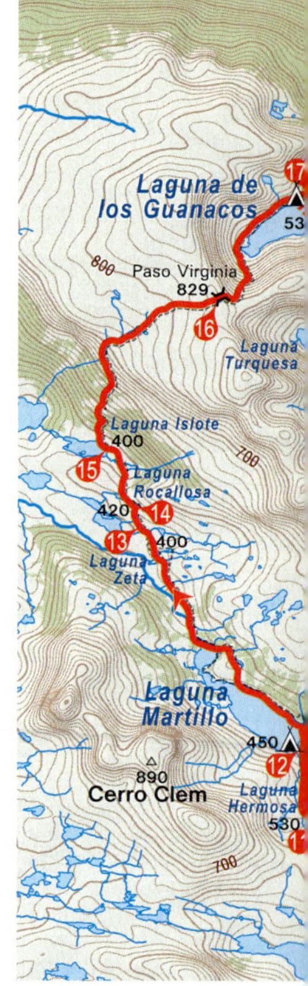

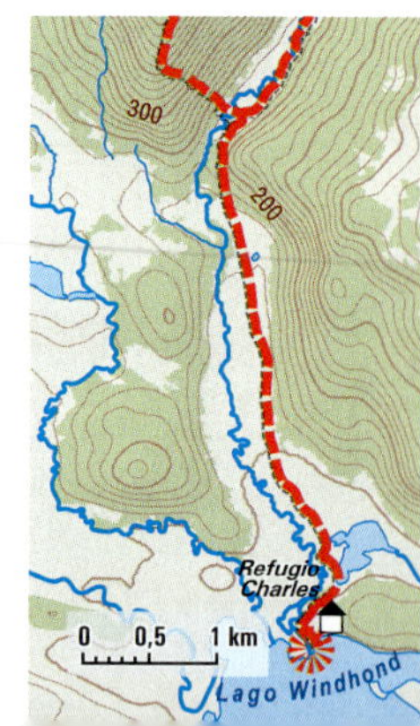

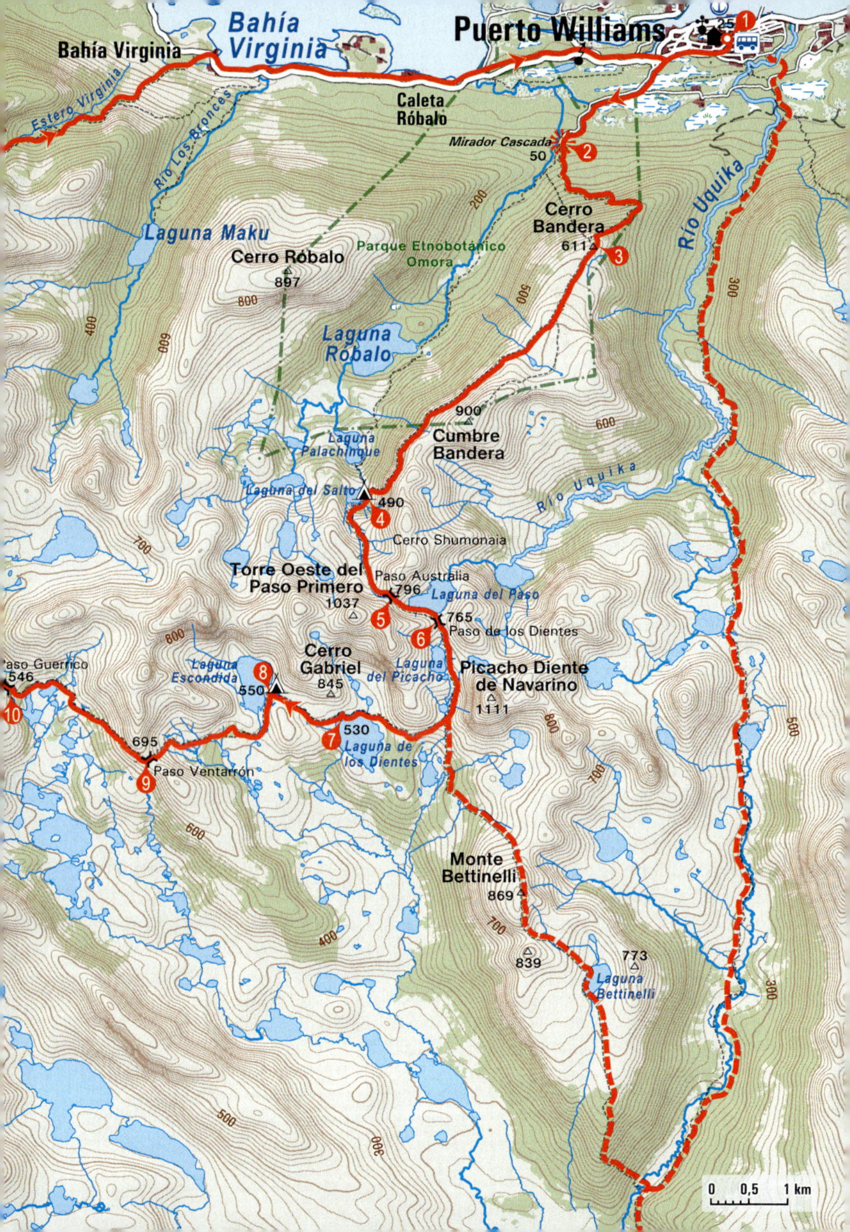

Bahía Virginia
Bahía Virginia
Puerto Williams
Estero Virginia
Río Los Bronces
Caleta Róbalo
Mirador Cascada
50
Laguna Maku
Cerro Róbalo
897
Parque Etnobotánico Omora
Cerro Bandera
611
Río Uquika
Laguna Róbalo
900
Cumbre Bandera
Laguna Palachinque
Laguna del Salto
490
Cerro Shumonaia
Torre Oeste del Paso Primero
1037
Paso Australia
796
Laguna del Paso
765
Paso de los Dientes
Paso Guerrico
546
Laguna Escondida
550
Cerro Gabriel
845
Laguna del Picacho
Picacho Diente de Navarino
1111
695
Paso Ventarrón
530
Laguna de los Dientes
Monte Bettinelli
869
839
773
Laguna Bettinelli
0 0,5 1 km

nächsten Pass, den **Paso de los Dientes** ❻. Hier öffnet sich das Panorama nach Süden: Bei gutem Wetter geht der Blick bis Kap Hoorn.
Nun steigen wir duch ein kleines Tal hinab und passieren die Laguna del Picacho an ihrem Ostufer. Nach einem weiteren runden Bergsee kommen wir an die Abzweigung zum Lago Windhond (Variante), halten uns aber rechts. Nun nach Westen absteigend, erreichen wir wieder den Wald an der **Laguna de los Dientes** ❼. Wir folgen einem Bach aufwärts nach Westen, bis plötzlich die **Laguna Escondida** ❽ (»versteckt«) vor uns liegt. Direkt am See kann man bei gutem Wetter zelten, ansonsten wandern wir noch 5 Min. nach Süden und finden zwischen den Südbuchen besseren Schutz.

3. Tag: Laguna Escondida – Laguna Martillo
2.45 Std., 210 Hm Aufstieg, 310 Hm Abstieg
Vom Südende der Laguna folgen wir ein paar Minuten dem Bach und wenden uns an einer Markierung nach Westen in ein Tal hinein; direkt vor uns sehen wir am Grat einen Sattel. Um ihn zu erreichen, geht es erst flach durch das Tal und dann kurz ziemlich steil hinauf. So erreichen wir den **Paso Ventarrón** ❾. Statt auf der anderen Seite hinabzusteigen, folgen wir dem Hang nach Nordwesten erst kurz steigend und dann erst allmählich bergab quer durch den Wald, an der rechten Seite des Tals. So erreichen wir den Fuß des **Paso Guerrico** ❿, zu dem wir durch ein Wäldchen geradeaus aufsteigen.
Nun umrunden wir die **Laguna Hermosa** ⓫ auf ihrer Südseite bis zu ihrem Abfluss (Markierung) und biegen nach Norden. Leicht im Wald absteigend erreichen wir den Zeltplatz an der **Laguna Martillo** ⓬ (auf Deutsch »Hammer«).

4. Tag: Laguna Martillo – Laguna de los Guanacos
4.00 Std., 510 Hm Aufstieg, 430 Hm Abstieg
Anfangs wandern wir am rechten Ufer des Sees entlang und schneiden an der Halbinsel den Weg ab. Wir gelangen wieder an die Laguna und folgen ihr bis zu ihrem Abfluss (markiert). Von hier wandern wir nach Norden zu einem Hügel mit einem weißen Felsen, und – sobald wir ihn erreichen – auf der anderen Seite in die gleiche Richtung weiter. Unserer Weg führt nun an mehreren kleinen Bergseen vorbei. Der erste heißt **Laguna Zeta** ⓭, kurz dahinter kommen wir ans Ufer der etwas größeren **Laguna Rocallosa** ⓮.
Nachdem wir diese über ein paar größere Felsen rechts umgangen haben, steigen wir ein wenig nach Norden und erreichen eine Markierung an einem weißen Stein. Von hier aus können wir den Weg bis zum Paso Virginia im Norden überblicken. Erst geht es hinab zur **Laguna Islote** ⓯ und dann weiter durch schlammigen Wald, gefolgt von Grasflächen, hinauf auf ein Hochplateau. Anfangs an einem Bächlein entlang, wandern wir nun leicht ansteigend bis zum sehr windausgesetzten **Paso Virginia** ⓰. Hier liegt oft

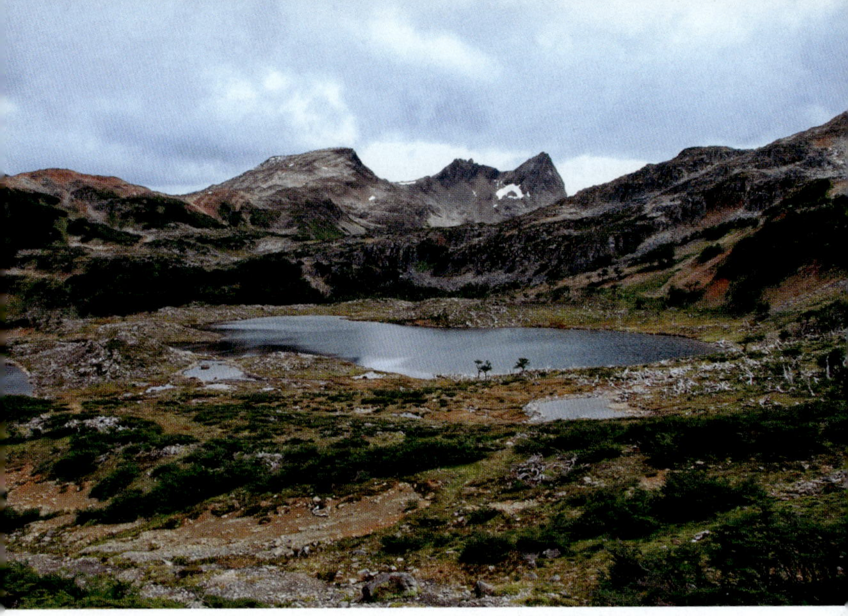

Gegenüber von uns ist der Aufstieg zum Paso Guerrico zu erkennen.

noch Schnee, sodass man vor Schneewechten auf der Hut sein muss. Man darf sich den Schneewechten auf keinen Fall nähern, denn man kann nie wissen, wie sehr sie überhängen und wie weit hinten sie abbrechen können! Von der anderen Seite des Passes sehen wir unser heutiges Ziel und steigen (anfangs mit einer Rechtskurve) ans linke Ufer der **Laguna de los Guanacos** ⑰ hinab. Die besseren Zeltplätze liegen am Nordende des Sees sowie ein wenig weiter unten an seinem Abfluss.

5. Tag: Laguna de los Guanacos – Puerto Williams
3.30 Std., 90 Hm Aufstieg, 600 Hm Abstieg
Heute geht es nur noch bergab. Wir umrunden einen zweiten See, »Laguna Las Guanacas« genannt, auf seiner rechten Seite und halten uns auf der rechten Seite des Baches Estero Virginia. Erst geht es durch Wald, dann kommt eine Lichtung mit weiteren kleinen Tümpeln, die wir rechts passieren, bevor wir wieder in den Wald einsteigen. Kurz darauf wird es wieder licht und wir durchqueren einen letzten Waldfleck vor der letzten Markierung. Ab hier geht es Richtung Nordwesten zwischen Calafates (stacheligen Büschen) und am Ende einigen Südbuchen hinunter zu den Gebäuden an der Caleta McLean. Von hier aus sind es zu Fuß noch zwei flache Stunden an der Straße entlang bis **Puerto Williams** ①.

↗ 1000 m | ↘ 1000 m | 14.1 km

49 Bahía Lapataia – Cerro Guanaco, 973 m

6.15 h

Atemberaubende Aussichten im Parque Nacional Tierra del Fuego

Der Río Lapataia ist ein bedeutender Fluss, der in der wenig erforschten Darwin-Kordillere im Herzen Feuerlands durch Schmelzwasser seinen Ursprung hat. Er fließt nach Süden und bildet, dank eines natürlichen Staudamms, kurz vor seinem Abfluss am Beagle-Kanal den binationalen Lago Errázuriz/Roca/Acigami. Auch dieser See besitzt drei verschiedene Namen: Die ersten beiden gedenken jeweils Expräsidenten von Chile und Argentinien, letzterer ist der wieder in Gebrauch genommene »Originalname« der Yámanas. Acigami bedeutet in der Yagán-Sprache so viel wie »langer Korb«, wie so oft ein figurativer Name. Am »unteren« Ende des Lago Acigami mündet der Río Lapataia dann in der gleichnamigen Bucht in den Beagle-Kanal. Lapataia bedeutet übrigens auf Yagán »bewaldete Bucht«, und tatsächlich ist der Parque Nacional Tierra del Fuego der einzige Nationalpark in Argentinien, wo der Südbuchenwald bis ans Meer reicht. Um diese besondere Ecke des Nationalparks mit Perspektive betrachten zu können, steigen wir direkt vom Ufer des Acigami auf den nahe gelegenen Cerro Guanaco.

Am Ufer des Lago Acigami.

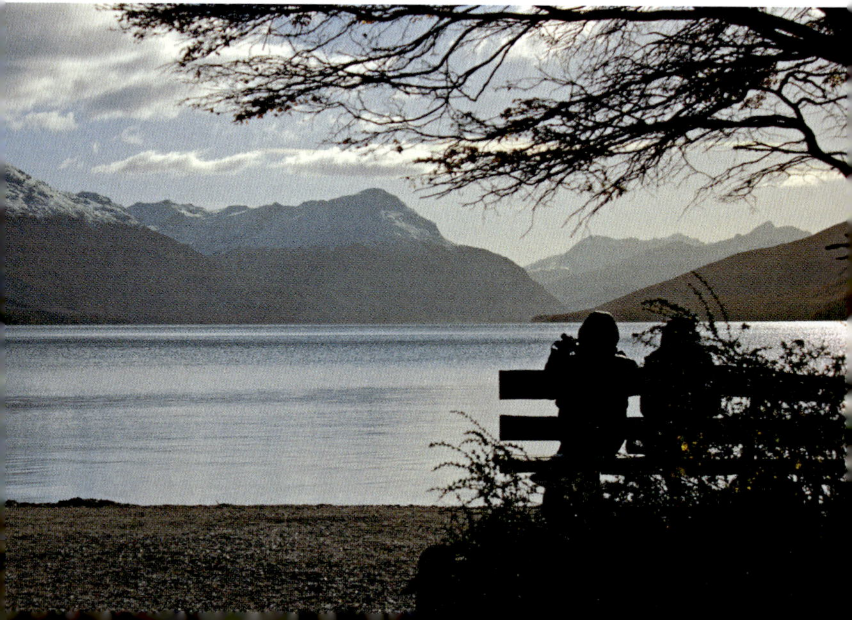

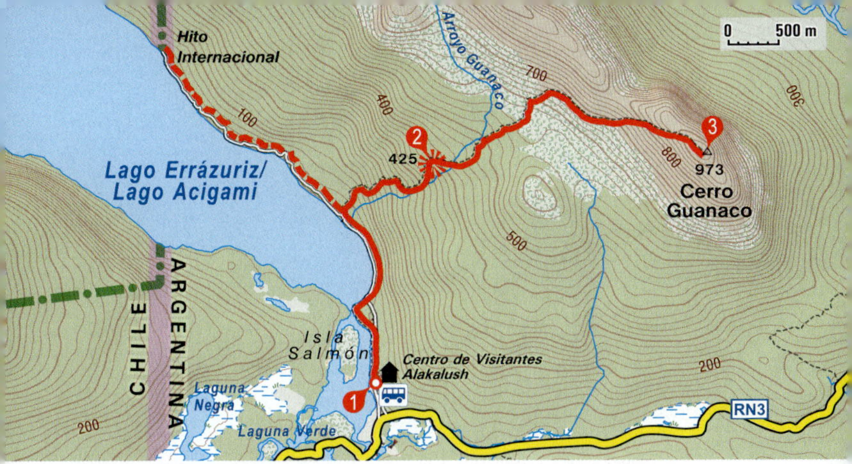

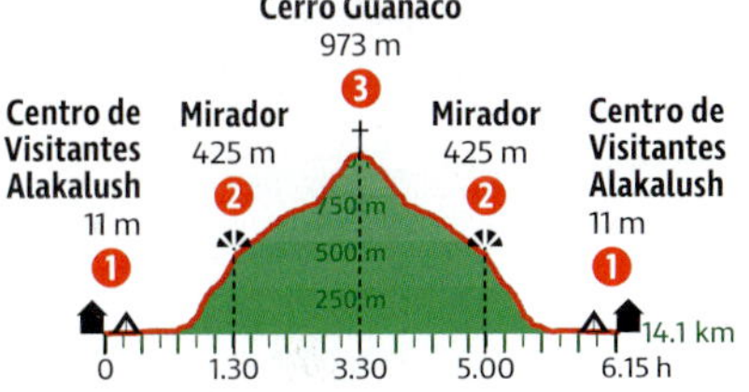

Ausgangspunkt: Centro de Visitantes Alakush, 11 m. Busse von Ushuaia zwischen 9.00 und 17.00 Uhr, zurück 12.00 bis 19.00 Uhr. Man kann an allen Haltestellen im Nationalpark zu- und aussteigen. Ein Taxi zu nehmen ist auch möglich.
Anforderungen: Gut erkennbare, teils merklich ansteigende Pfade, abschnittsweise sumpfig, manchmal müssen umgestürzte Bäume überklettert werden. In höheren Lagen geht es über Geröll: Trittsicherheit ist Voraussetzung.
Einkehr: Restaurant am Ausgangspunkt, sonst keine.
Unterkunft: In Ushuaia, siehe Tour 50. Campingplatz am Ausgangspunkt.
Variante: Senda Hito XXIV (3.00 Std. hin und zurück): Der Weg führt eben und aussichtsreich am Seeufer bis zur chilenischen Grenze.
Hinweise: 1. Man muss den Parkeintritt unter ventaweb.apn.gob.ar im Voraus buchen (Parque Nacional Tierra del Fuego – Portal Ruta 3 auswählen).
2. In den oberen Lagen ist man ziemlich dem Wind ausgesetzt. Auf gutes Wetter warten und sich entsprechend ausrüsten.
Information: Tourist-Info Ushuaia: San Martín 674.
Karten: Aoneker 1:50.000 Parque Nacional Tierra del Fuego; Zagier & Urruty 1:52.500 Ushuaia.

Vom **Besucherzentrum** mit **Parkplatz** ❶ wandern wir für 15 Min. am Río Lapataia entlang flussaufwärts, bis wir an den Lago Acigami kommen. Nun geht es am Ostufer des Sees entlang weiter, und nach weiteren 15 Min. erreichen wir eine Abzweigung. Am See entlang weiter ginge es zum Hito (siehe »Variante«), aber wir wollen rechts bergauf. Es ist ziemlich steil, aber zum Glück schafft es das Wurzelnetz der Südbuchen, die Erosion im

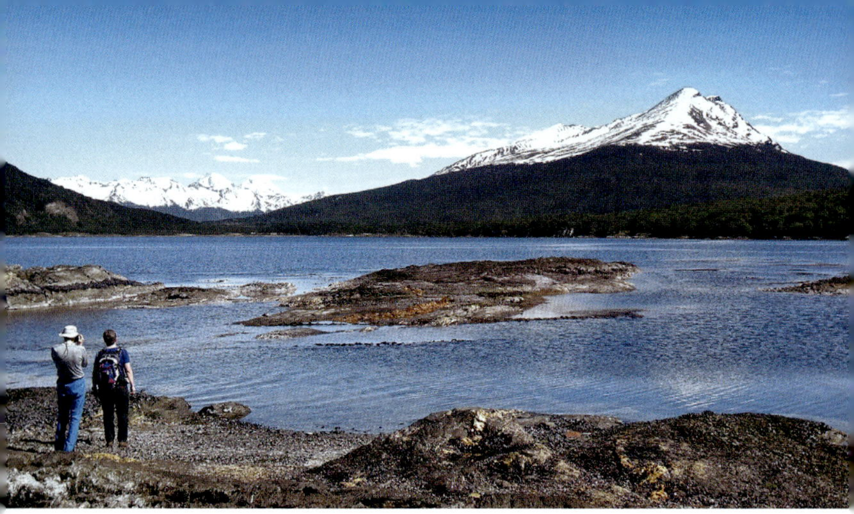

Blick auf den noch ziemlich verschneiten Cerro Guanaco.

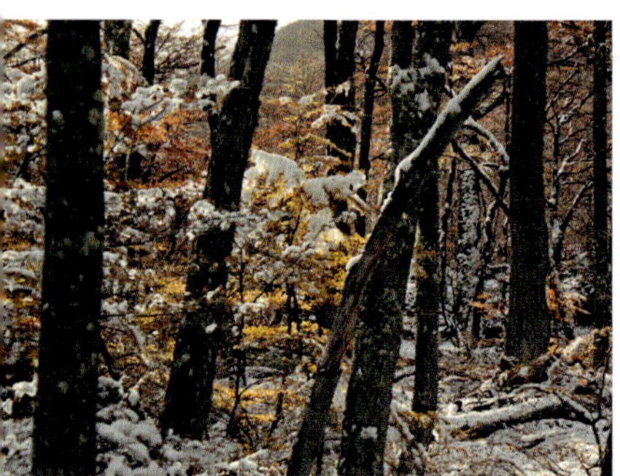

Früher Schnee im herbstfarbenen Wald am Fuß des Cerro Guanaco.

Schach zu halten. Nach ca. 1.00 Std. überqueren wir den Arroyo Guanaco mittels einer Brücke, und 15 Min. später betreten wir eine Lichtung mit einem **Mirador** ❷. Allein hier ist die Aussicht auf den Park schon lohnend.

Weiter geht es im Wald bergauf, bis wir nach 45 Min. die Vegetationsgrenze erreichen. Von hier aus können wir bereits den restlichen Weg bis zum Gipfel einsehen: Als Erstes müssen wir kurz durch eine sumpfige Wiesenfläche. Einige Markierungen dienen als Orientierung, aber normalerweise werden wir dem Wasser nicht ganz entgehen. Nach 10 Min. sind wir wieder auf dem Trockenen, und zwar in einem Geröllfeld. Es geht diagonal am Hang entlang immer ansteigend Richtung Gipfel. Am Ende wird es nochmal steiler und rutschiger, bis wir nach 45 Min. den Grat betreten. Noch 5 Min. am Grat entlang und wir sind am Gipfel des **Cerro Guanaco** ❸. Der Blick reicht von Ushuaia über den Beagle-Kanal bis zu den verschneiten Bergen im Westen. Nachdem wir uns sattgesehen haben, geht es auf dem Aufstiegsweg wieder zurück ins Tal.

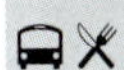
↗ 1130 m | ↘ 1130 m | 14.0 km

6.30 h

Glaciar Martial und Cañadón Negro, 1155 m

50

Der »Hausgletscher« Ushuaias

Der Name Ushuaia bedeutet in der Yámana-Sprache soviel wie »tiefe Bucht«. Die Stadt hat etwa 70.000 Einwohner und wähnt sich »die südlichste Stadt der Welt«, wobei sie allerdings das kleine Puerto Williams (in Chile) übersieht. Sie ist aufgrund des Hafens und der Lage am Beaglew-Kanal von großem politischem Interesse. Der englische Missionar Thomas Bridges ließ sich um 1871 als erster Weißer in dieser Bucht nieder. Seine Familie lebte in Harmonie mit den Eingeborenen, und seine Aufzeichnungen sind von unglaublicher anthropologischer Bedeutung. Ushuaia ist mit dem Skigebiet am Cerro Castor ein wichtiges Wintersportzentrum und hat dank seiner südlichen Lage normalerweise hervorragende Schneebedingungen für den Skisport. Dafür sind natürlich die Tage im Winter extrem kurz, und es ist relativ kalt. Ein weiteres, aber sehr bescheidenes Skigebiet liegt direkt hinter der Stadt in der Martial-Kette. Manchmal fahren dessen Lifte auch im Sommer, und mit etwas Glück verkürzen sie uns die hier vorgeschlagene Tour auf den Glaciar Martial. Der Name des Gletschers erinnert an Louis-Ferdinand Martial, den Kapitän einer französischen Expedition, die 1882 nach Feuerland fuhr und dort diverse wissenschaftliche Studien betrieb.

Ausgangspunkt: Hotel Altos de Ushuaia, 115 m, in Ushuaia Luis Fernando Martial 1441. Parkplatz genau unterhalb des Hotels.
Anforderungen: Anspruchsvolle Bergtour über glattes Gestein, durch Schneefelder und wegloses Gelände.
Einkehr: Mehrere Restaurants an der Talstation des Skiliftes.
Unterkunft: In Ushuaia z.B. Las Lengas, Goleta Florencia 1722, Tel. +54 2901 436100, Tel. +542901508571, albatros-group.wixsite.com/laslengashotel.
Variante: Cerro Godoy, 1100 m: anspruchsvoll (»schwarz«); am Grat dieses Berges ist Klettergewandtheit Voraussetzung (Details siehe Seite 297).
Hinweis: Man kann auch mit dem Auto bis zur Talstation des Skilifts fahren (dabei spart man sich 2.00 Std.), zahlt dann aber Eintritt für den Nationalpark.
Information: Tourist-Info Ushuaia: San Martín 674.
Karten: Aoneker 1:50.000 Parque Nacional Tierra del Fuego; Zagier & Urruty 1:52.500 Ushuaia.

An einer Informationstafel unterhalb des **Hotel Altos de Ushuaia** ❶ beginnt der Pfad. Als Erstes gehen wir rechts über eine Holzbrücke und folgen dann links dem Chorrillo Buena Esperanza (dem »Bach der Guten Hoffnung«) in nordwestlicher Richtung bachaufwärts. 10 Min später biegen

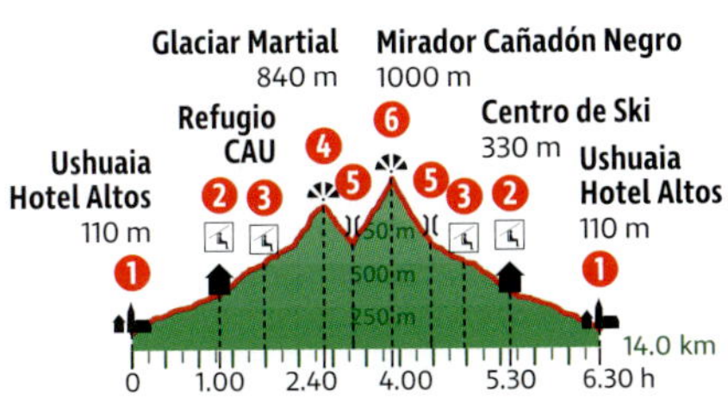

wir an einer Abzweigung links ab und überqueren so den Bach nochmal. Nun steigen wir am orografisch rechten Ufer des Baches hinauf, und nach 45 Min. sind wir an der **Talstation des Skizentrums** ❷ angelangt.
Links der Station könnten wir auf der Piste weiter hinaufsteigen, aber schöner ist ein Waldpfad, der am Fluss entlangführt. Beide Wege treffen sich kurz vor der **Bergstation** ❸ mit dem **Refugio CAU** (außer Betrieb) wieder. Hinter der Bergstation (nicht direkt am Fluss) verläuft ein Pfad parallel zum Fluss weiter talaufwärts. Nach 5 Min. ist der Wald zu Ende, und wir sehen den Gletscher bereits vor uns. Wir kreuzen den Bach erneut über eine kleine Brücke und steigen nun an seinem orografisch rechten Ufer weiter hinauf. Der nun steile Pfad folgt dem Lauf des Baches in einer Schlaufe nach Westen, direkt auf den Gletscher zu. Nach 45 Min. ist der Bach so klein, dass wir ihn problemlos durchqueren können. Hier, zwischen Schutt und Schnee, ist der **offizielle Weg zu Ende** ❹. Nun ginge es kletternd über Felsplatten bis zum Gletscher. Wir aber begnügen uns hier mit Schauen und Fotografieren und machen uns an den Abstieg, und zwar nun auf der anderen (linken) Seite des Flusses.
Steil, aber gut markiert geht es hinunter zu einer **Brücke** ❺ an einem Nebenbach. Der Weg zurück zum Skilift verläuft hinter der Brücke rechts hinunter. Wir aber verspüren noch etwas Abenteuerlust und folgen dem Bach auf seiner orografisch linken Seite in das kleine Tal hinauf. Der kaum markierte Weg führt uns genau nach Norden durch den Cañadon Negro (die »Schwarze Schlucht«). Mühsam erklimmen wir schließlich einen Sattel, wo uns der **Mirador Cañadón Negro** ❻ erwartet. Von hier aus hat man Ausblick ins Nachbartal, das Valle de Andorra, und auf die Berge gegen-

An der Bergstation unterhalb der Martial-Kette, links hinten der Glaciar Martial.

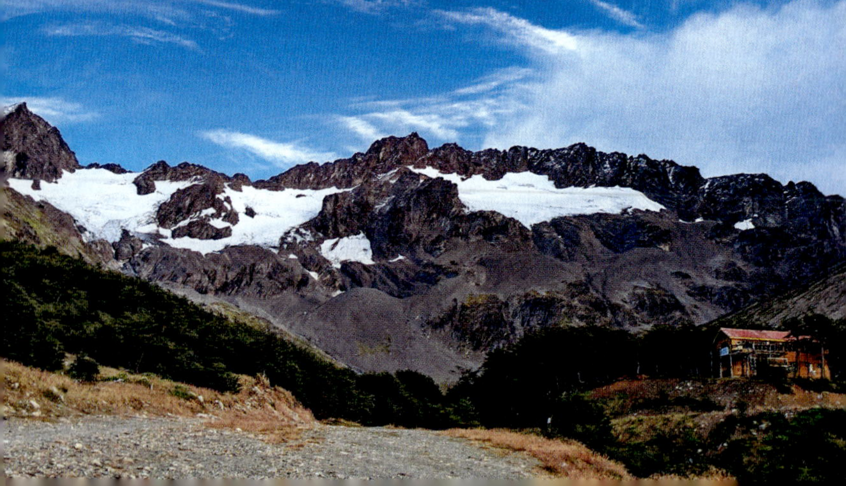

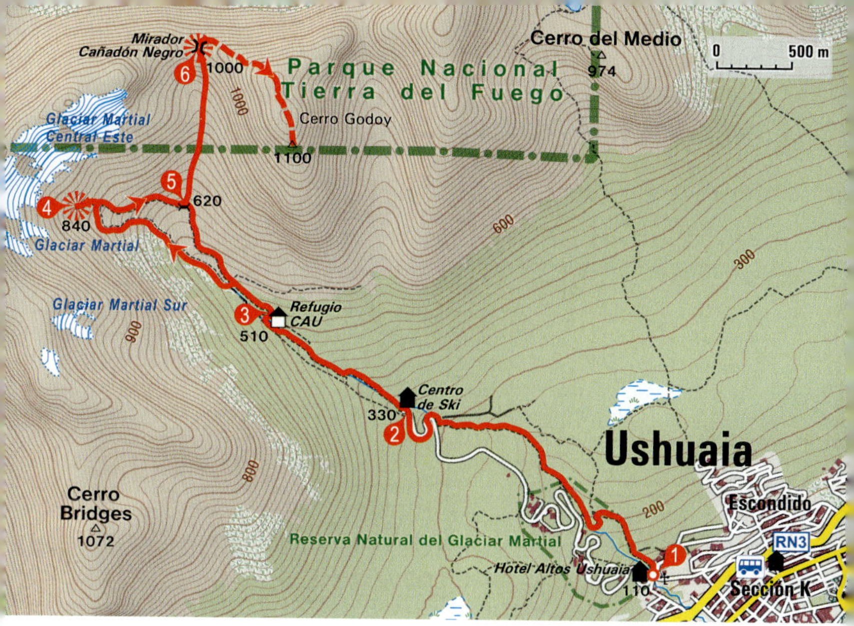

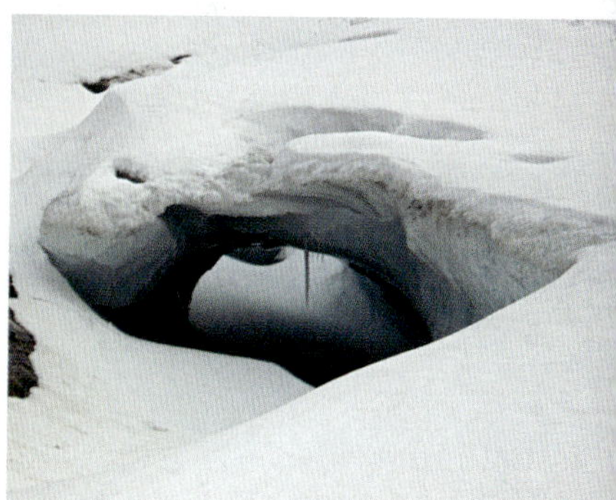

über, wo der Monte Vincinguerra hervorsticht.
Für den Abstieg gehen wir erst zurück zur Abzweigung an der **Brücke** 5 und halten uns dann geradeaus Richtung Tal. Nach 15 Min. erreichen wir so den Aufstiegsweg zurück nach **Ushuaia** 1.

Variante: Besteigung des Cerro Godoy, 1100 m
Zusätzlich 2.00 Std., 250 Hm Auf- und Abstieg
Vom Sattel des **Cañadón Negro** 6 wenden wir uns nach Osten und folgen dem aufsteigenden Grat des Berges. Anfangs ist noch ein Pfad zu sehen, der hin und wieder zwischen den Steinen verschwindet. Es ist felsig; manche Blöcke müssen umgangen werden, andere werden mit ein wenig Kletterei erstiegen. Der Grat führt uns bis zum Gipfel.
Beim Abstieg könnte man durch eine Schutthalde abkürzen, empfehlenswerter ist aber der Hinweg.

↗ 840 m | ↘ 840 m | 11.2 km

51 Laguna Margot und Cerro del Medio, 974 m

5.00 h 🚌

Rundblick über Ushuaia und den Beagle-Kanal

Die Stadt Ushuaia fungiert heute als wichtiger Hafen für den Verkehr im Beagle-Kanal und als touristisches und industrielles Zentrum der Region. Eine Besonderheit ihrer modernen Geschichte ist wohl das Gefängnis, das zwischen 1902 und 1947 existierte. Hunderte von Sträflingen wurden vom Kontinent (vor allem aus Buenos Aires) hierher geschickt und dienten oft als Arbeitskraft in der Gegend. Tatsächlich konnte man von hier aus schwerlich irgendwohin fliehen … Aus humanitären Gründen längst geschlossen, beherbergt das Gebäude heute ein Museum und ist unbedingt einen Besuch wert. Zurück zum Thema Wandern: Ushuaia ist im Westen von der Bergkette des Martial eingerahmt, deren Gipfel großteils von der Stadt aus zu Fuß bestiegen werden können. Den einfachsten Aufstieg hat wohl der Cerro del Medio. Diesen und auch seine Nachbarn Cerro Roy und Cerro Dos Banderas erreicht man über die Laguna Margot, einen kleinen Bergsee oberhalb des Waldes. Der Tiefblick auf Ushuaia und den Beagle-Kanal ist die Mühe mehr als wert.

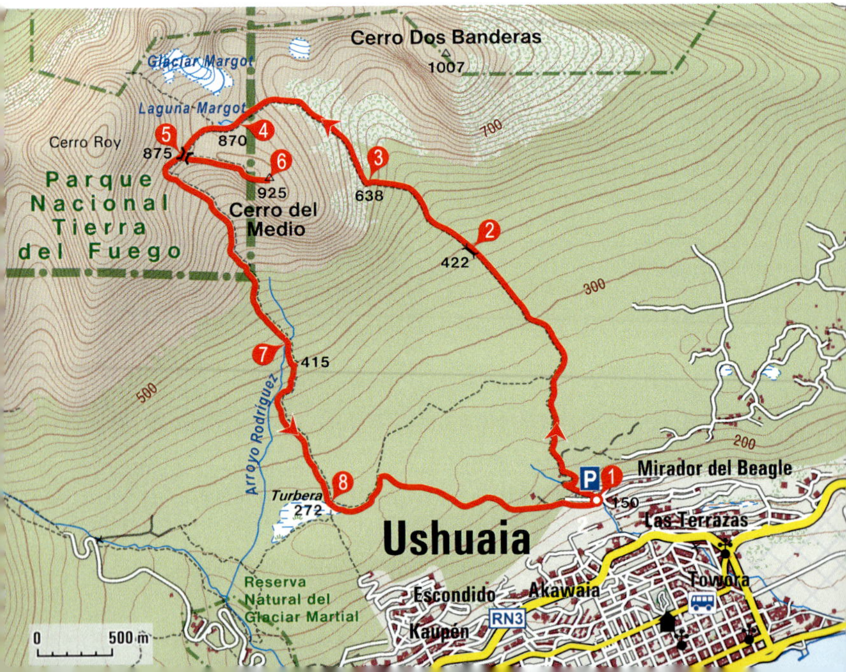

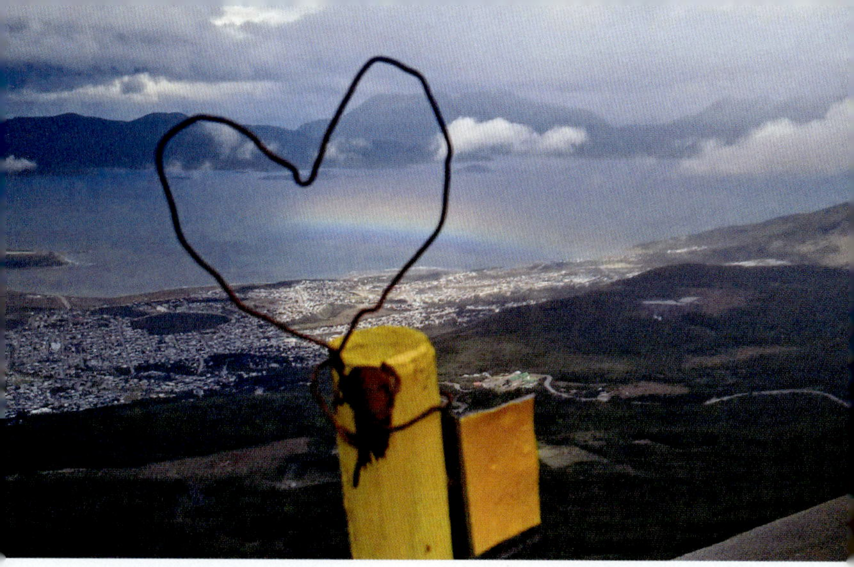

Statt einem Gipfelkreuz erwartet uns am Cerro del Medio ein Gipfelherz.

Ausgangspunkt: Gatter mit Parkplatz am westlichen Ende der Straße Isla de los Pájaros, Ushuaia, 150 m.
Anforderungen: Wegfindung nicht ganz einfach, Orientierungssinn ist daher nötig, dazu Trittsicherheit. Der vorgeschlagene Abstiegsweg führt durch Geröll, Torf- und evtl. Schneefelder.
Einkehr: Unterwegs keine. In Ushuaia: Paso Garibaldi Restobar, Gob. Deloqui 133, Tel. +54 2901432380, Tel +54 9 2901 617942.
Unterkunft: In Ushuaia, siehe Tour 50.
Karten: Siehe Tour 50.

Wir durchqueren das **Gatter** ❶ und biegen rechts auf eine mit »Cerro del Medio« beschilderte Schotterpiste ab. Es geht bergauf und rechts über eine Brücke. Dahinter machen wir eine Schleife nach rechts und betreten dann auf der linken Seite den eigentlichen Pfad. Nun geht es ziemlich direkt erst nach Norden und dann nach Nordwesten im Wald hinauf. Matschige Stel-

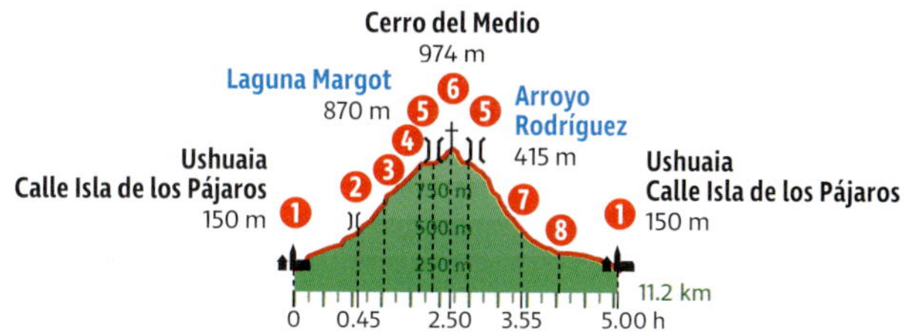

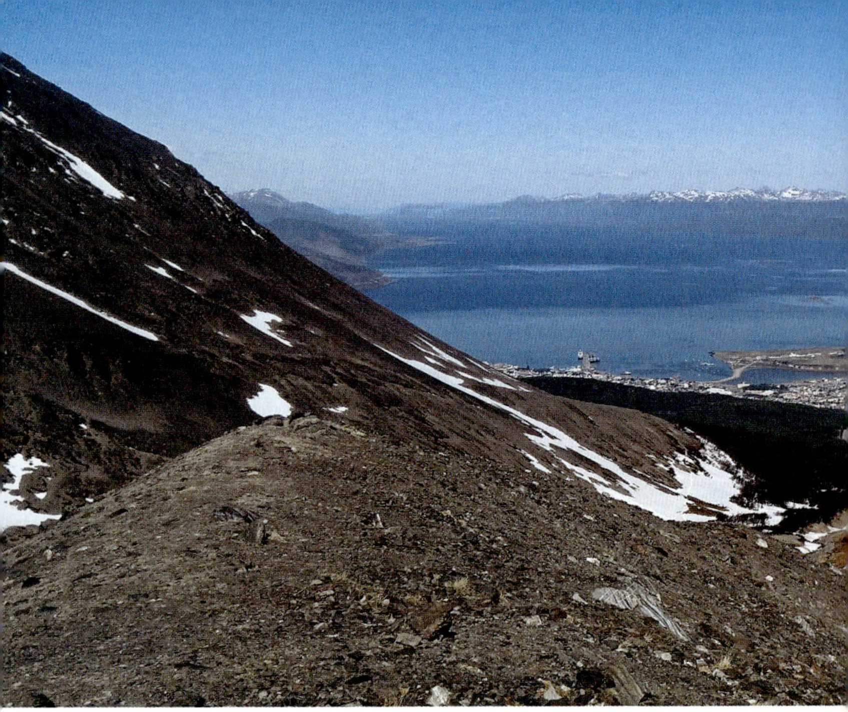

Panoramablick kurz vor der Laguna Margot.

len würzen den Aufstieg; an weiteren Abzweigungen halten wir uns stur bergauf. So erreichen wir in 45 Min. eine letzte **Brücke** ❷ und in weiteren 45 Min. die **Waldgenze** ❸. Der Blick öffnet sich, und wir sehen vor uns den Cerro Dos Banderas.

Wir wenden uns nach rechts (Nordwesten) und steigen diagonal am Hang entlang weiter. Grasbüschel bieten auf dem sandigen Boden etwas Halt. Wir durchqueren ein Bachbett und biegen leicht nach links (Nordwesten). Ansteigend erreichen wir einen zweiten Bach, dem wir kurz bergauf folgen. Links abbiegend erklimmen wir eine Moräne, und nach 45 Min. erscheint plötzlich die **Laguna Margot** ❹ vor uns, zu der wir hinuntersteigen. Von hier aus erkennen wir den Restaufstieg auf den **Cerro del Medio**. Man könnte einfach geradeaus nach Süden auf den Gipfel zuhalten, aber der leichteste Weg verläuft erst einmal nach Südwesten sanft auf den **Sattel** ❺ zwischen Cerro del Medio und Cerro Roy. Zum Schluss folgen wir dem Gipfelgrat dann Richtung Südosten bis zu seinem **höchsten Punkt** ❻ (ca. 35 Min. ab der Laguna).

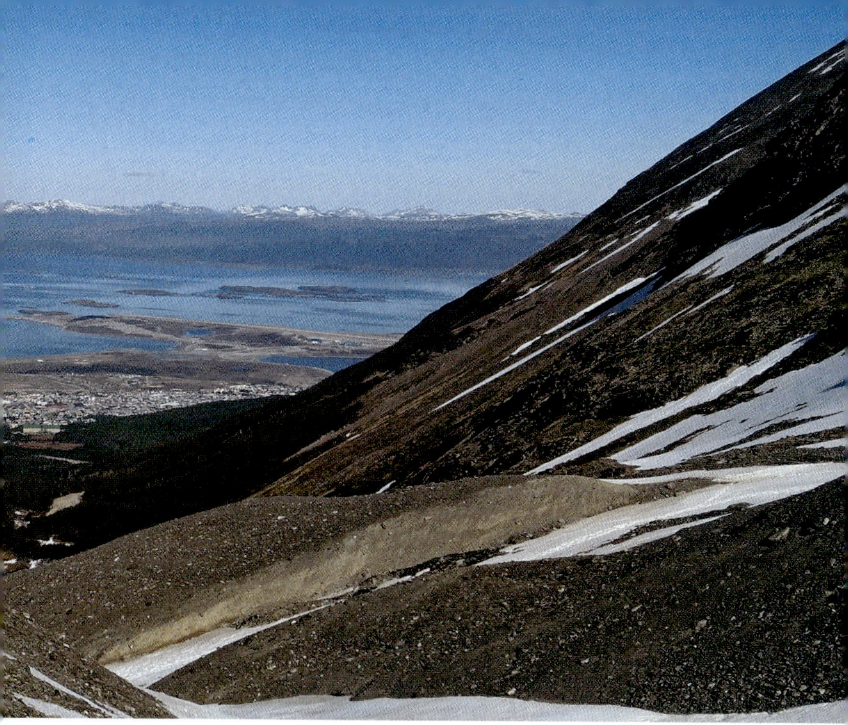

Zum Abstieg gehen wir erst mal am Grat entlang zurück Richtung Nordwesten zum bereits bekannten **Sattel** 5. Hier schauen wir nach Südosten ins Tal des Arroyo Rodríguez. Wenn nicht zu viel Schnee liegt, können wir durch dieses Tal absteigen (alternativ erfolgt der Rückweg über den Aufstiegsweg). Wenn sommerliche Bedingungen herrschen, steigen wir also in einer Rechtskurve vom Sattel durch Geröll und Schnee nach Süden hinab und halten uns im Talboden an der rechten Seite des Baches. Nach 50 Min. steigen wir wieder in den Wald, immer dem **Arroyo Rodríguez** folgend, und **überqueren** 7 ihn mittels einiger Baumstämme. Jetzt verlässt der Pfad den Bach und führt uns weiter absteigend nach 30 Min. zu einem **Torffeld** 8.

Wir umgehen es so gut wie möglich, indem wir nach links abbiegen und uns jetzt in Richtung Osten halten. 500 m weiter vorn ist eine Abzweigung; beide Wege führen zurück nach Ushuaia, aber der rechte ist kürzer. Wir nehmen also den rechten Weg, der uns in Richtung Osten in weiteren 45 (feuchten) Minuten an eine Schotterpiste und zurück zum **Gatter** 1 am Anfang des Aufstiegspfades führt.

↗ 1100 m | ↘ 1100 m | 13.6 km

52 Laguna Encantada und Cerro Esfinge, 1274 m

6.45 h

Im Valle de Andorra

Das Andorra-Tal liegt gleich hinter der Martial-Kette und ist nicht im Nationalpark inbegriffen. Es ist von großer hydrologischer Bedeutung: Hier sind auf nur 25 Quadratkilometern wichtige Gletscher, Bergseen, Permafrost-Flächen und auch Torffelder repräsentiert. Deshalb wurde das Tal 2009 zum südlichsten Ramsar-Gebiet der Welt ernannt. Diese Auszeichnung ist ein Versuch, das Feuchtgebiet in seiner natürlichen Form zu erhalten. Unsere Wanderung beginnt also im Valle del Andorra und führt über einen herrlichen Bergsee, die Laguna Encantada, auf einen Gipfelgrat (der eigentliche Gipfel erfordert Kletterkenntnisse) mit fabelhaftem Panoramablick.

Ausgangspunkt: Valle de Andorra, 220 m, ca. 8 km vom Zentrum Ushuaias. Keine Busverbindung. Vom Stadtzentrum fährt man auf der Av. Héroes de Malvinas nach Nordwesten, kurz vor der Brücke über den Arroyo Grande links auf die Straße Esteban Nicolas Loncharich. Diese führt 2 km nach Norden zum Taleingang. Der Hauptweg (»Camino del Valle«) biegt nun nach links ins Tal. Diesem folgt man weitere ca. 2 km bis zu seinem Ende an einem hölzernen Gatter.

Anforderungen: Bis zur Laguna steiler Pfad durch Wald und Wiesen, manchmal auf etwas rutschigem Boden. Der Gipfelanstieg führt durch loses Geröll und weist kurz vor dem Ende einige kleine Kletterstellen auf. Trittsicherheit, Schwindelfreiheit und Erfahrung bei der Wegsuche sind Voraussetzung.
Einkehr: In Ushuaia, siehe Tour 50.
Unterkunft: In Ushuaia, siehe Tour 50.
Information: Siehe Tour 50.
Karten: Siehe Tour 50.

5 Min. nach dem **Gatter** ❶ macht die Straße eine Rechtskurve, wir folgen hier einem kleinen Pfad geradeaus weiter. Leicht rechts haltend gelangen wir über feuchte Wiesen zum Ufer des **Arroyo Grande**. An diesem entlang erreichen wir in ein paar Minuten eine **Holzbrücke** ❷, mit deren Hilfe wir den Bach überqueren. Nun geht es nach Norden hinauf. Bevor wir den Wald erreichen, ist es erst mal sumpfig, und wir tanzen ein kurzes Stück über Holzstämme durch den Matsch.

Im Wald ist es dann trockener, aber dafür steiler. Nach 30 Min. erreichen wir eine beschilderte **Abzweigung** ❸; der rechte Weg ist unserer (links ginge es zur Laguna de los Témpanos und zum Glaciar Vincinguerra). Weitere 45 Min. bringen uns an den Waldrand, und gleich darauf erreichen wir die **Laguna Encantada** ❹.

Wir überqueren nun den Abfluss des Sees: Ein Biberdamm oder einige Steine stehen uns dafür zur Verfügung. Wenn die Strömung zu stark ist, kann man die Laguna auch an der weniger tiefen Nordseite passieren. Nun steigen wir in eine Mulde östlich der Laguna, die an einem Sattel am tiefsten Punkt des Grats endet. Dabei halten wir uns im Zweifelsfall auf der linken Seite. Anfangs ist es ein wenig sumpfig und der Weg kaum noch zu erkennen, aber der folgende begraste Hang ist einfach zu begehen. Je näher dem Sattel, desto geröllhaltiger wird es.

Sobald wir am **Sattel** 5 angelangt sind, sehen wir einen kleinen Felskessel rechts vor uns. Der Gipfel liegt genau auf der anderen Seite. Wir können den rechten oder linken Grat zum Schlussaufstieg nützen; am besten machen wir einen Rundgang, und zwar im Uhrzeigersinn. Einige Felsstufen werden dabei umgangen, und kurz vor dem Sendemast gelangen wir an den **Gipfelaufbau** 6 des **Cerro Esfinge**. Der Gipfel selbst bedürfte einer 4–5 m langen Kletterei (II./III. Grad) über Steinstufen. Wir suchen uns also lieber einen schönen Platz am Grat, um entspannt die Aussicht zu genießen.

Für den Abstieg laufen wir erst einmal die Grattour zu Ende bis zum schon bekannten **Sattel** 5 des Hinweges. Ab hier geht es auf dem Aufstiegsweg zurück; die Laguna Encantada kann man zur Abwechslung auch auf ihrer anderen Seite passieren.

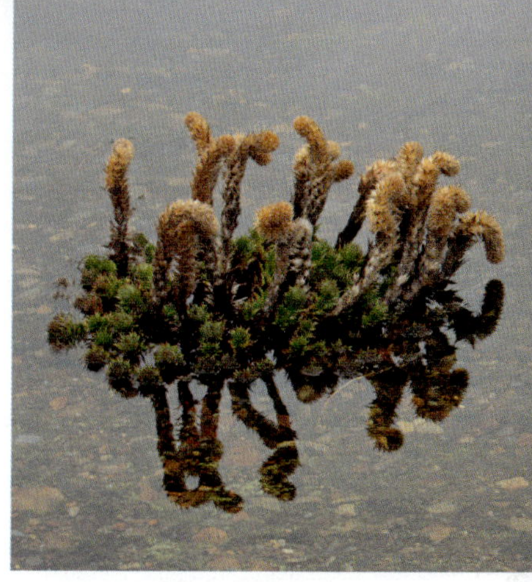

Vegetation im flachen Wasser der Laguna Encantada.

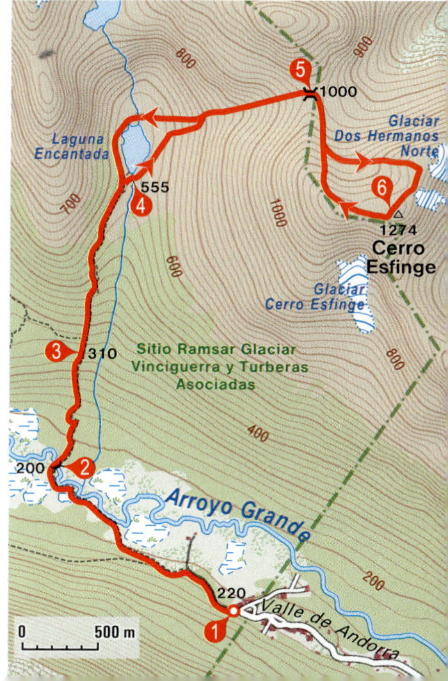

↗ 240 m | ↘ 240 m | 10.0 km

53 Laguna Esmeralda

3.00 h

Eine Perle unter den südlichen Bergseen

Die Laguna Esmeralda wird vom Schmelzwasser des oberhalb zu sehenden Glaciar Ojo del Albino gespeist. Die Sedimente, die das Gletscherwasser mitspült, sind für ihre außergewöhnlich tiefgrüne Färbung (und folglich für ihren Namen) verantwortlich. Diese Halbtagestour führt zu einem Ort von wilder Schönheit; definitiv ein Muss unter den leichteren Ausflügen in der Gegend von Ushuaia. Im Jahr 2022 wurden mehrere Stege über die vielen sumpfigen Stellen gebaut, was den Weg viel angenehmer macht. Wer es etwas abenteuerlicher mag, wandert noch weiter bis zum Gletscher.

Ausgangspunkt: Geschotterter Parkplatz links an der Ruta Nacional 3, 300 m; 18 km nordöstlich von Ushuaia und 100 m vor dem Eingang zur Huskystation Valle de Lobos.
Anforderungen: Einfache Wanderung auf markierten, aber besonders sumpfigen (!) Pfaden. Wegen des Sumpfs sind Wanderstöcke, Wanderstiefel und Gamaschen wärmstens empfohlen. 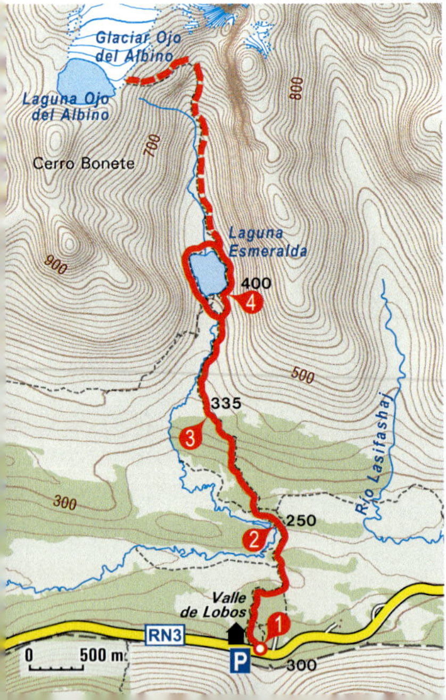
Einkehr: Restaurant bei der Huskystation nahe beim Ausgangspunkt, unterwegs keine.
Unterkunft: In Ushuaia, siehe Tour 50.
Variante: Verlängerung der Tour zum Glaciar Ojo del Albino und dessen kleinem Schmelzwassersee (weitere 3.15 Std. und 500 Hm, »schwarz«): Um dorthin zu gelangen, geht es an der Laguna Esmeralda vorbei am Talboden entlang nach Norden, immer auf der orografisch linken Seite des Flusses. Nach 30 Min. verlassen wir den Wald. Der Weg verschlechtert sich deutlich, es geht nun nur noch über Felsen und Geröll. Wir lassen eine Steilwand links liegen und machen dahinter einen großen Bogen nach Westen. Der kaum vorhandene, aber mit Steinmännern markierte Pfad führt uns so in 1.15 Std. an den Rand des Gletschers. Der Rückweg verläuft auf dem Hinweg. Lokaler Bergführer Facundo Ferrari, Tel. +54 9 2901 615751, facuferrari@gmail.com.
Hinweise: 1. Auch im Sommer werden auf den Wanderwegen Übungen mit Schlittenhunden durchgeführt. Rechtzeitig Platz machen!
2. Biberdämme sind mehrmals zu sehen, und manchmal lassen sich sogar ihre Bewohner blicken.
Information und Karten: Siehe Tour 50.

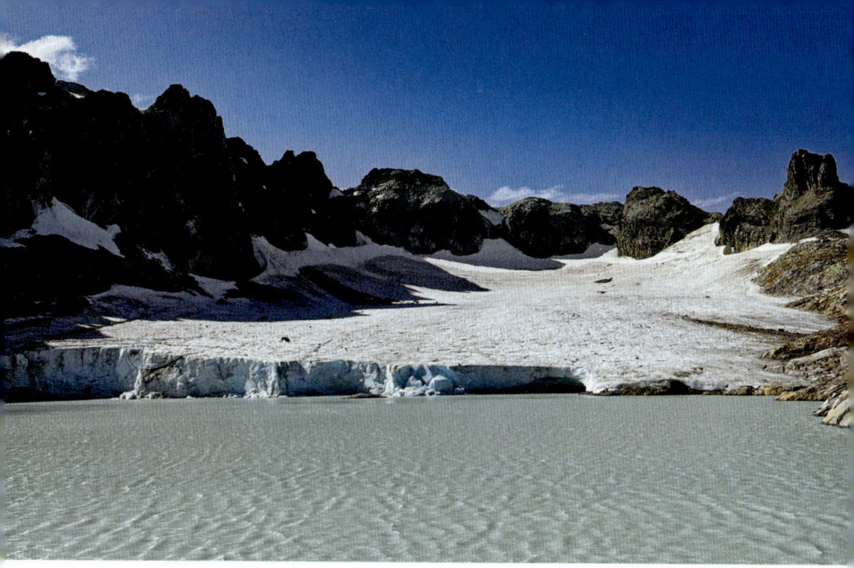

Der Glaciar Ojo del Albino (Variante) bzw. sein Schmelzwassersee lässt sich in einer anspruchsvollen Tagestour erreichen.

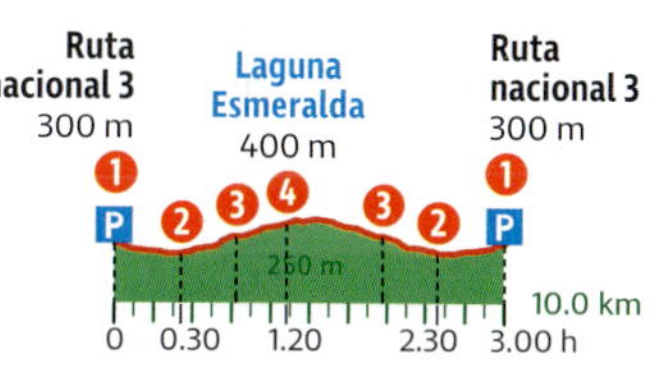

Direkt am **Parkplatz ❶** markiert ein Schild den Anfang des Pfades. Anfangs wandern wir leicht bergab durch den Wald. Der Boden ist ziemlich sumpfig. Nach 15 Min. gelangen wir an eine Lichtung und umgehen rechts einen kleinen Teich. Nach dem Durchqueren einer Waldinsel steigen wir auf einem Steg über den Sumpf, unsere Füße sind dankbar dafür. Wieder im Wald, passieren wir (immer Richtung Norden) einen zweiten, größeren **Teich ❷**. Weiter geht es bergauf nach Norden, und wir erreichen nach 40 Min. die **Waldgrenze ❸**. Das Tal der Laguna Esmeralda liegt nun vor uns, und am anderen Ende erkennen wir den Glaciar Ojo del Albino. Wir folgen dem Tal erst flach über Stege durch ein Torffeld und dann trockener, aber deutlich aufsteigend bis zu einer Endmoräne; erst nachdem wir sie erklettert haben, erscheint die **Laguna Esmeralda ❹** in aller Pracht vor uns. Wenn unsere Wanderlust noch nicht gesättigt ist, können wir die Lagune auf einer Art Pfad umrunden, wobei es zum Teil nochmal sumpfig wird, oder die Tour abenteuerlich bis zum Gletscher fortsetzen (Variante). Der Abstiegsweg verläuft dann auf dem Aufstiegsweg; die nicht beschilderten Wege im letzten Teil würden uns direkt in die Huskyschule führen.

STICHWORTVERZEICHNIS

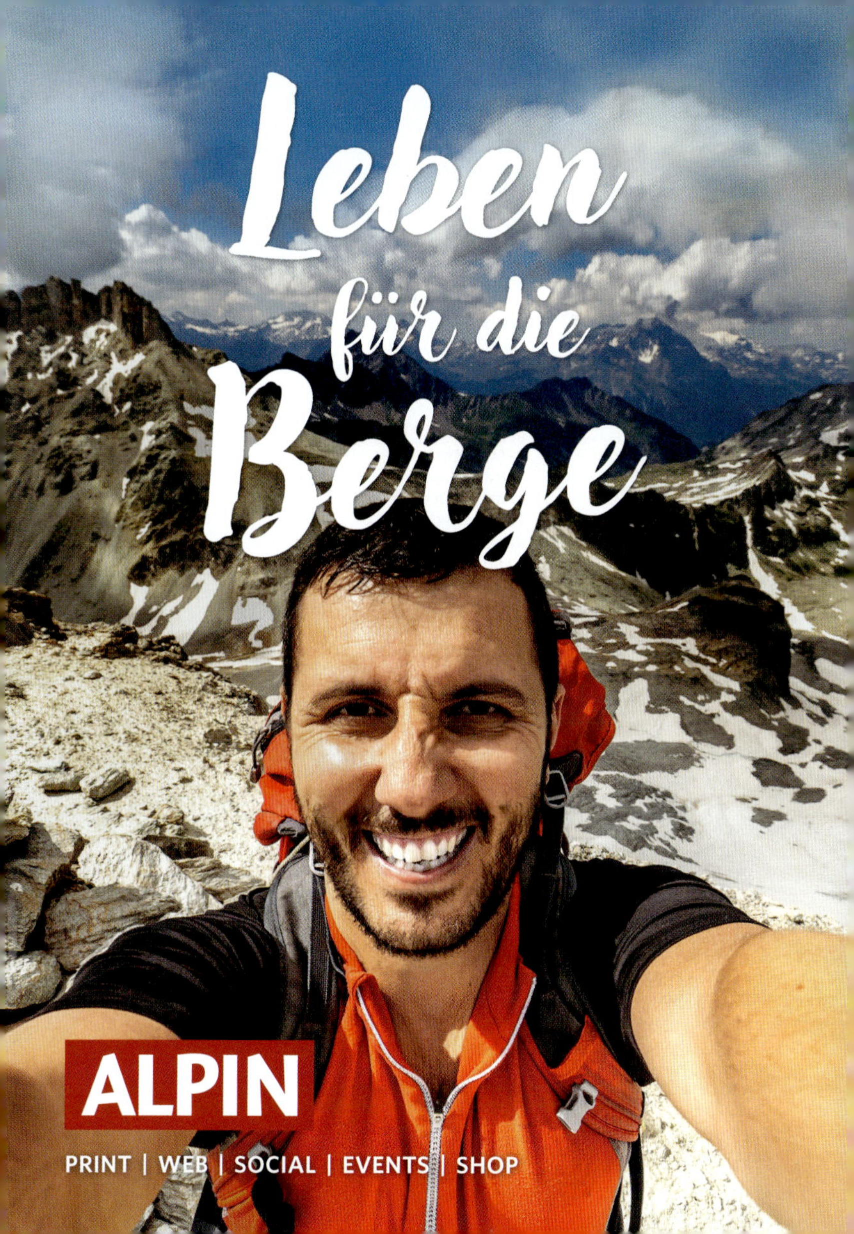
Leben
für die
Berge
ALPIN
PRINT | WEB | SOCIAL | EVENTS | SHOP

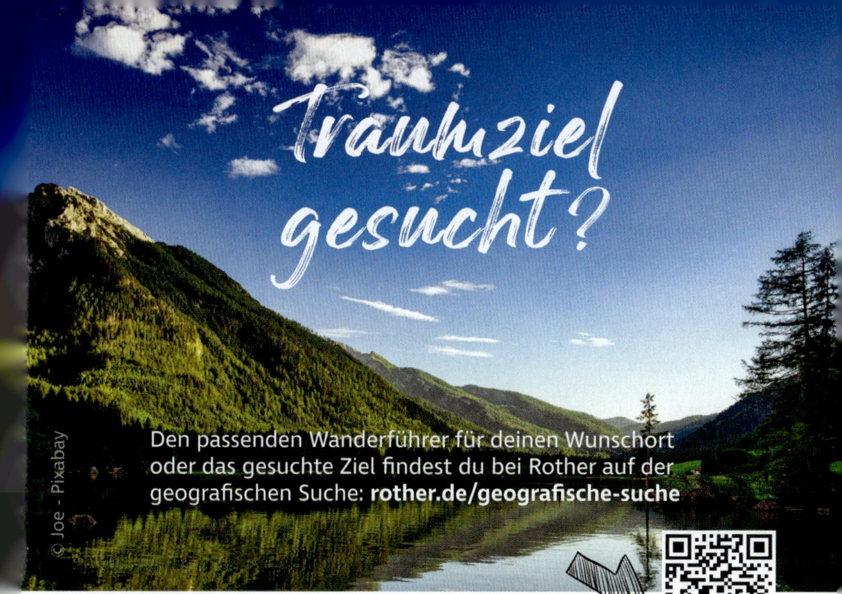

Traumziel gesucht?

Den passenden Wanderführer für deinen Wunschort oder das gesuchte Ziel findest du bei Rother auf der geografischen Suche: **rother.de/geografische-suche**

© Joe - Pixabay

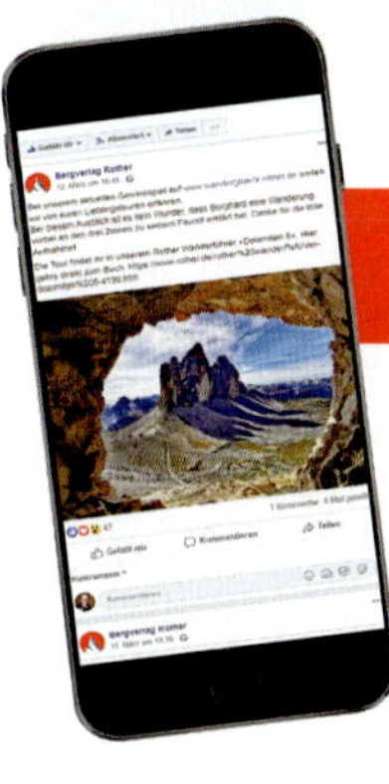

Nichts verpassen!

Monatliche Neuerscheinungen, Tourentipps und Gewinnspiele im Rother Newsletter

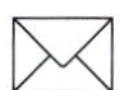

Gleich anmelden:
rother.de/newsletter

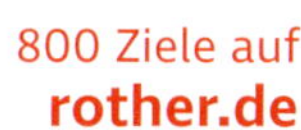

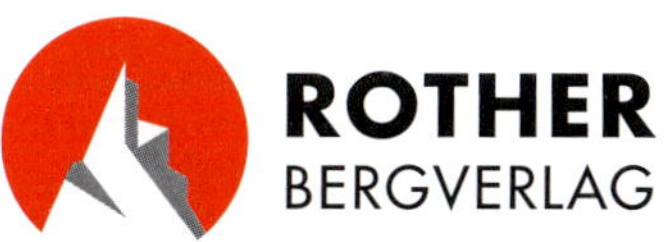

Umschlagbild: Fitz Roy – der König der Patagonischen Anden.
Bild im Innentitel: Abendrot an der Laguna Toncek (Tour 16).
Bild auf den Seiten 62/63: Tiefblick vom Paso Huemul (Tour 46).

Alle Fotos von Matias Korten, ausgenommen die Fotos der Seiten 9 li. u., 66, 70, 71, 74, 76, 79, 87, 93, 95, 103, 171, 174, 183, 186, 190, 191, 197, 200, 221, 223, 227, 232, 259, 260, 283 (Ralf Gantzhorn) sowie Umschlagbild, 141 (S. Benegas); 37, 43 (R. Calvo); 169 (P. Carrasco); 35 u. (L. Cortez); 149 (C. Cragnolini); 175, 178 (C. Etura); 8 o. li. und u. re., 17, 24, 29, 30, 31, 32, 34, 35 o., 36, 38, 41, 44, 46, 48, 50, 57, 98, 112, 134, 135, 138, 148, 163, 164, 165, 168, 173, 180, 182, 192, 195, 208, 216, 217, 219, 230, 231, 233, 239, 240, 246, 252, 299, 300 (G. Funk); 206 (R. Garibotti), 56, 284, 285, 305 (A. Gil); 83, 84, 109 (M. Gutierres); 234, 235, 237, 238 (M. Jung); 59, 121, 154, 176 (Martin Korten); 156, 157, 160, 161 (V. Lhoumeau); 111 (J. Rosas Machmar); 292, 294, 296, 297, 303 (A. Mailing); 80, 82 (Tomás Morán); 245 (D. Nuñez); 9 (re. u.), 287, 291 (M. Pousa); 73, 99, 100, 102 (S. Quiroga); 52 (R. Salinas); 143 (M. Stahringer); 8 li. u., 104, 105, 107, 108 (T. Sukni); 2, 9 li. o., 209, 210, 215, 249 (V. Vargas Martínez); 54 (unbekannt).

Kartografie:
53 Wanderkarten im Maßstab 1:50.000 / 1:75.000 / 1:100.000 / 1:150.000
Geodaten © OpenStreetMap und Mitwirkende
Kartografisches Design: SHOCart (CZ), shocart.cz
2 Übersichtskarten im Maßstab 1:7.500.000 und 1:12.500.000, rolle-kartografie.de

Werk-Nr.: 4396

Die Ausarbeitung aller in diesem Führer beschriebenen Wanderungen erfolgte nach bestem Wissen und Gewissen der Autoren. Die Benutzung dieses Führers geschieht auf eigenes Risiko. Soweit gesetzlich zulässig, wird eine Haftung für etwaige Unfälle und Schäden jeder Art aus keinem Rechtsgrund übernommen.

6., aktualisierte Auflage 2025
© Bergverlag Rother GmbH, München
ISBN 978-3-7633-4640-0

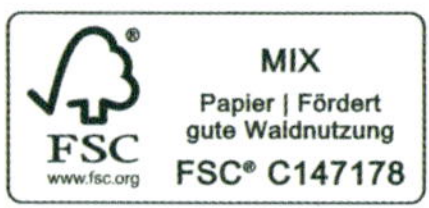

Wir freuen uns über jeden Korrekturhinweis zu diesem Wanderführer!
Bitte per E-Mail an: leserzuschrift@rother.de

ROTHER BERGVERLAG · Keltenring 17 · D-82041 Oberhaching
Tel. +49 89 608669-0 · www.rother.de